Encurralados
Os Stones no Banco dos Réus

Simon Wells

Encurralados
Os Stones no
Banco dos Réus

Tradução:
Claudia Coelho

Publicado originalmente em inglês sob o título *Butterfly on a Wheel: The Great Rolling Stones Drugs Bust*, por Omnibus Press.
© 2011,Omnibus Press.
Direitos de edição e tradução para todos os países de língua portuguesa.
Tradução autorizada do inglês.
© 2012, Madras Editora Ltda.

Editor:
Wagner Veneziani Costa

Pesquisa de Imagens:
Jacqui Black e Simons Wells

Produção e Capa:
Equipe Técnica Madras

Tradução:
Claudia Coelho

Revisão da Tradução:
Giovana Louise

Revisão:
Jerônimo Feitosa
Letícia Pieroni
Renata Brabo

Dados Internacionais de Catalogação na Publicação (CIP)
(Câmara Brasileira do Livro, SP, Brasil)

Wells, Simon
   Encurralados: os Rolling Stones no banco dos réus/Simon Wells; tradução Claudia Coelho. – São Paulo: Madras, 2012.
   Título original: Butterfly on a wheel: the great Rolling Stones drugs bust.
   Bibliografia
   ISBN 978-85-370-0780-8

   1. Jagger, Mick 2. Jagger, Mick – Processos, litígios etc. 3. Músicos de rock – Grã-Bretanha – Biografia 4. Processos – Tóxicos – Legislação 5. Richards, Keith, 1943 6. Richards, Keith, 1943– Processos, litígios etc. 7. Rolling Stones. I. Título.

   12-07025   CDD-781.66092

   Índices para catálogo sistemático:
   1. Músicos de rock: Biografia 781.66092

É proibida a reprodução total ou parcial desta obra, de qualquer forma ou por qualquer meio eletrônico, mecânico, inclusive por meio de processos xerográficos, incluindo ainda o uso da internet, sem a permissão expressa da Madras Editora, na pessoa de seu editor (Lei nº 9.610, de 19.2.98).

Todos os direitos desta edição, em língua portuguesa, reservados pela

MADRAS EDITORA LTDA.
Rua Paulo Gonçalves, 88 – Santana
CEP: 02403-020 – São Paulo/SP
Caixa Postal: 12183 – CEP: 02013-970
Tel.: (11) 2281-5555 – Fax: (11) 2959-3090
www.madras.com.br

Para Louisa – quem esteve comigo o tempo todo.

O JARDIM DO AMOR

*Deitei-me à margem do rio
Onde o amor dormia;
Cujo lamento frio
Pela relva gemia e gemia.*

*Para os campos e desertos rumei,
Onde cardos e desolação encontrei,
Que me contaram como ludibriados
Foram expulsos e à solidão relegados.*

*Segui para o Jardim do Amor,
E vi o que jamais avistara;
Uma Capela erguida no centro
Do gramado onde eu brincara.*

*Portões fechados encontrei,
"Não entreis", lia-se na entrada.
Então, ao Jardim do Amor me voltei,
E às doces flores que ostentara.*

*Mas repleto de sepulturas o vi
Com lápides em vez de flores;
E padres de negro vagavam,
Sufocando com espinhos meus ardores.*

William Blake (1757-1827)

Agradecimentos

Por conseguir transformar minha ideia inicial em livro, gostaria de agradecer a Chris Charlesworth, editor da Omnibus Press, responsável por meu trabalho, que me guiou e orientou ao longo deste processo. Sou grato por sua percepção intuitiva da história. Sinto-me também honrado por ter contado com o vasto conhecimento de Andy Neill sobre a cultura pop do século XX, assegurando que tudo fosse relatado de forma correta. Não tenho palavras para expressar minha gratidão a ambos.

As informações contidas neste livro não existiriam sem a inestimável ajuda das pessoas a seguir, que dedicaram parte de seu tempo para conversar comigo e me ajudar de formas inimagináveis: Steve Abrams, Anthony Arlidge QC, *sir* John Alliott, Keith Altham, Ken Babbs, Steve Baker, Alan Barwick, Richard Bircham, Lord John Birt, Tony Bramwell, Eric Burdon, Tony Calder, David Cammell, Allan Coe, Caroline Coon, David Dalton, Christopher Gibbs, Timothy Hardacre, Nigel Havers, Philip Havers QC, Phil Hewitt, John 'Hoppy' Hopkins, Derek Jameson, Paul Krassner, Hilary Kumar, Gered Mankowitz, Leslie Mann, Sean O'Mahoney, Dave 'Gypsy' Mills, Zoot Money, Alan Readman, Lord William Rees-Mogg; Keith Robinson, John Rodway, Don Short, Rebecca Singer, Keith e Janet Smith, John Steele, Anthony Stern, Roy Stockdill, Lord Dick Taverne, Ray Thomas, Hilton Valentine, Toni Weeks, Chris Welch e Peter Whitehead.

Meu apreço a Dave Hill, do Tenacity Management (www.tenacity-musicpr.co.uk), pela ajuda muito além do que a esperada, assim como a Trevor Hobley e a John Macgillivray, que me propiciaram acesso a pesquisas e links que considerava impossíveis de obter.

Gostaria de manifestar minha gratidão especial a Ed Ochs, que ofereceu, sem restrições, informações sobre seu antigo amigo e colega de trabalho, o enigmático David "Schneiderman" Jove. Muito obrigado, Ed!

Agradeço a British Library e seu departamento jornalístico, os quais foram fontes inestimáveis para minha pesquisa, assim como o escritório de informações do Parlamento Britânico.

Além disso, a biblioteca Bodlean Library, de Oxford, foi mais do que solícita quanto aos meus pedidos. Steve Baker, do *News of the World*, e Gavin Fuller, do *Sunday Telegraph*, ajudaram-me sobremaneira em minha pesquisa.

Estendo meu apreço às bibliotecas de Westminster, Kensington e Camden, em Londres, e à Biblioteca de Chichester, com seus registros históricos sobre West Sussex. Gostaria de agradecer, também, ao Public Record Office (escritório de registro público) em Kew Garden, Londres.

Agradeço, em especial, a inestimável ajuda do extraordinário pesquisador Peter Grimwood, bibliotecário da biblioteca de Kensington.

Gostaria, ainda, de expressar meu apreço àqueles que, de modo entusiástico e meticuloso, compartilharam meu desejo de tornar este livro tão verossímil quanto possível: Jane Marshall, Sara Rennison e Judith Gleeson, bem como a Lucy Beevor pelo excelente trabalho de revisão.

Pessoalmente, gostaria de agradecer aos agentes literários David Luxton e Rebecca Winfield, da Luxton Harris Ltd., por me ajudarem ao longo deste trabalho; Paolo Hewitt, pela inspiração e sabedoria; Mark "Mumper" Baxter e Lou, pelas palavras de apoio; Mark Lewisohn, pela ajuda imparcial e ponderada; Adam Smith, pela ajuda extra; meu irmão Robert, meu pai Phillip e minha irmã Mel Wells, por sempre estarem do outro lado do telefone; Tim Poulter; Michael Collins e Phillip Watson, por suas palavras encorajadoras e pelo café que me ofereceram, sem esquecer de citar a brigada Forest Row's Welliez – vocês sabem quão importantes foram!

Simon

Índice

Introdução 11
Capítulo 1
Dartford 19
Capítulo 2
Richmond 47
Capítulo 3
Chelsea 73
Capítulo 4
West Wittering 95
Capítulo 5
Redlands 129
Capítulo 6
Marrakech 149
Capítulo 7
Chichester (Primeiro Dia) 177
Capítulo 8
Chichester (Segundo Dia) 197
Capítulo 9
A Prisão 223
Capítulo 10
A Apelação 255
Capítulo 11
Londres – 1 279
Capítulo 12
Londres – 2 303
Epílogo 331
Bibliografia 341
Índice Remissivo 345

Nota do editor internacional:

Todos os esforços necessários foram realizados para encontrar os proprietários dos direitos autorais das fotos deste livro, mas um ou dois não foram localizados. Ficaremos agradecidos se os fotógrafos entrarem em contato conosco.

Extratos dos diários de Sir. Cecil Beaton usados com a permissão de seus herdeiros literários e Rupert Crew Ltda. Todos os direitos reservados.

'Rainy Day Women #12 & 35'. Letra e Melodia de Bob Dylan. © Copyright 1966, 1994 Dwarf Music. Todos os direitos reservados. Direitos internacionais assegurados.

'Butterfly on a Wheel' artigo do *The Times*. © New International. Usado com permissão.

Introdução

"Quem submete uma borboleta à roda do suplício?
Que eu permita a essa filha da larva,
Continuar a agitar suas asas;
Cujo vibrar aos belos perturba,
E jamais da própria beleza desfruta."
Adaptado do poema de Alexander Pope *Epístola a Arbuthnot*, 1735.

Tendo o século XXI completado mais de uma década de existência, acho surpreendente que certas expressões de liberdade ainda choquem e escandalizem. Muito embora os direitos raciais, sexuais e de gênero tenham sido aceitos pela maior parte da sociedade, ainda há grande controvérsia quanto ao uso recreativo de drogas. Acrescente-se celebridades ao assunto – em especial, astros pop – e esse debate será elevado à enésima potência.

Nos últimos anos, o comportamento extravagante de Amy Winehouse, Boy George, Pete Doherty e George Michael, em razão do consumo de drogas, reacendeu o acalorado debate sobre o uso de narcóticos por parte de famosos artistas da música pop. Como já era de se esperar, a intransigente imprensa britânica de direita continua a agir como carrasco e árbitro da moral e dos bons costumes. Parece-me incoerente que o uso que alguns fazem de drogas legalizadas em outros países receba tanto espaço na mídia inglesa, visto que outros acontecimentos de âmbito mundial merecem ter uma cobertura muito maior da imprensa.

Há séculos, a criatividade e o consumo de drogas estão interligados, mas, durante os anos 1960, uma série de acontecimentos na Inglaterra levou a discussão do consumo de drogas no mundo pop a patamares ainda mais elevados. Sem dúvida, o caso mais famoso foi o julgamento e a prisão subsequente de Mick Jagger e Keith Richards, dos Rolling Stones, em 1967.

Esse caso, o mais célebre da época, trouxe à tona questões muito mais importantes do que a simples posse de um pouco de *marijuana* e de substâncias estimulantes. Durante meses, a impressão que se teve era a de que o *establishment* britânico declarava guerra contra toda uma geração de jovens, representada pelo vocalista e pelo guitarrista da segunda banda mais famosa do país.

Ao longo do ano de 1967, a saga tomou conta da opinião pública, provocando um debate acirrado sobre o uso de drogas e as leis que deveriam regulamentá-lo. Além disso, reavivou a velha discussão sobre a suposta responsabilidade das celebridades quanto à imagem que transmitem ao público.

Para a antiga geração que ainda guardava lembranças da guerra e se levantava todas as vezes que o Hino Nacional era tocado nos cinemas, perceber que os jovens preferiam ter astros pop como modelos, em vez de generais das forças armadas e almirantes da marinha, era, no mínimo, perturbador.

Igualmente perturbadora foi a nova efervescência do consumo de narcóticos, em especial a maconha e o LSD. Enquanto as gerações anteriores faziam uso do álcool e do tabaco para mitigar seus traumas, as drogas recreativas (em especial as psicodélicas) transformavam-se no propulsor da explosão criativa dos anos 1960. Um novo sentido de descoberta espalhava-se pelo mundo – de Londres a São Francisco, de Amsterdã a Paris, todos com menos de 25 anos desafiavam, com debochada audácia, tudo o que fosse passado. A fantástica música pop produzida durante esse período serviu não só como trilha sonora dessas mudanças sociais, mas também como elemento unificador.

Portanto, querendo ou não, tanto os Beatles quanto os Rolling Stones se viram na posição de líderes *de facto* desse novo movimento. Os Beatles, o primeiro grupo a quebrar barreiras, foram obrigados a adotar a postura de bons moços, ainda que um pouco atrevidos, para continuar a crescer, mas os Rolling Stones, seguindo a abertura realizada pelos Beatles, assumiram uma postura diferente, com caráter anárquico, não convencional, assim como sua música, com toques de sexo, perigo e imprevisibilidade.

Por trás dessa atitude hiperbólica dos Stones, o vocalista Mick Jagger era a epítome da dicotomia: sua rebeldia tinha como base uma inteligência aguçada. A imagem do guitarrista Keith Richards era mais fácil de ser definida: era a própria personificação do deboche à ordem vigente. Brian Jones, o fundador da banda, tinha personalidade mais complexa: um Adônis perdido, sempre fugindo de qualquer coisa que pudesse cercear sua liberdade. Não menos importantes eram Bill Wyman e Charlie Watts, as duas âncoras que mantinham unidos os disparatados membros da linha de frente da banda.

A ambição do empresário Andrew Loog Oldham de criar uma versão musical do monstro do dr. Frankenstein, com certeza, deu certo e atraiu uma legião de jovens que procuravam algo mais radical do que as bandas de Merseyside, seguidoras do estilo Beatles.

É óbvio que, assim como os Stones, os Beatles também blasfemavam, participavam de orgias e faziam uso de drogas, mas o empresário Brian Epstein, com seu estilo autoritário e de bom relacionamento com a imprensa, garantiu que a imagem impecável que criara para a banda se mantivesse até sua morte. Nesse ínterim, Oldham tratou de criar uma imagem diferente para os Stones, a de músicos saídos da sarjeta: – o que lhes garantiu grande espaço nas colunas de jornal, mas lhes custaria caro.

Apesar de Epstein ficar, sem dúvida, horrorizado com a publicidade negativa em torno dos Stones, muitos jovens ingleses não acreditavam na mensagem "água com açúcar" de alegria e prazer dos Beatles. Da mesma forma, o renovado otimismo inglês apenas mascarava a grande inquietude da nação.

Os conflitos entre os jovens da classe média, com suas *scooters*, e as gangues de motoqueiros, em 1964, apenas serviram para realçar as terríveis condições de vida do proletariado inglês – um período em que as brigas em salões de baile e a violência do crime organizado assolavam a nação. Dada sua notoriedade, os Stones obviamente foram "eleitos testas de ferro" desses conflitos e, como consequência, por todo o país, suas apresentações eram acompanhadas de tumultos. O mesmo aconteceria, mais tarde, nas turnês pela Europa e pelos Estados Unidos, onde a reputação anarquista dos Stones rapidamente se estabeleceu.

Quando o sucesso dos Stones se consolidou, sua música começou a romper a estrutura *rhythm and blues* do início da carreira. Liderada pelos compositores Jagger e Richards, a banda não teve dificuldade em se manter durante a explosão das amadoras bandas *beat boom* do início dos anos 1960. No final de 1964, quando o frenesi das bandas *beat* de Merseyside já se tornara passado, os músicos mais criativos começaram a buscar algo mais desafiador do que tocar melodias pop de três minutos.

Os Stones, assim como os Beatles, estavam na linha de frente desse movimento. Nesse período, as drogas começaram a fazer parte do cenário e o furor por anfetaminas cresceu tanto quanto o interesse por *marijuana*.

Em 1966, os Stones já haviam levado à parada *UK Top 10* seis compactos e lançado três álbuns de sucesso. Uma intensa turnê consolidou seu êxito na Europa e garantiu-lhes acesso a uma arca do tesouro repleta de vinhos, mulheres e contatos musicais de dar inveja a qualquer jovem. Uma pausa nas viagens, no final do mesmo ano, permitiu que dessem asas à imaginação dentro do estúdio, tudo regado a LSD e outras drogas que abriam as estreitas portas da percepção. O impacto do ácido foi generalizado, e levou a uma mudança radical no comportamento, na moda e nos objetivos de vida.

Tal mudança inusitada fez com que muitos se perguntassem o que havia acontecido. Enquanto o sorriso forçado dos Beatles e dos Stones estava estampado em inúmeras paredes de quartos, pouco se sabia sobre o que estava por trás dos olhos vidrados e dos dentes arreganhados dos heróis. Na opinião dos astros, isso só dizia respeito a eles mesmos e, apesar de todos na indústria da música saberem o que acontecia, é surpreendente que ninguém, antes de 1966, tenha pensado que o assunto devesse vir à tona. Consequentemente, as bandas tinham uma falsa sensação de segurança e não acreditavam, nem por um instante, que seus hábitos pessoais estivessem sendo monitorados pelas forças da Lei e da Ordem.

Entretanto, no final de 1966, o consumo de drogas entre os músicos ingleses tinha se tornado um assunto tentador demais para ser ignorado. A decisão do tabloide *News of the World* de trazê-lo à tona detonou uma série de acontecimentos e reacendeu, em todo o mundo, a discussão sobre o uso recreativo de drogas.

A série de artigos publicados pelo jornal a partir de 1967 transformou-se em uma das mais famosas exposições do comportamento das celebridades do século XX. Sob o título "Astros Pop e Drogas: Fatos que Irão Chocá-lo", o tabloide revelou que músicos "acima de qualquer suspeita" faziam uso regular de entorpecentes, o que, até então, era mantido em segredo.

As revelações respeitavam, de modo geral, a popularidade dos músicos e, apesar de os Beatles serem citados na reportagem, nada foi mencionado além do fato de que usavam drogas. Entretanto, bandas como The Moody Blues, The Who, The Move, o cantor Donovan e, em 5 de fevereiro de 1967, Mick Jagger, foram o alvo das revelações mais contundentes.

Como consequência da contestável exposição de Jagger por parte do tabloide, uma série de acontecimentos se seguiu, culminando na invasão à casa de Keith Richards, por 18 agentes da polícia, em Sussex, na noite de 12 de fevereiro de 1967. Esse foi o primeiro ataque aberto a artistas pop não conformistas, e, embora não houvesse dúvidas de que o tabloide *News Of the World* tinha sido o informante, alguns acreditavam que existia uma ampla rede de conspiração e que aquele ataque surpresa era uma mensagem inequívoca de um *establishment* determinado a punir os Stones por seu comportamento libertino e pelo mau exemplo dado aos jovens ingleses.

A batida policial gerou uma onda de medo que assolou a fechada comunidade pop inglesa. Como ganhavam espaço rumores de haver um agente secreto infiltrado na lista de convidados das festas londrinas, o círculo se estreitou e as portas se fecharam para os que não eram bem-vindos. Um dos membros da gangue dos irmãos Kray, responsável por descobrir quem deixara vazar a informação à polícia, chegou a confrontar violentamente um dos participantes da festa na casa de Richards, em Redlands.

Nesse meio tempo, outra figura de caráter obscuro, que fazia parte do círculo dos Stones, tentou subornar um dos policiais para que este burlasse as provas incriminatórias. Além desses atos escusos, ações legais estavam sendo tomadas. Obviamente, todo o possível estava sendo feito para que os Stones não precisassem subir ao banco dos réus.

O julgamento de Mick Jagger e Keith Richards, acusados de consumo e porte de drogas, estendeu-se por alguns dias ensolarados do verão inglês em junho de 1967, durante os quais a mídia mundial testemunhou um momento decisivo da história – a imagem de duas jovens celebridades no banco dos réus, prontas para ouvir sua sentença.

O juiz Leslie Block, um verdadeiro baluarte do *establishment* inglês, cuja compreensão e apreço pela cultura pop eram ínfimos, foi designado para o caso. Com grande satisfação, Block tirou vantagem da presença de toda a imprensa mundial, pronta para registrar cada detalhe do julgamento, e aproveitou a ocasião para mostrar sua eloquência perante um grupo de proprietários de terra, adeptos do partido conservador e simpatizantes, bem como bajuladores, mostrando-se, por fim, tão infame quanto os dois Rolling Stones.

A sentença de prisão decretada contra os dois Stones provocou uma avalanche de protestos em toda a sociedade inglesa. A publicação de fotos pungentes da dupla sendo levada, algemada, para a prisão escandalizou o país. A redação dos jornais foi inundada por cartas, algumas apoiando a prisão, outras expressando profundo desagrado pela forma como os dois artistas foram tratados. Jornais renomados, até então sem nenhum interesse no pop, publicaram editoriais com análises profundas da saga que, rapidamente, tomou conta da nação. Quando o papel do *News of the World* no episódio veio ao conhecimento do público, a redação foi cercada por manifestantes que lá permaneceram por três noites em retaliação ao que fora, evidentemente, uma armadilha.*

O mais respeitado opositor à sentença de prisão foi o jornal *The Times*. Em primeiro de julho, o então editor William Rees-Mogg escreveu um dos mais célebres e apaixonados editoriais do século XX, no qual questionava o que considerava como uma advertência, igualando a sorte de Mick Jagger à da "borboleta colocada na roda de suplício", uma referência ao poema *Epístola a Arbuthnot*, de Alexander Pope, de 1735.

Durante algumas semanas do verão de 1967, teve-se a impressão de que a diferença de opinião entre as facções opostas seria um obstáculo intransponível. O uso recreativo de drogas era o cerne da questão e a declaração bombástica de Paul McCartney, de que já havia usado LSD, acirrou ainda mais o debate. Ao mesmo tempo em que alguns, com interesses e ideais semelhantes aos dos Beatles, admiraram a sinceridade de Paul, a declaração transformou todos aqueles ligados ao pop, passíveis de investigação, além de incitar um grupo de intelectuais e simpatizantes do uso de maconha a pedir a imediata liberação da droga. Com a ajuda relutante de Rees-Mogg, uma declaração de página inteira sobre o tema foi publicada no jornal *The Times*, durante todo o mês de julho.

A força da declaração estava nas credenciais irrepreensíveis dos que assumiram a causa. Apesar de os cientistas e doutores incluídos na lista de participantes serem apenas conhecidos em seus círculos profissionais, os nomes dos quatro Beatles e de seu empresário, Brian Epstein, intensificaram o interesse global. Nessa época, Jagger e Richards estavam recorrendo de suas condenações e, sabiamente, não se manifestaram quanto ao assunto, apesar de estar claro de que lado estavam.

Para satisfação do grande número de pessoas que os apoiavam, o caso de Jagger e Richards foi reaberto e as sentenças, revogadas. No entanto, consequências ainda estavam por vir.

No que parecia ser uma vingança desesperada dos fofoqueiros de plantão, relatos totalmente falsos e ofensivos sobre o que estava acontecendo de fato quando a polícia chegou à casa de Richards não tardaram a ser divulgados.

---

*N.T.: A última edição do *News of the World* foi publicada em julho de 2011. O tabloide saiu de circulação por decisão do *News Corporation*, grupo de Rupert Murdoch, do qual o jornal fazia parte, em virtude de uma série de escândalos relacionados a grampos telefônicos ilegais "plantados" pelo semanário.

Enquanto Mick e Keith saíram da saga com sua reputação fortalecida, Marianne Faithfull, a única mulher convidada para a festa, nunca mais deixaria de ser alvo de mentiras e insinuações. No interesse de todos os envolvidos, os rumores sobre o ocorrido naquela noite serão desbaratados nestas páginas, mostrando qual a provável fonte desse estigma.

Consegui, ainda, determinar – tanto quanto possível – a história e a trajetória do agora lendário David Schneiderman, o "Rei do Ácido".

Sempre considerado o incitador da saga de Redlands, David foi alvo de grande especulação ao longo das quatro décadas que se seguiram à batida policial. Contando com documentos secretos, fotografias e a ajuda de alguns de seus contatos, consegui, por fim, criar um perfil mais abrangente de uma das personalidades mais obscuras dos anos 1960.

No fim da década de 1960, Jagger, Faithfull e Brian Jones foram novamente alvo de perseguição do esquadrão antidrogas de Londres. Todas essas batidas policiais deixaram várias perguntas no ar e causaram muito mal-estar a todos os envolvidos. Embora seja bem provável que estivessem consumindo substâncias ilícitas, as táticas usadas para apanhá-los e indiciá-los foram, além de condenáveis, consideradas uma vingança contra os mais famosos astros do rock.

Sem oferecer qualquer trégua, a morte de Jones, o fracasso no festival de Altamont e uma sequência de batidas policiais levaram o círculo íntimo dos Stones à exaustão. Questões pessoais também fizeram com que o período não fosse facilmente esquecido. Apesar de alguns buscarem cobrir esse período com um belo verniz de paz, amor, sinos e flores, levaria muito tempo para que aqueles envolvidos intimamente com os Stones começassem a vislumbrar os anos 1960 de modo mais positivo.

A fim de apresentar o panorama mais exato possível desse período memorável, busquei não levar em consideração a opinião da maioria – tanto sobre os Stones quanto sobre o mito dos anos 1960.

Apesar da sorte de ter tido acesso a inúmeras entrevistas não publicadas e documentos não divulgados, ignorei os relatos mais sensacionalistas, a menos que fossem absolutamente relevantes.

Os protagonistas desta história, a despeito de suas *personas* extravagantes, são seres humanos, sujeitos aos mesmos sentimentos e emoções a que todos nós estamos.

Com o encanto que os anos 1960 ainda exercem, não surpreende que se esteja produzindo um filme sobre os extraordinários acontecimentos que envolveram Jagger e Richards em 1967.

O consumo de drogas é questão atual, dado que os astros pop de hoje ainda relutam em divulgar qual seja sua fonte de inspiração. Portanto, essa época marcante serve para nos lembrar da necessidade de um ajuste entre a lei e a criatividade. Após 40 anos, como ainda mostram as manchetes dos tabloides, a relação entre drogas e artistas pop ainda é um assunto que provoca debate, e as atitudes dos jornalistas continuam a ser tão questionáveis como nos anos 1960.

Assim, deixe-me levá-lo de volta a uma época em que a música "pop" era considerada apenas uma moda passageira, quando a Inglaterra tinha apenas três canais de TV que transmitiam em preto e branco e o conceito de telefones celulares, transmissão via satélite e Internet era tema de filmes de ficção científica. Um período fascinante que, até hoje, nos surpreende por sua magnitude e força.

Simon Wells

Capítulo 1

Dartford

> *"Para muitos, os anos 1960 terminaram em 1967... Em 1967, o homem comum começou a fazer uso de drogas, deixando isso de ser privilégio de poucos. O mundo mudou completamente. Havia, ainda, outro aspecto da revolução... nós [os Rolling Stones] não iríamos mais desaparecer. Em 1961, Ken Dodd e Engelbert Humperdinck ainda estavam nas paradas de sucesso e, portanto, a velha guarda tinha esperanças de que, assim como os bambolês e os chapéus estilo Davy Crockett,* nós também iríamos desaparecer e a vida voltaria a ser como nos tempos de Mantovani."*
>
> Andrew Loog Oldham, empresário dos Rolling Stones, 2007.

Anos 1960 – expressão que se tornou símbolo de prazer desenfreado, frivolidade e de um otimismo arrebatador, raramente visto nos dias de hoje. Você notará, com frequência, a mídia referir-se aos anos 1960 como uma época de alegria e um pouco de loucura na qual, aparentemente, todos sorriam, se abraçavam e os jovens, em especial, desfrutavam um novo sentido de liberdade.

Apesar de ter sido, com certeza, uma década de notável explosão criativa, ela também foi marcada por pobreza, guerra e fome, questões que colocaram em xeque o caráter de todos os envolvidos.

Além disso, os efeitos da Segunda Guerra Mundial, ocorrida durante a geração anterior, ainda podiam ser sentidos por todo o Reino Unido. Porém, havia um desejo de mudança no ar e, não importa o quanto os mais velhos resistissem, a base de poder estava mudando. Com jovens menores de 21 anos gozando um novo sentido de independência, novas liberdades surgiam no horizonte.

Durante os anos 1950 e início dos anos 1960, o Reino Unido "importou" dos Estados Unidos modismos como os filmes de Davy Crockett

---

*N. T.: Semelhantes aos chapéus estilo Daniel Boone.

e os bambolês, mas foi a explosão das bandas *beat* inglesas, em 1963, que conquistou avalanches de jovens britânicos. Independentemente de classe, cor ou credo, esse primeiro grande movimento nascido na Inglaterra inspirou muitos a rejeitar padrões de comportamento arraigados, substituindo-os por um novo sentido de urgência e paixão.

Em 1963, a entrada dos Beatles no cenário nacional inglês não só popularizou como polarizou esse renovado sentido de descoberta. Estivessem eles conscientes disso ou não, sua música e sorrisos atrevidos ofereciam um antídoto verdadeiramente necessário à depressão que parecia ter tomado conta de todos os aspectos da vida inglesa. Uma legião de bandas surgiu na esteira dos Beatles, todas compartilhando dessa nova onda de entusiasmo e desesperadas por assegurar uma fatia da fama e do dinheiro que os *Fab Four* vinham acumulando após anos de muito trabalho.

Enquanto os rapazes de Liverpool deram um ar romântico à sua origem modesta em Merseyside, as raízes dos Rolling Stones eram menos pitorescas, fincadas na fria modernidade pós-guerra da expansão urbana desenfreada, durante a qual Londres chega a avançar sobre o condado de Kent.

Com uma paisagem monótona que combinava com os nomes estranhos de municípios próximos à Londres, como Thurrock, Bexley e Rochester, Dartford, situada a cerca de 35 quilômetros a sudeste do centro da capital inglesa, foi onde os membros mais importantes da banda, Mick Jagger e Keith Richards, deram seus primeiros passos.

Por ser, historicamente, uma cidade industrial, Dartford pouco tinha a oferecer a uma criança com grande imaginação, crescendo nos anos 1950, para que ela desejasse ficar lá.

No entanto, apesar de a região não oferecer nada de excepcional, a posição privilegiada dos pais de Mick Jagger colocou a família em um patamar acima da média.

Basil, o pai de Jagger, era preparador físico e seu treinamento no exército o ajudou a criar um programa estruturado de educação física para os jovens da região. Mais conhecido como Joe, Basil conseguiu angariar alguma fama em virtude de seu método exclusivo de treinamento físico, o qual viria a ensinar a professores de educação física de todo o mundo.

Eva, a mãe de Jagger, era o epítome da esposa pós-guerra. Nascida na Austrália e cabeleireira por profissão, com a chegada dos dois filhos, Michael e Christopher, assumiu no lar o papel da esposa cordata, feliz e, ao mesmo tempo, autoritária. Com o bom salário do marido, a família desfrutava de uma rara sensação de prosperidade, negada a muitos no Reino Unido pós-guerra.

Nascido em 26 de julho de 1943, Michael Philip Jagger cresceu sob a influência do convencionalismo de seus pais. Com tão sólida formação, o jovem teve um desempenho acadêmico exemplar e não encontrou nenhuma dificuldade em passar nos exames admissionais para o Ensino Médio. Em virtude do grande interesse da família Jagger por esportes, Michael logo foi atraído por atividades ao ar-livre, em especial o críquete, uma paixão que o acompanharia por toda a vida.

Apesar de o som da bola de couro de críquete arremessada pelos tacos de madeira nunca deixar de trazer um sorriso aos lábios exageradamente carnudos de Jagger, outras emoções viriam a chamar sua atenção quando se aproximou da adolescência. Após ser aprovado, sem dificuldades, no exame de ingresso ao Ensino Médio, Jagger deixaria os estudos em segundo lugar, dando preferência ao improvisado e caseiro *skiffle*, o rock'n'roll dos jovens ingleses.

Como não houvesse nada além da voz melodiosa de cantores como Johnny Ray e Sinatra para acender o entusiasmo dos adolescentes, a onda do *skiffle* logo atraiu inúmeros jovens ingleses, todos ansiosos por seguir os passos de Loonie Donegan, "Rei do *Skiffle*", o primeiro astro a surgir de uma banda de garagem.

O *skiffle* se foi tão rápido quanto surgiu, cedendo lugar ao rock'n'roll, com sua sonoridade primitiva que tinha como base gêneros musicais afro-americanos. Muito embora, a postura reservada, o corpo avantajado e a idade indeterminada de Bill Haley tenham afastado alguns adolescentes mais reticentes, a voz trêmula e as estruturas melódicas simples de Buddy Holly levariam muitos aspirantes a músico a empunhar uma guitarra. Com inúmeras apresentações agendadas por todo o mundo, Holly visitaria o Reino Unido apenas em 1958 e, apesar de o município de Croydon, onde se apresentou em 12 de março, ter sido o mais próximo que o astro chegou de Dartford, sua postura confiante e tranquila e a combinação arrebatadora que fazia de *rockabilly* e pop, sem falar na nunca vista guitarra maciça Fender Stratocaster, acenderam a ambição dos adolescentes dos arredores de Londres.

Ao mesmo tempo em que era dedicado aos estudos, Jagger também se sentia atraído pela cultura não conformista do rock'n'roll, e logo percebeu a considerável vantagem que teria em relação aos seus colegas ao abarcar a nova mania. Por ser uma figura mais exótica do que atraente, Jagger compensava sua aparência adotando a moda da época, cujo vestuário era criado de modo a atrair o sexo oposto. Como parte de sua metamorfose adolescente, substituiria o nome Michael, considerado um tanto tradicional, por Mike e, mais tarde, passaria a adotar uma versão ainda mais arrojada, Mick.

Por ser um movimento novo no qual não havia discriminação de idade ou raça, o rock'n'roll foi um cavalo de Troia que influenciou vários gêneros musicais; alguns recém-criados, outros já com décadas de existência.

Enquanto Little Richard, Fats Domino e Elvis Presley incorporavam todos os estilos musicais em busca de popularidade, o público mais seleto gravitaria em torno do blues do meio oeste americano, o qual também servia de base para o rock'n'roll, popularizando, com isso, músicos como Howlin'Wolf, John Lee Hooker e Muddy Water.

Dick Taylor, um fã incondicional do blues, estudava com Jagger na escola de Ensino Médio de Dartford e, apesar de estar anos luz à frente de seus colegas quando o assunto era música, decidiu unir-se a Jagger.

"Quando nos conhecemos, o rock'n'roll já tinha estourado e estava começando a perder sua força," declarou Taylor. "Eu curtia jazz, blues e coisas do gênero e, então, descobrimos o que se chamava na época *rhythm and blues*; na realidade, um blues urbano parecido com o estilo de Muddy Waters, Elmore James e, mais tarde, Chuck Berry. Cada vez que um novo disco de Chuck Berry era lançado, as pessoas compravam um importado ou o que houvesse à disposição. Ou melhor, nós comprávamos: os trios e quartetos da escola de Ensino Médio de Dartford que curtiam à beça esse tipo de música."

Com o movimento blues convocando seus seguidores a dar um passo além de simplesmente ouvir música, Taylor e Jagger buscaram criar um som que fosse mais do que uma simples imitação do blues.

Encontravam-se na casa um do outro, acompanhados de vários amigos que partilhavam do mesmo entusiasmo e faziam, sem muito empenho, alguns exercícios de técnica musical. Raramente se aventuravam além dos limites seguros da sala de estar e por vezes gravavam suas *jam sessions,* sempre sonhando com o sucesso que outros músicos faziam na televisão e no rádio.

Em homenagem ao fascínio que tinham pelo blues, o grupo que se reunia para tocar decidiu chamar sua banda de "Little Boy Blue & The Blue Boys", pseudônimo já usado pela lenda do blues, Sonny Boy Williamson. "Little Boy Blue" também era o nome de uma canção da banda Bobby "Blue" Bland, outra de suas primeiras influências.

Apesar da música como hobby e do apelo de não conformismo deflagrado pelo blues, o desempenho acadêmico de Jagger e Taylor no Ensino Médio foi bom o bastante para lhes abrir as portas do Ensino Superior.

A inclinação mais artística de Dick Taylor o levou à Faculdade de Arte de Sidcup, localizada nos arredores de Dartford, enquanto a perspicácia de Jagger, que denotava talento para seguir uma carreira no meio empresarial, garantiu-lhe uma vaga na London School of Economics [Faculdade de Economia de Londres], um feito notável.

A London School of Economics tinha a tradição de politizar seus alunos e, enquanto a cursou, Jagger teve contato com um radicalismo ou, pelo menos, com causas de esquerda, estranhos à sua criação. Foi lá, ainda, que Michael Jagger transformou-se em Mick, o nome que definiria seu estilo radical por toda a vida. Comprometido com os estudos, todas as manhãs Jagger viajava por 30 minutos no trem que levava inúmeros trabalhadores até Londres. Certo dia, no final de 1961, outro adolescente de Dartford estava no trem – seu nome, Keith Richards. Jagger o reconheceu da época em que estudavam na escola primária.

Apesar de terem crescido na mesma região, nunca se tornaram amigos, provavelmente porque a família Richards pertencia a uma classe muito mais baixa que a de Jagger.

Filho único, Richards nasceu em 18 de dezembro de 1943 e sua família, como muitas do pós-guerra, teve de se estabelecer em uma das residências consideradas adequadas ao proletariado. Apesar de, anos depois, Richards referir-se ao lugar onde cresceu como "uma porra de um conjunto habitacional miserável", dentro de seu lar havia uma atmosfera de apoio e carinho; seus pais, Bert e Doris, não se cansavam de dar mostras do amor incondicional pelo filho único.

A Wentworth Primary School de Dartford foi a primeira escola em que Richards estudou e o lugar onde viria a conhecer vários pré-adolescentes da região, entre eles, Michael Jagger, sendo considerado uma espécie de celebridade em virtude de sua personalidade irreverente e fora dos padrões.

Jagger lembrou-se do jovem excêntrico, cujo único propósito na vida parecia o de ser um malandro e, durante o tempo em que viveram muito próximos um do outro, a diferença de classe social os impediu de serem amigos.

Quaisquer interesses que Keith Richards porventura tivesse demonstrado pela vida acadêmica e pelos esportes logo foram substituídos pelos encantos arrebatadores da música. Quando criança, gostava de cantar e, por ter uma bela voz, com timbre agudo angelical, passou a fazer parte do coro da escola, que se apresentava em diferentes lugares sempre que requisitado. E, assim, Keith cantou em locais consagrados, como o Royal Albert Hall de Londres, o Royal Festival Hall e viria mais tarde a se apresentar na Abadia de Westminster, cantando "O Messias" de Handel para a recém-coroada rainha Elizabeth II.

A puberdade roubaria de Keith os tons suaves de sua voz e, sem ter nada que realmente o atraísse, mergulhou de cabeça no rock'n'roll, uma diversão estimulada pela avó, que já tocara em turnês de jazz.

Sua mãe, com frequência, enchia a casa com a música de Ella Fitzgerald, Billie Holiday e das grandes bandas de jazz em voga naquela época. Nesse ambiente, seu envolvimento com o rock'n'roll foi mais do que estimulado.

"Na minha cabeça, o mundo deixou de ser preto e branco e tornou-se tecnicolor," declarou Richards à BBC, em 2010. "Algo se acendeu. De repente, ouvi essa música vinda do nada e foi como se tudo tivesse se encaixado. E descobri, então, o que queria fazer."

Keith foi simplesmente tomado pelo rock'n'roll. O canto ficou em segundo lugar, substituído por seu fascínio pela guitarra de Scotty Moore, que tocava com Elvis, e de Chuck Berry, sua grande fonte de inspiração. A poderosa atração que sentia pelo som da guitarra levou-o a empunhar uma e, a partir de então, o instrumento poucas vezes ficaria distante dele mais que alguns centímetros.

Com um desempenho acadêmico que não lhe garantiu ingresso no ensino secundário, Keith cursou, a passos lentos, a escola técnica. Por não ter muito interesse pelos estudos, acabou sendo expulso por faltas e, como um emprego bom e rentável não lhe parecia atrativo, optou por resgatar algo que se assemelhasse a uma formação acadêmica na faculdade de arte Sidcup Art College, próxima a Dartford.

Apesar de Richards não ter conhecimento na época, as faculdades de arte da Inglaterra logo se tornariam verdadeiros celeiros dos futuros astros musicais dos anos 1960. John Lennon, Pete Townshend, Ray Davies, David Bowie, Charlie Watts e Jimmy Page passaram por elas, onde a flexibilidade quanto ao número de faltas foi um componente vital para a criação de novas ideias e comportamentos. É irônico que muitos desses alunos, assim como Richards, também usassem como fonte de inspiração o som dos desabrigados do delta do Mississipi.

Embora fosse mínimo o interesse de Richard por artes, se comparado à sua fascinação por música, na faculdade ele viria a conhecer outras pessoas que partilhavam do mesmo modo de pensar. Coincidentemente, Dick Taylor, o parceiro musical de Jagger, também estudava em Sidcup e pensava em construir uma carreira alternativa no campo das artes e da música. Não lhe passou despercebido o estilo bizarro de Richards e, com a música como ponto de união, os dois logo se tornaram amigos.

A tranquila carga horária, típica da faculdade, lhes deu condições de complementarem seus estudos com todas as formas de entretenimento oferecidas nos arredores da enfadonha região de Dartford.

Apesar de ser um assunto pouco divulgado, havia um consumo moderado de drogas entre os jovens ingleses dos anos 1950, mas era preciso que usassem a criatividade para consegui-las, como relembra Taylor em uma declaração a Victor Bockris, em 1992:

"Para conseguir ficar tocando até tarde e acordar cedo para ir à faculdade, Keith e eu sempre tomávamos estimulantes, o que, além de nos manter acordados, nos deixava ligados. A gente tomava de tudo – remédio para menstruação, inaladores que continham anfetamina, como o Nostrilene, e outras coisas mais."

A frequência à faculdade era esperada, embora nem sempre mantida, e o meio de transporte mais prático para cumprir o trajeto era o trem. O trecho que levava a Sidcup fazia parte da linha que Jagger tomava para ir ao centro de Londres e foi assim que, certo dia, Jagger e Richards se reencontraram em um vagão lotado.

Por um acaso do destino, Jagger trazia consigo dois álbuns que eram objetos de grande desejo: *Rockin'At the Hops,* de Chuck Berry, e *The Best of Muddy Waters.* Com seu faro para fazer compras que valessem a pena, Jagger adquirira os álbuns pelo correio diretamente da sede da Chess Records, em Chicago, e, como essas raridades em vinil eram de interesse mútuo, eles começaram a conversar.

"Naquele momento, naquele vagão de trem, Mick e eu sentimos uma identificação instantânea." Richards viria a declarar em 2010. "Alguma coisa tinha mexido forte com a gente: era o blues, com pitadas de rock'n'roll... De repente, ficamos surpresos ao perceber que nós dois estávamos ligados no mesmo tipo de música e tínhamos nos encontrado de novo, por acaso, do nada... E então tudo começou."

Após descobrirem a mútua predileção pelo blues, passaram a conversar sobre seus feitos pessoais; Jagger contou sobre sua participação ocasional em uma incipiente banda de blues da região e Keith, sobre seus estudos de guitarra.

Quando começaram a falar sobre quão poucos músicos apreciavam o blues, logo descobriram que tinham um amigo em comum, Dick Taylor, o guitarrista itinerante. Como este já havia tocado com ambos em diferentes ocasiões, consideraram a possibilidade de que os três unissem seus talentos. Na opinião perspicaz de Taylor, a visão mais ampla de Mick e de Richards levaria o grupo a um patamar diferenciado, acrescentando pitadas de Chuck Berry, Buddy Holly e Elvis Presley ao som da banda.

Quando as *jam sessions* do grupo incipiente passaram a se intensificar, eles ouviram a notícia de que um *nightclub* devotado exclusivamente ao blues estava sendo aberto no bairro de Ealing, no oeste de Londres.

O criador do *nightclub* chamava-se Alexis Korner. Nascido em Paris, de pais de origem austríaca e grega, além de ser grande conhecedor do blues, era um músico de certa reputação. Como o interesse pelo blues inglês era, de certa forma, restrito a um pequeno grupo de seguidores, Alexis tornara-se ponto de referência do gênero no Reino Unido. Com seu parceiro musical Cyril Davies, Korner animava noites em *nightclubs* de jazz tradicional tocando *covers* de blues. Abrindo apresentações de músicos do calibre de Chris Barber e Acker Bilk, Korner e Davies seguiram na esteira do jazz por todo o país. No entanto, apesar da grande exposição que conseguiu, Alexis queria mais, não só para ele e Davies, mas para o blues de modo geral.

No início dos anos 1960, a BBC era a única rádio de âmbito nacional cujo show *Light Programme*, parte de sua programação "popular", transmitia apenas o que hoje seria mais bem descrito como "música de elevador". O blues, tão desconhecido dos programadores da BBC dos anos 1960 quanto o punk viria a ser 15 anos depois, só podia ser ouvido por aqueles que tinham a sorte de ter um vinil importado ou se aventuravam a entrar no círculo de Korner.

No início de 1962, cansado das artimanhas dos intransigentes cartéis do jazz de West End e do skiffle, Korner conseguiu o aval para organizar uma noite dedicada ao blues no Ealing Jazz Club, localizado em um porão, em frente à estação de metrô Ealing Broadway. Além dessa empreitada, Korner formou a Blues Incorporated, uma reunião informal de músicos com gostos similares, cuja rotatividade refletia o mundo do jazz e por cujas fileiras passaram músicos da estirpe de Ginger Baker, Jack Bruce, Cyril Davies, Graham Bond e um baterista chamado Charlie Watts.

Para promover o evento dedicado ao blues de Alexis, um anúncio foi publicado na revista semanal *New Musical Express*, a bíblia inglesa dos fãs de música. Movidos pela oportunidade de fazer parte da modesta explosão do blues, Jagger, Richards e Dick Taylor enviaram a Alexis uma fita caseira gravada durante um ensaio, para ser avaliada. Embora esta tenha sido devolvida com um educado diferimento, os garotos ainda estavam motivados o suficiente para fazer a viagem de cerca de 35 quilômetros de Dartford a Ealing para ouvir o mais puro blues.

Dick Taylor: "Ficamos sabendo que Alexis Korner estava se apresentando no Ealing Club e nos espremou no carro do pai de Mick para ir até lá... Assistimos a Alexis Korner e, por algumas semanas, ficamos impressionados e, então, com a presunção típica dos jovens, dissemos: 'Epa, nós conseguimos fazer isso. *A gente* podia estar lá em cima!'".

Um clima de camaradagem predominava no *nightclub*. Assim, qualquer um que quisesse se apresentar conseguia, com um pouco de lábia, subir ao palco. Por fim, Jagger, Richards e Dick Taylor se aventuraram e Mick, com seu jeito debochado e arrogante, alheio ao mundo, foi quem mais atraiu a atenção do público e logo se tornou um dos vocalistas favoritos da lista de músicos da Blues Incorporated, enriquecendo seu vocal ao tocar maraca, pandeiro e, por vezes, gaita.

Vários outros aspirantes a músico também tocaram no palco do Ealing: alguns talentosos; outros, simplesmente ansiosos por participar do clima de festa. Em 7 de abril, três semanas após a abertura do Ealing, um tal "Elmore Jones" subiu ao palco, mais um jovem cantor empunhando uma guitarra com *slide*. Taylor, Richards e Jagger assistiram-no naquela noite. Por trás do pseudônimo estava Brian Jones, sendo o apelido atribuído apenas um dos inúmeros motivos para fugir do passado.

Jones nasceu em 28 de fevereiro de 1942 e sua formação deu-se em um ambiente a anos-luz de distância do sombrio e encardido porão onde ficava o bar de Korner. A família de Brian vinha da sofisticada estância termal de Cheltenham, um enclave a cerca de 150 quilômetros a oeste de Londres. Seus pais eram moradores atípicos da região; o pai, Lewis, era engenheiro da aeronáutica e a mãe, Louisa, dona de casa e professora de piano.

Paralelamente aos estudos, Jones interessou-se pela música. Aprendeu a tocar piano erudito com a mãe, passando, depois, a fazer parte da orquestra da escola como clarinetista.

Com a chegada da puberdade, a complexa individualidade de Jones começou a se afirmar e, como outros jovens curiosos de sua geração, buscou refúgio primeiramente no jazz tradicional e depois no blues, cujas letras melancólicas e sonoridade fria ecoavam ambições não concretizadas, repressão e amor não correspondido. Jones logo aprenderia a tocar guitarra, bem como gaita e saxofone.

Independentemente de suas aspirações musicais, Jones tinha outros motivos para fugir de Cheltenham. Seus vários casos amorosos o levaram a ter dois filhos na cidade. Seu primeiro envolvimento com uma jovem de 14 anos chegou às páginas dos jornais de tiragem nacional e, apesar de o nome de Brian e da garota nunca terem sido revelados publicamente, sua reputação ficou manchada em toda Cheltenham. Além disso, sua personalidade imprevisível quase o tornou *persona non grata* em seu círculo de amigos; dono de um temperamento volátil, conseguia se transformar de querubim em crápula em um segundo. Fora essa dicotomia, havia o paradoxo do aluno talentoso que desprezava as convenções da vida escolar. A despeito de sua inteligência aguçada, suas paixões falavam mais alto, o que o levou a deixar os estudos em segundo plano. Em virtude de todos esses problemas, Jones era constantemente ameaçado de expulsão do Ensino Médio.

Como o nome Brian Jones passou a ser visto com desdém na tradicional Cheltenham, seu pai tratou de enviá-lo a Londres para trabalhar com um oftalmologista. A tentativa não foi bem-sucedida e, pouco tempo depois, Brian voltou à cidade natal, permanecendo escondido no apartamento de um amigo até conseguir dinheiro suficiente para ir de carona até a Escandinávia, onde esperava "ampliar seus conhecimentos" sobre o sexo frágil.

Ao retornar a Cheltenham, a música se tornou seu objetivo maior e sua dedicação lhe rendeu o *status* de celebridade entre os amigos que lá moravam. Justamente quando suas pretensões musicais pareciam ter chegado a um impasse, um encontro fortuito mudou sua vida para sempre.

Tamanha era a procura por *trad jazz* nas cidades do interior da Inglaterra, que astros consagrados, como Chris Barber e Kenny Ball, não tinham qualquer dificuldade em encontrar trabalho fora de Londres.

Em dezembro de 1961, Barber e sua banda estavam em turnê e se apresentaram no Teatro Municipal de Cheltenham. Durante os intervalos, Alexis Korner e Cyriel Davies tocaram blues, o que provavelmente entediou alguns puristas, mas Brian Jones, o pária de 19 anos, ficou inebriado com o que ouviu.

Após a apresentação de Korner e Davies, Jones os abordou em um bar próximo ao teatro, onde lhes contou sobre o quanto amava o estilo de música que tinham acabado de tocar. Certamente impressionado com o grande conhecimento que o jovem tinha sobre a paixão que ambos partilhavam, Korner disse-lhe que, caso Brian fosse a Londres, deveria entrar em contato, mencionando, ainda, as possibilidades de trabalho dentro desse novo cenário.

Consciente de que a viagem de mais de 160 quilômetros implicava passar uma noite em Londres, Korner, como de hábito, convidou Brian para ficar hospedado em seu apartamento em West London. Ele e a mulher eram conhecidos por oferecer hospedagem para músicos amantes do blues. Entusiasmado com a possibilidade de sair dos limites sufocantes de Cheltenham, Jones viajou para Londres em janeiro de 1962, hospedando-se no apartamento de Alexis por alguns dias.

Inebriado com tudo que a capital oferecia, Jones passou a visitar Londres com frequência, sempre sonhando em formar sua própria banda de blues. Em busca das pessoas certas para seu projeto, percorreu o sudoeste da cidade, procurando músicos e pesquisando as publicações musicais a fim de encontrar alguém disponível. Enfim, encontrou o cantor Paul Pond, um fã de blues que vivia em Oxford e se tornaria, posteriormente, Paul Jones, o vocalista da famosa banda the *rhythm and blues* Manfred Mann, cuja potência vocal, que não delatava sua idade, impressionou Jones.

Era inevitável que Brian conhecesse o *nightclub* dedicado ao blues que Korner criara em Ealing. Ele então gravou, sem muito esmero, uma fita e a enviou a Korner juntamente com uma carta relembrando-o de seus encontros anteriores. Sem receber qualquer resposta afirmativa e não tendo nada que o prendesse em Cheltenham, Jones, acompanhado de Paul, assistiu a vários dos shows de domingo no *nightclub* e a persistência de ambos fez com que Korner os convidasse para tocar no intervalo da apresentação do Blues Incorporated, em 7 de abril.

O estilo e a presença ímpares de Brian certamente cativaram os três jovens de Dartford. "Ficamos impressionados com a forma como Brian tocava a guitarra com *slide*", declarou Dick Taylor. "Era perfeito. Ele tinha uma Martin acústica e algo que amplificava o som, era fantástico. Fomos falar com ele e foi assim que tudo começou."

Era claro que Paul Pond buscava algo além do blues puro e, quando teve a oportunidade de se juntar a uma banda do distrito de Slough, que tocava em bailes, separou-se de Jones, que continuou a perseguir seu objetivo, abrindo uma audição que atraiu alguns dos músicos que frequentemente tocavam no Ealing Club, além de outros, seduzidos pelo anúncio da revista *Jazz News,* de 2 de maio. A audição foi realizada em uma sala no piso superior do pub Bricklayers Arms, no Soho de Londres, cujo aluguel custava apenas 50 centavos.

Keith Richards, cuja habilidade como guitarrista não tinha passado despercebida de Jones, foi chamado a participar. Jagger e Dick Taylor compareceram como convidados de Keith, ambos ansiosos por participar da seleção. Esperançoso, o pianista de boogie-woogie Ian Stewart também se apresentou. A audição resultou na formação da nova banda de Jones que, assim como a Blues Incorporated, teria grande rotatividade de músicos. Nas semanas seguintes à audição, ensaios seriam realizados não só no Soho, como em vários outros lugares.

Como era de se esperar, Brian acabou tendo uma séria desavença com dois novos membros de sua banda incipiente, o que deu a Jagger e Taylor a oportunidade de integrar o grupo. Jagger, cujo envolvimento com a faculdade e com a Blues Incorporated já tomava boa parte de seu tempo, aproveitaria os ensaios com o grupo de Jones para diversificar seu estilo. Enquanto o grupo de Korner focava-se primordialmente no blues, os ecléticos participantes da banda de Brian davam espaço a uma mistura de estilos diferentes. Ademais, bateristas permanentes eram artigo raro em Londres e vários percussionistas esporádicos buscariam criar uma base rítmica para a banda, entre eles o futuro Kink Mick Avory.

Embora a posição de Brian como líder autoeleito da banda continuasse incontestada, Jagger foi o primeiro a tomar conhecimento de que a Blues Incorporated de Korner havia desistido de se apresentar no London's Marquee Club em virtude de um compromisso inadiável com uma rádio. Apesar de Jagger normalmente se apresentar com o grupo de Korner, a exigência da BBC de que apenas cinco membros da banda participassem do programa, a fim de poderem ser acomodados em estúdio, deixou claro que ele não seria convocado para o evento.

A apresentação no Marquee tinha como astro principal outro expoente do Ealing, o desengonçado Long John Baldry, mas o gerente do *nightclub* convidou o grupo de Jones, ainda sem nome, para tocar como atração secundária. A banda agarrou a oportunidade e aceitou o convite. Esse momento histórico do rock aconteceu em 12 de julho de 1962.

O grupo improvisado de Jones ainda não tinha um nome e a inspiração surgiu quase como obra do destino. Ansioso por se firmar como empresário, Brian conseguiu colocar um anúncio na revista *Jazz News* para divulgar a apresentação no Marquee e o editor precisava de um nome para o grupo. Jones, por acaso, deparou-se com um álbum de Muddy Waters de 1948 em seu apartamento. A faixa "Rollin' Stone" destacava-se na capa e Jones, sem pestanejar, apropriou-se do nome por considerá-lo adequado para a primeira apresentação da banda. E assim, como resultado desse oportuno sincronismo, surgiu, embora um tanto abrupto, o nome "Rollin' Stones".

Como era de se supor, uma mistura de ansiedade e medo precedeu a apresentação no Marquee Club. Mick, Keith e Brian (como "Elmore Jones") formavam a linha de frente enquanto Ian Stewart, ao piano, Dick Taylor, no baixo e Tony Chapman, como baterista convidado, compunham a linha de fundo. Com uma combinação irreverente de blues, rock'n'roll e nervosismo, não causou espanto o fato de a banda se mostrar como uma afronta a alguns puristas do jazz presentes no *nightclub*.

Dick Taylor: "Lembro-me de ver reações diferentes no público, acho que algumas pessoas queriam escutar blues puro. Muitas realmente gostaram do nosso som, mas outras gritavam: 'Toquem blues de verdade.' A gente, com certeza, se divertiu muito com isso. Sei que a faxineira não gostou do nosso som, pois disse: 'Eles nunca vão chegar a lugar nenhum.'"

A despeito das lembranças de Taylor, parece que a administração do Marquee não apreciou de todo a postura e o som insolente do grupo e, apesar de ainda fazerem mais algumas apresentações no *nightclub*, a situação se complicou quando Keith acostou o gerente da casa com sua guitarra após um comentário sobre a aparência do grupo. Apesar do episódio no Marquee, convites para apresentações em outros lugares começaram a surgir. A remuneração desses shows, agendados e organizados por Brian Jones, era mínima, mas a emoção de tocar ao vivo era tal que nenhum dos músicos se importou em conferir os "criativos" livros de contabilidade de Jones.

A fim de evitar o desconforto da viagem de trem de Dartford até Londres, Mick alugou um apartamento de dois cômodos na Rua Edith Grove, nº 102, no bairro de Chelsea, em Londres. Localizava-se em Earl's Court, a parte menos elegante de King's Road, onde as grandes residências de três e quatro andares da região foram transformadas, durante os anos 1960, em apartamentos insalubres, ocupados por aqueles que não conseguiram um lugar nos conjuntos habitacionais. Ao mesmo tempo em que o local atraía estudantes da faculdade Chelsea Art College em virtude dos aluguéis baixos, uma legião de *beatniks* da região oeste de Londres e moradores itinerantes eram atraídos pela vida boêmia da região.

Apesar de a música consumi-los por completo, uma renda extra era necessária para complementar os parcos rendimentos com as apresentações. Mick economizava o que podia de sua bolsa de estudos da faculdade e Keith tinha praticamente dito adeus às suas ambições com relação ao curso de arte na Sidcup Art School, passando o dia todo tocando guitarra e monitorando os ratos que viviam em seu apartamento.

Nesse meio tempo, Brian mantinha seu apartamento em Kensington trabalhando na loja de departamentos Whiteleys, em Bayswater, apesar de passar a maior parte de seu tempo livre na casa de Mick, em Edith Grove. Jones logo seria demitido da loja em virtude de irregularidades em seu caixa e viria a passar a maior parte do tempo em casa, onde vivia com Pat Andrews e o filho Mark, como consequência de um de seus casos em Cheltenham. Pat chegara a Londres na esperança de criar seu filho com o pai e suportaria o comportamento volátil e extremamente egocêntrico de Jones por boa parte do ano.

A situação no lar levou Brian a ir com frequência a Edith Grove e, como Keith era o único locatário que permanecia no apartamento durante o dia, os dois, nos intervalos de suas *"jam sessions"*, pensavam em artimanhas para conseguir o dinheiro de que tanto precisavam. Quando Jones não teve mais condições de pagar o aluguel de seu apartamento, foi morar com Mick e Keith. Como Jagger se dedicava aos estudos durante o dia, a fusão dos estilos singulares e idiossincráticos de Richards e Jones começou a se consolidar.

O cuidado com a casa era totalmente ignorado. Apesar de estar localizado em Chelsea, o apartamento mais parecia um quarto repulsivo, com sujeira e poeira por todos os lados e restos de comida das refeições ocasionais sobre os móveis. A fim de se divertir, Keith e Brian levavam, com a maior cara de pau, até o banheiro comunitário, um microfone conectado ao gravador de rolo que tinham e, então, tocavam seus experimentos sonoros para dar vida ao tédio reinante. Quando seus parcos fundos acabaram, passaram a roubar alguns itens da cesta básica dos outros locatários; por vezes, sobreviviam graças aos alimentos enviados por Doris, mãe de Keith.

A despeito de suas grandes aspirações, assim como outras bandas sem contrato com gravadoras, o principal objetivo dos Stones era conseguir apresentações ao vivo. Como o estilo pop inglês era definido por músicos do calibre de Adam Faith, Cliff Richard e Frank Ifield, não seria fácil para uma banda de *rhythm and blues* encontrar trabalho. Brian, Mick e Keith ficaram, portanto, confinados ao pequeno sótão de Mick, em Edith Grove, no final de 1962 e início de 1963, o inverno mais rigoroso em 200 anos.

Entretanto, do lado de fora, apesar de paralisado em virtude do clima, o Reino Unido começava a mudar seu foco. Em janeiro, os Beatles apresentaram-se pela primeira vez em rede nacional de TV, dando início ao movimento que levaria à Beatlemania em meados de outubro. Nesse ínterim, o governo do primeiro-ministro Harold Macmillan, do partido conservador, estava prestes a implodir por causa do escândalo Profumo, que acabou de vez com a antiga tradição britânica de deferência aos membros mais velhos da aristocracia.

Em 1961, a população do Reino Unido somava 50.290.000 de pessoas e a porcentagem de jovens com menos de 19 anos atingia o maior índice já registrado. Uma vez que o serviço militar não era mais obrigatório, essa geração jovem não precisava se preparar para a guerra. Ainda, visto que, desde meados dos anos 1950, as referências que tiveram foram os modismos americanos, era evidente que, em algum momento, a juventude inglesa reagiria. O ambiente era, com certeza, propício para essa nova onda. Havia, na Inglaterra, mais de 1.500 locais onde era permitida a apresentação de bandas ao vivo, portanto, não faltavam oportunidades de trabalho para novos talentos.

Como as leis sindicais e de imigração dificultavam a entrada de artistas estrangeiros no país, houve um aumento na demanda por talentos locais. No entanto, embora o rádio e a televisão ignorassem a nova onda da *beat music*, e sobremaneira o *rhythm and blues*, uma banda poderia angariar um número considerável de fãs, tocando ao vivo.

Apesar do desejo por sucesso, a vida para Mick, Keith e Brian no apartamento em Edith Grove estava longe de ser confortável. A proximidade das festas de fim de ano levou-os a reavaliar qual direção tomar. Dick Taylor havia informado ao grupo que estava saindo da banda para se dedicar aos estudos na faculdade Royal College of Art, deixando-os em um dilema. Sem um baterista permanente e com a deserção de Taylor, a necessidade de criar uma base rítmica estável se tornou prioridade. A fim de preencher a vaga de baixista a tempo para o grande número de apresentações que previam para o fim de ano, uma audição foi organizada às pressas no The Wetherby Arms, um famoso *pub* em Chelsea, próximo à casa dos rapazes, em Edith Grove.

O baixista William "Bill" Perks, na época com 26 anos e bem mais velho que os outros músicos, estava entre os que se apresentaram para a audição. Nascido em Sydenham, no sul de Londres, já havia prestado o serviço militar obrigatório, durante o qual fez parte da Royal Air Force.

Durante o tempo que passou no exército, conheceu outro recruta chamado Lee Wyman. Impressionado com o elegante nome do colega, Perks adotou seu sobrenome, o que elevou consideravelmente sua autoconfiança. Como casar e ter uma casa era essencial para um rapaz da classe trabalhadora, Bill escolheu ambos, tendo um filho, Stephen, em março de 1962.

Livre do rigor do serviço militar, Perks, recém-rebatizado Wyman, embarcou em uma carreira que abrangia sua maior paixão, a música. Apesar de nunca ter tido talento para ser um exímio guitarrista, Bill encontrou seu nicho no baixo e, como havia uma grande oferta de trabalho para baixistas residentes em Londres, tocou com vários grupos, chegando a se apresentar como apoio de Dickie Pride, uma das descobertas de Larry Parnes.

Seu trabalho com a banda The Cliftons lhe propiciava muito pouco em termos de entusiasmo, mas foi por meio do então baterista da banda, Tony Clifton, e, posteriormente, por intermédio do pianista Ian Stewart que veio a saber da audição dos Stones. Ambos os músicos contaram a Bill sobre as idiossincrasias do grupo e ele chegou à audição com grandes esperanças de poder dar um novo rumo à sua carreira.

Em virtude de sua vasta experiência de palco, Wyman, dotado de um estilo revolucionário para a época, causou certo rebuliço quando entrou no *pub*; assim como seu grande amplificador Vox, que teve de ser empurrado sobre um suporte com rodas. Empunhando o baixo na vertical, Wyman deslizava com destreza os dedos pelo braço sem trastes do instrumento, que fora adaptado por ele. Apesar da idade e da posição de pai de família, sua habilidade foi suficiente para lhe garantir o lugar de substituto de Dick Taylor.

A vaga de baterista ainda não tinha sido preenchida e, como nenhum dos que já haviam tocado com a banda se adaptara ao grupo, Mick, Keith e Brian foram atrás de Charlie Watts. O jovem de 21 anos já era considerado uma espécie de mito nos círculos de jazz e blues de Londres e sua versatilidade com o instrumento superava qualquer receio que se pudesse ter quanto ao seu temperamento taciturno.

Desenhista gráfico por profissão, devorara, desde meados dos anos 1950, tudo o que fosse relacionado ao jazz e possuía um conhecimento enciclopédico sobre o assunto. Após uma agitada carreira como desenhista, que o levou a viajar pela Europa, assumiu a bateria, dando forma à sua paixão pelo jazz, e tornou-se frequentador assíduo dos cafés localizados nos porões de Londres e outros redutos musicais.

Watts tocava não só com a Blues Incorporated como também, ocasionalmente, com a banda Blue By Six, do Soho, e comentara com Alexis Korner a oferta dos Stones, e, apesar de a Blue By Six já tê-lo convidado para integrar o grupo em caráter permanente, Watts estava impressionado com o carisma e incrível entusiasmo dos Stones.

Incentivado pela opinião de Korner, um especialista no assunto, de que os Stones estavam destinados ao sucesso, Watts decidiu juntar-se ao desconhecido grupo, assegurando, assim, um destino muito vitorioso.

Assim que Watts uniu-se aos Stones, a banda recebeu convite para uma audição na BBC em resposta a uma das várias fitas que Brian Jones enviara para divulgar o trabalho da banda. Apesar de os Stones terem agido exatamente de acordo com as normas da emissora durante a audição para o famoso show de rádio *Saturday Club*, a BBC adotou uma postura conservadora em relação ao andar insolente de Jagger, um arremedo da atitude típica dos negros, e declarou que o som da banda era "colorido demais", rejeitando-a.

Não obstante o veto da BBC, o número de apresentações da banda no circuito dos *nightclubs* londrinos crescia. A maior parte dos shows era agendada por Jones, cuja posição de criador da banda confirmava sua necessidade de manter o controle.

Mas, como acontece com qualquer sucesso incipiente, logo surgiu alguém interessado em empresariar a banda: o dinâmico promotor de eventos e imigrante russo Giorgio Gomelsky, um fã de blues, sempre disposto a procurar novos talentos do gênero. Sabendo das incursões de Gomelsky tanto no campo do cinema quanto no da música, Jones atraiu-o para uma apresentação dos Stones no *pub* The Red Lion, em Sutton, no dia 22 de fevereiro de 1963.

Impressionado pelo som agressivo, mas eletrizante, dos Stones, Gomelsky conseguiu que se apresentassem como a banda da casa no *nightclub* do Hotel Station, em Richmond, nas noites de domingo. Inspirado por sua obsessão pelo blues, Gomelsky batizou esses shows de *Crawdaddy Club*, em homenagem à agitada canção de Bo Diddley, "*Crawdad*". E, assim, teria início uma legião de fãs.

A fama do grupo logo se espalhou além dos confins de Richmond e filas se formavam para os shows de domingo, horas antes do *nightclub* abrir as portas. Sean O'Mahoney, que viria a se tornar editor da revista musical *Beat Instrumental*, ouviu os rumores e não tardou a ir até o Hotel Station para presenciar o entusiasmo.

"A música era tão diferente," recorda O'Mahony. "Lembro-me que o lugar era uma pequena sala nos fundos de um pub, com teto baixo, e estava muito, muito quente e todo mundo suava em bicas. O mais incrível é que eles estavam usando malhas, o que parecia simplesmente uma loucura naquele salão tão quente. Todos aqueles jovens estavam mesmo curtindo a música e pareciam saber que estavam presenciando algo novo e estimulante."

A imprensa local também foi atraída pelo frenesi que tomava conta do Hotel Station. Um artigo do jornal *Richmond & Twickenham Times*, de 17 de abril, comentou sobre "alguns que dançavam, encharcados de suor, e outros caídos no chão". Historicamente, essa foi a primeira notícia significativa sobre o grupo publicada na imprensa. Em poucas semanas, outros jornais fariam fila para fazer a cobertura dos shows.

O primeiro artigo de um jornal musical respeitável, o *Record Mirror*, foi escrito por Norman Jopling, cujo relato entusiasmado de um show realizado em maio ressaltou a excitação compartilhada pelos fãs e pela banda em Crawdaddy. "Os fãs logo perdem a inibição e se contorcem ao som de uma música realmente eletrizante. Além disso, diferentemente de todas as outras bandas de R&B merecedoras dessa distinção, os Rolling Stones tem um apelo visual definido. Não são como os jazzistas que, há poucos meses, estavam tocando *trad jazz* e mudaram seu repertório para acompanhar os tempos. Os Stones são, eles próprios, verdadeiros entusiastas do R&B e se apresentam com um estilo próprio das bandas de negros dos Estados Unidos e não o de um grupo de garotos brancos, rebeldes, cujos fãs gritam enquanto os ouvem."

Como os negócios prosperavam no *Crawdaddy Club*, oeste de Londres, Gomelsky assumiu, então, a posição de empresário *de facto* da banda e começou a divulgar os Rolling Stones. Suas incursões pela indústria cinematográfica o levaram a um contato superficial com Brian Epstein, empresário dos Beatles, que se tornava, rapidamente, um dos mais importantes nomes do cenário musical inglês.

Os *Fab Four* participariam do programa de televisão *Thank Your Lucky Stars,* que seria gravado em Teddington, em 14 de abril, e Gomelsky, de alguma forma, conseguiu um convite para assistir aos ensaios.

Enquanto conversava com os Beatles no set do famoso show televisivo *Thank Your Lucky Stars*, Gomelsky convidou o grupo para assistir a uma das apresentações dos Stones no Hotel Station após terminarem as gravações. Intrigados pelo entusiasmo de Gomelsky, os Beatles, meio sem vontade, aceitaram o convite e foram ao *nightclub* para assistir aos Rolling Stones.

"Estávamos tocando naquele pequeno *nightclub* de Richmond," relembrou Jagger, em 1988. "Estava cantando uma música e então lá estavam eles, os *Fab Four*, bem na minha frente – John, Paul, George e Ringo, os quatro monstros sagrados! Naquela época, eles nunca iam a lugar nenhum sozinhos. E estavam vestindo aqueles maravilhosos casacos de couro preto, estilo militar, e pensei, 'nem que eu tenha que começar a compor, eu ainda vou ter um desses!'"

A energia que os Stones colocaram em seu show lembrou os Beatles do início de sua carreira, em especial George Harrison, que lhes disse que eram a melhor banda incipiente que já ouvira. Lennon foi menos efusivo e, apesar de, mais tarde, render-se à magia do grupo, seu posicionamento indefinido não foi muito encorajador. McCartney, com sua visão oportunista, percebeu o potencial dos Stones e os incentivou a começar a compor suas próprias músicas. Apesar de os Beatles terem começado sua carreira fazendo *covers*, a parceria de Lennon e McCartney como compositores colocou a banda em um patamar superior e era óbvio que esse era o caminho que os Stones deveriam trilhar.

Após esse encontro histórico, as duas bandas passariam a se encontrar com frequência em teatros e *nightclubs*. Observando a extraordinária reação dos fãs aos *Fab Four*, os Stones, Brian Jones em especial, ansiavam por também conseguir uma fatia daquele bolo.

Em meados de 1963, o movimento *beat* inglês invadiu as paradas de sucesso de forma avassaladora. Contratos com gravadoras, anteriormente um privilégio das bandas feitas "sob encomenda", eram oferecidos a qualquer um que lembrasse os Beatles ou tivesse um som, ainda que remotamente, parecido com o deles. A maioria abriu mão de grande parte do que seria seu por direito, movida pela adrenalina de entrar em um estúdio de gravação, e seus parcos ganhos eram nada se comparados aos dos empresários, dos editores musicais e das gravadoras. Ao longo do ano de 1963, em todas as cidades e vilarejos da Inglaterra, podia-se ver uma fila de garotos no final da adolescência nas lojas de guitarras, todos com franjão estilo Beatles, praticando acordes, preparando-se para o estrelato.

Apesar de satisfeitos por fazer parte do novo movimento musical, os Stones eram notoriamente diferentes dos Beatles. Enquanto Lennon e Cia. usavam ternos, os Stones gostavam de vestir roupas despojadas que demonstravam seu desdém pela etiqueta esperada de um astro pop. O cabelo longo dos Stones também não era tão ajeitado e arrumado quanto o dos contemporâneos grupos de Mersey Beat. Brian Jones era o único que mantinha um visual convencional: seu penteado era uma versão loira do corte dos Beatles. Seus trajes também tinham um corte impecável, mais parecido com o das vestimentas das lojas de grife de Savile Row do que com o das roupas das lojas baratas preferidas pelos fãs de blues e *jazz*. Os outros membros do grupo não usavam gravatas e vestiam malhas de lã, cardigãs e camisetas, sem se importar com as tendências da moda.

Apesar das críticas entusiásticas de seus shows em Londres e de serem apadrinhados pelos Beatles, os Stones ainda não tinham contrato com uma gravadora. No entanto, o destino se encarregaria disso com a morte inesperada do pai de Giorgio Gomelsky. Temporariamente sem empresário, pois Gomelsky estava cuidando das formalidades relativas à morte de seu pai, a banda chamou a atenção do então relações-públicas Andrew Loog Oldham, cujo instinto para buscar talentos promissores era imbatível.

Com apenas 19 anos, Oldham já havia percorrido os cafés do Soho até conseguir, por fim, trabalho na loja do lendário figurinista John Stephen, na Carnaby Street, e com a estilista Mary Quant. Atento a qualquer novidade que circulasse no pequeno bairro do Soho, Oldham tinha a exata noção da fortuna que a nova indústria do pop, com suas bandas de adolescentes, podia gerar e fazia o que fosse preciso para conseguir lucro. "Ele sabia como circular, conhecer as pessoas e se infiltrar", relembra o editor Sean O'Mahoney. "Com frequência, as pessoas diziam, 'Eu o conheço?', pois ele agia como se fosse um velho amigo."

A primeira tentativa de Oldham de entrar no universo do pop foi como relações-públicas de um pequeno grupo de músicos associados ao inovador produtor musical britânico Joe Meek. Pouco tempo depois, ele se tornaria amigo do grande produtor musical americano Phil Spector – criador da técnica *wall of sound*, ou parede sonora – e, inspirado por sua personalidade enigmática, Oldham adotou a mesma abordagem comercial idiossincrática do talentoso produtor, cuja influência era forte o bastante para comprometer o sucesso de uma banda.

Como tantos outros, Oldham entrou em contato com Brian Epstein assim que os *Fab Four* aportaram em Londres, deixando o ingênuo empresário dos Beatles impressionado com sua lábia convincente e sua lista com inúmeros contatos. Consequentemente, foi logo contratado como assistente, com a responsabilidade de promover o segundo compacto dos Beatles, *Please Please Me*.

Não tardou para Oldham estabelecer novos contatos no ramo de entretenimento. Um destes foi Tony Calder que trabalhava na área de promoção da Decca Records durante o dia e, à noite, como DJ. Ao passo que a criatividade de Oldham era ilimitada, mas, com frequência, impossível de ser colocada em prática, Tony Calder era realista quanto ao que podia ser alcançado e possuía a tenacidade necessária para transformar suas ideias em realidade. Tendo praticamente a mesma idade e a mesma determinação de ser bem-sucedidos, Calder, de imediato, comprou a ideia de Oldham de promover os Stones.

O escritório de Oldham na Regent Street de Londres estava situado em um local privilegiado, de onde era possível saber o que era comentado nas ruas. Além disso, em seus encontros com empresários como Brian Epstein e Robert Stigwood, Oldham não deixava de observar como agiam e passou a adotar muitas de suas táticas.

Outro de seus contatos, naquela época, era Eric Easton, consagrado empresário da velha escola, com cerca de 35 anos. Embora seus clientes lhe oferecessem menos riscos que a nova safra de músicos que chegava às paradas, Easton, ao contrário de alguns do ramo, não era tão aferrado ao *show business* tradicional e sabia que a nova onda não era apenas simples modismo. Além disso, e o que mais importava para Oldham, Easton tinha licença oficial para empresariar artistas – um importante pré-requisito para garantir uma demanda constante de trabalho, algo que até então Oldham não possuía.

Peter Jones, um jornalista que, na época, trabalhava para o respeitado periódico semanal *Record Mirror*, incentivou Oldham a assistir aos Stones em uma de suas apresentações de domingo no *Crawdaddy Club*. Sua sugestão ganhou peso ante à menção de que a banda ainda não tinha nenhum contrato e nem empresário definido. Ansioso por aproveitar a oportunidade, Oldham foi se certificar do que os Stones tinham a oferecer.

De forma surpreendente, 18 de abril foi uma noite de pouco movimento em Richmond, mas os sentidos apurados de Oldham reconheceram o diamante bruto que estava à sua frente, uma música de pura sensualidade tocada por uma banda de adolescentes rebeldes que agitava o palco.

Grande fã do romance *cult* de Anthony Burgess, *A Clockwork Orange*, Oldham traçou um paralelo entre a delinquência dos protagonistas do livro e a força subliminar da música *beat*.

Com sua aguçada compreensão da sensibilidade da música pop, percebeu que aquilo que bandas como os Beatles, Searchers e Gerry and The Pacemakers apenas insinuavam, os Stones, escancaradamente, evocavam em suas apresentações.

Como a maior parte dos grupos mais famosos havia abandonado a naturalidade do início de suas carreiras em prol de ternos e sorrisos, Oldham vislumbrou um grande vácuo no mercado à espera de ser preenchido e aproveitou a oportunidade. "Eu sabia o que estava presenciando" se recordaria mais tarde. "Era sexo puro e vi o grande potencial à minha frente."

Na semana seguinte, Oldham foi novamente a Richmond, desta vez acompanhado de seu sócio, Eric Easton, que estava curioso por ver o que tanto impressionara o jovem empresário arrogante. Apesar de Easton estar acostumado com os devaneios ensandecidos de Oldham, suas previsões sobre os Beatles foram acertadas, portanto, Easton tinha de lhe dar ouvidos.

Após o show, Oldham e Easton foram até o camarim da banda e se apresentaram. A presença de palco de Mick era tão forte que Oldham presumiu ser ele o líder da banda e foi abordá-lo, mas Brian Jones logo o interrompeu, anunciando-se como o líder.

Tony Calder, conhecedor de todas as artimanhas de Oldham, recorda a forte intuição de seu parceiro para perceber o que dava o tom a uma banda e, no caso dos Stones, era o carismático vocalista na linha de frente.

"Oldham viu o enorme, absolutamente extraordinário potencial de Mick Jagger", declarou Calder. "E foi ele quem o incentivou; o incitou; o pressionou a ir, como diríamos hoje em dia, além de seus limites. Oldham queria apenas o melhor para a banda, o que significava projetar Mick... Quando encontrei os Stones pela primeira vez, Oldham me disse que Brian Jones era o líder, mas percebeu que Mick era a estrela. Fosse ele ou não o líder da banda, para Oldham pouco importava. Mick tinha de ser o foco das atenções."

Todos na banda ficaram impressionados com a juventude, o entusiasmo e a perspicácia de Oldham. Enquanto, no passado, os Stones precisaram buscar meios de firmar suas aspirações de tocar blues, a percepção que Oldham tinha de quem eram e do que queriam fez com que este recebesse o aval imediato do grupo. Ao ser informado de que o agente da banda, Giorgio Gomelsky, estava fora do país por conta de problemas pessoais, Oldham reagiu por instinto, oferecendo ao grupo uma trajetória mais rápida rumo ao sucesso, algo que o russo jamais poderia lhes proporcionar.

Prometendo usar toda sua ousadia para promovê-los, Oldham convenceu os Stones a fecharem com ele e, com uma rapidez que desafiava as burocráticas negociações da época, assinou um contrato de três anos com a banda.

Fazendo uso de sua credencial de líder, Brian Jones examinou todos os detalhes do contrato. Sem o conhecimento do restante da banda, Jones assegurara para si um incremento de cinco libras por semana sobre o lucro de seus colegas em virtude de seu *status* de líder proclamado. Provavelmente influenciado por Brian, Easton viria a sugerir que Mick Jagger ficasse em segundo plano durante as apresentações, privilegiando o estilo mais recatado de Jones. Entretanto, sabendo da importância da presença eletrizante de Jagger, Oldham rapidamente vetou a sugestão.

Ao voltar da Suíça, Gomelsky foi devidamente informado por Jones de que a banda havia mudado de empresário. O ardiloso guitarrista afirmou ser Andrew Oldham um velho colega de escola. Com pesar, Gomelsky aceitou sua sorte e passou empresariar os Yardbirds.

A prioridade de Oldham e Easton era garantir aos Stones o contrato com uma gravadora, o que, em meados de 1963, não foi uma tarefa assim tão difícil. As bandas de Mersey dominavam a indústria fonográfica da Inglaterra de então e, com a aliança entre a poderosa EMI e a safra dos grandes artistas empresariados por Brian Epstein, os outros selos estavam desesperados por firmar um contrato com qualquer banda que pudesse garantir algum lucro naquela onda *beat*.

De modo peculiar, a gravadora Decca Records era tão respeitada quanto a EMI, mas seu histórico e, considerado em retrospectiva, o vergonhoso veto aos Beatles no início de 1962 fizeram com que a empresa se tornasse objeto de escárnio por toda a indústria fonográfica. Richard 'Dick' Rowe, o célebre diretor artístico que rejeitou os Beatles, construíra uma carreira notável como produtor nos anos 1950 e início dos anos 1960 com artistas como Billy Fury, The Bachelors e Jimmy Young. Sua opinião, via de regra, era valorizada e levada a sério por seus pares; uma recomendação de Rowe era normalmente considerada como sinal verde para as paradas de sucesso.

A recusa do som dos Beatles, nos primórdios de sua carreira, em janeiro de 1962, foi, no entanto, baseada em sólidos argumentos diante da apresentação medíocre do grupo e a escolha bizarra das músicas. Nessa indústria implacável, Rowe, resoluto, assumira o peso de sua decisão e estava mais do que desejoso de reparar seu erro caso surgisse uma oportunidade.

Ironicamente, tal oportunidade, por fim, apareceu, e por cortesia de um Beatle. Como a onda Mersey chegara ao seu ápice em Liverpool, sua cidade de origem, um concurso de talentos foi organizado no palco da filarmônica da cidade, em 5 de maio de 1960, reunindo Rowe e o Beatle George Harrison como jurados de uma nova leva de esperançosas bandas de Liverpool. Ao se sentarem em seus respectivos lugares, Harrison e Rowe riram da situação um pouco incômoda. Era seu primeiro encontro desde a fatídica audição dos Beatles, cerca de um ano e meio atrás.

Enquanto julgavam as bandas iniciantes, Harrison comentou com Rowe que os Stones não tinham contrato assinado com nenhuma gravadora. Falando com entusiasmo sobre a apresentação que assistira, junto com os outros Beatles, poucas semanas antes, George incentivou Rowe a entrar em contato com os Stones o mais rápido possível, mencionando as apresentações que faziam aos domingos, em Richmond.

Com as palavras de Harrison ressoando em seus ouvidos, Rowe levantou-se de sua cadeira antes do final do show de talentos e seguiu para Richmond em seu carro, chegando lá quando os Stones estavam prestes a começar o show.

O *nightclub* estava abarrotado e Rowe se fez atento não só à reação da multidão, mas ao que via no palco. Realmente impressionado, decidiu entrar em contato com o empresário dos Stones no conforto e segurança de seu próprio escritório na manhã seguinte em vez de ir ao camarim conversar com a banda.

Após várias ligações, Rowe conseguiu, por fim, falar com o sócio de Oldham, Eric Easton. Sem tempo a perder, os documentos necessários para levar o grupo ao estúdio de gravação foram preparados de imediato e, em 8 de maio, os Stones já haviam assinado um contrato de exclusividade com a Decca Recording Company, o qual, além de exaltar a posição da empresa como inovadora, redimia Dick Rowe da desastrosa recusa dos Beatles.

No entanto, a negociação não foi tão tranquila quanto Rowe esperava. Ciente do risco de abrir mão de todo o controle que tinha sobre a banda por conta do entusiasmo de fechar um contrato com uma gravadora, Andrew Oldham certificou-se de que teria total domínio (tanto musical quanto contratual) sobre a produção dos Stones. As conversas com o irreverente produtor Phil Spector deram a Oldham uma autoconfiança pretensiosa totalmente contrária às rígidas regras da etiqueta do *show business*. Visto que a Decca estava desesperada por firmar um contrato com um grupo com potencial tão grande quanto o dos Stones, a gravadora se subjugou às exigências do jovem de 19 anos.

Com a assinatura do contrato, a máquina publicitária começou a funcionar. Patrick Doncaster, o então correspondente de artes e entretenimento do jornal *Daily Mirror*, publicou, em 13 de junho, o primeiro artigo sobre a banda em um jornal de cobertura nacional. Docanster estava realmente entusiasmado com o que testemunhou na apresentação dos Stones em Richmond. "À meia luz," escreveu, "começamos a ouvir o ressoar da bateria e os acordes da guitarra... Na pista, 500 jovens aglomerados, alguns com roupas de couro preto, outros com malha. A atmosfera estava tão quente que era possível preparar um ovo cozido."

No início dos anos 1960, a circulação do *Daily Mirror* era de aproximadamente 6 milhões de exemplares, o que fazia com que os comentários de Doncaster tivessem ainda maior influência. Entusiasmado com essa publicidade, Oldham procurou seu antigo patrão, Brian Epstein, para que este o ajudasse a promover os Stones. Apesar de Oldham lhe oferecer uma parceria, o poderoso manipulador das bandas de Liverpool estava tão ocupado com os Beatles e outras bandas de Mersey Beat que recusou a oferta. Oldham, sempre determinado, tiraria vantagem da situação, estabelecendo uma clara linha divisória entre os Stones e os Beatles. "Se os Beatles são Cristo," diria aos Stones, "vocês, então, são o anticristo."

Com o intuito de garantir, de qualquer maneira, a publicidade em torno da banda, Oldham buscou aparar algumas arestas. Por considerar o sobrenome plural de Keith Richards um tanto rebuscado para editores de texto suscetíveis, ele o reduziu temporariamente para "Richard", na esperança de que o sucesso duradouro de Cliff Richard pudesse propiciar a Keith uma exposição maior.

Uma mudança ainda mais radical foi a determinação da saída do pianista e cofundador da banda, Ian Stewart. Apesar de Stewart ou "Stew" ser um membro querido do grupo, sua idade, aparência convencional e peso não se adequavam à imagem que Oldham criara para dos Stones. Consequentemente, o genial tecladista escocês foi educadamente posto de lado, com a promessa de que poderia continuar a trabalhar como *roadie* da banda e, por vezes, apresentar-se como pianista. No fim das contas, viria a se tornar não só um membro-chave dentre os assistentes da banda como também um personagem amado no cenário do rock inglês, sempre disposto a oferecer bons conselhos profissionais a qualquer estrela do rock que deles necessitasse.

No início das gravações, Oldham acompanhou o grupo em estúdio. Embora os Stones já tivessem gravado algumas grosseiras fitas *demo*, Oldham agora estava a cargo da produção e era responsável pela seleção das músicas do repertório da banda que tivessem maior apelo comercial.

Dentre a meia dúzia de canções gravadas no Olympic Studios, Oldham escolheu "Come On", de Chuck Berry. Apesar do considerável entusiasmo dos Stones, a versão do grupo foi gravada às pressas, sem a devida mixagem. Ao ouvir o resultado, Dick Rowe insistiu que uma versão mais aprimorada fosse gravada nos estúdios da Decca, sob a supervisão de seus engenheiros de som. Sem ter como argumentar, a banda cedeu às exigências de Rowe e uma interpretação mais apurada de "Come On" foi gravada.

Com o lançamento de um compacto simples pela Decca, os Stones tiveram de se submeter ao entediante processo de promoção de uma nova banda nos meios de comunicação. Como tinham o acesso à rádio e, em particular, à televisão praticamente garantidos, o interesse pelas revistas de fãs e de adolescentes surgiria como consequência natural, o que, por sua vez, poderia levá-los a contar com um valioso espaço nos jornais de tiragem nacional.

Embora Oldham tenha incentivado a banda a ter um comportamento insolente a fim de contrastar com a imagem impecável dos Beatles, ele havia ignorado o fato de que, para conseguir espaço nos mais concorridos programas de televisão, era necessário ser um tanto condescendente, em especial quanto ao modo de vestir.

À frente desses programas de variedades havia homens que fizeram sua fama já nos anos 1950; produtores e *disc jockeys* completamente encantados pela aparência irretocável das bandas de Brian, mas aos quais os Stones, de certa forma, desafiavam. Para facilitar a mais do que necessária exposição da banda, Oldham, relutante, rendeu-se às convenções.

Keith Richards não ficou nem um pouco satisfeito. "Oldham nos fez vestir aqueles ternos xadrezes preto e branco, com colarinho de veludo preto... Por um mês durante a nossa primeira turnê, dissemos: 'Tudo bem. A gente usa isso. Você conhece o jogo. Vamos tentar.' Mas, então, o espírito dos Stones começou a falar mais alto. Charlie 'esquecia' o paletó em algum camarim e eu tirava o meu, coberto de manchas de uísque e pudim de chocolate."

O compromisso dos Stones em se adequar às regras bastou para garantir-lhes um lugar no famoso programa televisivo de música pop da ITV, *Thank Your Lucky Stars*. Exibido pela primeira vez em 1961, o programa das noites de sábado alcançara enorme sucesso, com uma audiência semanal de mais de 20 milhões de espectadores. Apesar de não estarem entre as principais atrações da noite, a apresentação dos Stones representou um momento histórico em um meio de comunicação ainda pouco familiarizado com a música pop; a presença da banda foi, definitivamente, uma afronta ao público. A emissora foi inundada por telefonemas, todos expressando desagrado pela arrogância do grupo. Outros espectadores escreveram cartas para deixar registrado como se sentiram aviltados; um deles censurou Jagger por estar "vestindo um espanador em sua cabeça". Todas essas críticas chegaram à imprensa – exatamente o que Oldham queria.

A despeito do espalhafato, a apresentação do grupo rendeu-lhes a 21ª posição nas paradas de sucesso nacionais com "Come On", um feito considerável para uma banda que ainda tinha de se aventurar fora das fronteiras de Londres, mesmo tendo havido algumas engenhosas, embora não totalmente legítimas, manipulações do número de vendas.

Oldham sabia como lograr os números das paradas e procurou os membros dos fã-clubes dos bairros onde o número de vendas era registrado para a parada de sucessos e os incentivou a comprar o compacto simples dos Stones na loja da região.

Como Mick abandonara seus estudos na LSE e Bill Wyman pedira demissão de seu emprego diurno, a banda, por fim, tinha se tornado profissional. Refletindo esse novo senso de profissionalismo, os Stones começaram a reduzir seus compromissos no oeste de Londres. A apresentação no *National Jazz Festival*, em 11 de agosto de 1963, foi uma de suas últimas em Richmond.

Em um encontro onde predominavam as bandas de jazz do Reino Unido, tornou-se claro que um futuro promissor aguardava os Stones. Chris Welch, que logo se tornaria um importante colaborador da revista *Melody Maker*, assistiu à incrível performance dos Stones naquele dia. "Estávamos todos assistindo Acker Bilk no palco principal e todos os olhos estavam voltados para essa banda *trad*", relembra Welch. "De repente, o apresentador diz: 'Os Rolling Stones vão começar a tocar em uma tenda no fundo do campo'. Então, começamos a ouvir o som de guitarras e uma bateria rivalizando com um clarinete e um banjo. Foi um desses momentos históricos quando todo o público que estava sentado assistindo a Acker Bilk levantou-se e correu para entrar na marquise onde os Stones estavam tocando. Alguns subiam nos ombros dos outros, empurrando quem estivesse na frente para chegar mais perto do palco. Foi eletrizante."

Os Stones logo foram chamados para participar de sua primeira turnê conjunta pelo Reino Unido, cujas apresentações foram verdadeiros ritos de passagem. Com seu parco planejamento, elas testavam a resistência de todos os envolvidos, exigindo com frequência que os músicos fizessem duas apresentações em um determinado local, na mesma noite, e viajassem, logo em seguida, para onde se daria a apresentação seguinte.

Apesar de as turnês dos anos 1960 serem muito semelhantes, os promotores da turnê de que os Stones tomaram parte elaboraram um programa mais criativo, baseado não apenas nas bandas de música *beat* de Mersey. Nela, os famosos Everly Brothers, muito populares nos cinemas e salões de baile de toda a Inglaterra, se apresentavam como uma das atrações principais, mas o show também contava com a presença de Bo Diddley, a lenda do blues de Mississipi, que muito interessava aos Stones. Assisti-lo das coxias durante os shows em cidades provincianas, como Doncaster, Bradford, Salisbury e Taunton, transformou o que seria uma turnê entediante em algo mais agradável. Em virtude do pequeno público que compareceu aos shows na primeira parte da turnê, Little Richard foi rebaixado à atração secundária.

As bandas mais aplaudidas da programação tinham uma presença de palco mais envolvente, vigorosa, e os novatos estavam curiosos por saber o que levava essas figuras imponentes a conseguir manter a mesma energia durante o todo o tempo de suas apresentações.

"Muitas daquelas bandas de negros que participavam da mesma turnê que a gente," contou Keith Richards para Jeremy Vine, em 2010, "chegavam para se apresentar, vestindo ternos, e pareciam tão perfeitos, arrumados e tudo o mais. Eles tinham viajado a mesma distância e a gente estava se arrastando. A gente mal tinha 20 anos e, então, perguntamos: 'Como vocês conseguem?', e eles responderam, 'Meu filho, tome um pouco disso, fume um pouco daquilo.' Bem, era o segredo dos bastidores, era desse jeito que eles conseguiam. Para fazer dois shows no mesmo dia, algumas vezes um a 650 quilômetros do outro, você precisava de algo além de água e comida."

Mesmo com as eventuais palavras de incentivo dos outros músicos, os Stones teriam de enfrentar o lado miserável, totalmente destituído de *glamour,* de uma turnê. Como os proprietários de teatros, salões de baile e cinemas em 1963 pouco se importavam com o bem-estar dos artistas, os Stones logo se cansaram de tentar manter sua vestimenta de palco em ordem. As lavanderias comuns e as de lavagem a seco funcionavam no mesmo horário dos tempos de guerra e os ternos do grupo logo ficaram sujos. Andrew Oldham, o oportunista de sempre, decidiu que seria mais interessante a banda se apresentar com trajes do dia a dia.

"Por causa da forma como estavam vivendo naquela época," relata Tony Calder, "fazendo uma apresentação, indo para casa, dormindo com as roupas que tinham usado no show e voltando no dia seguinte para outra apresentação, eles pareciam, realmente, desleixados, e essa passou a ser a imagem da banda."

Mesmo absorvidos pelas turnês ao longo da maior parte de 1963, os Stones não deixaram de tomar parte nas mudanças sociais que ocorreram no Reino Unido durante esse ano. Talvez as garotas ensandecidas que assistiam a seus shows não se importassem, mas o escândalo Profumo tinha mudado, de modo inexorável, a ordem estabelecida, assegurando que ninguém, fosse político, padre, membro da nobreza ou da realeza, estivesse acima de qualquer suspeita. Duas das protagonistas do caso Profumo eram menores de 21 anos. Uma nova geração colocava as asas de fora e os Stones, de um modo particular, embarcavam nessa pretensiosa arrogância. O *establishment*, sentindo-se ameaçado por algo que não compreendia, logo encontrou formas de retaliação.

Capítulo 2

Richmond

"Se em algum momento da história os pais britânicos estiveram plenamente de acordo em relação a algo, com certeza foi em seu desagrado para com esses recém-descobertos cabeludos desgrenhados... o próprio símbolo da antifamília."

Jornal *Daily Mail*, agosto de 1964.

Com o crescente sucesso, os Stones começaram a enfrentar o mesmo assédio enlouquecido que assolava seus contemporâneos, entretanto, seus fãs eram diferentes – mais insolentes e destemidos. A mensagem de descontentamento que o grupo transmitia gerava uma reação catártica mais parecida a um libertar sexual do que a uma mera mostra de admiração exacerbada. Os fãs mais ardorosos eram a própria personificação dos Stones: debochados, impulsivos e pouco afeitos às expectativas da sociedade. Quer fosse evidente, quer não, a banda propagava a mensagem que, no passado, fora prerrogativa dos negros americanos das classes inferiores. No Reino Unido, os políticos e intelectuais também negligenciavam as necessidades básicas das classes menos privilegiadas e os Stones passaram a expressar esse descontentamento.

No entanto, apesar de Andrew Oldham ter como hábito explorar toda e qualquer oportunidade para garantir espaço na imprensa, na realidade, os membros da banda tinham uma formação bem diferente da imaginada ou sugerida pelos jornalistas. A sofisticação na vida pessoal e a inteligência aguçada de Jagger contrastavam bruscamente com a percepção que o público tinha da banda.

Keith Altham, crítico musical que estava no centro da explosão *beat* de 1963, relembra esse estranho paradoxo: "Jagger sempre aspirou fazer parte das classes privilegiadas," conta, "mas a música que tocavam falava sobre os pobres, os imigrantes negros que trabalhavam nas plantações de algodão, os presos condenados a trabalhos forçados e todo esse tipo de gente e, então, os Stones concluíram: 'Não podemos cantar sobre presos condenados a trabalhos forçados e nos vestir com lamê dourado como Cliff Richard e Elvis, temos de nos apresentar de acordo com essa realidade'. Isso quase se transformou em arrogância às avessas – se comportar e se vestir como se fossem, de fato, parte do proletariado".

Apesar de seus shows ao vivo polarizarem opiniões e contribuírem para tornar ainda maior a distância entre as diferentes gerações, os Stones enfrentavam dificuldades para transferir a naturalidade do palco para o disco. Sem nenhum outro compacto simples em vista e a gravadora Decca desesperada, à procura de um novo sucesso, Oldham teve a sorte de se encontrar, por acaso, com John Lennon e Paul McCartney no *West End* de Londres, em uma tarde de setembro de 1963. Quando Oldham contou sobre o dilema dos Stones, os dois Beatles lhe ofereceram uma música inédita, 'I Wanna Be Your Man', escrita por eles a fim de promover Ringo Starr. Com sua construção rítmica irregular, a canção seria perfeita para o estilo mais eclético dos Stones e Lennon e McCartney se sentiram satisfeitos em poder cedê-la à banda. Entusiasmado, Oldham levou os dois compositores ao estúdio onde os Stones estavam trabalhando na tentativa de criar um novo sucesso.

Mick Jagger: "Estávamos ensaiando e, então, Andrew apareceu com Paul e John... na época eles eram verdadeiros dínamos. Quer dizer, a rapidez com que criavam canções era fantástica: 'Oi, Mick, temos essa música incrível' e, então, tocaram "I Wanna Be Your Man". Nós a achamos bem comercial, exatamente o que estávamos procurando. Então a tocamos mais ou menos no estilo de Elmore James... A música era totalmente tresloucada, mas foi um sucesso e maravilhosa no palco".

Como era de se esperar, 'I Wanna Be Your Man', faixa título do compacto seguinte dos Stones, seria um sucesso. Lançado em novembro com o respaldo de Lennon e McCartney, o disco chegou ao 13º lugar das paradas. Entretanto, Mick e Keith, pressionados por todos os lados, em especial por Oldham, começaram a trabalhar em suas próprias composições.

Com os estúdios de gravação abarrotados, os Stones foram obrigados a preencher sua programação fazendo turnês, durante as quais descobriram que Brian Jones insistia em receber uma porcentagem dos lucros maior do que a dos outros músicos em virtude de sua *posição* de "membro fundador". O resentimento latente veio à tona depois de uma apresentação no The Cavern, em Liverpool, em cinco de novembro de 1963. "Todo mundo ficou revoltado," declarou Keith Richards ao falar sobre a descoberta do jogo sujo de Jones. "Esse foi o início da decadência de Brian. Mandamos ele 'à merda'."

Nas semanas que se seguiram, Jones foi retaliado pelo grupo, o que permitiu que Oldham elevasse o *status* de Jagger e Richards dentro do grupo. Acuado, Jones não reagiu bem quando sua posição de líder foi contestada.

Tony Calder: "Como ele não conseguia lidar com o fato de a cobertura da imprensa estar centrada em Jagger, algumas coisas começaram a acontecer. Ele não era informado das sessões de gravação; era o último a ser pego para as apresentações e, se tentasse mudar o jogo, decidindo não estar no local combinado, na hora marcada, dizendo: 'Vou me atrasar uma hora,' eles simplesmente o deixavam para trás".

Independentemente das controvérsias, durante o início de 1964 os Stones continuaram a fazer turnês pela Inglaterra, buscando frestas para entrar em estúdio sempre que possível. Ainda sem contar com composições próprias, um compacto de *covers* garantiria a presença da banda nas paradas de sucesso. A canção "Not Fade Away", de Buddy Holly, foi escolhida para ser a terceira faixa do compacto. De maneira a seguir na mesma esteira de "I Wanna Be Your Man", a banda criou uma versão mais agressiva para a música de Holly, gravada originalmente no melhor estilo Bo Didley, o que levou a banda, pela primeira vez, a fazer parte da parada dos cinco maiores sucessos da Inglaterra.

Gravar um álbum, naquele momento, era uma formalidade necessária. Entre uma apresentação e outra, a banda se reunia nos estúdios da London's Regent Sound Studios, com Oldham assumindo na técnica a mesma posição de Phil Spector. Como por obra do destino, Spector estava em Londres a negócios e apareceu no estúdio para dar conselhos à banda e participar de algumas canções, tocando maraca. No total, 11 faixas, a maior parte do repertório dos shows ao vivo, foram gravadas, das quais apenas "Tell Me", com um estilo que lembrava as bandas de Mersey, era de autoria de Jagger e Richards. Apesar de praticamente só incluir *covers,* o álbum foi um sucesso imediato, vendendo 100 mil cópias no primeiro dia de lançamento e tirando os Beatles do topo das paradas. Em uma atitude arrojada, que refletia a confiança de Oldham na banda, a capa da frente do disco trazia apenas uma foto dos Stones, com olhar desafiador, tirada por Nicholas Wright; não havia o nome da banda, nenhum título, apenas o logo da Decca no canto superior direito.

Nesse ínterim, a máquina empresarial de Oldham buscava todas as oportunidades para divulgar a banda. Com a imprensa dando ampla cobertura aos primeiros verdadeiros *bad boys* do cenário musical *beat* do país, a tática do "falem mal, mas falem de mim" não poderia ser mais adequada. A manchete da revista *Melody Maker* de março de 1964 – "Você deixaria sua filha sair com um Rolling Stone?" – foi um exemplo perfeito dessa abordagem. Oldham oferecera a "isca" ao repórter Ray Coleman, dizendo: "Acho que uma manchete como essa seria bombástica". O jornalista concordou com ele, apesar de substituir "filha" por "irmã" a fim de suavizar o tom mordaz de Oldham. A revista foi um sucesso.

No entanto, essa imagem, a arrogância rebelde divulgada por Oldham (e, consequentemente, pela imprensa) não era uma característica evidente para aqueles que tinham contato próximo com o grupo. O jovem fotógrafo Gered Mankowitz, contratado por Oldham em 1964, testemunhou esse estranho paradoxo: "Quando os conheci, eles, com certeza, não foram nem um pouco agressivos ou difíceis," relembra Mankowitz. "Foram muito simpáticos e nos demos bem logo de cara. Na verdade, eram muito tranquilos. Buscamos explorar a imagem que a mídia transmitia da banda. Acho que estávamos incentivando essa imagem a fim de tirar vantagem dela e eles estavam bem satisfeitos por terem conseguido espaço nos jornais. É bem provável que tudo isso fosse parte do plano de Andrew Oldham."

A agenda cheia não lhes dava oportunidade de manter relacionamentos afetivos convencionais. Por ser o membro mais visado do grupo, Mick era o escolhido para responder perguntas sobre a vida amorosa e, apesar de a imprensa da época manter certa discrição sobre o sexo que acontecia nos bastidores e em outros lugares, Jagger – conhecendo as artimanhas da mídia – era hábil em fazer comentários cuidadosos, evitando, assim, especulações. "Passamos tanto tempo viajando que não podemos depender de namoradas para ter com quem transar", declararia Mick de modo evasivo, uma característica que o acompanharia nas várias entrevistas que concedeu ao longo de décadas: "Isso não chega a ser um problema. A maioria dos homens não depende de uma namorada para ter com quem transar. Além disso, as mulheres nunca se entendem. Desculpem se isso parece uma afirmação machista, mas é resultado da minha experiência pessoal".

Tanto quanto possível, Mick mantinha um relacionamento bem tradicional com Chrissie Shrimpton, irmã da então *top model* Jean Shrimpton. Chrissie conhecera Jagger em uma das apresentações que os Stones fizeram na região de West London, no início de 1963. Atrevida, ela subiu ao palco, deu-lhe um tórrido beijo em público e, a partir de então, os dois começaram a sair juntos.

Sair com Mick Jagger teria seu preço. Assim como as parceiras dos Beatles, as mulheres próximas aos Stones não podiam, por várias razões, ser vistas em público com eles. Uma delas era preservar a imagem que tinham de solteiros disponíveis. Como os Stones raramente tinham um dia de folga, o relacionamento de Jagger e Chrissie durou o quanto pôde. "Eu frequentava os *nightclubs* de Londres e a conta era paga [por Mick]," Chrissie contaria em uma entrevista em 2004. "Mas, a uma determinada hora, eu tinha de ir embora, ou seja, ele telefonava e dizia que eu devia ir para casa naquele instante. Então, eu era acompanhada até meu carro e ele me ligava às três horas da manhã. Eu até que gostava daquilo."

Nesse meio tempo, a parceria de Jagger e Richards como compositores começava a dar frutos. Apesar de suas primeiras incursões terem sido um tanto medíocres, na melhor das hipóteses, a reputação de Stones, de qualquer forma, lhes dava confiança. A esse ponto, o interesse de Oldham não mais se restringia aos Stones e incluía promover a precoce cantora e atriz Adrienne Posta, conhecida na época como Poster, seu verdadeiro sobrenome. Com apenas 15 anos, o talento de Posta fazia vislumbrar o mesmo sucesso que cantoras adolescentes, como Lulu e Millie, desfrutavam. Assim, Oldham encarregou Mick e Keith de escrever uma canção para ela, a insípida "Shang a Doo Lang". Como previsto, Oldham conseguiu angariar certa publicidade ao oferecer uma grande festa pelo lançamento do compacto e pelo aniversário de Posta em um espaço no tradicional bairro de Windsor. Apesar de "Shang a Doo Lang" não ter conseguido chegar nem às últimas posições das paradas de sucesso, a festa traria consigo alguns resultados inesperados.

Além de Jagger e Richards, o lançamento reuniu várias personalidades do cenário musical de Londres, dentre as quais Paul McCartney, sua então namorada Jane Asher, acompanhada do irmão Peter, e vários outros amigos, entre eles o artista John Dunbar e sua namorada Marianne Faithfull, uma jovem de 17 anos que encantava pela voz suave. Apesar da familiaridade de Dunbar com aquele tipo de evento, sua acompanhante, no auge da adolescência, estava impressionada com o brilho dos artistas ao redor.

De certa forma, Faithfull era tão exótica quanto seu par: era filha do Major Robert Glynn Faithfull e da aristocrata vienense, a baronesa Eva Von Sacher-Masoch, descendente do barão Sacher-Masoch, autor do clássico romance *Venus Im Pelz* e suposto criador da palavra "masoquismo". Marianne estudou em várias escolas e parte de sua formação ocorreu em Braziers Park, em Oxford, uma comunidade alternativa que seu pai ajudou a fundar. A educação na escola religiosa de Reading, a partir dos 8 anos, despertou seu interesse pela literatura clássica e pelo teatro: "Era uma escola extremamente rígida," relataria Marianne em 1970. "Não aprendíamos nada sobre o mundo exterior. Nos vestíamos rapidamente depois do banho, pois era considerado vergonhoso olhar para o próprio corpo. Se o céu impõe esse tipo de restrição, o inferno parece muito mais tentador. Não éramos apenas virgens, éramos imaculadas. O único aprendizado que se tira disso é um forte sentido de consciência."

Além da educação severa, teve de enfrentar a separação dos pais e a tuberculose durante a infância, o que contribuiu para seu profundo senso de distanciamento, separação, desinteresse, indiferença e liberdade de espírito. O mergulho de Faithfull na estética romântica logo se voltou para a música e, com sua voz melodiosa, começou a cantar acompanhada por violão. Ao tornar-se mais confiante, passou a abrilhantar festas e cafés com seu talento. Com apenas 16 anos, apaixonou-se por John Dunbar, estudante de belas artes em Cambridge, que passava a maior parte do tempo em Londres, fazendo contatos com membros da cultura alternativa. O diletantismo de Dunbar propiciou à namorada o contato com grandes nomes das artes de Londres e logo ela se deixou absorver pelo clima da cidade. Os tentáculos de Dunbar abrangiam várias áreas; tornara-se amigo do cantor Peter Asher e, como consequência, de Paul McCartney. Todas essas personalidades se reuniram para o lançamento do compacto de Adrienne Posta.

Dunbar e sua atraente companheira passearam pelo salão repleto de talentos natos e egos frágeis e, com seu instinto natural, Oldham logo percebeu a extraordinária presença de Marianne, cuja deslumbrante figura, realçada pela aura angélica e trajes simples, logo despertou o interesse do criador de estrelas. Ao ouvir o sobrenome Faithfull, que inspirava *glamour,* comentou: "Com esse nome você deveria estar gravando discos!". Quando Dunbar mencionou que Marianne era, de fato, cantora, Oldham não tardou em lhe oferecer um contrato. Tempos depois, o empresário faria o grotesco comentário: "Vi um anjo com peitos grandes, então, fechei um contrato com ela".

Jagger e Chrissie Shrimpton também circulavam pelo salão. O relacionamento de ambos estava em crise, passando da fase da acomodação para a de total descontentamento, e, quando o casal começou a trocar farpas, deixando Chrissie à beira das lágrimas, Mick logo notou a etérea presença de Marianne. Buscando uma forma de se aproximar, Mick "acidentalmente" derramou champanhe sobre a blusa creme da jovem. Após um constrangedor instante de silêncio, Mick tentou tirar a mancha de bebida da blusa da garota com as mãos. Sem conhecer a vulgaridade que permeava o mundo pop, o primeiro contato de Marianne com os Rolling Stones foi um tanto quanto frustrante.

Andrew Oldham aproximou-se de Faithfull usando uma abordagem mais tradicional e, em questão de dias, contratos formais para sua carreira como cantora foram elaborados e assinados. Visto que ela só tinha 17 anos, todos os papéis tinham de ser igualmente assinados por sua mãe. Como a única exigência imposta era a de que a garota fosse acompanhada por um responsável durante as turnês mais longas, o sonho de Oldham de que uma jovem vinda de um convento invadisse o cenário da música pop transformou-se em realidade.

Em seguida, Oldham entrou em contato com alguns renomados compositores londrinos a fim de verificar se algum deles tinha algo apropriado para o lançamento de Marianne. Lione Bart, o poeta da música pop, tinha uma canção que parecia adequada mas que, infelizmente, não se adaptou à rara voz de contralto de Marianne. Com um problema em mãos, Oldham procurou Jagger e Richards, compelindo-os a compor algo adequado à imagem que queria criar para Marianne. A ordem de Oldham foi precisa, exigindo que criassem uma música que inspirasse a existência de "muros, paredes ao redor e nada de sexo". Reza a lenda que, para facilitar o processo de criação, Oldham trancafiou Jagger e Richards na cozinha do apartamento que partilhavam em Hampstead até a dupla apresentar algo.

Por fim, Jagger e Richards criariam a hipnótica "As Tears Goes By", que denotava uma maturidade anos-luz à frente da experiência da dupla e que se adequava perfeitamente tanto à voz quanto à inocência de Faithfull. No dia de gravação, a sensibilidade da música não se estendeu aos cuidados com a condução e a jovem Marianne voltou para Reading, por sua conta e risco, utilizando transporte público. Para alegria de todos os envolvidos, "As Tears Go by" entrou nas paradas de sucesso no verão inglês de 1964, chegando à nona posição na Inglaterra e à 22ª nos Estados Unidos. Com sua máquina de criar talentos em perfeita operação, Oldham tirou a garota criada em um convento de seu reduto em Berkshire para seguir o estilo de vida dos artistas pop dos anos 1960. Em 1965, Marianne, assim como as inúmeras bandas inglesas que cruzavam o Atlântico, foi levada aos Estados Unidos. Sua figura era tão extraordinária que seria cortejada por Bob Dylan, cujo lado poético ecoava o gosto erudito da cantora.

Como integrante da lista de músicos agenciados por Oldham, Marianne passou a se encontrar com os Stones em diversas ocasiões. O modo desajeitado como Jagger a tinha abordado não a deixara nem um pouco impressionada, entretanto, ficou extremamente atraída pela postura indiferente de Richards. "Keith era uma pessoa um tanto insegura, com uma natureza intuitiva, reflexiva", relembraria Marianne, tempos depois. "Eu realmente gostava dele." Imersa no círculo dos Stones, passou a apreciar a igualmente misteriosa *persona* de Brian Jones. No entanto, sua opinião sobre Mick ainda não era das melhores, o que, assim como várias outras coisas, mudaria drasticamente com o tempo.

A sensibilidade da canção "As Tears Go By" em nada lembrava o que se presenciava nos shows dos Stones; tumultos e desordem ocorriam por onde quer que passassem. Com a maior parte das apresentações de 1964 terminando em confusão generalizada, o jornal londrino *Evening Standard* se manifestaria sobre o sentimento cada vez mais forte de que a presença anárquica da banda estava comprometendo a efervescência do movimento pop. "Este grupo horroroso prejudicou, em muito, o cenário musical, levando-o a um retrocesso de oito anos", comentaria um artigo do jornal. "Justamente quando nossos cantores pop começaram a se apresentar bem arrumados, bem vestidos e alegres, os Stones surgiram, parecendo *beatniks* dos anos 1950. Eles destruíram a imagem do cantor pop dos anos 1960."

Em meio a uma agenda lotada com compromissos na TV, na rádio e com gravações, em meados de 1964 os Stones estavam mais do que preparados para estrear nos Estados Unidos. A precursora turnê dos Beatles, em fevereiro de 1964, abriu caminho para que todos os artistas ingleses, fossem eles músicos, atores ou artistas plásticos, despertassem um interesse sem precedentes na América do Norte. Com bandas no estilo Beatles, como Gerry and The Pacemakers e Billy J. Kramer and The Dakotas, conseguindo boa penetração no lucrativo mercado fonográfico norte-americano, era certo que os Stones receberiam considerável atenção a despeito de não ter ainda um compacto de sucesso para acompanhá-los em sua estreia. Alguns ingleses não partilhavam da mesma opinião. Um membro do governo, em conversa com um repórter do *Daily Express,* disse acreditar que: "Nossas relações com os Estados Unidos estão a um passo de se deteriorar. Os americanos vão presumir que a juventude inglesa está ainda mais depravada".

Apesar desta e de outras críticas públicas, em primeiro de junho de 1964 os Stones se reuniram no aeroporto de Londres para cruzar o Atlântico. Essa primeira empreitada em solo americano foi, na realidade, apenas uma breve apresentação da banda, com cerca de dez shows agendados, entre apresentações na rádio, na TV e entrevistas com a imprensa. Não obstante, havia mais de 400 fãs à sua espera no aeroporto de Nova York; um grupo que parecia estar lá sempre a postos a fim de dar as boas-vindas a qualquer nova banda inglesa.

Como vários dos artigos publicados enfatizaram o estilo informal do grupo, a participação da banda no famoso programa de TV *Hollywood Palace* foi, na realidade, apenas uma tentativa de ridicularizá-los. Após Dean Martin, o ébrio apresentador, ter atirado farpas contra os Stones, pode-se ouvir um dos convidados do programa murmurando: "Não sabia se devia aplaudi-los ou criticá-los".

No entanto, a reação de revistas musicais como a *Tiger Beat* e a *16* foi mais favorável e, embora a música dos Stones ainda não tivesse grande penetração nos Estados Unidos, seu estilo de vestir à moda da época e sua origem inglesa garantiam que a imprensa lhes oferecesse excelente cobertura. Enquanto as táticas de Oldham asseguravam um grande interesse quanto à reputação da banda, os Stones ansiavam por promover sua música. Com esse objetivo em mente, Oldham agendou dois dias de gravações no famoso Ghess Studios, em Chicago. Contando com experientes engenheiros de som que haviam trabalhado com músicos do porte de Chuck Berry, Muddy Waters e Bo Didley, o som que os Stones tão desesperadamente tentaram transferir para um disco na Inglaterra foi gravado, com uma pureza nunca antes conseguida. Dentre as 12 músicas gravadas, encontrava-se a composição de Bobby Wolmack, "It's All Over Now", que foi recriada, transformando-se a versão *rhythm and blues* do grupo The Valentinos em uma canção rock com um apelo sexual muito maior, mais apropriada à imagem dos Stones.

O ponto alto da turnê foram os dois shows da banda no Carnegie Hall, em Nova York. Desde a apresentação dos Beatles que, pela primeira vez, levara o público pop à prestigiosa casa de espetáculos, a direção da casa dera carta branca a qualquer pedido do promotor de eventos Sid Bernstein. A apresentação dos Stones no tradicional palco do Carnegie Hall, provavelmente não foi o que a administração da casa esperava. Sem que tivessem conhecimento, Oldham "plantou" vários baderneiros no teatro para "criar um certo agito".

Sid Bernstein: "O público dos Rolling Stones era diferente. Antes dos Beatles o Carnegie Hall nunca havia recebido nenhum show de rock'n'roll, e aquele show foi muito tranquilo. Mas o público dos Stones os deixou nervosos. Os garotos não estragaram nada, mas eram mais velhos e mais animados e, então, o pessoal do Carnegie Hall pediu que eu não aparecesse mais por lá".

Motivados por ter, ao mesmo tempo, encantado e ultrajado os Estados Unidos, os Stones voltaram à Inglaterra para mais uma turnê. Musicalmente, estavam em um momento de glória: "It's All Over Now" levara-os, em julho, pela primeira vez, ao topo das paradas do Reino Unido. Além disso, o compacto lhes garantiu uma base mais sólida nos Estados Unidos, chegando à 26ª posição na parada das cem mais da *Billboard,* o que seria ainda mais importante para emplacarem sucessos futuros.

Enquanto o sucesso da banda continuava inabalável, Jagger foi levado a juízo por três pequenas infrações de trânsito. Em suas alegações de defesa, Dale Parkinson, advogado de Jagger, falou sobre o caráter de seu cliente de uma forma que parecia ter sido orquestrada por Oldham. "Tirem de suas mentes todos os absurdos que ouviram sobre este jovem," disse Parkinson. "Ele não é um idiota de cabelos compridos, mas um homem extremamente inteligente, com Ensino Superior... O duque de Marlborough tinha o cabelo muito mais longo que o de meu cliente e venceu batalhas notáveis. O cabelo do duque era empoado, acredito que por causa das pulgas, mas meu cliente não tem pulgas."

As táticas de guerrilha usadas contra a imprensa começaram a excitar o público britânico dos Stones. Em 1964, grande parte da energia reprimida que incitava as batalhas entre os "bem-nascidos" e suas *scotters* e as gangues de motociclistas com jaquetas de couro vinha à tona durante as apresentações ao vivo da banda, que, para alguns, eram apenas uma desculpa para extrapolar. Durante uma apresentação em Blackpool, em 24 de julho, a loucura chegou ao ápice.

Enquanto a maioria dos 5 mil espectadores que abarrotavam o Empress Ballroom esperava nada mais do que uma noite de som pesado, a situação saiu do controle quando alguns fãs tentaram subir ao palco. Quando Keith Richards empurrou um dos principais protagonistas da baderna para fora do palco, o terror se instalou. Os arruaceiros começaram a lutar com os seguranças, mas, como estes estavam em menor número, bateram em retirada. O piano do salão de baile acabou sendo jogado no fosso da orquestra.

Keith Richards: "Parecia a própria batalha de Crimeia, gente arfando, peitos à mostra, garotas sufocando, enfermeiras em ambulâncias. Uma gangue de baderneiros veio assistir ao show e não gostou de nós, eles abriram caminho até o palco, no meio de 7 mil pessoas, e começaram a cuspir na gente. Naquela época eu era esquentado e disse, 'Você cuspiu em mim?', e, então, dei o troco".

Com vários fãs feridos recebendo atendimento médico e a maior parte do equipamento dos Stones totalmente danificada, a banda saiu rapidamente pelos fundos, encerrando o show muito antes do previsto. Ao pensar sobre o ocorrido, os Stones começaram a achar que havia algo de estranho no afã de alguns em subir ao palco para se juntar à banda. O diretor de cinema Peter Whitehead, que viria a filmar, para a posteridade, a histeria que os Stones incitavam, estava a par do que se passava. "Mick, uma vez, me disse, 'Alguns dos rapazes que estão na plateia se sentem atraídos por nós, quando estamos no palco. E aí, quando chegam até você, dá para perceber que querem te beijar, mas se sentem tão envergonhados que, em vez disso, lhe dão um murro.' Mas alguns deles acabam nos beijando."

Independentemente do intuito, a violência continuaria. Um show na Irlanda do Norte causou tanto tumulto que foi cancelado 12 minutos após seu início. A balbúrdia foi tamanha durante uma apresentação da banda, em agosto, na histórica Opera House Kurhaus, em The Hague, Holanda, que o show foi cancelado após sete minutos, quando parte do público passou a destruir a luxuosa casa de espetáculos.

Deixando atrás de si uma trilha de destruição pela Europa, o grupo começou sua segunda turnê pelos Estados Unidos em outubro, cujo ponto alto seria a apresentação, na TV, no famoso *Ed Sullivan Show*. Como os Beatles tiveram uma audiência de 70 milhões de espectadores em sua primeira aparição, Oldham e os Stones esperavam atrair o mesmo interesse. O respeitável Sullivan tinha confiado apenas na recomendação de seus contatos na Inglaterra para incluir os Stones como uma de suas atrações e, ainda inebriado com o encanto dos Beatles, presumiu, erroneamente, que os Stones trariam consigo o mesmo atrevimento charmoso que os *Fab Four* apresentaram no início do ano.

Em 25 de outubro, a atmosfera tradicional do famoso teatro na Broadway, onde Sullivan fazia seu programa, mudou drasticamente, pois, tendo os Stones tocado apenas duas músicas, sua atitude insolente levou o público a um delírio incontrolável. A despeito da posterior e, de certa forma, confusa entrevista de Sullivan, pontuada por gritos histéricos, o corpulento apresentador, a princípio, ficou satisfeito com a recepção que a banda tivera e não viu nenhum motivo para que a apresentação deles criasse qualquer controvérsia.

Entretanto, poucos dias depois, Sullivan mudaria radicalmente seu posicionamento. Uma onda de reclamações, vinda de americanos conservadores, criticava o que tinham visto e Sullivan, sensível à opinião pública, apesar de sua imagem de homem de poucas palavras, emitiu uma declaração concisa isentando-se de qualquer responsabilidade: "Honestamente, nunca havia me encontrado com os Rolling Stones até um dia antes de o programa ir ao ar. Prometo que eles nunca mais se apresentarão em nosso show. Levei 17 anos para construir este programa e não deixarei que seja destruído em apenas algumas semanas".

A declaração de Sullivan apenas contribuiu para atiçar a publicidade em torno da banda e, quando Oldham perguntou a ele sobre o veto quanto a futuras apresentações da banda, recebeu um ríspido telegrama do apresentador: "Recebemos inúmeras cartas protestando contra as roupas, cabelo e a aparência desleixada dos seus Rolling Stones. Antes de sequer discutirmos a possibilidade de uma nova apresentação no programa, gostaria que me informasse se houve qualquer mudança em sua banda quanto ao vestuário e ao cabelo".

Graças à enorme publicidade gerada pela apresentação no programa de Sullivan, a reputação de transgressores dos Stones os acompanhou durante toda a turnê pelos Estados Unidos. O escritor Tom Wolfe, que logo se tornaria um ícone dos pensadores norte-americanos, retratou com clareza o impacto dos Stones ao escrever para a revista *Esquire*: "Os Beatles querem lhe segurar a mão [referência à canção 'I Wanna Hold Your Hand/*Quero segurar sua mão*], ao passo que os Stones querem incendiar a cidade".

Ao chegar à Califórnia, os Stones foram a atração principal do agora lendário especial *T.A.M.I. Show,* gravado no Civic Auditorium de Santa Mônica, em Los Angeles, em que também estavam nomes do calibre de Chuck Berry, The Supremes, The Miracles e Marvin Gaye. Ansiosos, os Stones tocaram logo após a "incendiária" apresentação de James Brown & His Famous Flames, durante a qual dizem que Brown afirmou: "Vou fazer com que esses Rolling Stones desejem nunca ter saído da Inglaterra".

A turnê dos Stones pelos Estados Unidos foi um sucesso, mas, quando esta se aproximava do fim, Brian Jones não conseguiu cumprir com vários compromissos no meio-oeste americano, sendo hospitalizado, oficialmente, em virtude de "bronquite e debilitação". Na realidade, apesar de Jones realmente ter asma, sua inclinação por levar a vida a extremos começava a cobrar seu preço, o que ficou claro durante as sessões de gravação no estúdio Chess Records, em Chicago, quando a banda estava escolhendo as faixas para seu próximo lançamento.

"Não havia dúvida de que ele estava doente", recorda o gerente de turnê, Ian Stewart. "Mas ele não buscava se ajudar, ao contrário, agravava seu estado usando um punhado de drogas e, normalmente, agia de modo bem estúpido. Sabe o que mais, ele quase foi mandado embora lá mesmo. Ele não contribuiu em nada durante aquelas gravações. Estava sempre chapado, bêbado ou de ressaca e eles ficaram de saco cheio dele."

Em virtude do comportamento de Brian, a banda o manteve afastado temporariamente durante as festividades de fim de ano em 1964. Não obstante, ele voltou a bordo no início do ano seguinte, enquanto o *"tsunami* Stones" continuava a abarcar o mundo. Na Austrália, a imprensa, faminta por qualquer escândalo relacionado aos astros pop, chamava a atenção dos leitores para a tão esperada turnê do grupo com matérias como "Amados pelos Jovens, Odiados pelos Pais". A mídia local criaria uma controvérsia ainda maior quando, com satisfação, relatou que Mick, Keith, Brian e Andrew Oldham envolveram-se em uma briga com alguns supostos "barqueiros" de Sidney ao tentar conseguir lugar em um passeio.

Com a banda desfrutando de um público cada vez maior no exterior, voltar à Inglaterra no início de 1965 significava fazer mais uma turnê completamente inútil pelo interior do país, com dois shows por noite, o que, além de ser desgastante, mal cobria as despesas. Apesar de turnês envolvendo vários grupos serem comuns no início dos anos 1960, os artistas participantes não desfrutavam de nenhum prazer em tais excursões. A hospedagem era de péssima categoria e as refeições, de modo geral, resumiam-se a um lanche rápido em bares de beira de estrada, tarde da noite.

Outros dissabores aguardavam os Stones. Após os últimos shows da turnê no ABC Cinema de Romford, em 18 de março, a banda estava fazendo a curta viagem rumo a suas residências em Londres. Como o último "show" terminara às 22h45, eles foram levados embora às pressas, como sempre, para evitar a multidão, sem terem tempo de se trocar, quanto mais fazer suas necessidades fisiológicas. No caminho, Bill Wyman pediu ao motorista que parasse no posto de gasolina mais próximo para que ele pudesse aliviar a bexiga, o que seria, sem dúvida uma benção para Wyman, pois, de acordo com Richards, Bill era famoso por sua constante necessidade de urinar.

Com a urgência da situação, o grupo viu as luzes do posto Francis Motor Service Centre em Romford Road, número 176, na área de Forest Gate, no leste de Londres, e parou no estacionamento do posto em torno das 23h30. Com certa pressa, Bill entrou no estabelecimento procurando um banheiro. Naquela noite, o mecânico Charles Patrick Keely, de 41 anos, estava trabalhando como frentista. Mal conseguindo se segurar,

Wyman perguntou se poderia usar o banheiro do posto e, como Keeley lhe disse que este estava em reforma, Wyman, perguntou se poderia usar o banheiro dos funcionários. Ao receber a mesma negativa, diz-se que Bill dirigiu-se a Keeley usando "palavras de baixo calão".

Wyman, que Kelley viria a descrever como "um tipinho cabeludo com óculos escuros", voltou ao carro e contou aos companheiros o que havia acontecido. A partir de então, o caos se instalou. Segundo Keeley, cerca de oito ou nove pessoas, entre homens e mulheres, saíram do carro e começaram a andar pelo estacionamento do posto em uma atitude desleixada, arrastando os pés e balançando os braços. Em sua opinião, o que tornou a presença do bando ainda mais bizarra foi o fato de ainda estarem em trajes de palco e com o rosto maquiado. Impedidos de usar o banheiro do posto, Wyman, Jones e Jagger teriam, em seguida, caminhado até o muro lateral que separava a oficina da rua Elm Road e, ali, "aliviaram" a bexiga "sem o mínimo pudor", Keeley viria a declarar. Quando o mecânico tentou impedir Jagger de continuar urinando na parede, o vocalista supostamente ignorou o mecânico, dizendo: "A gente vai mijar onde a gente quiser, cara". Diz-se que Keeley, então, exigiu que o trio saísse de "seu quintal", e todos que lá estavam começaram, de improviso, a cantar "Cai fora do meu quintal! Cai fora do meu pau!". Ainda segundo Keeley, em seguida, os baderneiros passaram a andar em volta da oficina. Para tornar a situação ainda mais bizarra, alguns transeuntes, reconhecendo os Stones, tentaram conseguir autógrafos. Com todos ao redor se divertindo à custa de Keeley, a situação saiu do controle. "A gente estava rindo à beça", comentaria Brian, tempos depois. "O comportamento do senhor Keeley foi tão ridículo."

Naquela mesma noite, o assistente social para a juventude Eric Lavender, de 21 anos, estava no posto, enchendo o tanque de seu carro. Ao observar o desenrolar dos acontecimentos, Eric decidiu confrontar a trupe, que o xingou antes de voltar para o carro e ir embora. Enquanto partiam, Lavender anotou o número da placa do carro, bem como o comportamento de todos os ocupantes. Se tivesse sido tão meticuloso em suas observações, teria visto que, enquanto abandonavam o local, os arruaceiros faziam um "gesto obsceno bem conhecido". Keeley e Lavender chamaram a polícia imediatamente e insistiram que uma acusação formal sobre o acontecimento fosse feita pelas autoridades. Parece que Keeley estava, de fato, determinado a tomar uma atitude, declarando: "Se a polícia não abrir um inquérito, eu vou mover um processo por conta própria".

O contato entre a Scotland Yard e a imprensa era tão próximo que o incidente do banheiro logo vazaria. No sábado, 20 de março, a história foi manchete de primeira página do jornal *Daily Express* e de outros tabloides de menor circulação. Era óbvio que os jornalistas estavam trabalhando dia e noite na cobertura do caso e já haviam cercado Keeley e Lavender em busca de suas versões da história. Como a acusação por urinar em público era algo muito forte para ser publicado, não houve qualquer menção específica além de suposto comportamento indecoroso. Ciente de que as especulações sobre o ocorrido podiam tomar proporções inesperadas, o gerente de negócios da banda, Eric Easton, enviou uma declaração ambivalente a um repórter do *Daily Express*: "Não estou negando nem confirmando o que dizem ter acontecido na oficina mecânica. Para mim, isso foi uma grande surpresa, pois ninguém na banda falou nada a respeito".

Não obstante, Keeley e Lavender demandavam que ações cabíveis fossem tomadas e Mick, Brian e Bill foram indiciados. Apesar de os Stones terem apresentações agendadas na Europa e nos Estados Unidos, o trio foi forçado a comparecer ao Juizado Especial Criminal de East Ham, em 22 de julho de 1965, sob a acusação de "comportamento indecoroso". Todos vestiam ternos e sua atitude foi bem diferente da esperada pela mídia. Embora acusados de um delito de menor potencial ofensivo, os três foram categóricos ao afirmar que as denúncias tinham sido exageradas em vista do que acontecera. Durante uma audiência de duas horas e meia, uma sucessão de acusações exacerbadas foi feita contra os réus, descritos como "cabeludos degenerados" e "monstros cabeludos e desgrenhados".

Negando a acusação de micção, Dale Parkinson, advogado de defesa dos acusados, descreveu o comportamento do trio como "desordeiro, adolescente e inconsequente, como de estudantes". No entanto, a acusação privilegiou o relato das testemunhas do ocorrido. Temeroso de algum ato de retaliação, o juiz dispensou todos que prestassem depoimento sobre o caso de mencionar seus endereços residenciais.

Do lado de fora, mais de 50 policiais tentavam, em vão, conter os 300 fãs que formaram fileiras e ficaram esperando durante horas para ver seus ídolos. No interior do edifício, a pressão não era menor: policiais vigiavam os 50 fãs presentes à audiência. Entre eles estava Charles Watts, que, tranquilo, prestava atenção ao desenrolar do julgamento. Keith Richards também estava presente para testemunhar sobre o caráter e a reputação dos acusados e alegaria que os acontecimentos daquela noite não passaram de um mal-entendido. Por fim, Bill Wyman foi considerado inocente da acusação de uso de linguagem obscena. No entanto, o trio seria considerado culpado da acusação de comportamento indecoroso e cada um deles condenados a pagar uma multa de cinco libras mais custas de 15 guinéus.

Conscientes de que sua decisão seria escrutinada pela mídia, a promotoria utilizaria a costumeira retórica dos romances de época. O presidente da Câmara de Vereadores, Albert Moorey, declarou que, em sua opinião, o comportamento do trio não era "digno de jovens cavalheiros". Além disso, mencionou uma responsabilidade que, supostamente, os três tinham em relação ao seu público, uma preleção que seria relembrada no futuro. "Quer sejam os Rolling Stones, os Beatles, ou qualquer outra banda ou pessoa," disse Moorey, "não toleraremos esse tipo de comportamento. Atingir o topo do sucesso em sua profissão não lhes dá o direito de ter a atitude pela qual foram considerados culpados. Ao contrário, é seu dever ter um padrão de comportamento que sirva de parâmetro moral para seus inúmeros fãs."

O trio apelou da sentença de imediato, mas, como tinham outros assuntos mais prementes, concluíram que prosseguir com o recurso não valeria a pena. Como que por ironia, a sentença apenas acresceria a aura de anarquismo do grupo e Oldham incluiria o episódio no histórico da banda.

"Os Rolling Stones têm sido alvo de muita controvérsia", Oldham escreveria em um comunicado à imprensa. "Foi divulgado que usaram postos de gasolina como mictórios quando a natureza não podia conter-se mais. Além desse episódio, outras façanhas semelhantes têm servido para divertir seus fãs ao redor do mundo."

Após o incidente de Romford ter sido resolvido, a banda concentrou-se em continuar sua carreira dentro de moldes mais convencionais. Seu quinto compacto simples, "Little Red Rooster", lançado em novembro de 1964, teve a mesma trajetória de "It's All Over Now", colocando-os no topo das paradas do Reino Unido. Igual destino teria o sexto compacto simples da canção "The Last Time", a primeira composição de Jagger e Richards, lançado em fevereiro de 1965. Assim como Lennon e McCartney, Jagger e Richards podiam, agora, além da porcentagem sobre as vendas, receber *royalties* por suas composições. Os colunistas de jornal, perspicazes o suficiente para observar além das notícias sobre a histeria dos fãs, passaram a comentar o grande potencial de faturamento dos novos grupos de música pop, um aspecto da "Invasão Britânica" que aguçou o interesse de Allen Klein, então com 33 anos, um oportunista da indústria musical americana.

Órfão, descendente do rígido clã judaico de Nova York, Klein era um contador que se tornou editor musical e cuja especialidade era arrancar patrocínios de gravadoras para seus clientes, transformando-se assim, em uma espécie de pária. Com suas piadas e comentários rasteiros e estilo direto, Klein atraíra o famoso grupo vocal feminino The Shirelles e o cantor Sam Cooke para seu rol de clientes, conseguindo-lhes contratos vantajosos, cujo valor dos *royalties* superava em muito o de mercado. Em parceria com sua mulher Betty, criou uma empresa (que viria a se chamar ABKCO – Allen & Betty Klein and Company), e decidiu abrir espaço no florescente mercado britânico. Em uma tentativa de assegurar sua participação naquela efervescência, viajou para Londres, em meados de 1964, onde se encontrou com o empresário dos Beatles, Brian Epstein, e ofereceu os serviços do cantor Sam Cooke como apoio aos *Fab Four* durante a turnê que fariam pelos Estados Unidos, ainda naquele mesmo ano. Em retribuição a sua atitude magnânima, Allen sugeriu que fosse pago com uma porcentagem na milionária empresa de Epstein, a NEMS. Chocado com a abordagem direta e sem rodeios de Klein, o sensível Epstein pediu ao corpulento americano para se retirar de seu escritório.

Sem se deixar intimidar pela recusa de Epstein, Klein voltou sua atenção a outras bandas inglesas, em especial, os Rolling Stones. Cruzando o Atlântico várias vezes, Klein seguiu Andrew Oldham até uma convenção da indústria musical, organizada pela gravadora London, subsidiária americana da Decca. Muito embora Oldham tivesse a fama de ser um astuto homem de negócios, as investigações de Klein revelaram o parco retorno que os Stones tinham da Decca e de suas outras atividades. Apesar de o público em geral pensar que a banda estivesse ganhando muito dinheiro, na realidade, os Stones não eram milionários, o que não era nada incomum na incipiente indústria pop. Mesmo a aparente máquina inesgotável de fazer dinheiro que fora criada ao redor dos Beatles ainda não os tornara milionários. No entanto, outros empresários ligados à indústria musical estavam ganhando muito bem.

Bem a seu estilo, Klein encontraria inúmeras incoerências nos negócios dos Stones. Ao perceber claramente que Oldham e seu sócio Eric Easton abordavam os negócios de modo bem diferente, Klein procurou uma oportunidade de conseguir alguma ascendência sobre a banda. Usando uma retórica bem distinta do protocolo empresarial, Klein perguntou a Oldham se ele gostaria de se tornar um milionário e ofereceu-lhe, em seguida, um Rolls-Royce novo em folha, caso Oldham concordasse em lhe garantir uma porcentagem nos negócios dos Stones.

Apesar de certamente encantado com a promessa de Klein de fortuna imediata, o que mais atraiu Oldham foi a oportunidade de poder se concentrar menos nos assuntos financeiros e mais no lado criativo da atividade da banda.

Com o negócio fechado, a primeira providência de Klein foi tirar o gerente de negócios Eric Easton da parceria. Prevendo uma avalanche de questões legais e sentimentos feridos, Oldham saiu do país enquanto Klein passava ao controle das finanças da banda. Apesar do esperado embargo por parte de Easton, Klein assumiu o comando.

No dia 26 de julho de 1965, aniversário de 22 anos de Mick Jagger, os Stones encontraram-se com Klein pela primeira vez. O corpulento nova-iorquino recepcionou os Stones em sua suíte no Hilton Hotel de Londres e deu início à sua costumeira retórica, relatando sua origem humilde e o quanto se identificava com a postura irreverente e agressiva da banda. Com um discurso bem ensaiado, mencionou como o sucesso mundial da banda havia gerado muito dinheiro, do qual eles receberam apenas uma ínfima parte. Ao prometer renegociar os contratos da banda e elevar substancialmente seus lucros a níveis nunca antes imaginados, ganhou a confiança dos rapazes. Além disso, como recebiam, durante as turnês, diárias que mal cobriam as despesas, Klein prometeu-lhes um retorno mais alto pelos shows ao vivo e uma redução no número de apresentações, em particular no Reino Unido, onde o grupo já havia se cansado das intermináveis turnês com apresentações, noite após noite.

Apesar das reservas de Wyman e Jones, Klein ganhou a confiança da base de poder da banda – Jagger, Richards e Oldham – com seu humor vivaz e sua suposta abordagem honesta. Como parte da negociação para o gerenciamento das finanças do grupo estava a promessa de um contrato de produção de cinco filmes ao longo de um período de três anos. O primeiro resultado real do trabalho de Klein foi a renegociação do contrato de gravação com a Decca, que atingiu o montante de dois milhões de libras. A notícia dessa surpreendente transação foi publicada no renomado *Financial Times*, um jornal que costumeiramente não fazia cobertura do que acontecia na indústria da música pop.

Jagger, cujo faro para negócios se tornou mais apurado durante o período em que estudou na London School of Economics, a princípio ficou fascinado com a abordagem pragmática de Klein. Como se fosse uma medalha de honra ao mérito, ele alardeava os excepcionais negócios fechados por Klein no circuito dos *nighclubs*, envergonhando John Lennon e Paul McCartney que, mesmo com seu sucesso, ainda recebiam retorno irrisório.

Em meio a tudo isso, a posição de Brian Jones como fundador da banda fora reduzida a uma nota de rodapé. Como não restava mais nada que o guitarrista pudesse fazer senão aceitar o desejo da maioria, Klein assumiu o controle da banda sem qualquer envolvimento de Jones, além da assinatura dos documentos. O controle artístico da banda estava agora totalmente a cargo de Oldham que, assim, passaria a marginalizar "a contradição loira" – como Richards descrevia Jones. No entanto, em parte devido ao consumo de drogas, Jones foi tomado pelo pavor diante da crescente ascendência de Mick e Keith. Lutando continuamente contra si mesmo, conversava com qualquer um sobre sua inquietação ao perceber que havia sido colocado em segundo plano. Consolava-se em saber que ainda era muito respeitado por grandes músicos como Bob Dylan e John Lennon, mas não havia dúvidas de que sua paranoia quanto à perda de poder estava tendo um efeito devastador sobre seu bem-estar.

Embora o uso de anfetaminas e maconha tivesse, praticamente, se tornado praxe entre os músicos, Jones, em seu desespero para escapar da realidade, passara a consumir cada vez mais todo tipo de droga. Totalmente chapado, em virtude de uma grande variedade de drogas, Jones, com frequência, sumia por vários dias e sempre voltava parecendo doente e assustado. O uso exagerado de drogas apenas serviu para gerar ainda mais ressentimento entre a banda e Jones. Mick e Keith também eram adeptos das drogas, mas não as usavam a ponto de comprometer sua carreira como Rolling Stones. No entanto, era comum que Brian nem conseguisse tocar.

As mulheres eram outro problema constante na vida do mal-humorado Jones, um machista convicto. Como conseguir companhia feminina não era problema para ele, porém Brian vivia fugindo de suas conquistas e as posteriores reivindicações de paternidade não conseguiram refrear sua libido insaciável: ele ainda estava à procura de alguém que satisfizesse sua complexa natureza. Ele publicou uma referência do que seria essa mulher perfeita em uma das revistas para adolescentes que, na época, divulgava os interesses e desejos dos astros pop.

"Ainda não me amarrei a nenhuma garota," afirmou Jones. "Afinal, quantas garotas estariam dispostas a preparar meu chá, meu jantar, arrumar minha casa e conversar sobre assuntos intelectuais enquanto eu fico sentado, olhando, com os pés para cima?"

Mas a vida afetiva de Jones mudaria drasticamente em 14 de setembro de 1965. A banda se apresentava na casa de espetáculos Circus Krone Bau, em Munique, e dentre os que passeavam pelos bastidores entre um show e outro estava Anita Pallenberg, a garota de seus sonhos. Apesar de sua aparência frágil e delicada, Anita, então com 21 anos, tinha a bagagem de uma vida cheia de aventuras. Expulsa da escola aos 16 anos, sua beleza maliciosa foi sua porta de entrada como modelo no mundo internacional da moda. Em Roma, teve contato com a equipe do filme *La Dolce Vita* antes de ir para Nova York, onde conheceu Andy Warhol, Allen Ginsberg e outros artistas de vanguarda. De volta a Munique, recebeu convite de um amigo fotógrafo para assistir a um show dos Stones, conseguindo entrar nos bastidores durante os intervalos entre as apresentações com um belo suprimento de haxixe e do potente químico nitrito de amilo, que ofereceu a Jagger antes de ele voltar ao palco.

Jagger recusou a oferta, mas Jones os observava em um canto. Fascinado pela presença marcante de Anita, viu muito de si mesmo na jovem loira com pernas longas e traços de fada. Aproximou-se dela, dizendo: "Não sei quem você é, mas preciso de você". Esse encontro histórico foi registrado pelo amigo de Anita em uma foto que mostra com perfeição a conexão imediata entre eles. Minutos depois, o grupo foi chamado de volta ao palco e Anita retornou a seu assento no auditório. De seu lugar, testemunhou o enigma que aos poucos destruía Jones, sempre posicionado alguns passos atrás da linha de frente da banda. Após as previsíveis cenas de histeria do público, Anita encontrou-se com Jones nos bastidores. "Perguntei se ele queria um baseado", lembra-se ela. "Ele disse que sim e me convidou para acompanhá-lo até o hotel onde estava hospedado e, lá, chorou a noite inteira. Estava tão chateado com Mick e Keith... dizendo que tinham se unido contra ele. Senti tanta pena de Brian."

Ficou evidente que Jones convencera-se, ali mesmo, que Anita seria a chave para um novo propósito de vida e, a partir daquela noite, tornaram-se praticamente inseparáveis. De um instante para o outro, ela passou a acompanhar os Stones em suas apresentações, preenchendo o vazio existencial de Jones e transformando-se em sua fervorosa defensora. Não demoraria muito para que o casal começasse a espelhar a personalidade um do outro, assumindo um ar de arrogância e adotando um estilo de vida nada convencional que viria a ter consequências nefastas. Anita estimulava o lado excêntrico de Brian, que passou a adotar o estilo andrógino da jovem, o qual foi logo imitado por outros artistas, inclusive Jagger e Richards.

No final de 1965, o cenário pop progredia a uma velocidade incrível. Jagger, em busca de maior aceitação da banda, entrou em contato com intelectuais jovens e ricos atraídos pela aura agressiva dos Stones. Os convites para jantares e outros eventos sociais ajudavam a diminuir a associação dos Stones com um passado irreverente e atrevido. Jagger foi a vários deles desacompanhado, já que um abismo se criara em seu relacionamento com Chrissie Shrimpton. Mick, ao que tudo indica, havia prometido a ela que se casariam durante um intervalo na tumultuada agenda dos Stones, mas outros compromissos tornaram pouco provável que isso acontecesse. Diz-se que ele chegou a exigir que ela nunca fumasse maconha, exigência que não impôs a si mesmo.

No entanto, quando o ácido lisérgico, mais conhecido como LSD, começou a ganhar espaço no mundo pop, tudo mudou. Mick mantinha-se distante da droga, cujos efeitos eram imprevisíveis, e alertara Chrissie a não experimentá-la. Brian, no entanto, esteve imerso em um batismo de ácido que durou vários meses e achou o efeito do LSD não só desafiador como instigante. Em uma tentativa de criar algum tipo de controvérsia, Jones, maliciosamente, deu a entender a Chrissie que Mick também estava usando o LSD e a namorada de Jagger achou que, talvez, alguém tivesse dado a ela uma dose da droga sem que ela percebesse.

Enquanto Chrissie estava totalmente confusa quanto ao rumo de seu relacionamento, diz-se que Jagger seguia os passos de Marianne Faithfull. No frenesi social da *Swinging London*, Jagger e Marianne tinham a oportunidade de se encontrar em inúmeras ocasiões, tanto profissional como socialmente. Nesse ínterim, Marianne continuava se relacionando com John Dubar e os dois vieram a se casar assim que Marianne descobriu que estava grávida.

Com apenas 18 anos e muito apaixonada, Marianne esperava que seu casamento seguisse os tradicionais moldes burgueses. No entanto, o apartamento do casal em Lennox Gardens, em Knightsbridge, havia se tornado um famoso ponto de encontro da comunidade pop. Ao mesmo tempo, outros personagens à margem do círculo de Dunbar testavam, sem cessar, a inocente visão de mundo de Marianne. Com a agenda sempre tomada por compromissos e Dunbar cada vez mais atraído pelo florescente cenário *avant-garde* e a cultura de drogas que seguia em sua esteira, Marianne começou a procurar outras formas de se distrair e o círculo dos Stones não poderia ser mais atraente.

Nesse meio-tempo, questões profissionais ocupavam a mente de Mick, entre elas a quarta turnê dos Stones pelos Estados Unidos, que começaria em 27 de outubro e durante a qual viajariam por todo o país levando um grande trunfo: "(I Can't Get No) Satisfaction", canção baseada na frustração sentida por toda a juventude ao redor do mundo e considerada seu primeiro grande sucesso internacional. Enquanto "My Generation", da banda The Who, retratava a angústia dos jovens da classe trabalhadora do Reino Unido, "Satisfaction", com uma metáfora mais abrangente, era muito mais fácil de ser compreendida.

Sob a direção de Allen Klein, a turnê americana teria um retorno financeiro muito mais significativo e o cachê do grupo, um aumento substancial. As turnês anteriores mal se pagavam, mas dessa vez os Stones voltariam para casa com algum lucro.

Havia demonstrações de histeria em todas as apresentações. O fotógrafo Gered Mankowitz, contratado para documentar a turnê, relembra que a magia das turnês tinha há muito perdido seu brilho. "A realidade das turnês não era nada estimulante. Implicavam em muito trabalho e uma agenda totalmente confusa", afirma, "o que tirava todo o prazer. Não eram uma festa de 24 horas de rock'n'roll, mas, sim, repletas de tédio, enquanto se ficava sentado em um avião durante horas, no meio da noite, até chegar a uma cidadezinha deserta, no meio do nada, e hospedar-se em um longínquo hotel de beira de estrada – o que não tinha nada de glamoroso ou excitante."

Durante uma parada obrigatória em Nova York, os Stones estavam confortavelmente instalados no hotel Lincoln Square Motor Inn quando, na noite de 9 de novembro, um grande *blackout* atingiu o noroeste dos Estados Unidos, deixando a cidade às escuras. Na ocasião, um convidado muito bem-vindo estava com os Stones: Bob Dylan, que chegara com vários membros de sua *entourage*, haxixe e seu vinho barato favorito. De todos os Stones, o mais próximo a Dylan era Brian, apesar de seu mal-estar quanto à música "Ballad of a Thin Man", lançada no último disco de Dylan, *Highway 61 Revisited,* com seu verso repetitivo *Something is happening but you don't know what it is, do you, Mr. Jones*? [Alguma coisa está acontecendo, mas você não sabe o quê, não é mesmo, Mr. Jones?]. Diz-se que Dylan saudava Brian, naquela época, com um sarcástico *How's your paranoia meter?* [Como vai seu medidor de paranoia?]. A noite foi seguida por uma *jam session* à luz de velas. Movido pela força da droga que Dylan trouxera, Jones tocou gaita até seus lábios sangrarem e, então, completamente chapado, derrubou uma das velas e deu início a um incêndio sem grandes proporções.

Na mesma época da turnê dos Stones pelos Estados Unidos, o LSD saía dos laboratórios e ganhava as ruas. Como os usuários alardeassem os extraordinários efeitos da droga, a notícia não tardou a se espalhar. A explosão do ácido não conhecia barreiras e, no final do ano, já substituía a maconha como a droga da criatividade. Feliz com o papel de grande defensor do LSD, Jones buscava, sempre que possível, angariar adeptos. Hilton Valentine, guitarrista da banda The Animals, que estava em turnê pelos Estados Unidos na mesma época em que os Stones, fez sua primeira viagem de LSD junto com Jones, em Nova York.

"Os Stones vieram até nosso hotel porque iríamos juntos para um *nightclub*", relembra Valentine. "Antes de sairmos, Brian me disse: 'Ei, você precisa experimentar isso'. E perguntei: 'O que é?' E ele respondeu: 'LSD'. Então, ele me mostrou uma pedra, e perguntei, 'O que acontece?' E ele disse, 'É como fumar maconha, só que é mais forte.' Então, resolvi ver o que acontecia, tomei a pedra e saímos 'viajando' por Nova York." O poder do LSD de alterar radicalmente a consciência de seus usuários trazia à tona várias questões, como relembra o baterista da banda The Animals, John Steel. "Houve essa divisão entre o período pré e pós-ácido. A era do ácido nos anos 1960 foi completamente diferente do início da década, quando as pessoas estavam se situando e buscando diversão. Antes do LSD, bebíamos e fumávamos um pouco de maconha. Mas, então, apareceu o ácido e houve uma divisão entre os grupos que usavam e aqueles que não usavam."

Apesar de o LSD ainda não ser ilegal, tecnicamente, era necessário ter contatos nos laboratórios para levá-lo às ruas. Quando boatos sobre o uso recreativo da droga se espalharam, os farmacêuticos restringiram sua oferta, abrindo espaço para fontes menos escrupulosas. Em São Francisco, um químico corrupto muito conhecido produziu 300 mil comprimidos de LSD ao longo de 1965. O comportamento do escritor Ken Kesey e seus partidários, o grupo de escritores Merry Pranksters, contribuiu, sobremaneira, para a crescente popularidade da droga nos Estados Unidos. Após as opiniões arrebatadas sobre seu romance *Um Estranho no Ninho [One Flew Over the Cuckoo's Nest]*, Kesey reuniu um grupo de adeptos do ácido em um velho ônibus escolar e viajou pelos Estados Unidos. Seu objetivo era oferecer à nação norte-americana os encantos inigualáveis do LSD.

Em virtude de sua inclinação artística, os escritores do grupo Merry Pranksters organizavam suas próprias cerimônias de iniciação, durante as quais o LSD era oferecido aos que tivessem coragem suficiente para experimentá-lo. Essas "iniciações" eram uma combinação de expansão da mente, música ensurdecedora e comportamento irracional. Apesar da incerteza que permeava o evento, várias pessoas se apresentaram dispostas a participar do então chamado "Teste do Ácido". A parte da turnê dos Stones pela Califórnia coincidiu com uma das cerimônias dos Pranksters e alguns membros do grupo de escritores distribuíram folhetos após o show da banda no San Jose Civic Auditorium, em 4 de dezembro.

De alguma forma, um dos folhetos, que continha a instigante pergunta "Você consegue passar pelo Teste do Ácido?", chegou aos Stones. Intrigados, ao perceberem que a reunião se daria a apenas uma quadra de onde estavam, Brian, Keith e Mick foram até o local para observar a ruidosa festa dos Pranksters.

Entre os convidados estavam os membros da recém-criada banda Grateful Dead, Allen Ginsberg e o grupo The Fugs, iconoclastas da contracultura de Nova York. Diz-se que Brian e Keith tomaram uma dose forte de LSD com o refrigerante *Kool-Aid* no sabor laranja. Segundo Ken Babbs, um dos membros do Pranksters, Keith subiu ao palco durante a apresentação da banda Grateful Dead e tentou se apossar do microfone. Brian, também chapado de LSD, ficou fascinado com a performance de Jerry Garcia na guitarra. Mick, ainda apreensivo em relação aos efeitos avassaladores divulgados sobre o LSD, restringiu-se a tomar apenas uma pequena dose, preferindo observar, careta, a psicodelia que se instalava ao redor.

A despeito de a maioria das viagens de ácido acontecer do modo esperado, a imprevisibilidade do LSD poderia facilmente transtornar alguém com uma frágil apreensão da realidade, como Brian. Após o final da turnê, a banda permaneceu em Los Angeles para gravar algumas faixas de seu próximo lançamento, o álbum *Aftermath*, no estúdio da RCA. Segundo uma fonte, Brian estava em uma *bad trip* de ácido quando correu pelo saguão do elegante Ambassador Hotel gritando que os andares acima estavam cheios de cobras. Dias depois, na mesma semana, Brian saiu desesperado do estúdio, dizendo que o lugar estava infestado de insetos que, aos poucos, consumiam o prédio.

Diz-se que Jones fazia várias pessoas ingerirem a droga, quer fosse do agrado delas ou não, e se divertia ao assistir os "desavisados" beberem seus drinques "batizados" antes de se deixar levar à estratosfera química. Tony Bramwell, que trabalhava para o grupo *NEMS* dos Beatles, conhecia as "travessuras" de Brian pelos *nightclubs* de Londres. "Foi nessa época que as pessoas começaram a intimidar, dizendo que você tinha de 'ficar ligado' e que não conhecia nada até fazer uma viagem," declarou. "Havia sempre aquele medo de que alguém iria 'batizar' sua bebida. Antes disso, Brian era um cara tão legal. Ele tinha uma casa em Beaufort Mews, em Chelsea, e você sempre podia aparecer por lá, tomar um drinque e conversar, ouvir música.

Daí ele ficou violento, totalmente fora de controle. Brian e Anita costumavam aparecer no Speakeasy Club e eram quase sempre expulsos, de tão desagradáveis. Mas era impossível dizer para um Rolling Stone cair fora, então todo mundo ficava dizendo: 'fiquem calmos'."

No final de 1965, tinha-se a impressão de que o pop britânico dominava o mundo. A condecoração dos Beatles com a comenda MBE (Membros do Império Britânico), no Palácio de Buckingham, em outubro, provocou uma forte reação de militares reformados das forças armadas britânicas, que não os consideravam merecedores da homenagem. Eram pessoas que escreviam cartas para o jornal *The Times*, bebiam gim nos clubes de golfe e, aos sábados, usavam gravatas. O sucesso dos Beatles e, em especial, dos Rolling Stones representava uma ameaça ao seu *modus vivendi,* o qual buscavam, desesperadamente, preservar e – como os acontecimentos do ano seguinte provariam – não abririam mão dele sem luta.

Capítulo 3

Chelsea

"Milhares de discos tocam em um número cada vez maior de discotecas e elegantes salões de baile transformaram-se em cassinos. Em um mundo outrora sedado, cujo esplendor se desvaneceu, tudo que é novo, livre e inusitado floresce com força no cenário londrino... Os Rolling Stones, cuja música é a mais in *do momento, brilham como uma nova espécie de realeza."*

Revista *Time*, 15 de abril de 1966.

Se, em 1965, inúmeras mudanças sociais surgiam no horizonte, em 1966 elas vieram à tona com força total. Revoluções culturais suscitadas por jovens tomavam conta do mundo, mas a força motriz do movimento artístico vinha do Reino Unido. Londres tornara-se o centro do mundo criativo e a resultante cultura *Pop Art* apropriou-se da *Union Flag*, a bandeira Britânica, como acessório de moda.

A renovada paixão por tudo que fosse relacionado ao Reino Unido logo chegou às massas. A vitória da Inglaterra na Copa do Mundo de 1966 foi, com certeza, uma das inúmeras formas assumidas por esse revigorado otimismo, e trouxe alegria àqueles que se sentiam à parte dos elitizados movimentos artísticos. Harold Wilson, eleito primeiro-ministro pelo partido trabalhista em 1964, fez questão de se encontrar com os Beatles, usando, com sagacidade, a cultura pop para atingir seus propósitos políticos. Não obstante, o povo, de qualquer forma, também participaria do movimento pop, fosse comprando imitações baratas das roupas de seus ídolos em Carnaby Street ou os últimos lançamentos em LP na rede de lojas WH Smiths. Pelo menos durante esse período todos se divertiram.

A *Swinging London,* apelido carinhoso dado a essa época de efervescência cultural que tomou Londres, teve projeção internacional, em especial nos Estados Unidos, onde o cantor americano Roger Miller chegou ao topo das paradas com um de seus mais famosos *hits*,

"England Swings", um hino ao renascimento eufórico da nação inglesa. Com uma abordagem mais séria, a renomada revista *Time*, buscando avaliar o que eletrizava o país e, em particular, Londres, enviou uma equipe de repórteres de Nova York à Inglaterra. A revista publicou uma edição totalmente dedicada à análise do que teria detonado o fenômeno.

A efusiva edição da *Time* de 15 de abril de 1966 mostrou uma Londres semelhante à caverna de Aladim e seus inúmeros tesouros: um local onde o otimismo fora redescoberto e as diferenças de raça, classe e mesmo geração diminuíram gradativamente a ponto de se extinguir. A liberdade sexual, reprimida por décadas, ressurgia. Apesar de a revista *Time* ter descoberto que muitos dos que participavam desse renascimento vinham de classes abastadas, era inegável que os enclaves artísticos de Londres pareciam muito mais receptivos do que os de qualquer outra cidade. O *marchand* e proprietário de uma galeria de arte, Robert Fraser, personagem que logo se mostraria uma figura-chave na trajetória dos Stones, falou, em entrevista, do *frisson* que eletrizava a cidade: "Hoje", declarou Fraser, "Londres tem uma característica que costumava ser privilégio de Nova York: todos querem estar aqui. Não há lugar melhor no mundo. Paris está engessada. Em Londres, há algo indefinível que faz com que as pessoas desejem vir para cá."

O que a *Time* não mencionou foi a simbiose entre a explosão criativa e o uso recreativo de drogas, em especial o LSD. Durante a primeira metade de 1966, relatos sobre os extraordinários efeitos da droga alastraram-se como fogo, dividindo a comunidade artística. Aqueles com coragem suficiente para experimentar o ácido ostentavam sua "iniciação" como uma medalha de honra ao mérito: seus olhos vidrados e o cuidado com que escolhiam as palavras deixavam claro que estavam sintonizados em uma frequência bem diferente da mundana. Ao longo de décadas, tomar estimulantes e fumar maconha eram praxe no mundo do jazz, e o hábito, naturalmente, infiltrou-se no pop, mas o LSD desafiava tudo que já haviam experimentado. O virtuoso tecladista Zoot Money foi um dos que logo abandonaram o *rhythm & blues* e aderiram à onda psicodélica: "O ritmo era muito mais acelerado", declarou Money sobre o efeito do LSD. "Era uma viagem totalmente diferente. O LSD tinha o poder de 'soltar' até as pessoas mais rígidas. Todos os artistas daquela época estavam entusiasmados com o LSD: ele dava uma ideia do que se poderia alcançar."

"Em meados dos anos 1960, pensávamos já ter descoberto tudo", recorda-se "Gipsy" Dave Mills, amigo íntimo do cantor *folk* Donavan.

"Com substâncias que alteravam nossa consciência e nos davam outra percepção da realidade, descobrimos novas experiências sensoriais. Era como se vivêssemos em uma época diferente, com outro modo de pensar, outro modo de criar. Foi muito especial."

Levado por Brian Jones a experimentar a droga, Hilton Valentine, guitarrista da banda inglesa The Animals, logo se converteu ao delírio do ácido: "O LSD se infiltrou em todas as bandas da época", comenta, "tudo acontecia muito rápido. A droga abria tantas janelas diferentes da mente. A ideia era experimentar a droga e então agarrar a experiência; escrever, tocar ou expressá-la... esse era o objetivo. Alguns conseguiram fazer isso, outros, não. Foi uma época incrível. A música, as artes e a moda, tudo seguia pelo mesmo caminho. Em 1966, as pessoas mal conseguiam esperar para se libertar do tédio reinante".

Embora o ácido tenha levado vários grupos a melhorar sua performance musical, a supremacia dos Beatles e dos Stones continuava imbatível. Além da música, ambas as bandas começaram a mudar seu estilo de vestir: os *Fab Four* abandonaram os ternos e os Stones passaram a se apresentar com mais *glamour*, deixando de lado o visual não conformista e adotando um *look* dândi, inspirado no estilo eduardiano. Beirando a androgenia, a mudança no vestuário foi em grande parte influenciada por Jones e sua namorada, Anita Pallenberg. Inspirado pelo senso de moda arrojado e destemido de Anita, Brian abandonou seus trajes conservadores, dando espaço para que seu lado exibicionista alçasse voo. Com Brian abrindo esse novo caminho para os Stones, Mick e Keith não tardaram em adotar um visual mais feminino. A maquiagem deixaria de ser algo restrito aos palcos e *sets* de filmagem e passaria a ser usada socialmente, tornando-se, assim, um importante acessório masculino. Joias e bijuterias também deixariam de ser ornamentos restritos às mulheres.

Com Carnaby Street considerada passado, os astros do rock procuravam, agora, outro lugar onde buscar inspiração para seus guarda-roupas. Graças, em especial, à preferência dos Stones, Chelsea, e em particular a King's Road, passaria a ser o novo foco de atenção, com lojas como a Bizarre, Granny Takes a Trip e Dandie Fashions entre as mais procuradas. Colarinhos altos e roupas em estilo militar tornaram-se verdadeira febre e a loja I Was Lord Kitchner's Valet era apenas uma dentre as várias que supriam a extraordinária demanda. Hung On You, uma das butiques prediletas das bandas em 1966, localizada próxima à King's Road, oferecia produtos que agradavam a todos os estilos e preferências da época.

Distante dos bairros mais tradicionais e fechados de Londres, Chelsea fazia questão de manter sua independência, um local onde culturas e classes diferentes pareciam misturar-se e conviver em harmonia. A arte, em suas muitas e variadas formas, sempre foi extremamente benvinda em Kensington e Chelsea, e Mick, Keith e Brian logo passariam a se inserir em uma nova categoria de aristocratas irreverentes e amantes das artes, ansiosos por compartilhar da energia contagiante dos Stones. Esse encanto seria retratado nas páginas de revistas como *Queen*, *London Life* e *Nova*, que passaram a publicar fotos dos Stones em suas colunas sociais. Visto que a banda era, de modo geral, um símbolo não só de hedonismo como de perigo, passaram a ser convidados para várias festas, divertindo aqueles que, em virtude da origem e riqueza, estavam material e emocionalmente enfastiados. Ávidos por se aproximar dos irreverentes "intrusos", jovens aristocratas entediados receberam de bom grado os Stones em seu meio. "[Era] uma estranha combinação de aristocratas, gângsteres, políticos, pessoas criativas e destrutivas", conta David Cammell, irmão do diretor Donald, "formando uma mescla instigante."

Jagger, em especial, estava em busca de algo além do universo das discotecas e *nightclubs* para saciar seus apetites volúveis, o que o transformava em um enigma. Quando entrevistado, Mick mostrava ser um jovem sério e erudito, imagem normalmente incompatível com a transmitida pela imprensa comum, que continuava a criticar os Stones por sua insolente forma de ser. Mick, na realidade, considerava entediantes e triviais os bate-papos com seus colegas músicos; eram-lhe muito mais interessantes as conversas com os intelectuais que moravam nas casas geminadas, cobertas com estuque branco, de Chelsea.

Mick, Keith e Brian costumavam ir a Chelsea (Brian foi o primeiro a se mudar para o bairro), por onde circulavam com Tara Browne, herdeiro da fortuna de Guiness; Paul Getty Jr., filho do magnata do petróleo Paul Getty, acompanhado de sua namorada e futura esposa, Talitha; o princípe Stanislaus Klossowski de Rola, nobre aristocrata europeu (conhecido por todos como "o enrustido"); Michael Cooper, fotógrafo; Robert Fraser, proprietário de uma galeria de arte; Christopher Gibbs, decorador; Daniel Cammell, artista e diretor de cinema, e seu irmão David, entre outros. Marianne Faithfull e o Beatle Paul Mccartney, que se mudara para a rua St. John's Wood, também faziam parte do círculo que partilhava um novo sentido de descoberta. Os moradores de Chelsea propiciavam aos músicos novas concepções de arte e intelecto enquanto os Stones os levavam a se interessar por música, moda e a ter uma atitude mais realista perante a vida.

Em 1966, os Stones teriam mais tempo para relaxar. Tanto eles quanto os Beatles diminuíram drasticamente o número de turnês – em meados de 1966, os Beatles interromperam definitivamente as viagens – a fim de se concentrar nas gravações em estúdio. O resultado desse novo momento da banda ficou mais do que evidente no álbum *Aftermath*, que seguia o mesmo caminho delineado pelos Beatles com o álbum *Rubber Soul* e pelos Beach Boys com *Pet Sounds*. A primeira mostra desse novo momento se deu com o compacto simples lançado em fevereiro de 1966, "19th Nervous Breakdown", composto em sua maior parte por Jagger, cuja letra era uma crítica aberta a algumas das personalidades que se infiltravam no universo da banda. Em termos musicais, o compacto revelava uma agressividade que sugeria influências obscuras, mais introspectivas.

Lançado em 15 de abril, *Aftermath* logo chegou ao topo das paradas do Reino Unido e dos Estados Unidos. O primeiro álbum dos Stones constituído apenas por composições de Mick Jagger e Keith Richards desbancou tanto os Beatles quanto os Beach Boys ao trazer músicas com um estilo totalmente diferente daquele conhecido pelo público. Em um cenário de criatividade fervilhante, *Aftermath* abalou a comunidade musical, estabelecendo um novo padrão de originalidade. Os Beatles ficaram tão perplexos com os comentários sobre a inusitada mistura de sons que pediram a um assistente que comprasse uma cópia do disco enquanto gravavam *Revolver*.

Aftermath teve ótima recepção por todo o mundo: a maioria dos críticos elogiou o som experimental e criativo, ressaltando o modo inglês peculiar de tocar o xilofone e o saltério. A capa, uma simples imagem desfocada, criada pelo fotógrafo Jerry Schatzberg, capturou com perfeição os integrantes discrepantes da banda: Mick e Keith, à frente, com Brian entre eles – os olhos e a mente evidentemente perdidos. As pequenas falhas na produção foram atenuadas pela força das músicas; o álbum consolidou a reputação de Jagger e Richards como compositores tão formidáveis quanto os que surgiram durante o *beat boom* inglês.

Satisfeitos com o resultado de seu trabalho, os Stones voltaram-se a assuntos triviais. Em face do incessante burburinho de Londres, até os membros mais habituados a uma vida agitada ansiavam, por vezes, pelo clima tranquilo dos campos da Inglaterra – e para os incansáveis Stones, três anos ininterruptos de turnês começavam a cobrar seu preço. Enquanto os problemas de saúde de Brian eram agravados por seu estilo de vida desregrado, Mick estava à beira de um colapso nervoso, chegando a ser hospitalizado, em 1966, por conta de estresse e exaustão.

Conseguindo, na primavera daquele ano, um mês de folga entre turnês, seus nervos em frangalhos poderiam, então, se recuperar, e o desejo de ter uma casa longe da cidade transformou-se em necessidade. Charlie Watts e Bill Wyman lideraram o processo. Cada um deles comprou uma grande propriedade em Home Counties. Keith também estava disposto a se mudar para um lugar mais tranquilo. "Apesar de estarmos ganhando bastante dinheiro, ainda morávamos em apartamentos alugados ou hotéis", declarou Keith. "Ou seja, não estávamos usufruindo da posição que tínhamos conseguido. Em 1966 chegamos a um ponto em que alguma coisa tinha de mudar... Só precisávamos de um tempo para curtir e avaliar o que estava acontecendo."

Keith, em busca de um lugar tranquilo, acabou por aportar na cidade de Chichester, em West Sussex, uma região que, soubesse ele ou não, era há muito procurada como refúgio por aqueles que ansiavam pela paz espiritual oferecida pela vida no campo. Ao longo de anos, inúmeros artistas retrataram em suas telas os encantos da região, enquanto escritores, como o poeta Hilaire Belloc, exaltaram em suas obras a beleza sutil do lugar. A proximidade com o mar era apenas mais um de seus atrativos.

Procurando um retiro aprazível, Richards chegou por acaso a Witterings, uma península nos arredores de Chichester, com vários vilarejos encantadores. West Wittering era uma dessas aldeotas, cujas paisagens encantadoras pareciam ter sido esquecidas pelo tempo. Próxima ao vilarejo ficava Redlands, uma bela casa de campo com teto de palha, datada do século XIII, localizada ao fim de uma estrada de terra. Apesar da aparência modesta que apresentava, vista do portão de entrada, era circundada por um fosso, havendo apenas uma pequena ponte que permitia acesso à residência, atrás da qual se viam campos que se estendiam até o mar.

A casa era uma das mais importantes construções do condado de West Sussex, embora fosse pouco provável que Richards tivesse conhecimento disso à época. Citada no *Doomsday Book* [um levantamento similar ao censo atual, realizado na Inglaterra em 1085-1086], diz-se que Ana Bolena, a segunda mulher do rei Henrique VIII, teria lá se hospedado. Entretanto, durante a maior parte de sua história, Redlands foi uma casa de fazenda e, mesmo com as mudanças que sofreu ao longo dos anos, manteve forte o vínculo com seu passado: o teto de palha e as vigas de madeira evidenciavam o passado notável. O interior da residência também era tão surpreendente quanto sua história. O piso da cozinha era revestido por lajotas de pedra e as paredes da sala de estar e da sala de visitas, por magníficos painéis de carvalho. Duas enormes lareiras, cujos detalhes em alvenaria as transformavam no centro das atenções, dominavam o andar térreo. No andar superior havia vários quartos, ideais para abrigar inúmeros hóspedes. Contando com um jardineiro e uma empregada, contratados em caráter permanente para cuidar da propriedade, tudo parecia perfeito. No entanto, esse vínculo da propriedade com seu passado agrícola estaria prestes a ter fim quando o casal de fazendeiros Stanley e Joyce Fletcher decidiram colocar Redlands à venda, no início de 1966.

Como Redlands seria leiloada em fevereiro, havia necessidade de alguém experiente para fazer os lances que garantissem a compra da casa. Sem familiaridade com os protocolos de um leilão, Keith contrataria Timothy Hardacre, advogado dos Stones, para fazer os lances em seu nome. "Keith disse: 'Estou interessado naquela casa e não entendo muito de leilões. Você pode ir até lá e fazer os lances para mim?'," recorda-se Hardacre. "Portanto, fui até o Dolphin Hotel, em Chichester, e disse ao leiloeiro: 'Estou representando Keith Richards no leilão e farei os lances em seu nome.' Então, fiz os lances necessários e conseguimos a casa por um preço bem razoável... Quando Keith entrou no local do leilão, após fechada a compra, ouviu-se um murmúrio de horror e indignação que só fez aumentar quando entramos no Bentley Continental dirigido pelo motorista de Richards e fomos embora, deixando para trás aquele povo exasperado."

Keith pagou, com satisfação, 17.500 libras esterlinas pela propriedade, embora alguns moradores da região tenham deixado claro seu desdém por terem um Rolling Stone em seu meio. Após um breve período, durante o qual os antigos moradores se preparam para deixar a casa, Keith mudou-se para Redlands em 16 de abril, com Ratbag, seu cão e fiel companheiro. O ambiente rural e o ar puro do campo foram um antídoto muito bem-vindo à asfixia que Londres podia gerar, com ou sem sua alegria tresloucada.

Feliz com sua aquisição, Keith, de bom grado, levava seus amigos para conhecer os extensos gramados e o rico arboreto da propriedade. A maior parte dos visitantes ficava encantada com a casa e o fosso ao seu redor, onde, como Keith adorava pontuar, já teriam sido encontradas pontas de lanças dos saxões.

Assim como os Beatles, os Stones tinham um fanzine mensal dedicado a eles. Apesar de o número de exemplares vendidos ser muito inferior ao da revista *The Beatles Book* [o fanzine dos *Fab Four*], ele servia para manter os fãs informados sobre acontecimentos ignorados pela maior parte dos jornais. Como, provavelmente, a nova casa de Richards seria um assunto de interesse dos fãs, Sue Maunter, uma das mais importantes redatoras da publicação, viajou até West Wittering para ver de perto o "solar" de Keith. Como resultado, essa primeira reportagem feita *in loco* após Redlands ter sido comprada por Keith apresenta um retrato singular do músico usufruindo dos frutos de vários anos de trabalho árduo:

O sol brilhava quando peguei a estrada rumo à casa de Keith, construída em Sussex, no século XV: "O Sr. Richards ainda não chegou", disse o velho jardineiro quando me aproximei do caminho que levava à entrada principal da casa.

Para minha surpresa (e por ter sido intrometida), encontrei a porta da varanda aberta e, então, tomei a liberdade de entrar. Fiquei espantada e achei muito interessante ver, em sua biblioteca, The Great War, Dictionary Of Slang, Guns, Great Land Battles, Drawings of Rembrandt *e outros livros sobre a Inglaterra. A coleção de discos deixou-me ainda mais impressionada. Dentre discos dos Beatles, Otis Reading* [sic]*, Dylan, Simon and Garfunkel, Everlys, Temptations e Elvis, encontrei as 19 valsas de Chopin, Rossini e Segovia.*

O andar de cima tinha cinco quartos e um banheiro. Eu sabia qual era o de Keith, porque a cama estava por fazer e havia um par de sapatos e um livro de Dennis Wheatley jogados no chão. Nenhum dos outros quartos tinha mobília e, assim como o piso inferior, todos os aposentos tinham vigas e assoalhos de madeira. Um dos quartos não tinha metade do piso, de modo que se podia ver diretamente a cozinha abaixo.

Desci as escadas, passei pela sala de jantar e entrei na cozinha, onde encontrei a louça por lavar, uma salsicha queimada na frigideira sobre o fogão, um rifle pendurado em uma parede, uma espora na outra e um relógio na porta, sem falar no cassetete pendurado no teto (Keith o havia afanado de um policial em Paris). Sendo uma mulher, minha primeira reação foi colocar a chaleira no fogo para preparar uma xícara de chá.

Enquanto me servia de chá, Keith chegou em seu Bentley Continental *com placas sinalizando que ainda era um aluno de autoescola... Keith estava bastante irritado com os empreiteiros responsáveis pela reforma da casa por terem deixado a casa destrancada. "De quem é aquele barco?" perguntei. "Ah, era do antigo proprietário, comprei dele. Dá para passear nele pelo fosso, mas agora ele está com um buraco no lado."*

Como Keith refugiara-se em West Sussex, Mick alugou uma moderna casa geminada na famosa Bryanston Mews, no oeste de Londres, no final do ano de 1966. Enquanto quase todos os Stones procuravam estabelecer residência fora de Londres, Jagger ainda estava claramente encantado com a capital.

Com seu temperamento irascível, mudar de endereço não era uma prioridade para Brian, que dividia com Anita um modesto apartamento em Knightsbridge e era presença constante na agitada noite londrina. Mas, se chegasse a pensar em se afastar de Londres, sua escolha seria, com certeza, o Marrocos. Jones já havia tomado conhecimento das riquezas que o país tinha a oferecer em virtude de sua amizade com Christopher Gibbs, decorador londrino. Famoso por seu estilo criativo e inovador, Gibbs mesclava o esplendor tradicional com o colorido vibrante de peças trazidas da Ásia, do Oriente Médio e da África, em especial do Marrocos. Ciente de que muito da arte e da decoração do Oriente Médio encontrava eco na psicodelia, Gibbs passou a ser muito procurado pelos adeptos do pop quando estes resolveram se preocupar com a decoração de suas casas e apartamentos.

O fanatismo de Gibbs pelo Marrocos era compartilhado por Robert Fraser, *marchand* e proprietário de uma galeria de arte. Formado pela tradicional faculdade Eton College, Fraser era outro personagem das classes abastadas que fora seduzido pela casta de músicos que passou a circular pela região de Chelsea, os quais ele recebia com entusiasmo em sua galeria em *Duke Street*. Sua paixão por drogas exóticas, vindas de outros países, o tornava uma pessoa ainda mais cativante – entusiasmo que, sem dúvida, gostava de partilhar com outros.

Gibbs e Fraser já haviam acompanhado Jones e sua antiga namorada, Linda Lawrence, ao Marrocos em agosto de 1965 e, por conhecerem os costumes do país, serviram de guia do casal, levando-os aos mosteiros, mercados e a outras atrações da região. Deleitando-se com tamanha variedade de novas experiências, Brian ficou encantado pela música sufi do norte do Marrocos, que viria a gravar as vibrações etéreas de suas flautas.

Fotos de Jones chegando a Londres vestido em trajes marroquinos sinalizaram o futuro adeus dos Stones à sua antiga imagem. Foi difícil para os fãs que acreditavam nas mensagens cotidianas de "It's All Over Now", "The Last Time" ou mesmo "Satisfaction" aceitar que a banda navegava por territórios desconhecidos, o que levou os Stones a perder espaço nas revistas para adolescentes de todo o país.

Alguns se perguntavam o que os tinha levado a trilhar esse novo caminho. Os críticos não falavam ao público sobre a correlação entre o novo rumo do pop e as drogas que inundavam o meio musical, mas os músicos se divertiam colocando, nas entrelinhas de suas composições, gírias ligadas ao mundo das drogas. Enquanto os Beatles mascaravam canções como "Day Tripper" e "Tomorrow Never Knows" com um manto de ironia e metáforas a fim de não levantar suspeitas, outras bandas eram menos escrupulosas. A coletânea de 1965 dos Stones, *Out of Our Heads*, com certeza insinuava algum tipo de êxtase e um verso da letra de "19th Nervous Breakdown" (*O 19º Colapso Nervoso*) dizia: "Em nossa primeira viagem, fiz de tudo para reorganizar sua mente [*On our first trip I tried so hard to rearrange your mind*]". Enquanto isso, nos Estados Unidos, Bob Dylan, as bandas The Byrds e The Velvet Underground escreviam canções com referências quase explícitas à sua própria imersão no mundo das drogas. Jagger, ao ser entrevistado sobre o compacto "19th Nervous Breakdown", foi, como de costume, reticente: "Dizem que em minhas canções sempre falo sobre comprimidos, crises nervosas, e que, portanto, devo ser um viciado – isso é ridículo", declarou. "Algumas pessoas têm a cabeça tão fechada que não conseguem admitir que, na realidade, isso também acontece com pessoas comuns, não só com astros pop."

A imprensa, na verdade, sabia exatamente o que estava acontecendo, mas não tinha o menor escrúpulo em fazer vista grossa quanto às drogas. Os empresários e agentes das bandas alimentavam a mídia impressa com fotos dos músicos com sorriso nos lábios e histórias divertidas, portanto, não havia motivo para criar controvérsias, ao menos por enquanto. Na opinião da maioria dos jornais e repórteres ingleses, os grupos pop eram um bálsamo contra os terríveis acontecimentos do início da década: a crise dos mísseis cubanos, o caso Profumo e o assassinato de John F. Kennedy.

Don Short, correspondente de artes e entretenimento do jornal *Daily Mirror* durante os anos 1960, conhecia bem essa relação simbiótica entre os músicos pop e a imprensa: "No início da década, a imprensa, de repente, acordou para o fato de que a circulação dos jornais poderia aumentar, em muito, com a publicação de notícias sobre os artistas pop", recorda Don. "De uma hora para outra, eles se tornaram o foco de atenção dos editores, pois vendiam jornais. É claro que nós, como repórteres, tiramos proveito disso e, com certeza, eles também, com as histórias que publicávamos todos os dias."

Esse relacionamento amistoso perdurou por alguns anos; entretanto, por conta de alguns fatos que puseram à prova até os condescendentes editores de tabloides, em 1966, o acordo tácito entre a imprensa e os músicos quanto ao consumo de drogas estava próximo do fim. A polícia começara, também, a se interessar pelo assunto, passando a monitorar as atividades dos músicos mais famosos e, no início de 1966, receberia um presente de mão beijada.

O cantor *folk* Donovan, um escocês franzino de Glasgow, que ostentava um sorriso largo tão presente quanto seu boné de veludo cotelê, foi aceito com honras no círculo pop em virtude de seu jeito debochado e natureza poética. Apreciado no meio musical, trabalhava sem parar e estava dentre os primeiros jovens guitarristas que se tornariam figuras onipresentes no cenário pop a partir de meados dos anos 1960.

Assim como Bob Dylan, Donovan largou o violão e passou a tocar guitarra, chegando ao segundo lugar das paradas de sucesso com a vibrante, mas inocente, faixa-título de seu compacto "Sunshine Superman". No entanto, no Lado B estava "The Trip" [*A viagem*], um declarado hino ao *nightclub* homônimo de Hollywood, com evidentes indicações de que as drogas inspiravam a criatividade do jovem trovador.

Tal era a popularidade de Donovan que os produtores de *Ready Steady Go*, o mais famoso programa televisivo pop da época, lhe ofereceram a oportunidade de estrelar seu próprio documentário. Transmitido no início de 1966 sob o título *A Boy Called Donovan* [Um Rapaz Chamado Donovan], o filme tinha como trilha sonora as canções do próprio guitarrista e mostrava várias sequências do músico com seu itinerante grupo de amigos em diversos momentos de descontração. Próximo ao final do filme, uma sequência de uma das aparentemente "intermináveis" festas é interrompida por dois fanfarrões vestidos como policiais. Em meio a essa situação inusitada e cômica, alguns espectadores provavelmente notaram que um dos membros do círculo de Donovan fumava um baseado, uma cena que chocaria aqueles mais perspicazes.

Enquanto o cenário musical sofria uma considerável mudança, o esquadrão antidrogas de Londres também passava por uma revolução encabeçada pelo sargento e detetive Norman Clement Pilcher, um agente de polícia que viria a se transformar no carrasco dos astros londrinos do rock dos anos 1960. Com cerca de 35 anos, Pilcher tinha um instinto aguçado, que ia muito além de suas funções. Vindo de Kent, esse pai de família conhecido por seus colegas como "O Nobre" começou sua carreira no setor administrativo da delegacia de Kent e progrediu até vir a fazer parte da renomada radiopatrulha de Londres. Transferido para o esquadrão antidrogas no início de 1966, passou a trabalhar sob a supervisão de Victor Kelaher, um agente que tinha estreitas ligações com organizações antidrogas de vários países. Pilcher levou ao esquadrão seu vasto conhecimento do submundo londrino, bem como uma considerável lista de informantes. Considerado um homem espirituoso e carismático por seus pares, mantinha a confiança de seus subalternos com a frase: "Deixa que o velho aqui resolve". Trabalhando não menos do que 12 horas por dia, com um salário de 27 libras semanais, Pilcher estava satisfeito com sua posição na equipe e apreciava rodar pela cidade em seu "turbinado" *Lotus Cortina*. Em virtude de sua autoridade, tinha direito ao porte e uso de armas, se necessário.

Contando com a ajuda de agentes tão jovens e motivados quanto ele, Pilcher formou uma modesta equipe de 20 policiais que veio a revolucionar a imagem de um esquadrão antidrogas cuja abrangência era relativamente pequena para os padrões atuais. Não obstante, com o aumento do consumo de maconha no Reino Unido, o número de condenações relacionadas a drogas começava a aumentar. Não só a afluência de imigrantes afro-caribenhos a Londres, após o término da Segunda Grande Guerra, foi, em parte, responsável pela disseminação da droga, como também os músicos de jazz que a usavam desde os anos 1940 e 1950. A questão se tornou mais séria em 1964 com o aumento do uso não medicinal de anfetaminas, em particular entre os jovens abastados que passeavam em suas *scooters* pelas ruas de Londres. A paixão desses jovens por "corações roxos" [*purple hearts*], uma combinação de anfetaminas e barbitúricos, deu origem à primeira onda de uso de drogas do pós-guerra e, como consequência, em 1964, a compra de anfetaminas sem prescrição médica foi proibida.

Por razão da contundente cobertura da imprensa, todas as substâncias, a despeito de sua potência, foram indiscriminadamente incluídas no mesmo pacote. O relatório de 1964 do *Brain Committee* [*Interdepartmental Committee on Drug Addiction* – Conselho Interdepartamental de Combate às Drogas] ofereceu as diretrizes da lei que viria a ser promulgada no ano seguinte, a *Dangerous Drugs Act* [Lei Contra Drogas Nocivas], entre elas, o aumento substancial das penalidades por porte de drogas. Essa lei concedeu, ainda, maiores poderes à polícia em procedimentos de busca e apreensão. Por estabelecerem poucas distinções entre as diferentes substâncias, as leis de combate às drogas pareciam ressoar a percepção da mídia de que todas elas tinham o mesmo efeito devastador.

Tais circunstâncias levaram agentes como Pilcher a se tornar mais audazes, o que ficou evidente na vestimenta de seu esquadrão: moderna, elegante, com um visual de gângster chique – bem diferente dos uniformes das tradicionais equipes de polícia. Apelidado por seus colegas de "O Esquadrão Silencioso" [*Whispering Squad*], Pilcher e sua equipe passaram a adotar uma abordagem mais radical, acreditando, de fato, que os fins justificavam os meios.

Foi apenas questão de tempo para que o novo esquadrão voltasse sua atenção ao novo contingente de astros pop que se exibia pelas ruas de Londres. Como os limites entre a atuação da imprensa, dos informantes e da polícia foram estabelecidos, era evidente que algo estava prestes a vir à tona. A mídia publicava cada vez mais histórias sobre a crescente epidemia de drogas entre os jovens e o esquadrão não tardou em perceber que a prisão de famosos, em especial celebridades pop, poderia ser algo valioso a fim de dar mais abrangência a seu trabalho. Apesar de a prisão de cidadãos comuns por envolvimento com drogas ser de interesse da imprensa local, a de celebridades garantiria ampla cobertura pela mídia. A afronta de Donovan, exibida na televisão, era, com certeza, uma oportunidade que não podia ser perdida.

Frequentador assíduo de *nightclubs* e discotecas, Donovan morava em Edgware Road e seu endereço era conhecido até por aqueles que não faziam parte de seu círculo. Como inúmeras personalidades, entre elas os Beatles e os Stones, frequentavam sua casa, aparecendo a qualquer hora do dia e da noite, não foi nada difícil descobrir onde Donovan morava. "A polícia instalou-se em um apartamento em frente ao nosso," lembra-se "Gypsy" Dave Mills, "de onde ficava o tempo todo nos espionando. Naquela época, não tínhamos a mínima ideia do que estava acontecendo, mas isso mostra até onde eles estavam dispostos a ir para pegar as pessoas."

À 1h30 da madrugada de 11 de junho, quase cinco meses depois de o polêmico documentário ter ido ao ar, o apartamento de Donovan foi alvo de uma investida do detetive Pilcher e dos policiais do esquadrão antidrogas. Donovan, após uma de suas costumeiras festas, estava dormindo confortavelmente em sua cama com a jovem de 20 anos, Doreen Samuel. Mas seu amigo e *roadie* Gypsy Dave ainda estava acordado. Ao ouvir uma batida na porta, abriu-a e viu uma bela mulher em trajes comuns. Acreditando se tratar de uma convidada, Gypsy Dave convidou-a para entrar, sem saber que, atrás dela, havia nove policiais, a maior parte deles vestindo ternos elegantes. Durante a invasão, Pilcher liderou o grupo. Despertando com a confusão e aturdido com o grupo de elegantes invasores, Donovan, sem pensar, saiu da cama nu e agarrou um dos policiais pelas costas. Após conseguirem dominar o músico, um dos agentes esfregou na cara do cantor um mandado de busca, que ele tentou arrancar das mãos do policial. De acordo com declarações, Donovan teria berrado: "Sou muito novo para receber um mandado. Você não pode me prender!".

Obviamente, o esquadrão esperava encontrar mais do que maconha e, quando Donovan foi até a geladeira para pegar um pouco de leite, um dos policiais gritou: "Rápido, o LSD está no leite!" Por fim, não havia nenhum vestígio de LSD no local, mas a polícia achou um grande pacote de haxixe no quarto de Gypsy Dave. Sabendo exatamente qual a quantidade de droga que possuíam, Donovan e Dave ficaram surpresos com o montante encontrado pela polícia. De acordo com Gypsy Mills, Pilcher mostrou a eles o pacote da droga e disse: "Vocês estão na minha mão agora e, quando eu quiser, jogo vocês na cadeia em um estalar de dedos. A prova está aqui no meu bolso, estão vendo? Fiquem espertos vocês dois, estão me escutando?"

Donovan, Gypsy Dave e Doreen Samuel foram levados à delegacia, onde Pilcher deu ao cantor um simples pedaço de papel para que assinasse, dizendo: "Desculpe por tudo isso, Don. É meu dever. Você pode dar um autógrafo para minha filha?".

No dia seguinte, os três foram acusados formalmente de porte de maconha e levados a julgamento no Juizado de Pequenas Causas Criminais de Marylebone, em 28 de julho. O advogado dos Beatles, David Jacobs, ante a insistência de George Harrison e Paul McCartney, assumiu o caso. Por fim, Donovan e Mills escaparam da prisão, mas foram obrigados a pagar, na época, a exorbitante multa de 250 libras esterlinas[1], e Doreen permaneceu durante um ano em regime de *sursis*. Donovan, assim como os Stones após o incidente no posto de gasolina, recebeu uma contundente advertência do juiz, que reconhecia seu *status* de celebridade: "Gostaríamos que não se esquecesse", disse o magistrado, "da grande influência que tem sobre os jovens; sendo assim, é importante que mantenha uma conduta exemplar". Mais tarde, no mesmo dia, Donovan descreveria o acontecimento a Don Short, correspondente de artes e entretenimento do *Daily Mirror*, dizendo: "A única coisa que me incomoda é que, de todos os artistas que poderiam ter sido acusados, eu fui o primeiro a me dar mal".

A notícia da prisão de Donovan espalhou-se como fogo pela comunidade rock de Londres, gerando uma certa onda de paranoia. Após

---

1. O equivalente, em meados de 2011, a 3.600 libras esterlinas.

Donovan ter sido apanhado por porte de maconha, outras bandas que faziam uso de quantidades muito maiores de drogas mais pesadas ficaram de sobreaviso. Enquanto muitos achavam que Donovan fora preso porque seus amigos apareceram fumando um baseado na TV, outros acreditavam que seria apenas uma questão de tempo a loucura do mundo pop vir à tona. Em agosto, o tresloucado Viv Prince, antigo baterista da banda Pretty Things e frequentador assíduo dos *nightclubs* londrinos, seria a próxima vítima, recebendo como pena do Juizado de Great Marlborough Street uma multa por porte de anfetamina.

A prisão de Donovan não pareceu cercear os momentos de entretenimento dos membros dos Stones que eram usuários de drogas e a programação mais tranquila do segundo semestre de 1966 lhes permitiu ter mais tempo para se divertir. As gravações, antes consideradas apenas uma formalidade, se tornaram muito mais interessantes do que a escravidão das apresentações ao vivo. Entretanto, com a popularidade em alta nos Estados Unidos, a banda organizou uma turnê de 14 dias durante o verão americano, período em que teve a oportunidade de presenciar o efeito que a cultura das drogas exerce sobre a juventude do país.

Em Nova York, os Stones foram tratados como celebridades pelos *socialites* e Brian se identificou com o ar exótico de Greenwich Village, tão diferente do resto do país. "Tínhamos atraído um grupo de intelectuais da comunidade hippie," relataria Jones ao jornalista Keith Altham após voltar à Inglaterra. "O povo de Greenwich Village nos adorava." Jones também comentou que o cenário das drogas estava atraindo grande interesse da polícia. "Vi uma cena terrível pouco antes de voltar. A polícia parava e revistava qualquer um, procurando drogas; era assustador. Pior do que em uma ditadura."

Outra parada obrigatória durante a turnê pelos Estados Unidos foi no The Factory, o estúdio de arte de Andy Warhol, localizado em Grand Central, ponto de encontro de artistas e "depravados". Ali, Jones encontrou-se com Bob Dylan, o diretor Kenneth Anger e membros da banda rock The Velvet Underground, entre eles a, então, loura e ingênua vocalista Nico. Como era de se esperar, alguns "parasitas" misturavam-se aos frequentadores do estúdio, entre eles David Schneiderman, um canadense de 24 anos que estava morando temporariamente em Greenwich Village.

Nascido em 14 de dezembro de 1942, Schneiderman circulava por vários grupos do efervescente cenário *underground* de Nova York. Era uma figura conhecida pela cidade, considerado "um cara que gostava de curtir" por muitos que cruzaram seu caminho. Ator mirim que viria a buscar expressar seu talento em peças de Shakespeare, David estava completamente imerso na relação perigosa entre arte e drogas alucinógenas. De acordo com seu amigo íntimo Ed Ochs, a conversão de Schneiderman ao LSD mudou sua vida: "Seu cérebro 'exalava' ácido", recorda Ochs, hoje. "O modo como ele falava sem parar, sua música, suas opiniões, tudo refletia ou parecia ter sido criado sob a influência do LSD. David foi, definitivamente, 'o grande disseminador do LSD', espalhando pelo mundo as sementes da iluminação, que abririam os olhos e estimulariam uma geração de gênios da música, bem como artistas, diretores de cinema, pensadores e sonhadores. Não há dúvidas disso. Imagino que ele tinha acesso aos primeiros lotes de puro ácido produzidos pelo laboratório Sandoz[2] e acreditava que sua missão era trazer a luz ao planeta. Nada além disso. Acho que se pode dizer que essa foi sua maior realização e, ao mesmo tempo, seu pior desastre. Estou certo de que ele nunca ganhou um centavo vendendo ácido; ele apenas o disseminava."

No entanto, o carisma de Schneiderman escondia uma faceta obscura. Ele fugira do Canadá após cometer uma série de delitos envolvendo drogas e armas. O mais notável deles foi ter despejado LSD em um reservatório de água de Toronto. Ao chegar em Nova York com um passaporte falso e uma lista de nomes fictícios, conseguiu escapar dos oficiais da imigração embrenhando-se no anonimato da Greenwich Village de meados dos anos 1960, onde perguntas sobre a origem e família de alguém eram consideradas completamente inadequadas pela moderna comunidade local. Seu suprimento de LSD abriu-lhe muitas portas: quando os Beatles estiveram na cidade em agosto de 1966, diz-se que Schneiderman estava sempre a postos para suprir as necessidades de John Lennon e George Harrison, fornecendo-lhes cubos de açúcar com LSD embalados em papel alumínio.

Em alta com os Beatles, Schneiderman não teve dificuldade em penetrar o círculo dos Stones quando estes, no mesmo ano, chegaram à cidade. Mais parecendo uma caixinha de surpresas psicodélica, ele surgiu oferecendo a Brian Jones e Keith Richards seus cubos de açúcar com LSD. Richards, evidentemente encantado pelo falar entusiástico e pelo grande conhecimento de David quando o assunto era drogas, disse a ele que, se algum dia Schneiderman passasse por Londres, gostaria de reencontrá-lo, um convite que Richards sempre fazia a qualquer figura

---

2. Sandoz é o nome do laboratório suíço onde o Dr. Albert Hoffmann sintetizou, pela primeira vez, a droga conhecida comumente como LSD. Em 1967, Eric Burdon e a banda The Animals gravariam o lado B de seu compacto, "A Girl Named Sandoz" [*Uma garota chamada Sandoz*], em homenagem ao laboratório.

excêntrica que chamasse sua atenção, nem que por um instante. Dessa vez, entretanto, teria motivos para se arrepender.

Após voltar dos Estados Unidos, os Stones conseguiram uma trégua em suas atividades nos últimos meses de 1966. Afora uma turnê de 12 dias pelo Reino Unido, que contou com Ike & Tina Turner como apoio, o grupo teve tempo de sobra para organizar suas novas residências. Jagger mudou-se para um apartamento em Harley House, um quarteirão com prédios em estilo clássico, ricamente ornamentados, no bairro londrino de Marylebone; Brian e Anita, para um apartamento mais elegante em Courtfield Road, no sul de Kensington. Como era de se prever, o tempo livre do casal seria agitado, incluindo, em agosto, uma viagem para o Marrocos com o decorador Christopher Gibbs. Apesar da companhia do simpático, bem-humorado e erudito Gibbs, o casal discutia sem parar sobre cada pequeno detalhe da viagem. Em um momento de loucura, Brian quebrou o punho após tentar dar um soco em Anita e acertar o caixilho de metal da janela. Como consequência, nunca mais conseguiria tocar guitarra com a mesma destreza.

De volta à Inglaterra no final de 1966, o casal, de modo inconsequente, posou para um ensaio fotográfico vestindo uniformes nazistas. As fotos, a princípio, seriam publicadas somente em uma revista dinamarquesa, mas, com a imprensa ávida por qualquer coisa que pudesse causar escândalo, as fotografias se espalharam. O mau gosto do ensaio foi agravado por imagens de Brian pisando em bonecos mutilados. As declarações indignadas que se seguiram à divulgação foram retaliadas por Brian, com sua típica agressividade: "Por que as pessoas interpretaram as fotos de forma tão literal?", perguntou à revista *New Musical Express*. "Você simplesmente não abandona todas suas crenças porque chegou a certa idade. Nossa geração cresceu conosco e acredita nas mesmas coisas que nós. As fotos que tirei com uniforme nazista são um deboche. Sério, quero dizer, será que o público não percebeu que um cara com cabelo comprido vestido de nazista foi uma sátira? Como podem se sentir ofendidos quando estou do lado deles? Eu não sou simpatizante do nazismo."

Tara Browne, melhor amigo de Brian, herdeiro da fortuna *Guinness* e fã do estilo de vestir do músico, era conhecido como "o garoto de ouro dos anos 1960". Com apenas 21 anos já tinha amigos memoráveis e a casa de sua família em Wicklow Mountains, na Irlanda, estava sempre aberta a qualquer um que precisasse de refúgio, incluindo os Stones e seus parceiros. Tara era um defensor apaixonado do LSD e companhia fiel durante as viagens regadas a ácido. Em 18 de dezembro, Browne passeava por Londres em seu *Lotus Elan* com sua namorada, a modelo Suki Poitier, de 19 anos, quando, sob o efeito de LSD, cruzou um sinal vermelho próximo ao apartamento de Jones, em Kensington. Ao desviar dos carros que trafegavam pela outra via, bateu em um furgão estacionado. Sua namorada sofreu ferimentos leves, mas Tara teve morte instantânea.

Abalado pela morte do jovem amigo, Brian partiu em viagem com Anita Pallenberg e Keith Richards a fim de aproveitar o feriado prolongado. Na Véspera de Natal, o trio se reuniu no luxuoso George Cinque Hotel, de Paris, onde, a fim de tornar o período de festas mais animado, "entupiam-se" de anfetaminas, cocaína e outras drogas durante o dia e barbitúricos, à noite, para relaxar.

"Passamos o Natal totalmente chapados," Keith revelaria tempos depois. "Enganamos a enfermeira do hotel dizendo que não conseguíamos dormir e ela nos deu todos aqueles remédios que eram muito, muito fortes... Tomávamos dois comprimidos de uma vez e aí a gente capotava, dormia e, quando acordava, pedia mais um jantar de Natal."

Na mesma noite do trágico fim de Tara Browne, outra jovem vida ia ao encontro da morte. O relacionamento de Chrissie Shrimpton e Mick Jagger se despedaçava e cedia lugar à amargura. Apesar das eventuais mostras de carinho para a imprensa, Jagger passava mais tempo se divertindo com outras pessoas de seu círculo, em especial Marianne Faithfull, cujo casamento com John Dunbar também estava estremecido. Como a própria Marianne admitiu, já tivera casos passageiros com Jones e Richards. Jagger, também, estava atraído por sua beleza inocente e inteligência aguçada.

Em uma tentativa de resgatar seu abalado relacionamento com Chrissie, Mick fez reservas para ambos em um cruzeiro marítimo de Natal, mas no dia da partida ele cancelaria a viagem e sairia para almoçar com Faithfull. Naquela noite, Shrimpton, ressentida, discutiu com Jagger no apartamento onde ambos moravam, em Harley House. Após uma violenta briga, Mick saiu de casa sem dizer para onde ia. Nos dias que se seguiram, notícias de que o relacionamento havia terminado vazaram. Os jornalistas, ávidos por qualquer detalhe picante, foram logo à caça de Chrissie em busca de uma declaração. "Nós simplesmente nos afastamos," disse Chrissie à época. "Era a única solução. Fomos noivos, de modo não oficial, por algum tempo. Estávamos apaixonados, mesmo assim brigávamos o tempo todo. Com o passar do tempo, começamos a ter visões diferentes com relação à vida – e um ao outro. Não tivemos nenhuma briga violenta nem nada parecido. Nossa separação foi uma decisão mútua. Se alguém me perguntasse o que estou sentindo agora, responderia – Eu não... não sinto nada."

Não se sabe qual era o estado mental de Chrissie quando conversou com os jornalistas, mas ela tentou suicídio no apartamento que dividia com Jagger. Ela sobreviveu ao fato, após passar vários dias no hospital. Seis dias depois, Jagger foi visto jantando sozinho em um restaurante italiano no Soho, em Londres. Pressionado a dar explicações, respondeu que a separação deles havia sido uma "decisão mútua". O que os jornais não sabiam é que os pertences de Chrissie já haviam sido retirados do apartamento e Faithfull, logo em seguida, passaria a morar com Jagger. Apesar do olhar especulativo da imprensa, o casal conseguiu manter o relacionamento em segredo por várias semanas.

Marianne comparecia regularmente às gravações dos Stones no Olympic Studios, período em que o grupo estava trabalhando no álbum *Between The Buttons*. Em sua autobiografia, Marianne afirma que as contribuições mais mordazes de Jagger para o álbum, como "Yesterday Papers", "All Sold Out" e "Please Go Home", foram dirigidas a Chrissie ou inspiradas no desmoronar de seu relacionamento. O álbum como um todo ressoava o mundo agitado dos bistrôs, das discotecas e do cenário de Chelsea – por onde os Stones circulavam agora que estavam livres das turnês. Em virtude da falta de uniformidade, *Between The Buttons* continua a ser um álbum negligenciado por causa de sua natureza indistinta que abarca desde *music hall*, Bob Dylan e o irregular *rhythm and blues*. Uma música, em particular, "Something Happened To Me Yesterday", com sua referência velada a "something really trippy" [algo muito 'viajante'] fazia certa alusão às forças que trabalhavam nos bastidores.

No final do ano, Allen Klein, diretor administrativo da banda, alardeou à imprensa que os ganhos estimados dos Stones para 1967 poderiam chegar facilmente a uma cifra superior aos 20 milhões de libras. Allen afirmava que isso seria conseguido por meio de um aumento dos *royalties* de gravações, das turnês e da tão esperada estreia no cinema. A arrojada declaração soava como uma mensagem de Klein para os Beatles, cuja carreira parecia ter chegado a um impasse. Os Beatles estavam trabalhando nos estúdios da EMI em Abbey Road em seu álbum *Sgt. Pepper*, ainda sem título à época, e a ausência da banda em aparições públicas levou muitos a especularem se eles não teriam se separado. Para aqueles que monitoravam de perto a rivalidade entre as bandas, os Stones, em virtude de sua constante exposição, estavam no topo.

O aumento conseguido por Brian no valor dos *royalties* pagos aos Stones sinalizava que a banda teria um ano mais bem estruturado. No entanto, ainda era necessário que compusessem novas canções para o próximo álbum, ainda sem título, cujo lançamento estava previsto para o início de 1967. O número de viagens diminuiria e, apesar de uma turnê pela Europa ter sido marcada, esta não incluía nenhum show no Reino Unido. Klein, com certeza, fizera sua "lição de casa" e percebera os parcos ganhos gerados pelas apresentações nos cinemas e salões de baile do Reino Unido. Os shows em outros países europeus eram realizados em espaços maiores, com promotores satisfeitos em poder oferecer mais garantias à banda. Nos Estados Unidos, as possibilidades eram ilimitadas – com festivais e estádios prontos para receber um grande público.

Os Stones começaram a trabalhar logo no início do ano, com uma viagem aos Estados Unidos para uma apresentação no *Ed Sullivan Show*. Todos sabiam que Sullivan não ficara nada satisfeito com a primeira e conturbada apresentação da banda no programa, em 1964. Entretanto, com a grande aceitação dos Stones pelo público, Sullivan viria a recebê-los três vezes nesse ínterim. Visto que o programa de Sullivan era um grande chamariz para qualquer novo lançamento, os Stones viajaram para os Estados Unidos exclusivamente para se apresentar no *Ed Sullivan Show*, que seria transmitido ao vivo em 15 de janeiro de 1967.

A banda foi muito bem recebida, mas encontrou certa relutância durante a gravação da faixa título de seu novo compacto, "Let's Spend the Night Together" ["Vamos Passar a Noite Juntos"]. Obcecada quanto à expectativa do público, a equipe de produtores do programa considerou que o refrão da música deixava implícito uma "noite de amor". Aconselhado a não dar início a outra discussão, Jagger, com relutância, mudou a letra para "Let's Spend Some Time Together" ["Vamos Passar um Tempo Juntos"]. O vídeo transmitido mostra a insatisfação de Mick ao balbuciar a canção adulterada, embora, durante o ensaio da tarde, a letra original tivesse se mantido intacta.

De volta ao lar, os Stones se apresentariam em 22 de janeiro no mais prestigiado show de variedades da TV, *Sunday Night At The London Palladium*, que, desde 1955, havia se tornado um clássico dos fins de semana, assim como o *Yorkshire pudding* e o típico rosbife inglês. O programa havia abarcado a explosão do pop no Reino Unido e chegou a contratar o comediante Jimmy Tarbuck, de Liverpool, com seu corte de cabelo *à la* Beatles, para ser o apresentador do programa.

Apesar da reputação de programa conservador, a audiência estimada em até 10 milhões de espectadores fazia do *Sunday Night At The London Palladium* um veículo influente para a divulgação das faixas do compacto duplo dos Stones "Let's Spend The Night Together", do lado A, e "Ruby Tuesday", do lado B, bem como do álbum *Between The Buttons*. Não houve qualquer problema durante a apresentação, mas a banda não tinha a mínima intenção de ficar em pé, no final do programa, acenando para o público junto com os outros participantes no palco giratório. Na realidade, tinham bons motivos para não prolongar sua presença no programa, visto que Brian e Keith tinham passado o dia "viajando" em LSD e chegaram com mais de duas horas de atraso para o ensaio. Albert Locke, o produtor do programa, não ficou nem um pouco satisfeito com a atitude da banda e declarou: "Quem os Stones pensam que são? Todos os artistas que se apresentaram no *Palladium* fizeram isso. Isso é um insulto a mim e a todos que trabalham aqui". Apesar de Andrew Oldham, o técnico de som convidado Glyn Johns e o comediante Dave Allen terem tentado encontrar uma solução para o dilema, o grupo, em especial Jagger, estava determinado a não se apresentar no palco giratório. "Todos acham que esse programa é sagrado, ou algo do gênero," Mick declarou aos repórteres sedentos por detalhes da controvérsia. "Aquele palco giratório não é um altar. É um verdadeiro porre."

Como previsto, a saga do *Palladium* chegou às manchetes dos tablóides populares, reafirmando a imagem de rebeldes dos Stones. Como quem ri por último, ri melhor, os produtores do *Sunday Night At The London Palladium* se vingariam da banda, colocando no palco giratório, no domingo seguinte, os comediantes Peter Cook e Dudley Moore ao lado de figuras dos Stones em papel machê. Independentemente da repercussão na mídia, as tentativas de Oldham de amenizar a situação criada no *Palladium* não contribuíram para diminuir a crescente hostilidade entre ele e Jagger. Por considerar que a típica estratégia de manipulação da mídia de Oldham não estava mais em sintonia com a posição dos Stones, Jagger resolveu assumir oficialmente o papel de porta-voz da banda, contando com o apoio do experiente relações-públicas, Les Perrin.

Além das gravações no Olympic Studios, em Barnes, os Stones não tinham nada em vista até o início da turnê europeia, no final de março. Como Anita estava participando das gravações do filme alemão *A Degree of Murder*, Brian conseguiu que o diretor Volker Schlondorff o convidasse para criar a trilha sonora do filme. Por ser o primeiro Stone a gravar composições próprias fora do grupo, Jones apreciaria sobremaneira a liberdade que lhe foi concedida.

Jagger, com a separação de Chrissie Shrimpton ainda sendo alvo de boatos, decidiu fugir das especulações indo para a Itália no final de janeiro. A participação de Marianne no Festival Anual de Música de San Remo propiciaria ao casal a oportunidade de desfrutar de alguns momentos de tranquilidade juntos. No entanto, qualquer esperança de ficarem no anonimato desapareceria quando a imprensa da Riviera flagrou Marianne dando boas-vindas a Mick no aeroporto de Nice. Com a divulgação das fotos tiradas pelos *paparazzi*, o casal decidiu assumir o relacionamento e Jagger declarou: "Acredito que é hora de falarmos abertamente sobre isso. Não contei nada antes por causa de Chrissie, não queria magoar ninguém, mas ela parece estar bem agora". Em Londres, Chrissie dava a impressão de estar recuperada, circulando pela cidade com seu antigo parceiro Steve Marriot, vocalista da banda Small Faces.

Após Marianne ter cumprido com seus compromissos em San Remo, ela e Mick alugaram um iate e partiram em viagem pela Riviera Italiana. Passando por várias discotecas e bares à beira-mar, o casal dançava e se divertia sem parar. Por um período, ficaram em um lugar que os atraiu bastante e, como a vida noturna ali consumia a energia do casal, Marianne aproximou-se do DJ e perguntou se ele tinha alguma coisa que os deixasse no "pique" durante toda a noite. O DJ fez com que ela estendesse a mão e lhe entregou um bocado de anfetaminas brancas. Esses pequenos comprimidos, legalizados na Itália, tinham o nome "Lippet" impresso na lateral. Para que ela pudesse guardá-los em um mesmo recipiente, o DJ lhe deu um pequeno frasco transparente.

O restante da viagem foi regado a dias ensolarados e amor recém-descoberto. Quatro dos comprimidos de anfetamina que Marianne conseguira foram esquecidos no bolso de uma jaqueta de veludo verde de Jagger e, durante seu regresso a Londres, o casal conseguiu escapar do olhar rigoroso das autoridades da alfândega tanto da França quanto do Reino Unido. Jagger usaria a jaqueta de veludo, uma de suas favoritas, durante várias ocasiões no início dos anos 1967, sem se lembrar do que havia em seus bolsos.

Capítulo 4

West Wittering

> *"Adolescentes de todo o mundo estão cansados da tirania de políticos ignorantes que tentam controlar seu modo de pensar e lhes impõem normas de conduta. Eles querem ser livres e ter o direito de se expressar, de exprimir seus pensamentos e viver sem restrições tacanhas. Isso não significa que queiram se tornar alcoólatras, consumir drogas ou passar por cima de seus pais. Este é um protesto contra o sistema e vejo que muitos problemas ainda estão por vir."*
>
> Mick Jagger, 1967.

A mudança radical de comportamento dos grupos pop não passou despercebida à imprensa. Os garotos risonhos, com olhar inocente, que cantavam e tocavam guitarra e bateria, tinham, aos poucos, cedido lugar a jovens adultos carrancudos e arrogantes, cujas atividades eram monitoradas pelos editores dos mais famosos jornais diários do país. Muitas das bandas atingiram fama e riqueza estratosféricas e suas histórias eram lidas com avidez. Preferindo publicar um conteúdo alegre, salutar e inocente, em vez de mostrar a verdade nua e crua, a maioria dos redatores de arte e entretenimento ignorava o que os músicos faziam em seus momentos de lazer. No entanto, como o culto às celebridades crescia consideravelmente, pairava no ar uma sensação cada vez mais forte de que alguém, em algum lugar, traria essa realidade à tona.

O frágil acordo entre a imprensa e o mundo artístico perdurara por três anos e a mídia estava disposta a prolongá-lo enquanto pudesse tirar proveito dele. Ademais, os assessores de imprensa das bandas e das gravadoras com as quais os grupos pop tinham contrato se contentavam em, durante os momentos de calmaria da imprensa, divulgar histórias e fotografias que fossem de interesse do público. Entretanto, no final de 1966, esse relacionamento pacífico chegaria ao fim, criando um abismo entre a mídia e os músicos que não mais se viam como marionetes de uma era que rapidamente chegava ao fim.

Tony Calder era um dos poucos, à época, que percebeu a iminência dessa ruptura: "No decorrer dos anos 1960, os jornais de tiragem nacional que, a princípio, colocaram o rock'n'roll como manchete de primeira página passaram a se interessar cada vez mais pelos astros do rock", declarou. "Portanto, assim como, ao longo de anos, a imprensa foi usada por pessoas como Andrew Oldham para promover seus artistas, agora ela queria destruí-los... É óbvio que os músicos já consumiam todos os tipos de drogas mesmo antes de se tornar famosos. Contudo, os repórteres passaram a circular nos bastidores para descobrir se eles estavam apenas fumando maconha, ou cheirando uma carreira de *coca*, tomando estimulantes, LSD, etc. Bem, isso foi um casamento entre o que os jornais achavam que o público queria ler e parte de uma campanha para destruir as bandas de rock, que só veio a crescer."

Como esperado, foi o tabloide dominical *News of the World,* cujo *slogan* era "Tudo que acontece no mundo está aqui", que acabou com o tênue acordo. Desde 1843, o jornal tirava proveito dos assuntos mais medíocres que fossem de interesse público, em especial os que tivessem um forte apelo de sexo, crimes e esportes. E ao incluírem celebridades nesse rol, as vendas do semanário subiram consideravelmente. Por volta dos anos 1950, com um número de leitores próximo à casa dos 9 milhões, o jornal havia se tornando uma espécie de instituição semanal, animando o tédio das manhãs de domingo com escândalos e notícias picantes. Como muitos outros tabloides, acolheu com pompa o surgimento do movimento pop e ajudou a promover o otimismo renovado que as bandas trouxeram consigo.

Na realidade, o relacionamento do *News of the World* com o cenário pop dos anos 1960 não era nem um pouco diferente daquele que o jornal tivera com artistas no passado. Na era do *Music Hall,* o jornal publicava partituras como brinde para seus leitores. Nos anos 1950, divulgaria as lições do guitarrista Bert Weedon, cujo método "aprenda a tocar guitarra em um dia" motivaria muitos a empunhar o instrumento. Como as bandas pop inglesas começassem a dominar o cenário musical de todo o mundo, o jornal patrocinou um concurso no qual músicos iniciantes enviariam suas fitas demo para concorrer a prêmios em dinheiro e ter uma oportunidade de firmar contrato com uma gravadora.

Contudo, o *status* do jornal como instituição nacional cobraria seu preço. Por trás da influência colossal do tabloide libertino ocorriam grandes disputas pelo poder no alto escalão do departamento editorial. O principal rival do *News of the World*, o igualmente escandaloso *Sunday People*, fez cabeças rolarem ao divulgar, no início de 1964, acordos entre jogadores de futebol para garantir o resultado de certos jogos. A matéria gerou enorme controvérsia e culminou na prisão de alguns dos envolvidos. O sucesso do *Sunday People* levou o *News of the World* a criar um departamento de investigação independente do núcleo editorial e com uma equipe de jovens repórteres perspicazes que vasculhava o país em busca de notícias sobre orgias nas ricas residências nos arredores das grandes cidades, clérigos de conduta duvidosa e adolescentes envolvidos nas mais variadas formas de sexo.

Além de se autodenominar árbitro da moral e dos bons costumes, em especial com relação ao comportamento sexual, o jornal parecia ter fixação pelas atividades de qualquer um que tivesse menos de 21 anos. Em 1964, o jornal trabalhou de forma frenética para expor a febre das anfetaminas, que tinha se tornado parte do estilo de vida dos elegantes jovens que dirigiam suas *scooters* pelas cidades.

Com a crescente popularidade do LSD, o jornal publicou matérias sobre a loucura psicodélica que acontecia no *nightclub* londrino UFO. Localizado em Tottenham Court Road, o *club* oferecia uma experiência alucinógena sem que fosse, na realidade, necessário consumir qualquer droga, apresentando shows de militantes psicodélicos como Pink Floyd, Soft Machine e Procol Harum, nos quais todo o público unia-se à loucura do palco. Informados sobre o estado de delírio selvagem gerado pelo LSD, certa noite, os repórteres do *News of the World* conseguiram entrar no UFO, mesmo sem ser convidados. A matéria que publicaram sobre o evento traria um título inesquecível: "Vi casais injetando baseados".

Brian Jones, sem querer, forneceu aos tabloides dominicais algo que certamente seria motivo de escândalo em 1966. Seu eterno turbilhão de paixões fortuitas teve por consequência duas ações de reconhecimento de paternidade, que vazaram tanto para o *Sunday People* quanto para o *News of the World*. Apesar de os empresários dos Stones terem feito todo o possível para que os assuntos pessoais de Jones não viessem a público, para o apetite insaciável da mídia qualquer detalhe picante sobre a vida dos astros pop era digno de nota.

Com as drogas fervilhando nos bastidores do cenário musical pop, o *News of the World* decidiu dar início a uma de suas tradicionais investigações. Ainda atenta à concorrência acirrada do *Sunday People*, a direção do jornal disse a seus repórteres que, além de um considerável prestígio, um grande número de novos leitores poderia ser angariado com a exposição de detalhes da vida pessoal das estrelas do mundo pop. Uma vez que o uso de LSD acabara de ser proibido no Reino Unido, podia-se argumentar que tais matérias eram de "interesse público" posto que revelavam conduta criminosa. Além disso, como muitos dos astros pop tinham, agora, fama internacional, seria fácil o jornal vender histórias sobre eles para um universo ávido por conhecer as "aventuras" dos protagonistas do cenário pop britânico.

Por ser relativamente fácil entrar no universo da *Swinging London*, a investigação sobre o uso de drogas no meio musical não exigiu muito esforço. Adquirir esse tipo de informação tinha um preço, mas, com talões de cheques e muito dinheiro à disposição, várias personalidades influentes foram "convencidas" a fornecer os detalhes sórdidos que os jornalistas buscavam. E foi assim que, em 29 de janeiro, com a manchete: "Astros Pop: Fatos que Irão Chocá-lo", o *News of the World* apresentou suas descobertas com um preâmbulo tipicamente moralista. Exaltando, a princípio, a extraordinária ascendência das bandas pop, o artigo foi construído de modo a, em seguida, jogá-las na lama: "Desde a chegada das bandas *beat* ao cenário musical, as quais lançaram as bases da cultura pop britânica – um dos fenômenos mais extraordinários do século – há rumores de que muitos artistas consomem drogas".

A maior parte deste primeiro artigo da série focava as excentricidades de Donovan. Em virtude do descaso do músico na manutenção de sua casa e de seus bens, não foi difícil acusá-lo de posse de maconha sem qualquer possibilidade de uma represália legal. Em uma matéria com mais de duas páginas, o jornal deleitou-se em desvelar as mensagens implícitas nas novas canções de Donovan – muitas das quais eram repletas de metáforas sobre drogas. Suzanne Lloyd, uma das amigas de Donovan, foi, certamente, convencida a revelar que ela mesma usava drogas, em especial, LSD. Suas viagens alucinógenas, relatadas ao jornal, mais pareciam ter saído de um filme de terror e tinham todos os ingredientes necessários para chocar e ultrajar o público conservador do tabloide. No artigo havia, ainda, referências a Frank Zappa e seu grupo Mother of Invention e à banda The Move, cujas letras das canções pareciam ter sido inspiradas por drogas. No final da matéria havia um chamariz para o número da semana seguinte, anunciado sob o título: "As bandas *beat* que usam LSD", o que fez com que muitos leitores se perguntassem até onde o *News of the World* estava disposto a ir até que seus "alvos" se explicassem ao público.

A fim de alcançar o maior número possível de leitores, a primeira matéria da série do tabloide dominical foi anunciada na televisão no sábado à noite. Em uma tentativa de atrair os curiosos, o *News of the World* forneceu aos jornaleiros um pôster chamativo com uma foto de dois garotos parecidos com músicos pop, berrando junto a microfones, sob o título "Estrelas Pop e Drogas".

Após a publicação do primeiro artigo, o *News of the World* começou a preparar a matéria da semana seguinte. Embora a reportagem sobre Donovan tenha sido praticamente uma coletânea de informações disponíveis que demandaram pouco trabalho investigativo, os repórteres tiveram de fazer uma busca mais minuciosa para obter informações para a edição seguinte. Apesar de os grupos pop normalmente restringirem suas atividades noturnas a discotecas e *nightclubs*, uma residência na rua Roedean Crescent, nº 27, ao lado do Richmond Park, em Roehampton, tornara-se sinônimo de prazer desenfreado. Seus moradores, The Moody Blues, uma banda de R&B, com cinco integrantes, haviam se mudado de Birmingham para Londres a fim de ficar mais próximos de seus compromissos profissionais. Por achar que se sentiriam confinados em um apartamento em Knightsbridge, decidiram alugar a propriedade em Roehampton em janeiro de 1965.

O comportamento público dos Moodies era tranquilo, mas quando não estavam trabalhando curtiam a valer. Assim como a maior parte dos músicos que vivia em comunidade, gostavam de uma boa farra, se divertindo e bebendo a qualquer hora do dia ou da noite com outros colegas que compartilhavam dos mesmos gostos. Com vários Stones, membros da banda The Who e até mesmo um Beatle ou outro participando das festas, um tesouro de escândalos estava à espera de repórteres oportunistas.

Chris Welch, repórter da revista *Melody Maker* à época, foi convidado para uma das festas dos The Moody Blues muito antes de o *News of the World* escancarar o que acontecia dentro da casa na Rua Roedean Crescent, nº 27. "Eu conhecia bem os The Moody Blues, pois os entrevistara várias vezes," relembra Welch. "Suas festas tinham se tornado famosas e fui convidado para uma delas. Naquela época, todos nós íamos a festas, mas normalmente em *nightclubs*. Portanto, era um tanto inusitado ser convidado para uma festa particular em uma casa, o que tornava o evento ainda mais interessante. Fui até Roehampton com meu *Ford Consul* preto após um dia extenuante na *Melody Maker*. Lembro-me de que, quando cheguei, a casa me pareceu ser apenas uma bela residência localizada nos arredores de Londres, em uma rua tranquila afastada da avenida principal. A primeira coisa que vi foi uma grande poncheira, próxima à escada. Stevie Winwood, da banda The Spencer Davis Group, estava lá e disse-me: 'Não beba esse ponche de jeito nenhum!' Mesmo assim, tomei uma grande taça servida pelo The Moody

Blue Denny Laine. No andar de baixo, Paul McCartney estava sentado no chão, dedilhando o violão e lembro-me de ele ter dito: 'Queremos Cliff Richard!' Ele parecia bem feliz sentado ali, no canto da sala. Lulu também estava lá, andando pela casa, assim como Herman (Peter Noone), Spencer Davis e o cantor adolescente Twinkle. Era incrível, bastava olhar para cima ou para baixo para ver todas essas pessoas que estavam nas paradas de sucesso passeando por aquela casa nos arredores de Londres. Após ignorar o conselho que me fora dado e beber o ponche, minha cabeça começou a rodar. A próxima coisa da qual me recordo é de ter sido levado por Spencer Davis e Herman para o andar de cima e jogado em uma cama. Lembro-me de ter vomitado pela janela, sobre o jardim. Que raios tinha naquela bebida? Pra mim pouco importa, mas acho que era LSD. Quando acordei, a casa estava deserta, à exceção de um *roadie* que me deu uma carona até a estação de trem de Barnes."

As lembranças de Welch da atmosfera na casa contrastam demasiadamente com o relato impressionante divulgado pelo *News of the World* em sua segunda matéria da reportagem "Astros Pop e Drogas". De modo sensacionalista, o jornal relatou suas descobertas, que eram exageradas – de acordo com o relato de seu informante – pelo consumo de LSD. "Certa noite, em Roehampton," dizia o texto, "o principal guitarrista de uma das bandas convidadas imaginou ser Robin Hood". O artigo citava a declaração de um tal Phil Robinson, funcionário dos The Moody Blues, que teria dito: "Ele achava que estava na Floresta de Sherwood, com Allan a'Dale, Will Scarlett e seu bando de foras da lei... Não tínhamos a mínima ideia do que estava acontecendo com ele, pois ele simplesmente desapareceu pelos jardins. Só ficamos sabendo o que tinha ocorrido quando ele voltou e nos disse que era Robin Hood, com seu arco e flecha".

A matéria ainda trazia várias outras revelações sensacionalistas para saciar o apetite daqueles que apreciavam um escândalo. Mesmo sem apresentar provas, a reportagem acusou não só o guitarrista do The Who, Pete Townshend, de consumir LSD, como também três integrantes do The Moody Blues e o baterista da banda Cream, Ginger Baker. Townshend, que, segundo o jornal, fazia uso constante de LSD, nada declarou na ocasião. Por ter declarado, em janeiro de 1966, no programa televisivo de música e cultura da BBC, *A Whole Scene Going*, que ele e os outros membros da banda The Who estavam "sempre chapados", não lhe restou muito a fazer.

Além das festas em Roehampton, os repórteres do *News of the World* também se infiltraram nos *nightclubs* de Londres em busca de

Dois anos antes do escândalo de Redlands, os integrantes dos Rolling Stones comparecem a um julgamento no Juizado de Pequenas Causas Criminais de West Ham, Londres, em 22 de julho de 1965 – Mick, Brian Jones e Bill Wyman estavam respondendo a acusações de comportamento indecoroso.
(TED WEST/CENTRAL PRESS/GETTY IMAGES)

Mick rebatendo as acusações do *News of the World* no programa de Eamonn Andrews, em 5 de fevereiro de 1967. Sentados ao lado de Jagger e Andrews encontravam-se o comediante Terry Scott, o ator Hugh Lloyd, a cantora Susan Maughan e a diretora de elenco Rose Tobias-Shaw. (LARRY ELLIS/EXPRESS/GETTY IMAGES)

Poucas horas antes da batida policial em Redlands, em 12 de fevereiro de 1967, Keith é fotografado por Michael Cooper brincando no jardim do lado de fora de sua casa de campo em West Wittering.
(MICHAEL COOPER/RAJ PREM COLLECTION)

Os convidados para a festa de Redlands desfrutam a brisa marinha na praia de West Wittering.

David Schneiderman, o "Rei do Ácido", em um abraço com Keith Richards, na praia de West Wittering.
(MICHAEL COOPER/RAJ PREM COLLECTION)

Keith e o funcionário de Robert Fraser, Mohammed Jajaj, em West Wittering.

Enquanto os outros convidados da festa preferiram voltar da praia para Redlands em um furgão, Keith decidiu fazer o caminho a pé. Com certeza, ele curtia brincar no cascalho na frente da Rose Cottage, localizada na estrada B1279.
(MICHAEL COOPER/RAJ PREM COLLECTION).

À Direita: David Schneiderman, também conhecido como David Britton, David Jove, etc., o lendário "Rei do Ácido", com sua maleta de couro e "farmácia". (ED OCHS)
Abaixo: "Se necessário, à força" (*If need be by force*): publicado pela primeira vez, o mandado de busca usado pela divisão seccional de Chichester na noite da batida policial em Redlands: 12 de fevereiro de 1967.

REGINA -V- RICHARDS + ORS
EXHIBIT Nº 1.

IN THE COUNTY OF WEST SUSSEX
    PETTY SESSIONAL DIVISION OF CHICHESTER.

TO : Gordon Dineley, Stanley Cudmore, Michael Cotton, Pamela Baker, Rosemary Slade, Evelyn Fuller, Alfred Guy, Frederick Weller, Thomas Davies, John Challen, Donald Rambridge, Reginald Poat Raymond Harris, Reginald Mugford, Nathaniel Bingham, Derek Grieves, Leslie Stewart, Richard Smith, Ronald Pafford.

WHEREAS, I, the undersigned Justice of the Peace, am satisfied by Information on Oath laid this day by Gordon Dineley of the Police Station, Chichester in the said County, Chief Inspector of the West Sussex Police, that there is reasonable ground for suspecting that certain drugs to which Part 1 of the Dangerous Drugs Act, 1965, applies, are in contravention of the said Act, in the possession of KEITH RICHARDS in certain premises known as 'Redlands,' Redlands Lane, West Wittering in the said County.

    YOU ARE THEREFORE HEREBY COMMANDED, at any time or times within one month from the date of this Warrant, to enter, if need by by force, the premises of the said Keith Richards known as "Redlands", Redlands Lane, West Wittering aforesaid, and to search the said premises and any persons found therein, and, if there is reasonable ground for suspecting that an offence against the Dangerous Drugs Act, 1965, has been committed in relation to any such drugs which may be found in the premises or in the possession of any persons found therein to seize and detain such drugs.

    DATED this Twelfth day of February, 1967.

R.J. Bevis.

    Justice of the Peace for the County first aforesaid.

Mick e Keith cumprimentam a imprensa à porta de entrada de Redlands antes de se apresentarem, pela primeira vez, no Tribunal de Chichester, em 10 de maio de 1967. (PHOTOSHOT)

A caminho do Juizado de Pequenas Causas Criminais, em 10 de maio, Mick e Keith pareciam um tanto despreocupados com o que os aguardava. (TED WEST/CENTRAL PRESS/GETTY IMAGES)

Mick e Keith deixam o Juizado de Pequenas Causas Criminais de Chichester após se declararem inocentes das acusações relativas à batida policial em Redlands, em 10 de maio.
(GRAHAM WOOD/GETTY IMAGES)

Optando por sair pela porta da frente do Juizado de Pequenas Causas Criminais de Chichester, em 10 de maio, Mick e Keith se defrontam com uma avalanche de fãs, repórteres e policiais enquanto tentam chegar ao carro com o motorista que os esperava.
(MIRRORPIX)

Declarado culpado e algemado a um guarda, Mick é levado do Fórum de Chichester para a cadeia de Lewes Prison, onde permaneceria até que sua sentença fosse determinada. 27 de junho de 1967.
(HULTON/DEUTSCH COLLECTION/CORBIS)

qualquer deslize que pudesse se transformar em notícia. Para os fãs, em geral, descobrir onde essas celebridades se divertiam era trabalho de detetive; no entanto, para os jornalistas de Londres, era uma tarefa relativamente simples. Apesar de ser impossível, para bandas muito famosas, frequentar os *pubs* ou discotecas comuns, elas podiam ser encontradas, com frequência, em *nightclubs* londrinos como o Ad Lib, Scotch of St James, Bag O' Nails, ou Speakeasy. John Steel, guitarrista do grupo The Animals, recorda-se da aristocracia do rock toda reunida sob o mesmo teto. "Todos costumavam aparecer nesses *clubs*", relembra John, "principalmente quando saíam de um show ou tinham uma noite de folga. Lembro-me que, na primeira vez em que assinamos um contrato para nos apresentarmos nos Estados Unidos, nosso assessor de imprensa da MGM, Frank Mancini, veio a Londres a negócios. Nós o levamos ao Scotch of St James e ele ficou simplesmente embasbacado. Lá estavam Keith Richards e Mick Jagger em um canto, a banda The Who, John Lennon e Paul McCartney sentados a uma mesa. Ele não acreditava no que via e lembro-me de ele dizer: 'Se a gente estivesse em Nova York, a garotada colocaria este lugar abaixo, tijolo por tijolo'."

No início de 1967, nos intervalos dos poucos compromissos dos Stones com a mídia, Brian Jones era presença constante em vários *nightclubs* de Londres. Com os bolsos repletos de drogas e sempre à procura de novas aventuras excitantes, Jones vez por outra ia ao *nightclub* Blaises, em Kensington. Localizado no porão do que havia sido o Imperial Hotel na rua Queen's Gate, nº 121, o *nightclub* havia se tornado um famoso ponto de encontro dos músicos avessos a se aventurar pela região de West End. O Blaises ficou famoso por ter sido a primeira casa onde o recém-chegado guitarrista americano, Jimi Hendrix, se apresentou, e sua estreia em 21 de dezembro de 1966 atraiu expoentes da música como Pete Townshend, Eric Clapton e Jeff Beck, a fim de testemunhar seu virtuosismo na guitarra. Para Brian Jones, o *nightclub* era um lugar deveras prático. Localizado a poucas quadras de seu apartamento em Courtfield Garden, permitia que, se necessário, ele chegasse cambaleando em casa, em cinco minutos.

Em busca de qualquer informação que despertasse o interesse do público, os repórteres do *News of the World (NOTW)* encontraram uma pepita de ouro durante uma visita ao Blaises, na última semana de janeiro. Em meio a um ruidoso grupo de músicos, pessoas ligadas ao meio musical e sanguessugas de plantão, encontrava-se Jones. Como Anita estava participando de uma filmagem na Alemanha, ele voltara a assumir sua antiga *persona* e rondava o clube à caça de uma companhia do sexo feminino. Delatado pelo cabelo louro, estilo Beatles, e pelas roupas extravagantes, Brian foi cercado por jornalistas, que começaram a conversar sobre LSD e outros assuntos relacionados a drogas, conseguindo, assim, exatamente o que procuravam. Mas houve um problema: ou os repórteres estavam mal informados, ou Jones ficou se gabando de sua posição de "líder dos Stones". Seja como for, ele foi confundido com Mick Jagger.

"Nem uso mais tanto LSD, agora que os músicos de jazz resolveram adotá-lo," revelou Jones. "Vai começar a pegar mal. Lembro que a primeira vez em que usei ácido foi durante uma turnê com Bo Diddley e Little Richard." Posto que tal turnê dos Stones ocorreu em setembro de 1963, essa foi uma confissão corajosa – ou uma mentira deslavada – dado que o LSD viria a ser consumido, de fato, na Inglaterra, no mínimo 16 meses depois. É claro que alguém se confundiu – Brian ou os repórteres: é mais provável que ele estivesse falando sobre anfetaminas ou maconha. Esse foi apenas um dos muitos lapsos na conversa daquela noite.

Pouco depois, os jornalistas do *NOTW* presenciaram Jones, que pensavam ser Jagger, ingerindo seis comprimidos de *Benzedrine*. "Eu não conseguiria ficar acordado em lugares desse tipo sem eles", acrescentou Jones. Quando a conversa chegou ao fim, eles viram Jones mostrar um pedaço de haxixe para um amigo e duas garotas e, então, convidá-los para ir a seu apartamento "curtir um baseado".

Os repórteres provavelmente festejaram enquanto voltavam correndo para a redação do *NOTW*. Na época, Mick Jagger estava na Itália, em clima de romance com Marianne Faithfull, o que uma rápida olhada nas colunas de fofoca teria revelado. No entanto, os jornalistas estavam tão entusiasmados com as revelações de Jones que não se preocuparam em verificar a procedência das informações. De volta à redação, colocaram as descobertas em seu dossiê, que a cada dia tornava-se mais volumoso. Jagger também teve seu nome vinculado às loucuras psicodélicas das festas na casa dos The Moody Blues – o jornal afirmaria que ele teria participado de várias das "Festas Frenéticas de Roehampton".

No domingo, 5 de fevereiro, a segunda parte da série de artigos chegou às bancas. Para os The Moody Blues foi uma grande surpresa descobrir que suas reuniões tinham vindo a público. Assim sendo, o grupo não tardou em demitir seu produtor de turnês Phil Robertson, a principal fonte de informações sobre tais festas. Para se certificar da veracidade das suspeitas, alguns parceiros dos The Blues ficaram de plantão em frente à redação do *NOTW* no dia em que o informante deveria receber seu pagamento. Por motivos que apenas dizem respeito a Robertson, ele não apareceu e, até onde se sabe, ninguém jamais recebeu o dinheiro.

Naquela mesma manhã de domingo, Mick Jagger e Marianne Faithfull também ficaram chocados com a reportagem do *NOTW*. O casal chegara de suas férias na Riviera Italiana no dia anterior e, como de hábito, receberam os jornais em sua casa. Como a maior parte das celebridades visadas pela opinião pública, estavam ansiosos por ler qualquer notícia a seu respeito ou de outros de seu círculo.

Mick e Marianne sabiam que suas férias na Itália poderiam se tornar um furo de reportagem, em especial nos tabloides sensacionalistas publicados aos domingos. Jagger com certeza viu na chamada da primeira página do *News of the World* um chamariz para que os leitores lessem as revelações sobre "Astros Pop e Drogas" contidas ali. Ao abrir o jornal, Mick ficou estupefato ao ver uma grande foto sua com uma legenda afirmando que ele confessara "a nossos repórteres investigativos que já havia consumido LSD".

Apesar de Mick, sem dúvida, já ter tido contato com drogas, até então não havia experimentado LSD e nem falado com ninguém fora de seu círculo íntimo sobre o uso que fazia de drogas mais moderadas. Ao ler o artigo com mais atenção, ele e Marianne identificaram o jargão típico de Brian na reportagem.

Praticamente naquela mesma hora, Allen Klein e Andrew Oldham também estavam lendo a mesma reportagem. Cientes de que teriam sérios problemas em relação às turnês planejadas, em especial a dos Estados Unidos, caso as acusações não fossem rebatidas, ambos concordaram ser necessária uma resposta imediata. Não foi difícil comprovar que Mick passara um período na Itália e, dessa forma, sua inocência logo foi reconhecida e o jornal, desmoralizado. Tal fato também colocaria em dúvida qualquer outra revelação que o *NOTW* pretendesse publicar. A fim de se preparar para enfrentar a força do *News of the World*, Jagger ligou para seus advogados na tarde em que a matéria foi publicada.

Naquela mesma noite, os Stones se apresentariam no programa de entrevistas de Eamonn Andrews, tocando "She Smiled Sweetly", do álbum *Between the Buttons*. Além do número musical, Jagger havia sido escolhido para um bate-papo informal com o simpático anfitrião irlandês e seus convidados, o comediante Terry Scott, o ator Hugh Lloyd e a cantora Susan Maughan, que chegou ao estúdio acompanhada de seu poodle, Bobby. A despeito da característica cordialidade de Andrew, o encontro não foi tranquilo. Os outros convidados criticaram Jagger com relação à recente apresentação da banda no show do London Palladium. O comediante Terry Scott, que afirmou ter participado da gravação, fez uma piada infame alegando que teve de passar aspirador no camarim após os Stones terem saído.

Como previsto, Andrews conduziu a conversa para a matéria do jornal. Ainda irritado com a reportagem, Mick aproveitou a oportunidade para declarar que estava processando o jornal. "Quero deixar claro," disse Jagger a Andrews, "que essa imagem que o jornal apresentou a meu respeito é enganosa e inverossímil. A questão está agora nas mãos dos meus advogados."

A reação firme de Jagger encerrou o assunto, o que levou Andrews a direcionar a conversa para temas menos controversos. Ansiosa, a equipe do *NOTW* assistia ao programa da redação e, ao ouvir a resposta de Jagger, logo percebeu o terrível erro que havia cometido. A primeira providência do jornal foi suspender, temporariamente, a publicação de qualquer nova matéria da série "Astros Pop e Drogas". Com seu jornalismo de segunda linha, o *NOTW* logo viria a ser alvo de uma ação substancial por calúnia e difamação e, como a indenização a ser paga a Jagger poderia chegar à casa dos seis dígitos, ambos os lados tinham muito por que lutar.

Timothy Hardacre, advogado dos Rolling Stones à época, ainda se recorda de como Jagger se sentiu ultrajado com a calúnia e como o tabloide reagiu ao receber a citação para responder ao processo. "Mick me disse que a declaração era totalmente inverossímil e eu o conhecia bastante bem para saber que falava a verdade. A denúncia por calúnia e difamação causou frenesi no jornal. Lembro-me de que o editor me telefonou, dizendo: 'Pode ter certeza de que nunca mais seus clientes serão mencionados no meu jornal!' Era óbvia a inquietação do *NOTW*. Caso tivéssemos levado a ação adiante, provavelmente teríamos ganhado. Eles não tinham provas diretas e teriam de comprovar que o que haviam publicado era fato... Portanto, estavam realmente preocupados porque a indenização poderia ser altíssima e, além disso, ficariam desmoralizados. E, então, uma coisa levou à outra."

Colocado contra a parede, o *News of the World* precisava criar um plano para frustrar a ação movida por Jagger. A fim de desfazer toda aquela confusão, dois jovens repórteres, Mike Gabbert e Trevor Kempson, foram convocados para descobrir algo que pudesse comprometer a ação por calúnia e difamação. Ambos os jornalistas tinham um incrível faro para boas histórias. Gabbert, ex-repórter do *Sunday People*, estava em um excelente momento. Em 1964, teve papel fundamental na descoberta e divulgação de irregularidades dentro do futebol, o que teve por consequência a prisão de vários jogadores. Kempson também era atirado e conhecido por seu estilo investigativo descarado e agressivo. Considerado uma espécie de celebridade em *Fleet Street* [a imprensa londrina], sua carreira ganhou impulso quando, ainda um repórter iniciante trabalhando para o jornal *Reading*, revelou o paradeiro de alguns dos envolvidos no caso "O Grande Assalto ao Trem Pagador", de 1963. No início de 1963, expôs vários detalhes sórdidos sobre o caso Profumo, muitos dos quais conseguidos por meio de notáveis subterfúgios.

"Não havia dúvida de que era não só uma questão pessoal como de orgulho", declarou Kempson ao escritor Terry Rawlings, em 1998. "O *News of the World* estava envergonhado por ter confundido Jagger com Jones, mas sabia que as informações que tinham obtido eram verdadeiras. Se ao menos um dos repórteres presentes soubesse com que Stone tinham conversado, o jornal não teria de enfrentar uma ação judicial. Eles queriam pegar os Stones e a melhor maneira de fazer isso era conseguir que alguém se infiltrasse em seu círculo, o que não seria difícil."

Kempson e Gabber começaram a procurar alguma brecha no círculo dos Stones oferecendo aos informantes consideráveis somas e usando diferentes estratégias de investigação.

Sem saber do que acontecia, Mick e Marianne continuaram a levar a vida da melhor maneira possível. Apesar de a paranoia ter se espalhado entre os principais usuários de drogas, é fato que alguns acontecimentos estranhos e inexplicáveis começaram a acontecer após 7 de fevereiro, quando foi ajuizada a ação por calúnia e difamação. O casal notou a presença de um furgão azul e branco bem antigo em frente a seu apartamento em Harley House, o qual, ao contrário dos carros de entrega que iam e vinham o dia todo, permaneceu estacionado diante do prédio deles, na rua Marylebone, em Londres. Keith, que estava, então, instalado temporariamente em seu apartamento em St. John's Wood, também percebeu um misterioso furgão em frente à propriedade. Embora Mick e Keith não tenham, a princípio, percebido que poderia haver algo de estranho na presença dos furgões em frente aos apartamentos de ambos, observaram que havia algo errado com seus telefones – num instante ouviam o eco de suas vozes; no outro, estalidos irregulares. Esses mesmos ruídos inusitados também podiam ser ouvidos no telefone da casa de Richards em Redlands. Com os nervos à flor da pele em virtude dos artigos publicados pelo *NOTW*, todos na comunidade pop tinham motivos mais do que suficientes para uma séria crise de paranoia.

Confirmando a inquietação, descobriu-se que os telefones de Mick e Keith estavam grampeados. Os empresários dos Stones já haviam requisitado, algumas vezes, os serviços de um engenheiro de telecomunicações, conhecido por eles como "Sunny", para providenciar os serviços de telefonia exigidos pela banda, que eram considerados muito complexos ou trabalhosos para serem prestados pela empresa pública GPO. Fã do grupo, Sunny informou aos empresários dos Stones que os telefones de Mick e Keith em Londres, bem como o da casa de Richards em Sussex, estavam sendo monitorados dia e noite, clandestinamente.

Tony Calder estava a par do aviso estarrecedor: "Sunny disse: 'Garotos, acreditem em mim, vocês têm que tomar cuidado'. Mas nós não tomamos... Ninguém, no fundo, acreditava que seu telefone pudesse estar grampeado. Estávamos na Inglaterra!."

Em virtude desses acontecimentos e da crescente pressão ao redor, Jagger passou o início da semana de 6 de fevereiro no escritório de seus advogados, fundamentando a ação que moveria contra o jornal. Durante o restante dela, ocupou-se dos negócios da banda em diversos lugares de Londres. Por contrato, os Stones deviam à gravadora Decca um novo álbum e, com os Beatles trabalhando exaustivamente no tão esperado álbum *Sgt. Pepper*, um disco dos Stones tinha de estar pronto para satisfazer o interesse do público, que viria logo após o lançamento de um álbum inédito dos Beatles.

Na quinta-feira, 9 de fevereiro, Mick, Bill e Charlie reuniram-se no Olympic Studios, em Barnes, para começar a gravar as faixas do álbum seguinte dos Stones. Brian estava na Alemanha com Anita, gravando a trilha sonora do filme *A Degree of Murder* [*Mord und Totschlag*], e com eles, Keith, que provavelmente tentava fugir da pressão da capital inglesa.

Mesmo com Jones e Richards ausentes, os outros Stones que se encontravam no Olympic conseguiram gravar algumas canções, incluindo "She's a Rainbow", que tinha, então, por títulos provisórios "She Come In Colours" e "Lady Fair". Enquanto Glyn Johns ajudava Oldham na sala de controle, a performance dos três Stones era abrilhantada pelo virtuosismo do tecladista Nicky Hopkins e pelo multitalento (e futuro baixista do Led Zeppelin) John Paul Jones, que contribuiu com os arranjos de guitarra e baixo.

Na noite seguinte, Mick e Marianne participaram de um encontro de astros em Abbey Road, nos estúdios da gravadora EMI, em St. John's Wood. Embora, de modo geral, as sessões de gravação (mesmo dos Beatles) fossem um tanto quanto enfadonhas, aquela noite foi uma exceção que se tornaria histórica. Os Beatles estavam gravando a orquestra da última faixa de *Sgt. Pepper*, "A Day in the Life", e haviam anunciado que seu *entourage* e colegas músicos eram bem-vindos. A composição impressionista de Lennon e McCartney pedia um clímax original, condizente com a canção que viria a se tornar um ícone. Como Tara Browne, amigo íntimo dos Beatles e dos Stones, morto pouco tempo antes, era incensado na letra da música como o homem que "apagou sua mente em um carro", Mick, Keith (que acabara de chegar da Alemanha), Donovan e inúmeros expoentes do movimento *Swinging London* reuniram-se no amplo Estúdio Um para assistir à gravação. Os Beatles contrataram uma orquestra com 72 integrantes para melhor capturar os ápices extravagantes e fragmentados da canção e o estúdio, naquela noite, se transformou em uma espécie de *nightclub* alucinante.

Várias câmeras de 16 milímetros foram distribuídas entre os presentes e a psicodelia improvisada foi gravada, com Mick e Marianne no centro da ação. A fragmentada filmagem mostra Mick conversando com John Lennon em dado momento; o Stone vestia uma camisa roxa decotada sob a onipresente jaqueta de veludo verde, que ele tiraria ao longo da noite. Marianne, que não saiu do lado de Jagger durante todo o evento, mostrava-se, de modo geral, festiva e jovial. Keith também foi filmado; recém-saído do voo de Munique, aparece esfregando os olhos enquanto conversava com Lennon.

A despeito de terem passado parte da noite e madrugada com os Beatles, Mick e os outros Stones, à exceção de Brian, continuariam a trabalhar em seu álbum no dia seguinte, passando a maior parte da noite do sábado gravando novas faixas no Olympic. Keith, ainda exausto em virtude de sua viagem de volta da Alemanha, passou pouco tempo no estúdio com a banda. Quando Brian e Anita voltaram das filmagens, telefonaram para o estúdio e, então, foram desfrutar ao máximo o fim de semana.

A ideia de fazer uma festa na casa de Keith em Redlands no fim de semana seguinte partiu de Robert Fraser – o que era típico dele, como se recorda Christopher Gibbs: "Robert era o tipo da pessoa que dizia: 'Vamos fazer isso e vocês vão participar, ponto final'. Ele deve ter planejado tudo". Richards estava adorando a ideia de bancar o anfitrião, especialmente em vista de toda a pressão que envolvia os Stones em Londres. Ele preferia estar no campo, onde podia usufruir do anonimato que não lhe era permitido na cidade. Como era de seu feitio, não se incomodava em receber turistas inesperados e jovens fãs ansiosos por dar uma olhada em sua propriedade. A própria imprensa estava curiosa quanto à charmosa residência e, quando se dispôs a publicar uma matéria sobre o local, Richards foi bem receptivo: uma semana antes da reunião em Redlands, Richards apareceu na revista *New Musical Express*, em uma foto que o mostrava irreverentemente sentado em um vaso sanitário descartado no jardim de sua casa, com Ratbag, seu cão fiel, no colo.

Keith sabia que precisava fortalecer seu relacionamento com Jagger. A parceria de ambos como compositores era vital para o futuro dos Stones, mas o mergulho de Keith no LSD criara um abismo temporário entre eles. Embora, para todos os efeitos, Jagger parecesse ser um grande usuário do ácido, ele ainda não experimentara a substância que era a mais nova febre mundial, e o fim de semana foi uma excelente oportunidade de remediar isso.

A conhecida máxima "você está por fora enquanto não curtir uma 'viagem'" espalhava-se pela elite "descolada" de Londres. Para Keith Richards e Brian Jones, o LSD era uma maneira empolgante de jogar roleta russa com a consciência. Jagger, no entanto, era cauteloso. Assim como Paul McCartney, Mick observara de perto o efeito debilitante do LSD, que causava uma espécie de "perda do ego" em seus parceiros, e não apreciava a ideia de uma química desconhecida castrar a ação de uma das partes mais importantes de sua mente. Após uma festa, no mês anterior, em que Keith e Brian ficaram fora de si após terem feito uso de um ácido deveras forte, Mick comentaria com um amigo íntimo, o diretor de cinema Donald Cammell: "Tudo está ficando fora de controle. Não sei aonde isso vai parar".

Apesar da canonização do LSD entre os adeptos do rock que apreciavam viajar por territórios desconhecidos da mente, poucos analisavam com bom senso os reais efeitos da droga. Não obstante, algumas considerações eram feitas. Consumir a droga em um ambiente seguro era considerado, de modo geral, de extrema importância, em especial para aqueles que a estavam a experimentando pela primeira vez. Dr. Timothy Leary, que em 1967 já era o mais eminente incentivador do consumo de LSD em todo o mundo, contribuiu para a criação de um guia para usuários a fim de orientá-los a atravessar os imprevisíveis corredores da viagem de ácido. Com a ajuda dos colegas Richard Alpert e Ralph Metzner, expoentes da onda psicodélica, Leary usou como base *O Livro Tibetano dos Mortos* para escrever *A Experiência Psicodélica* [*The Psychedelic Experience*], o que, para os leigos, era uma espécie de guia prático para o consumo de LSD. Com exemplares importados clandestinamente por livrarias como a International Times, o livro caiu nas mãos da elite pop. A regra "cenário e ambientação" era repetida, com frequência, ao longo do texto – um mantra de precaução para o uso do LSD, a fim de garantir que houvesse um ambiente seguro à expansão da mente.

Embora o texto, de modo geral, se perdesse em metáforas e alegorias um tanto excêntricas, essa regra era um excelente conselho. Sob a influência do ácido, muitos ficaram totalmente fora de si em lugares públicos, como *nightclubs* psicodélicos e bares da moda; alguns tiveram de ser hospitalizados e outros chegaram a se matar. Como os usuários experientes sugeriam cautela para aqueles que fossem experimentar a droga pela primeira vez, muitos consideravam o campo um ambiente mais propício para expandir a consciência. Para a iniciação de Jagger no uso da droga, não haveria, então, lugar melhor do que os bosques e o fosso que protegiam a grande propriedade de Richards em West Wittering.

Ficou decidido que o encontro em Redlands seria perfeito para introduzir Mick aos prazeres do LSD e afinar sua consciência. Um estoque de ácido de primeira qualidade seria fundamental para o sucesso da festa e, portanto, o reencontro de Keith com um indivíduo que conhecera superficialmente no ano anterior não poderia ter sido mais oportuno. Passeando por um dos bares da moda de Londres, na semana anterior à reunião em Redlands, Keith reencontrou David Schneiderman, o traficante de Nova York, que chegara a Londres após uma longa viagem por vários lugares. No final de 1966, agentes da imigração americana o localizaram no bairro de Greenwich Village, em Nova York, e o prenderam. Com várias acusações à sua espera no Canadá, Schneiderman fingiu-se de louco e foi encaminhado para uma instituição psiquiátrica estadual, onde a segurança era muito menos rígida do que a de um presídio. David conseguiu escapar e, por ter inúmeros passaportes com nomes falsos, entre eles "Jordan", "Edwards" e "Britton", fugiu para a Europa, chegando por fim ao Reino Unido, onde afirmava ter parentes. David aportou em Londres no mês de janeiro e, em uma época em que a cidade era um verdadeiro paraíso para o consumo de drogas estrangeiras, a mercadoria canadense única, que ele trazia em uma pasta executiva com monograma, de qualidade sem igual, abriu-lhe todas as portas.

Mesmo antes de topar novamente com Richards, Schneiderman, com seu vasto conhecimento de gírias relacionadas a drogas e ampla variedade de narcóticos, impressionara Robert Fraser, o mais importante fornecedor de "psicodelícias" de Chelsea, que apelidou o canadense de "Rei do Ácido", termo mais do que apropriado e uma honra que serviria para abrilhantar suas credenciais entre os mais afoitos a explorar o mundo dos alucinógenos. Christopher Gibbs, não tão deslumbrado pelo canadense, observara as andanças de Schneiderman pela cidade antes da festa de Redlands.

Christopher Gibbs: "Durante dez dias, em qualquer festa que se fosse, lá estava ele, aquele jovem charmoso e sorridente distribuindo 'doces' para todo mundo. Ele era carismático, elegante e simpático. Não parecia haver nada de errado com relação a ele. Era uma figura bem agradável. Quando muito, era um pouco louco. Considerava-se um apóstolo do ácido que tinha por missão trazer a luz ao mundo. Falava em 'batizar' o reservatório de águas da cidade e coisas do tipo".

Em um cenário repleto de indivíduos excêntricos e bizarros, o porte singular de Schneiderman o destacava da maioria. Com um sorriso encantador, dentes brilhantes e uma bela cabeleira ruiva, estilo Beatles, ele parecia totalmente inofensivo ao impressionável grupo que buscava cativar. Além disso, sua lábia era tão estratosférica quanto as drogas que trazia consigo. Mas sua loucura não era despropositada, como recorda seu amigo Ed Ochs. "Para dificultar a entrada de estranhos em seu território – e facilitar sua entrada no deles – ele usava um linguajar próprio, uma confusa, divertida e aparentemente aleatória mescla de ufologia, cientologia, alta magia de Crowley, anagramas do I-Ching, gírias e um código próprio que ele chamava de 'jargão de acesso ao século XXI'."

A rápida aceitação de Schneiderman em Londres deu-se, em boa parte, graças à grande quantidade de *"Californian Sunshine"* [Sol da Califórnia] que trouxera consigo. Poderosa variante do LSD, esses comprimidos cor de laranja eram fabricados pelo próprio papa da formulação do ácido, Stanley Owsley [químico australiano que ficara famoso por ter sido o primeiro a fabricar individualmente grandes quantidades de LSD]. Profissional de caráter duvidoso, que à época já não trabalhava em São Francisco, Owsley produzia um ácido que penetrara com força na cultura psicodélica de todo o mundo. Sua produção era tão prodigiosa que diz-se que chegou a fabricar em torno de meio quilo da droga, quantidade suficiente para fazer cerca de cinco milhões de pastilhas de LSD. A notícia da poderosa ação do ácido de Owsley foi rapidamente espalhada por todo o mundo e os consumidores não tardaram em divulgar seu efeito "eletrizante". Há boatos de que os Beatles ficaram tão deslumbrados com esses relatos que teriam enviado uma equipe de filmagem para o *Monterey Pop Festival* (Festival de Monterey de música pop), na Califórnia, realizado em junho de 1967, com o único objetivo de adquirir, clandestinamente, vários frascos da droga.

Com os preparativos para a festa em Redlands a pleno vapor, Fraser, cujo estoque de drogas rivalizava com o de Schneiderman, comentou sobre o evento, que aconteceria naquela semana. Diante da notícia, o canadense logo entrou em contato com Keith, a fim de que este o convidasse para a festa. Obviamente, em virtude do estupendo suprimento de drogas "eletrizantes" que David carregava consigo e, por nenhum outro motivo, ele foi convidado.

Outras pessoas do círculo de Mick e Keith também foram convidadas. Gibbs, cuja boa vibração e gosto impecável faziam dele uma pessoa agradável com quem curtir uma "viagem", era presença indiscutível. Fraser, igualmente, com grande entusiasmo e vasta experiência nos encantos inusitados e efusivos do consumo de drogas, juntaria-se aos outros convidados sem ferir a sensibilidade de ninguém. Robert Fraser levara muitos a aderir ao LSD, e seu apartamento em Mayfair, na rua Mount Street, nº 23, era, na época, praticamente uma central de distribuição de drogas. Apesar de nunca ter sido confirmado, a canção "Doctor Robert" dos Beatles, composta por John Lennon e lançada no álbum *Revolver*, foi baseada na figura que Fraser representava. Ajudar a todos que podia era, com certeza, sua marca registrada.

No entanto, os prazeres de Fraser iam muito além de fumar um baseado ou fazer uma viagem de LSD. Embora nem um pouco apreciada nos círculos hippies, a heroína começava a penetrar o movimento *underground* de Londres. Ainda disponível mediante a prescrição de médicos complacentes, obter a droga era relativamente fácil quando se dispunha das credenciais adequadas. Fraser podia contar com os serviços de uma das figuras mais ousadas do círculo dos Stones, um certo Tony "Spanish" Sanchez que, naquela época, era o principal mantenedor do hábito de Fraser de triturar pastilhas de heroína e cheirar o pó, um método menos invasivo do que injetar a droga. Por intermédio de Sanchez, Fraser conseguira 24 pastilhas de heroína na quinta-feira anterior à festa em Redlands e, como era de seu feitio, guardou-as em uma caixa de comprimidos ornamentada, com tampa de marfim.

Entre os convidados encontrava-se, também, o fotógrafo Michael Cooper, amigo íntimo de Fraser, que acabara de ser contratado pelos Beatles para fotografar a capa do álbum *Sgt. Pepper*. Apesar de suas fotos terem um caráter pessoal, Cooper era discreto e tinha uma lealdade tácita que cativava todos que o conheciam. "Mesmo em situações adversas," Marianne Faithfull viria a declarar, referindo-se ao fotógrafo, "Michael conseguia tirar fotos sem perturbar uma mosca."

O efêmero hippie Nicky Kramer também foi convidado, embora não fosse uma figura de destaque. Presença constante nas festas do sudeste de Londres, "Kramer, o ruivo", como era conhecido, era considerado uma companhia agradável, apesar de, com o passar do tempo, ninguém se lembrar de tê-lo convidado para a festa em West Wittering. "Nicky Kramer era muito magro e mirrado," lembra-se Gibbs. "Tinha feições delicadas, tez clara e maçãs do rosto pronunciadas. Era, de certa forma, amável e sonhador. Era apenas um hippie à deriva, que queria se enturmar. Não acredito que ele fosse, na verdade, amigo de qualquer um dos que estavam presentes em Redlands naquele fim de semana."

Mohammed Jajaj, o empregado norte-africano de Fraser, fora convidado com um propósito prático. Ele conhecera Fraser socialmente, quando era apenas um estudante em Londres. Tornaram-se amigos e diz-se que vieram a se tornar amantes. Fraser, cada vez mais obcecado por tudo que viesse do Marrocos, contratou Jajaj como seu assistente pessoal. Visto que seu patrão provavelmente usaria muitas drogas ao longo do fim de semana, Jajaj tinha de estar a postos para levar Fraser de volta a West Sussex.

Marianne Faithfull, cujo romance com Jagger ainda estava em sua primavera, foi a única mulher convidada e, com sua natureza romântica e aventureira, se transformaria no núcleo emocional da festa. Ela estava ansiosa com a perspectiva de combinar LSD e passeios aos antigos monumentos e locais sagrados próximos a Redlands, pois, apesar de fazer parte de um cenário regado a alucinógenos, Marianne, assim como Mick, nunca havia experimentado a droga. Os relatos de que a droga levava seus usuários a um reino de faz de contas cuja beleza era indescritível foram suficientes para atiçar sua curiosidade.

Outros convidados para a festa em Redlands por fim não apareceram, entre eles, o traficante Tony Sanchez. Brian e Anita, apesar da tendência de discutir suas diferenças em público, também eram esperados, já que estavam quase sempre "chapados" de ácido. Keith, obviamente, foi o escolhido para levá-los a Redlands, mas, ao chegar ao apartamento dos dois, encontrou-os envolvidos em mais uma de suas desagradáveis brigas. Nem um pouco disposto a levar a desconfortável presença de ambos ao que se esperava ser um momento agradável e festivo, Keith decidiu deixá-los com seus problemas e voltar sozinho para Sussex.

Outra figura cuja participação nos acontecimentos do fim de semana se tornaria um tanto nebulosa foi o chofer que trabalhava meio período para Richards, um belga que respondia pelo nome de "Patrick". Dentre suas obrigações estava a de ser motorista de Richards, um requisito de fundamental importância, dado que Keith ainda cursava a auto-escola. Apesar de ter sido impossível rastrear informações detalhadas sobre o belga, tudo leva a crer que ele tenha sido a brecha no círculo dos Stones, servindo de informante para o *News of the World*. É provável que "Patrick" tenha levado Keith para Redlands naquele fim de semana, mas o que aconteceu com ele depois, é mistério.

Com todos os convidados e "bicões" reunidos, a procissão para West Wittering saiu de Londres no sábado à noite, por volta de 21h30, em uma viagem que duraria 90 minutos. O furgão creme de Fraser, conduzido por Mohammed, era o veículo mais inusitado da caravana. Normalmente usado para o transporte das obras de arte de Fraser por Londres, ele foi requisitado para o fim de semana caso fosse necessário um veículo maior para levar o grupo de "alucinados". Enquanto Keith e Mick fizeram o trajeto em seus carros, dirigidos por motoristas, Schneiderman preferiu ir sozinho em seu Mini [a versão britânica do Volkswagen Fusca].

Coberta pela névoa úmida de fevereiro, Redlands assumira um ar místico sob o luar. A temperatura estava um pouco acima do normal para uma noite de inverno e tudo parecia apropriado ao toque de mistério do que viria a seguir. Com a expectativa de experimentar o LSD de Schneiderman no dia seguinte, um clima de aventura permeava o ar. "Era para ter sido um fim de semana maravilhoso, usando ácido na companhia de meus amigos queridos," Marianne declararia, tempos depois.

Depois de instalados, os convidados degustaram uma refeição com ovos e bacon, preparada tarde da noite por Mohammed, e ficaram acordados, conversando, até às cinco horas da manhã. Cansados, mas felizes, todos, exceto Keith, foram para o segundo andar da casa. Como o quarto de casal e os três de solteiro estavam ocupados, Richards contentou-se em dormir em uma poltrona na sala de estar. Antes de se recolherem, Schneiderman disse que a experiência alucinógena do dia seguinte seria mais bem aproveitada se eles guardassem sua energia. No dia seguinte, ele próprio se encarregaria de distribuir a cada um dos convidados, assim que acordassem, o *"Californian Sunshine"*, acompanhado de uma xícara de chá.

Com o nascer do sol às 7h32 naquela manhã de domingo, ninguém teve dificuldade em despertar. Schneiderman foi o primeiro a acordar, seguido por Mohammed. Sabendo que todos tinham ido para a cama a altas horas da madrugada, o canadense esperou até às 11 horas da manhã para servir seu café da manhã lisérgico. Ele entrou em cada um dos quartos levando suas "encomendas" e, enquanto entregava a droga, sussurrava uma mensagem típica de seu personagem: "Este é o Tao da dietilamida do ácido lisérgico. Deixe que ele fale com você. Deixe que ele lhe diga como navegar pelo cosmos". Mohammed, por motivos óbvios, não pôde provar da droga. De acordo com o protocolo para viagens de LSD "em grupo", por questões de segurança, pelo menos um membro deveria estar sóbrio para "cuidar" dos outros.

O grupo, logo após a dose de ácido, desceu as sinuosas escadas rumo à sala de estar de Redlands, tão ampla que contrastava com o charme da pequena área externa da propriedade. Os convidados se instalaram na sala, cada um deles em diferentes estados de arrebatamento. Como o efeito do ácido era rápido, a realidade teria pouco espaço naquele dia. O efeito da droga era tão forte que Mick e Marianne, que a experimentavam pela primeira vez, sentiram um mal estar físico assim que ela começou a fazer efeito. Após essa dramática fase inicial as coisas logo se assentaram, fazendo com que uma harmonia coletiva pairasse sobre os presentes.

Enquanto todos estavam ocupados com seus próprios jogos mentais, Schneiderman preparou uma mistura para qualquer um que não estivesse totalmente dopado pela ação da dose de LSD. "Lembro-me dele, com sua pequena maleta cheia de todo tipo de coisa", recorda Gibbs. "Ele tinha essa droga chamada dimetiltriptamina, ou DMT, que oferecia uma espécie de montanha-russa alucinógena de 20 minutos. Durante aquela manhã, ele a colocava em cigarros mentolados e os distribuía."

Cooper sabia o que a maleta de Schneiderman continha, incluindo alguns itens atípicos. O fotógrafo viria a revelar que, naquele dia, vasculhara às ocultas a pasta de Schneiderman em busca de maconha e teria encontrado "uma grande coleção de diferentes passaportes, com nomes e nacionalidades diversos", os quais foram mostrados a Richards. O canadense explicou que estava tentando despertar o mundo e que forjara cerca de "uma dezena" de passaportes para facilitar sua passagem pela imigração.

Cooper também recorda o interesse de Schneiderman em áreas muito distantes das suaves vibrações que suas drogas deveriam criar: "Ele conversou comigo sobre armas de fogo e outros armamentos do mesmo jeito que a maioria dos rapazes falam de garotas".

Mesmo com as divagações bizarras de Schneiderman, tudo levava a crer que o fim de semana cumpriria seu objetivo maior: colocar Jagger na mesma sintonia de Richards. Com a temperatura excepcionalmente alta para uma manhã de meados de fevereiro, tinha-se a impressão de que os espíritos conspiravam a favor. Encantada com os bosques férteis e misteriosos que circundavam Redlands, Marianne deixou a casa por alguns instantes a fim de experimentar um momento de comunhão com as árvores. Para alegria de seus companheiros de "viagem", ao voltar ela trouxe consigo algumas amostras de natureza – galhos, folhas e coisas do tipo. Keith também passaria cerca de uma hora passeando pelos gramados de Redlands, enquanto seus convidados não saíram de perto da casa.

Para aproveitar as poucas horas de luz do dia que lhes restavam, o grupo decidiu ir até a praia nos limites do vilarejo de West Wittering. Cooper começou a tirar fotos improvisadas dos participantes da festa, mesmo antes de partirem. Com um casaco branco de lã de carneiro cobrindo a cabeça, Keith ficou brincando na cadeira de balanço do jardim de Redlands até esta tombar, um momento que seria registrado para a posteridade pelas lentes de Cooper. Em seguida, todos entraram no furgão de Fraser e, com Mohammed na direção, partiram de Redlands sob o olhar atento do jardineiro de Keith, "Jumping" Jack Dyer, para quem Keith fez um sinal de que tudo estava bem. Dyer viria a declarar como todos pareciam felizes. Schneiderman decidiu seguir para a praia sozinho, em seu Mini.

Ao chegar à enseada, o grupo divertiu-se no fantástico cenário que se perdia mar adentro e era demarcado por dunas. Com lagoas rasas que se formavam na maré baixa e uma fileira de quebra-mares de ferro com coberturas de metal que pareciam miniaturas de guarda-chuvas, o local era tão fantástico quanto qualquer viagem que os ácidos de Schneiderman pudessem propiciar. A onipresente câmera de Cooper flagrou inúmeros momentos da feliz trupe se divertindo como se estivesse em um passeio escolar. A bela figura de Gibbs, um homem alto e esbelto, foi objeto de algumas das fotos de improviso tiradas por Cooper. Usando um casaco três quartos preto com gola levantada, cobrindo o pescoço, e grandes óculos de sol coloridos sobre o nariz, ele era o próprio marciano drogado, cambaleando pelos seixos e pedaços de madeira trazidos pelo mar. De espírito explorador, Gibbs levara consigo um par de binóculos para melhor apreciar a paisagem. No entanto, é óbvio que o anfitrião foi um dos principais focos das lentes de Cooper. Em dado momento, um sorridente Mohammed foi fotografado segurando dois baseados, enquanto Keith se divertia, ao fundo.

Dentre a série de fotos, Cooper, sem querer, capturou uma imagem icônica de Richards e Schneiderman abraçados, ambos sorrindo de uma forma que delatava a euforia do momento. O passeio pela praia, no entanto, foi curto, durando entre 20 e 30 minutos, de acordo com

Richards. Quando estavam prestes a ir embora, alguém notou que Schneiderman já havia partido, sorrateiramente.

Quando a tribo retornou ao furgão para a rápida viagem de volta, Richards, preferindo não ficar dentro de um carro lotado, decidiu fazer o caminho de volta a pé. Cooper, com a câmera sempre a postos, fotografou o guitarrista quando ele fez uma rápida parada para acender um cigarro em frente ao Birdham Stores, um mercado local. Pouco depois, flagrou Richards totalmente chapado, rolando no caminho de cascalho à entrada de uma charmosa propriedade chamada Rose Cottage.

De volta a Redlands, Keith encontrou seus convidados sem o mínimo espírito de relaxar e, em uma tentativa de entreter os sentidos à flor da pele, foi buscar o pequeno bote que comprara dos proprietários anteriores e, com um pouco de ajuda, o retirou da garagem e o jogou no fosso ao redor da casa. Após 45 minutos de tentativas frustradas de manobrar o barco na água, a trupe teve a ideia de voltar ao furgão e se deixar levar pelo sabor do vento. Com Mohammed de novo na direção, o furgão, mais uma vez, partiu de Redlands naquele dia, dessa vez com Schneiderman entre os passageiros. Durante esse passeio sem destino, alguém se lembrou de que a casa do artista surrealista Edward James ficava nas redondezas. Com histórias fantásticas sobre as obras de arte bizarras e esculturas ridículas de James circulando pelo furgão, o grupo tentou, de todas as formas, encontrar a casa. Após cruzar de cima a baixo várias estradas locais, por fim encontraram a propriedade em West Dean, distante cerca de dez quilômetros de Chichester. Chegaram ao local pouco depois das 17 horas e, embora Gibbs conhecesse pessoalmente os zeladores, a entrada deles não foi permitida pois a casa acabara de ser fechada à visitação.

O sol se punha quando o grupo pegou o caminho de volta a Redlands, chegando por volta das 17h30. A luz dos faróis do furgão se insinuava pela névoa do fim da tarde, iluminando o pequeno e denso bosque que circundava a casa, dando-lhe uma aparência espectral, fantasmagórica. Quinze minutos depois, o descontraído grupo já se encontrava aconchegado, relaxando na sala de estar – o efeito do ácido de Schneiderman começava, aos poucos, a se dissipar.

Foi então que a reunião se animou com a inesperada chegada tardia de George Harrison e sua esposa Pattie em um *Mini Cooper* customizado. Apesar de a presença de qualquer dos Beatles ser bem-vinda, a visão espiritual de Harrison quanto ao LSD daria um toque a mais ao encontro. George e Pattie haviam sido convidados para a festa poucos dias antes, durante a gravação de "A Day in the Life", nos estúdios da

EMI. O mais recente compacto dos Beatles na época, "Penny Lane", que seria lançado na semana seguinte, trazia a fantástica faixa "Strawberry Fields Forever", resultado da imaginação de Lennon, embebida em ácido lisérgico.

O assessor dos Beatles, Tony Bramwell, foi outro convidado que chegaria sozinho durante a tarde. Amigo de Harrison desde os tempos de escola em Liverpool, Bramwell fora contratado por Brian Epstein para assistir o grupo em suas mais variadas necessidades. As lembranças de Bramwell não são tão exultantes quanto as dos outros convidados, em especial em razão de seu desagrado pelas drogas. Em sua opinião, a visita a Redlands fora uma grande perda de tempo: "Foi apenas uma dessas coisas que acontecem por acaso", relatou, Bramwell. "Não parecia que alguém tivesse planejado coisa alguma, era apenas uma reunião de drogados. Eu simplesmente odiava todas aquelas pessoas que ficavam rodeando os Stones. Eram tão ridículas. Não passei a noite lá, apenas a tarde. Caí fora logo e fui visitar uma amiga que morava em Selsey, perto de lá."

A noite caíra e a temperatura do lado de fora estava abaixo de zero, mas os que estavam dentro de Redlands usufruíam o calor da lareira recém-acesa na sala de estar. Keith foi ao andar de cima para tomar um banho e se trocar, tarefa que o deixou ocupado por 45 minutos. Marianne também achou que precisava de um banho após suas aventuras e aproveitou a oportunidade para mergulhar na banheira do toalete ao lado do quarto que compartilhava com Mick. Deixando a mente vagar enquanto descansava na água quente e relaxante, ela ficou a observar os detritos da folia da tarde que flutuavam por entre a espuma de sabonete.

Com o entusiasmo da festa falando mais alto do que a razão, Marianne não pensou em trazer outra muda de roupa para o fim de semana e deixou a blusa de renda, a calça de veludo preta e o casaco três quartos preto que vestia sobre o encosto da cadeira, no quarto. Após terminar o banho, voltou ao quarto e enrolou-se em um grande tapete de pele que cobria a cama de casal. Com peliça de animal de um lado e uma cobertura amarelo queimado do outro, ele era grande o suficiente para cobrir seu pequeno corpo esbelto.

Envolta no tapete, o corpo totalmente coberto, Marianne desceu com tranquilidade as escadas que levavam à sala de estar. Nesse ínterim, os outros convidados haviam se preparado para o que a noite viesse a oferecer. Jagger, sempre atento à sua imagem, maquiou-se antes de relaxar no sofá. No clima da reunião, Gibbs homenageou a atmosfera exótica do local vestindo o que descrevia como um "típico traje paquistanês". De acordo com Marianne, uma "irresistível sensação de calor e segurança" permeava a casa. O relógio marcava 18h30 e, com as cortinas de duas das três janelas do primeiro piso cerradas, por certo o mundo exterior parecia estar a centenas de milhares de milhas de distância.

Em uma *chaise lounge*, Marianne, as pernas descansando sobre o chão, aninhara-se no colo de Mick, que massageava suas costas enquanto corria os olhos a esmo pela sala. Na opinião de Marianne, parecia que o ácido colocara Mick nos eixos, diminuindo sua preocupação excessiva com a aparência e tornando-o uma pessoa mais tranquila e amorosa. Sentado no lado oposto da *chaise lounge* encontrava-se Nick Kramer. Assim como Marianne, ele não trouxera nenhuma muda de roupa e tomou emprestado um dos quimonos de seda de Keith para passar a noite. A exemplo de Jagger, colocara um pouco de maquiagem. Kramer permaneceu em silêncio a maior parte da noite, um comportamento que lhe traria terríveis consequências nas semanas seguintes.

Sozinho em uma cadeira, Fraser parecia mais atento ao ambiente em torno. Após o LSD oferecido por Schneiderman ter atingido todos os recantos de sua psique, ele manteria o efeito da droga usando um pouco da heroína que trouxera consigo. Richards, sentado em uma cadeira estofada, desfrutava em paz os últimos estágios de sua viagem de ácido.

Com todos imersos no final de suas viagens, pouco lhes interessava o que acontecia no mundo ao redor. Contribuindo com o clima etéreo do ambiente, uma pequena lâmpada estroboscópica – um acessório comum em reuniões regadas a ácido – piscava em ritmo aleatório a um dos cantos da sala. À esquerda da lareira, um aparelho de TV estava ligado, apenas como pano de fundo. Sem nenhuma opção além de um documentário sobre iconografia cristã e um programa sobre instrumentos de sopro de uma orquestra, um dos presentes decidiu reduzir o volume da TV e deixar à mostra apenas as imagens, com seus inúmeros pixels monocromáticos que dançavam de modo irregular pela tela, acrescentando uma nova dimensão ao ambiente indistinto da noite. Um dos convidados sugeriu que assistissem ao filme *Taverna Maldita,* de 1955, com Janet Leigh e Jack Webb, que seria apresentado na BBC 1, mas, assim como a maior parte das propostas daquele dia, essa também se perderia no éter. Em outro ponto da sala, música alta irradiava do moderno aparelho de som *hi-fi* de Keith, com seus autofalantes imensos colocados no canto oposto à vitrola, que também estava ligada: *A Quick One*, o mais recente álbum da banda The Who, competia com o álbum duplo *Blonde On Blonde*, de Bob Dylan. Aparentemente inocente, a primeira faixa do clássico álbum de Dylan, a ambígua "Rainy Day Women #12 & 35", com seu velado clamor "todos têm de viajar", não poderia ser mais propícia para servir de pano de fundo da noite.

Por volta das 19 horas, para alegria de todos, o assistente de Fraser serviu um prato tradicional do Marrocos, um condimentado cuscuz. Para reforçar ainda mais o "clima", Mohammed vestiu um traje tradicional do Marrocos e, para degustar esse regalo, o grupo instalou-se na sala de jantar. Como Gibbs rememoraria tempos depois, o ambiente emanava uma atmosfera de familiaridade: "Foi uma reunião cordial entre pessoas que, de certa forma, se conheciam, apreciavam a companhia umas das outras e estavam na mesma sintonia".

Meia hora depois de saborear a deliciosa refeição, todos voltaram à sala de estar. Bastante acostumado a esses encontros, Schneiderman decidiu enrolar alguns baseados para aplacar qualquer mal-estar gerado pela maratona de ácido. Sua onipresente maleta continha diferentes tipos de maconha e outras poções para estimular ou aplacar os sentidos. Provavelmente sob sua orientação, vários doces foram colocados no local caso alguém precisasse rebater os efeitos da droga com "uma dose de açúcar". Gibbs lembra-se claramente dos confeitos e declarou que Schneiderman os chamava de "doces do momento". Richards também confirmou a presença das guloseimas e seu efeito estabilizador.

Como para enrolar um bom baseado era necessária uma base firme, Schneiderman usou uma mesa de pedra, medindo 1,5 metro por 60 centímetros, próxima à lareira, perfeita para confeccioná-los de improviso. Contendo vestígios de maconha em suas reentrâncias, era óbvio que já tinha sido usada para o mesmo fim. Sobre a mesa havia um fornilho de cachimbo e uma lata de metal contendo incenso em pó – um recurso imprescindível para infundir o ambiente com um aroma agradável e um tanto exótico. Durante a noite, parte desse incenso foi queimada em uma grelha próxima à lareira, enquanto em todos os outros cômodos da casa foram acesas varetas de incenso para disfarçar o cheiro característico da maconha.

Próximo às 20 horas, George e Pattie repentinamente decidiram ir embora. Tempos depois, afirmou-se que Harrison teria declarado que estava entediado e, como sua agenda para a semana seguinte à festa podia comprovar, ele tinha assuntos mais importantes que demandavam sua atenção. Os Harrison despediram-se de todos e, em seu *Mini Cooper*, tomaram o caminho de volta para sua casa em Esher, Surrey.

Fosse do conhecimento de Harrison ou não, enquanto partia, um grande bando se reunia à entrada de Redlands; e pedir autógrafos era a última coisa que tinham em mente.

Capítulo 5

Redlands

> *"Nos últimos anos do século XIX, ninguém acreditaria que o mundo estava sendo observado de perto por formas de inteligência superiores ao homem e, ainda assim, tão mortais quanto ele; que, enquanto a humanidade se ocupava com seus afazeres, era esquadrinhada e estudada; talvez tão atentamente quanto um homem com um microscópio perscruta as efêmeras criaturas que pululam e se multiplicam em uma gota d'água."*
>
> H.G. Wells, *A Guerra dos Mundos*.

Em Redlands, aqueles que desfrutavam os últimos estágios de sua viagem alucinógena não faziam a menor ideia de que os esforços para frustrar a ação de Mick contra o *News of the World* tinham ganhado novo impulso nas 24 horas anteriores. Acredita-se, hoje, que o estopim da bomba que atingiu o território dos Stones tenha sido um telefonema para o *NOTW* feito por volta das 22 horas do sábado – quando, por tradição, o jornal trabalhava até tarde da noite, à espera de algum furo de reportagem. O telefonema, supostamente feito por um informante, foi transferido para a redação. Robert Warren, um dos repórteres de plantão naquela noite, declararia para a BBC, em 2007: "Tive muita sorte de estar na redação, naquela hora. A ligação foi transferida para lá e percebi o entusiasmo do editor assistente. Fiquei prestando atenção à conversa e me pareceu que um informante estava contando que os Rolling Stones se encontravam em Sussex em uma festa regada a drogas. Nós, da equipe, conversamos por um bom tempo com esse informante e combinamos de nos encontrar no St. James Park na manhã seguinte. Um de nossos repórteres investigativos mais experientes registrou o encontro e ficou satisfeito, pois as informações pareciam convincentes". É evidente que Warren se referia ao repórter Trevor Hempson.

O informante nunca foi devidamente identificado, mas Keith Richards, em sua biografia *Vida*, publicada em 2010, afirmou acreditar que "Patrick", seu motorista belga, teria caído na armadilha do *News of the World*. Outros aventaram a possibilidade de Tom Keylock, o motorista dos Stones, estar envolvido no esquema, já que, além de ter uma estreita relação com a força policial de Londres, por vezes trabalhava exclusivamente para Richards. A despeito de ser impossível determinar quem passou a informação, não há dúvida de que o informante sabia de detalhes da festa em Redlands, inclusive quantos convidados estavam presentes. Os repórteres decidiram que o melhor a fazer seria passar as informações para a Scotland Yard, na esperança de que eles tomassem as medidas cabíveis. No entanto, antes, era necessário obter a autorização do editor chefe do *NOTW*, Stafford Somerfield. Com 56 anos à época, Somerfield era experiente o suficiente para saber que, ao passar aquelas informações à polícia, o jornal poderia evitar grande parte do constrangimento causado pela ação por calúnia e difamação, movida por Jagger. Sendo assim, ao ser contatado pelos repórteres às 3 horas da madrugada, deu seu aval.

Horas depois, após uma minuciosa revisão das informações obtidas, um alto executivo do jornal enviou todos os dados para a Scotland Yard. De acordo com Robert Warren, a Yard não quis se envolver no caso por considerá-lo da competência das autoridades de Chichester. No entanto, tempos depois, John Lynch, o inspetor chefe da Yard que recebera as informações em caráter confidencial, revelaria ao jornalista Steve Abrams do *International Times* que não queria qualquer envolvimento na diligência policial por acreditar que esta poderia ter um resultado oposto ao esperado.

Steve Abrams, "Ele revelou que seu intento não era acabar com o uso da maconha, mas mantê-lo sob controle. Caso prendesse Mick Jagger, todos os garotos do país iriam querer experimentar a droga. Afinal, ele era o chefe do esquadrão antidrogas e não o chefe da 'máfia'."

Sem se deixar abater pela recusa da Scotland Yard em assumir o caso, alguém do *jornal* passou a informação para o departamento de polícia de West Sussex, em Chichester. Naquele fim de semana, o inspetor Stanley Cudmore estava de plantão. Ele tinha conexões no CID, o Departamento de Investigações Criminais de Londres. Policial conservador, exigia de seus subordinados nada menos que lealdade irrestrita aos princípios da polícia, clamando que "sempre fizessem o que era certo". Documentos descobertos recentemente revelam que Cudmore foi informado do que se passava em Redlands por volta das 15h30 da tarde de domingo. Ao passo que o inspetor chefe Lynch tinha experiência suficiente para medir as consequências que as revelações do jornal poderiam trazer, era um policial que sentia ser seu dever agir.

A fonte, de acordo com o superior de Cudmore, o inspetor chefe Gordon Dineley, "era alguém que não fazia parte da polícia". Tempos depois, e sob juramento, Dineley declararia que não "poderia afirmar se tal pessoa tinha ou não ligações com um jornal conhecido", o que mais pareceu uma confirmação do que uma negação veemente. Uma vez que o próprio Dineley estava em ação, era evidente que, naquela tarde, muita coisa estava acontecendo nos tradicionalmente pacatos departamentos de polícia de Chichester.

Ainda que não contassem com os mesmos recursos da Scotland Yard, após discussões entre todos os setores do departamento de polícia de West Sussex, ficou decidido que se realizaria uma batida em Redlands naquela mesma noite. É digno de nota que, embora a polícia local tivesse conhecimento da presença de Richards em Redlands, esta nunca fora prioridade da divisão de narcóticos da região. John Rodway, mesmo não tendo participado da batida policial daquela noite, acabara de ser integrado ao esquadrão antidrogas de West Sussex e encontrava-se no departamento de polícia de Chichester naquele fim de semana.

"A divisão de narcóticos não estava interessada nos Stones," afirma Rodway, hoje. "O esquadrão queria pegar aqueles que importavam, vendiam e distribuíam drogas nos *nightclubs* e nas escolas. Apesar de Richards provavelmente ter acesso às mais variadas drogas, ele com certeza não as estava passando nas esquinas ou oferecendo nos salões de baile."

No entanto, como as informações recebidas fossem relevantes o suficiente para justificar uma ação policial, algo tinha de ser feito. Caso a polícia de Chichester decidisse ignorar os fatos informados, as consequências poderiam ser desastrosas, em especial se o *NOTW* resolvesse questionar por que não tinha sido dada a devida atenção ao caso. Insinuações poderiam ser feitas de que, ao contrário do que acontecia com os cidadãos comuns, a polícia fazia vista grossa aos hábitos despudorados dos astros pop, imunes a ações judiciais. O chefe de Polícia de West Sussex estava ciente de quão delicada era a situação.

Apesar de, em 1967, o contingente de policiais ser maior do que o atual, por ser fim de semana, foi recrutado um reforço vindo das regiões vizinhas, ao longo da costa sul. Os policiais em ronda, ao entrar em contato com a base por meio de um telefone público, foram informados sobre a diligência noturna em Redlands. Embora possa parecer hilário nos dias de hoje, antes do advento do telefone celular, a única forma de se manter a par do que estava acontecendo e poder entrar em ação era usar as cabines vermelhas de telefone público, típicas da Inglaterra. No início do turno, era praxe os policiais em ronda receberem moedas de quatro *penny* [centavos de libra], com instruções para chamar a base em determinados horários durante as patrulhas, a fim de obter orientações.

Sem que fosse do conhecimento do *News of the World* ou da Scotland Yard, a reunião em Redlands coincidiu com uma época de forte onda de repressão ao crime deflagrada pela polícia de West Sussex. Na segunda-feira anterior ao evento, o chefe de polícia de West Sussex, senhor Thomas Williams, conversara com a imprensa local sobre sua "grande preocupação com as drogas". Com o drástico aumento do número de crimes no condado registrado nos últimos 12 meses, William pedia à sociedade que se posicionasse de modo diferente perante o que ele considerava uma epidemia.

"Não tenho a menor pretensão de oferecer uma solução definitiva", William declarou em uma entrevista coletiva para a imprensa local. "Alguns me dizem que isso reflete a deterioração dos padrões morais do povo... Às vezes me pergunto se a sociedade oferece, de fato, respaldo suficiente para que as pessoas consigam resistir ao contágio de vizinhos e colegas com duvidosos padrões morais."

No final da tarde do domingo seguinte, enquanto Richards e seus amigos voltavam do passeio regado a ácido pela praia, planejava-se, no Departamento de Polícia de Chichester, como seria realizada a diligência daquela noite. Uma vez que os agentes da região oeste de Chichester conheciam bem a localização de Redlands, não seria necessário qualquer reconhecimento do local e, ao contrário do que se acredita, não tinham autorização para prender ninguém. Obviamente, se a situação saísse do controle, haveria, então, motivo para darem voz de prisão, mas ninguém esperava algum ato mais extremado de resistência. Se a polícia encontrasse qualquer objeto suspeito, este seria levado e examinado e, caso fosse ilegal, uma acusação formal se seguiria. Além disso, o mandado policial não fazia qualquer menção à revista dos carros daqueles que se encontravam na casa. Apesar de ser praxe a busca por qualquer substância ilícita em veículos durante batidas policiais, o objetivo era se concentrar no que acontecia dentro da casa.

Por acreditarem que a enorme popularidade dos Stones poderia atrair uma multidão, 18 agentes foram recrutados para inspecionar a propriedade de Richards naquela noite. Com um mandado assinado, naquela tarde, na residência do coronel RG Bevis, juiz de paz local – que, na Inglaterra, além de funções administrativas, assume algumas funções jurisdicionais, típicas dos juízes de primeira instância do Brasil – os últimos detalhes do plano foram, por fim, acertados. Atentos ao cuidado que a operação demandava, os agentes foram instruídos a abordar cada um dos presentes em separado, de modo que fossem revistados em privacidade.

Dois especialistas da polícia forense faziam parte da equipe e seu papel era identificar e catalogar quaisquer evidências encontradas. Visto que os informantes haviam mencionado a provável presença de duas mulheres em Redlands, duas agentes foram incluídas na equipe, em virtude da perspectiva de ter de ser realizada uma revista íntima.

O inspetor chefe Dineley encabeçava a força tarefa. Apesar de não ser comum alguém com sua patente estar à frente de uma batida policial local, seu superior, o chefe de polícia Thomas Williams, o requisitara em atenção à grande publicidade que a ação poderia gerar. Sem querer colocar um policial em início de carreira na linha de fogo, Williams acreditava que alguém com a experiência de Dineley tinha de estar presente caso a mídia fosse alertada sobre a diligência. Visto que as informações sobre a festa em Redlands tinham sido fornecidas pelo *NOTW*, Williams exigiu que vários agentes ficassem a postos do lado de fora, caso algum repórter oportunista tentasse invadir a propriedade para observar os procedimentos policiais ou tirar fotos pelas janelas. A fim de evitar quaisquer divagações ou discussões sobre a lei contra narcóticos, Dineley chegou ao local munido de uma cópia impressa da *Dangerous Drugs Act* [Lei Contra Drogas Nocivas], de 1965.

Às 19h30, após todos os preparativos, a equipe de polícia fez a viagem, de cerca de dez quilômetros, de Chichester a West Wittering em um *Austin Cambridge*, um pequeno furgão cor creme, de 1966, e em um *Austin A40*: um comboio nada sofisticado, mesmo para os padrões de 1967. Nenhuma viatura policial – apesar das várias disponíveis em Chichester – fora requisitada, confirmando a crença de que não se esperava realizar nenhuma prisão naquela noite.

Chegando à entrada de Redlands por volta das 19h50, o cortejo avançou lentamente pela estreita via que levava à casa de Keith. Como havia uma calçada circundando os limites de Redlands, os policiais não encontraram dificuldade em estacionar seus carros. Pouco antes das 20 horas, o ronco discreto do motor de um *Mini Cooper* turbinado deixaria os policiais em sobressalto. Fosse de seu conhecimento ou não, à direção estava um dos Beatles, rumo a sua residência em Esher, em companhia de sua esposa.

A perfeita sincronicidade entre o momento da partida de George Harrison e a chegada da polícia tem sido motivo de especulação ao longo dos anos. Várias pessoas, inclusive o próprio Harrison, acreditavam que a polícia estava esperando que o Beatle fosse embora para invadir a casa. Como a polícia, com certeza, tinha informações sobre quem se encontrava na residência, sugeriu-se, mas nunca se confirmou, que a presença de Harrison durante a batida policial poderia ter consequências um tanto constrangedoras.

Mesmo com sua recente incursão na onda psicodélica, os Beatles ainda eram ídolos sacrossantos do povo britânico: além de terem recebido a comenda de "Membros do Império Britânico", eram incensados pelo Tesouro quando o assunto era Imposto de Renda. Ademais, por terem angariado o *status* virtual de diplomatas do Reino Unido ao longo de suas turnês pelo mundo, prender um Beatle por uso ou porte drogas teria um efeito avassalador. Ao passo que execrar os Stones tinha se tornado um passatempo para a imprensa nacional (e, consequentemente, para algumas facções do *establishment*), a prisão de algum dos *Fab Four* em circunstâncias tão questionáveis poderia ter resultados nefastos tanto em termos políticos quanto diante da opinião pública. Apesar de, no início de 1967, os quatro Beatles consumirem drogas, para a maioria do público inadvertido eles ainda eram adoráveis e puros.

No entanto, de acordo com fontes da própria polícia, ninguém sabia que Harrison estava na casa de Richards naquela noite. Na realidade, a maior parte dos agentes não conseguiria determinar, com exatidão, quem, dentre os convidados, era Harrison. Mesmo assim, o *News of the World* viria a fazer menção à presença do Beatle e de sua mulher na festa e de sua partida pouco antes de a polícia invadir o local.

Por obra do destino ou por qualquer outra circunstância, com a partida de Harrison, a polícia começou a avançar pelo caminho que levava à casa de Redlands. Sabendo, de antemão, que o trajeto era esburacado e irregular, portanto totalmente inadequado para um comboio, o pelotão deixou os carros e cruzou, a pé, a pequena ponte sobre o fosso que circundava a residência e seguiu por um passeio que levava à porta de entrada, no lado esquerdo da propriedade.

Por mais de 40 anos, a identidade dos agentes que caminharam esses 200 metros foi mantida em segredo. No entanto, documentos descobertos recentemente citam os nomes dos policiais que se dirigiram à propriedade de Richards naquela noite de domingo. As "patentes" abrangiam desde o inspetor chefe Gordon Dineley até o agente Alfred Guy, o policial do vilarejo vizinho de Birdham, com uma população de cerca de algumas centenas de habitantes. Sob o comando de Gordon Dineley e Stanley Cudmore estavam Michael Cotton, Pamela Baker, Rosemary Slade, Evelyn Fuller, Alfred Guy, Frederick Weller, Thomas

Davies, John Challen, Donald Rambridge, Raymond Harris, Reginald Mugford, Nathanial Bingham, Derek Grieves, Leslie Stewart, Richard Smith e Ronald Pafford.

A lista revela vários nomes comuns da região de Sussex, simples policiais retirados de seus modestos enclaves na costa sul, nas vizinhanças de Chichester. Para a maioria deles, fazer uma ronda deprimente em locais como Littlehampton, Selsey e Bognor Regis, fora do horário convencional, em uma noite de domingo, no inverno, era deveras entediante; mas, estivessem cientes ou não, estavam, todos, prestes a participar de um acontecimento que viria a moldar o direcionamento cultural do restante do século XX.

Com Dineley na liderança, logo vislumbraram a casa, e, mais tarde, em quase todos os relatos policiais, haveria praticamente o mesmo comentário: "o som alto de música pop" que ouviam ao se aproximar. Esses relatos também mencionavam que as cortinas de duas das três janelas do andar inferior, que ficavam de frente para a entrada, estavam fechadas.

Do lado de dentro das paredes de pedra de Redlands, a música estava tão alta que ninguém ouviu a aproximação dos policiais. A fadiga começava a tomar conta dos sentidos atordoados dos que lá se encontravam e, mesmo que tivessem ouvido passos se aproximando, eles não teriam tido nenhuma reação. Poucos minutos depois das 20 horas, a imagem sem som do filme *Taverna Maldita* na TV competia com a música que vinha do aparelho de som, deixando claro que a etérea Terra do Nunca evocada pelos efeitos do LSD continuaria.

Às 20h05, aqueles que se encontravam dentro da casa puderam ver o que parecia ser o rosto de uma mulher de meia-idade encostado contra o vidro da única janela cuja cortina não estava fechada. Schneiderman foi o primeiro a notá-la e avisou Richards que, acreditando ser uma fã intrépida, não ficou muito incomodado, apenas um pouco irritado com a intromissão. Uma consequência pouco afortunada de seu *status* de celebridade local era o aparecimento ocasional de admiradores inesperados, especialmente por conta do comentário geral dos fãs de que Richards era bem receptivo, apesar de essas visitas, quase ou nunca, ocorrerem após o anoitecer.

Richards ficou intrigado com o rosto na janela, que mais parecia ser o de uma "senhorinha" do que o de uma fã adolescente. Todos a ignoraram, esperando que fosse embora, mas após alguns minutos ela começou a bater no vidro. Mais uma vez, eles a ignoraram.

Cinco minutos depois, ouviu-se uma forte pancada na porta de entrada, o que deixou claro que a "senhora" não era uma fã em busca de um autógrafo. Uma onda de mal-estar permeou o ambiente. Fraser, levemente "chapado", ignorando quem quer que tivesse batido à porta, fez um comentário brusco e arrogante: "Não se preocupem. Cavalheiros tocam a campainha, deve ser algum vendedor". Marianne também reagiu de modo bastante infantil, dizendo: "Se não fizermos nenhum barulho", sussurrou, "se ficarmos quietos, eles irão embora". Parecia que aqueles que estavam na casa pouco se importavam com o que acontecia do lado de fora, tanto que a mulher que os observava pela janela declararia, mais tarde: "Ninguém entrou em pânico ou nada parecido".

Por fim, Schneiderman virou-se para Richards e se ofereceu para verificar quem era. Sem responder, Richards assumiu o papel de dono da casa, abriu a porta e defrontou-se com a figura do corpulento inspetor chefe Gordon Dineley que, com seu sobretudo branco e quepe com galardões, causava forte impressão na escuridão. Ao lado de Dineley encontrava-se Cudmore, o investigador que atendera o primeiro telefonema do *News of the World*. Com a demora de cinco minutos para atender a porta, o inspetor chefe considerara a possibilidade de entrar à força.

Apesar da escuridão do lado de fora, um pelotão de 18 agentes de polícia deve ter sido uma visão inacreditável para os sentidos alterados de Richards. Na realidade, no estado de desorientação em que se encontrava, teve certa dificuldade em entender o que estava acontecendo. Tempos depois, ele declararia que a equipe mais parecia um grupo de *goblins* saídos do romance *The Hobbit*, de Tolkien, do que meros agentes de polícia.

Após o torpor ter, aos poucos, cedido lugar à consciência, Dineley deu início às formalidades da incursão policial, perguntando a Richards: "Você é o ocupante e proprietário deste imóvel?".

Um tanto aturdido pela pergunta do oficial, Keith respondeu com um riso sem graça: "Bem, eu moro aqui".

Segurando uma folha de papel A4, Dineley explicou o motivo de sua presença e a dos outros policiais. "Sou o inspetor chefe do Departamento de Polícia de West Sussex e tenho um mandado para realizar uma busca nesta propriedade e nas pessoas que aqui estejam, com base na *Dangerous Drugs Act* (Lei Contra Drogas Nocivas), de 1965."

Dineley, entregando o mandado a Richards, pediu que ele o lesse, o que Richards fez, tentando decodificar o texto jurídico, encimado com o símbolo da coroa. No mandado havia a inequívoca frase que declarava que a polícia "deveria entrar, se necessário à força, na propriedade do citado Keith Richards". Além dos requisitos legais, o mandado incluía os nomes dos membros da equipe de polícia autorizados a entrar na casa. Após ler as 30 linhas do documento, Richards disse, de modo condescendente: "Tudo bem, já li".

Em seguida, Dineley e sua equipe entraram na casa. De acordo com relatos que não foram citados nos registros da polícia, Richards teria dito a seus convidados: "Olha, tem um monte de senhoras e cavalheiros lá fora. Eles vão entrar aqui e estão com este documento engraçado, cheio dessas porcarias legais". Os agentes de polícia estavam usando seus tradicionais uniformes, ao passo que os investigadores não estavam fardados. A "senhora" que fora vista anteriormente à janela era, na realidade, a investigadora Evelyn Florence Fuller, do Departamento de Polícia de Bognor Regis: "Assim que entrei na casa", relembraria, tempos depois, "senti um cheiro diferente. Não era o cheiro de madeira queimada. Era parecido com o de incenso". O investigador Thomas Davies também declararia que "havia um cheiro forte e doce" dentro da casa. Liderando o grupo de policiais, Dineley entrou na sala de visitas e repetiu aos outros presentes que seria realizada uma busca por drogas na propriedade.

Cudmore encontrava-se logo atrás de Dineley e também sentiu "um cheiro bem forte e doce" ao entrar na casa e, depois, também nos outros aposentos da propriedade. Ele lembrou-se do cenário em detalhes, em especial o despojamento de Jagger e Marianne. "Jagger e uma mulher estavam sentados em um sofá a certa distância da lareira", Cudmore viria a declarar. "A mulher estava enrolada em um tapete de peles, de cor clara, o qual, de vez em quando, caía, deixando à mostra seu corpo nu. Jagger estava sentado à sua esquerda e acredito que estava maquiado."

Com a polícia disputando espaço com os nove ocupantes da casa, o local ficou um tanto quanto tumultuado. Enquanto gavetas, armários e vários recipientes eram revistados, os convidados foram tomados de espanto. "Ninguém era esperado naquela noite", lembra-se Gibbs. "E, então, de repente, todas essas pessoas em trajes azuis entraram. Aquilo mais parecia parte de um sonho, não algo real."

O som vindo das duas caixas acústicas, que continuavam a reverberar, tornava o cenário ainda mais inusitado. Por ser praticamente impossível falar, dada a altura da música, Dineley pediu a Richards que desligasse o aparelho de som, ao que o guitarrista, insolente, respondeu: "Não. Não vamos desligar o som, mas podemos baixá-lo". A televisão, que apenas mostrava imagens, continuou ligada.

Como havia um número suficiente de policiais cobrindo o andar térreo da casa, a investigadora Fuller e o sargento de polícia John Challen começaram a revistar os aposentos do andar superior. Evelyn dirigiu-se primeiramente ao quarto de Jagger e Marianne. Sabendo que poderia ser instada a dar detalhes de sua busca em juízo, o relatório de Evelyn foi extremamente pormenorizado: "Havia plumas rosa de avestruz sobre a cama", viria a descrever. "No quarto, sobre uma cadeira, havia algumas roupas: uma calça preta de veludo, um sutiã branco, uma blusa de renda estilo eduardiano, um casaco preto três quartos, um chapéu preto estilo *sombrero* e botas femininas em tom lilás, uma das quais estava sobre a cama, e a outra, no chão. Também observei que havia uma grande cômoda sobre a qual estavam inúmeros livros sobre feitiçaria, um dos quais se chamava *Games To Play*." Evelyn também reparou que, no chão, havia uma grande sacola de viagem que continha o que "pareciam ser duas ou três adagas".

Enquanto Evelyn fazia o inventário dos pertences de Mick e Marianne, Challen realizava a busca no quarto de Richards. Ao encontrar uma "vasilha com três 'bitucas' de cigarro" ao lado da cama, retirou-as do recipiente e as colocou em um saco plástico. Terminada a inspeção do quarto de Keith, foi ajudar Evelyn em sua busca no quarto de Marianne e Mick. Enquanto a investigadora anotava os últimos detalhes da revista, Challen examinava os bolsos das roupas que se encontravam no aposento. No bolso esquerdo do lado de dentro da jaqueta de veludo verde de Jagger, o investigador encontrou quatro comprimidos brancos em um pequeno frasco de plástico transparente – os comprimidos de anfetamina que tinham ficado no bolso da jaqueta de Jagger desde as férias do casal na Itália.

Voltando ao andar de baixo, Challen perguntou a quem pertencia a jaqueta verde. Quando Jagger afirmou que era sua, o inspetor pediu a ele que o acompanhasse a fim de discutir o que tinha sido descoberto. Challen pediu ao perito Richard Smith que o acompanhasse na qualidade de testemunha do interrogatório. O diálogo seguinte, transcrito logo após a investida policial, é baseado nas anotações de Challen.

"Estes comprimidos são seus?", perguntou Challen.
"Sim, foi meu médico que receitou", respondeu Jagger.
"Quem é seu médico?" prosseguiu Challen.
"Acho que é o doutor Dixon-Firth", disse Jagger, "mas não me lembro se foi ele". (Apesar de Jagger não estar revelando toda a verdade, o doutor Raymond Dixon-Firth era, de fato, seu clínico geral à época.)

"Qual o endereço de seu consultório?", pressionou o sargento de polícia.

"Não tenho certeza," replicou Jagger. "Acho que é na Rua Wilton Crescent, em Knightsbridge." (Jagger estava certo, o consultório do doutor Dixon-Firth ficava na Rua Wilton Crescent, nº 20, em Londres.)

"Pra que servem?".

"Pra ficar acordado e trabalhar", confirmou Jagger.

Apesar de as drogas encontradas serem de Marianne, Mick teria, de fato, em uma ocasião anterior, consultado seu médico a respeito do uso de remédios à base de anfetamina. Ademais, Jagger, como bom cavalheiro que era, nunca revelaria que Marianne comprara a droga.

Ao final do interrogatório, Challen advertiu Jagger oficialmente de que qualquer coisa que dissesse poderia ser usada contra ele em juízo e, então, entregou os comprimidos para Smith. Em seguida, o Stone perguntou se poderia fazer um telefonema, o que lhe foi permitido. Mick fez a chamada do próprio quarto. Embora seja provável que ele tenha entrado em contato com um membro de seu *entourage* em vez de um advogado, não há nenhum registro preciso de com quem tenha conversado. Apesar de sua mente estar confusa por causa do efeito do LSD, Jagger, com certeza, ficou preocupado.

Após vasculhar os aposentos superiores, a Inspetora Evelyn retornou à sala de visitas. Tendo sido orientada a se concentrar nas mulheres presentes na casa, ela pediu a Marianne que a acompanhasse ao andar de cima para uma revista pessoal. Em vista das vestes sumárias de Marianne, tal sugestão foi, no mínimo, hilária. Não obstante, Marianne não ofereceu resistência e, de acordo com a investigadora, estava "aparentemente bem alegre, além de nua, exceto pelo tapete de pele enrolado em seu corpo". A policial também registrou que Marianne dirigiu-se ao andar superior em uma dança sensual, deixando o tapete cair enquanto caminhava, lânguida, escada acima.

Chegando ao segundo piso, Marianne levou a policial de volta ao quarto onde Jagger fora interrogado. Ele ainda estava ao telefone, acompanhado do sargento de polícia Challen, quando Marianne entrou no quarto, seguida da inspetora. Tendo visto a expressão de pura ansiedade estampada no rosto de Mick, Marianne viria a comentar que a indesejada intromissão estragara a primeira "experiência psicodélica" de Jagger. "Pobre Mick," declarou, "era sua primeira 'viagem', um dia adorável, e, então, aquilo". Um clima estranho e tenso tomou o aposento quando Marianne decidiu dar um toque de improviso teatral à ação da polícia. "Ela deixou o tapete cair, mostrando seu corpo nu," recordaria Evelyn.

"E, então, disse, aparentemente para Jagger: 'Olha só, eles querem me revistar!'" Mick deu uma gargalhada e, com Challen um tanto chocado, a policial levou Marianne até o banheiro, do outro lado do corredor.

Após uma breve e provável revista íntima, Evelyn levou a jovem sob sua guarda de volta ao quarto para que ela identificasse as roupas, dando à investigadora a oportunidade de examiná-las na presença de Marianne. Ao terminarem, Marianne, com uma expressão tranquila e despreocupada, perguntou: "Posso ir agora?". Quando a investigadora respondeu de modo afirmativo, ela desceu as escadas em direção à sala de estar, apenas o tapete ainda cobrindo seu corpo. Durante sua descida teatral, Marianne ouviu o comentário de um dos policiais: "Vê o comportamento estranho dela? É bem provável que esteja sob a influência de *cannabis* (sic)". Posteriormente, em suas declarações, a policial Evelyn observaria que Marianne "dava a impressão de estar alheia ao que acontecia ao redor".

Visto que os agentes da polícia estavam vasculhando todos os cantos da casa, era evidente que os outros ocupantes do local também passariam por uma revista. Gibbs, com seu espalhafatoso traje paquistanês, foi revistado por um dos policiais. A despeito de qualquer afirmação em contrário, a polícia foi extremamente profissional. "Eles foram muito educados", lembra-se Gibbs. Com seu linguajar erudito e temperamento dócil, o *marchand* de antiguidades afirmaria que o atraente policial que o abordara "nada fez que eu pudesse considerar deselegante".

Enquanto Gibbs era revistado, o sargento Donald Rambridge preparava-se para fazer o mesmo com Fraser. Assim que a polícia invadiu a casa, o proprietário de galeria de arte procurou abrigo atrás do sofá da sala de visitas. Sabendo da força de suas credenciais: antigo aluno de Eton e antigo integrante das forças armadas, protestou quando Rambridge aproximou-se para revistá-lo: "Você realmente acha que isso é necessário?". E, respondendo ao evidente tom aristocrático de Fraser, Rambridge retorquiu com deferência: "Cavalheiro, isso é mera formalidade". Fraser, com relutância, concordou, dizendo: "Claro. Se é o que precisa fazer, sinta-se à vontade".

Fraser tinha outros motivos para adotar a postura de "velho camarada". Ainda no início da batida, ele tirara a heroína que mantinha escondida em sua bela caixa com tampa de marfim e a colocara no bolso direito de sua calça. Rambridge, no entanto, logo encontrou as duas dúzias de comprimidos. Sem dúvida intrigado pela quantidade, o policial perguntou a Fraser para que serviam. "Sou diabético e esses comprimidos foram receitados por meu médico", respondeu.

Ao ser questionado se possuía alguma prova que confirmasse sua condição, Fraser tentou ganhar tempo dizendo que, embora o documento não estivesse com ele, devia estar no quarto onde passara a noite. Rambridge conduziu Fraser até o andar superior e uma rápida busca revelou não haver nenhum rastro de tal documento. Persistente, Rambridge decidiu consultar seu superior, Cudmore, sobre o melhor a fazer.

Ao voltar ao andar de baixo, seguido de Fraser, Rambridge chamou Cudmore para este visse a grande quantidade de heroína que encontrara.

"Este senhor está dizendo que estes comprimidos lhe foram prescritos por seu médico, pois é diabético", Rambridge disse.

"É mesmo?", retrucou o experiente investigador, nem um pouco impressionado com o blefe de Fraser. "Para mim, mais parecem comprimidos de heroína."

"Não", refutou Fraser, mais uma vez usando como recurso seu comportamento e linguajar impecáveis. "Definitivamente, não!"

"Você tem algum documento que comprove sua condição?", perguntou Cudmore, exigindo mais do que apenas palavras.

"Não", respondeu Fraser. "Eu o procurei, mas não consegui encontrá-lo."

A despeito de seus protestos, Fraser foi advertido oficialmente de que qualquer coisa que dissesse poderia ser usada contra ele em juízo e informado de que, caso as substâncias encontradas em sua posse fossem ilícitas, seria acusado por porte de drogas. Sabendo que sua reputação correria risco se privasse o suspeito de medicação necessária, Cudmore instruiu seu subalterno a apreender dois comprimidos para análise e, em seguida, devolver o restante. Rambridge entregou a Fraser a maior parte dos comprimidos, antes de colocar dois deles em um saco plástico, para perícia. Como simples formalidade, disse a Fraser que os comprimidos seriam enviados para análise.

O tormento de Fraser, no entanto, ainda não havia terminado. Em uma rápida busca atrás da porta da sala de visitas, o agente Raymond Harris encontrou um casaco escuro que pertencia a Fraser e continha oito pílulas verdes de origem indeterminada. Mais uma vez, Fraser tentou refutar qualquer ilegalidade, declarando que elas haviam sido receitadas por seu médico em virtude de problemas estomacais. Assim como Jagger, foi questionado sobre quem seria seu médico. "É um desses três," respondeu, com arrogância, "doutor Greenberg, doutor Epples ou doutor Gray."

Sem conseguir dar nenhuma informação mais específica sobre a localização dos consultórios dos médicos, além de que ficavam em Londres, a polícia apreendeu dois comprimidos para serem analisados e devolveu o restante a Fraser. "Vocês vão ver que não há nada de errado com os comprimidos", disse Fraser, com certa esperança.

Após as revistas individuais, a sala de visitas foi inspecionada minuciosamente em busca de quaisquer evidências que sugerissem o uso de drogas. Sabendo que recolheriam vários objetos naquela noite, a equipe de polícia contava com a ajuda do agente Richard Smith, responsável por detalhar e catalogar todos os itens apreendidos. Durante a batida, Smith requisitou que uma mesa fosse colocada na sala de estar de Redlands e, conforme os policiais lhe entregavam as evidências, ele as colocava em sacos plásticos, aos quais acrescentava etiquetas escritas à mão.

Às 20h40, o sargento Rambridge realizou uma busca na sala de jantar de Richards. Em uma cristaleira, encontrou uma caixa com incensos. Em outro local, os investigadores encontraram um fornilho de cachimbo "sem o tubo" sobre a mesa à esquerda da lareira. Em caso de haver qualquer vestígio de maconha sobre a mesa, raspas de sua superfície foram coletadas.

Além da inspeção realizada na sala de estar e de jantar, também foi realizada uma busca na cozinha de Richards, onde estavam espalhados vários condimentos, como mostarda e maionese, além de sabonetes e xampu em embalagens plásticas, cortesia dos hotéis pelos quais Keith passara em suas inúmeras viagens pelo mundo. Embora seja praticamente impossível conceber, hoje, em pleno século XXI, que tais embalagens, à época, eram desconhecidas no Reino Unido, tudo no país ainda era acondicionado em recipientes de vidro.

Apesar de não haver qualquer registro em declarações de testemunhas oculares ou da própria polícia, os investigadores, presumindo que as embalagens pudessem conter substâncias ilícitas, abriram algumas delas, deixando a cozinha coberta de substâncias grudentas e multicoloridas. Os agentes, meticulosos, verificavam todos os aposentos, abriam armários e esvaziavam gavetas à procura de qualquer vestígio de drogas ou algum objeto que pudesse ser associado ao uso de entorpecentes. É bem provável que mesmo os doces espalhados pelo local tenham sido examinados, ainda que de modo superficial, embora nada tenha sido citado nos registros policiais. Entre outros artigos que seriam examinados posteriormente estavam tubos de bronzeadores e a encomenda de chá *Earl Grey* feita por Richards. Apesar de esses fatos terem se tornado motivo de especulação desde a batida policial, é importante destacar que não há nenhuma referência a eles nos registros policiais da época.

Atentos à sala de visitas, os policiais não poderiam deixar de pisar na coleção de almofadas e colchas marroquinas de Richards, espalhada pelo chão, e o músico viria a declarar que os teria repreendido pela falta de cuidado em relação a seus pertences; mas, com tantos agentes de polícia presentes no local, não havia muito que pudesse fazer.

David Schneiderman, o misterioso "Rei do Ácido", foi o último a ser revistado. Com seu instinto apurado, recolheu-se a um canto no fundo da sala assim que os policiais invadiram a casa. Em virtude de seu bronzeado, em certo desacordo com a palidez típica do inverno dos outros convidados, foi revistado meticulosamente pelo investigador de polícia Thomas Davies. Como sua pasta executiva continha uma grande quantidade de drogas ilícitas, os ventos não sopravam a favor do canadense. A revista de Davies foi minuciosa e reveladora. No bolso direito de sua jaqueta foram encontrados dois pedaços de uma substância de cor marrom, pesando pouco mais de quatro gramas. Em outro bolso foi descoberto uma espécie de pó em um envelope que trazia um de seus pseudônimos, "Donald Britton". O investigador encontrou, ainda, uma cigarreira com mais três pedaços de uma substância marrom, um cachimbo de madeira contendo vestígios de droga, uma esfera razoavelmente grande de uma espécie de material marrom, um recipiente azul e branco com comprimidos brancos, um comprimido alaranjado e inúmeros outros artigos.

Davies também viria a revistar a maleta de Schneiderman, que, de acordo com os registros do policial, fora colocada na sala de jantar, longe dos outros convidados, e continha apenas um pacote com "incenso perfumado". O famoso esconderijo de drogas do canadense não foi descoberto. O que não consta dos autos policiais, mas foi lembrado pelos presentes, foi o pedido de Schneiderman para que Davies não abrisse a maleta de couro. Quando o inspetor estava prestes a abrir a maleta, o canadense teria dito: "Por favor, não abra esta maleta. Ela está repleta de rolos fotográficos ainda não revelados". Diante disso, afirma-se que o policial teria hesitado e, com cuidado, fechado a maleta.

Apesar de essa história ter sido contada por muitos dos convidados daquela noite, ela parece pouco provável em vista das circunstâncias e da meticulosidade da diligência. John Rodway trabalhava com Davies em 1967 e lembra-se da forma direta e minuciosa com que encarava seu trabalho. "Conhecendo Tom Davies como conheço", declarou Rodway, "tenho certeza de que ele teria aberto a maleta, jogado todo o conteúdo no chão e, em seguida, dito 'Desculpe'. Tom nunca foi o tipo de investigador que fazia o que lhe era pedido. Era um homem radical e, caso alguém dissesse 'Não abra a maleta, há rolos de filme não revelados aí dentro', a primeira coisa que faria seria abri-la."

Independentemente das afirmações dos presentes em Redlands, o propalado arsenal de LSD, cocaína, dimetiltriptamina, mais conhecida como DMT, e outras substâncias de que Schneiderman dispunha, assim como seu esconderijo de passaportes, não foram descobertos, nem citados nos registros policiais daquela noite.

Tornando o evento ainda mais intrigante, os registros de Davies revelam o afã de Schneiderman em contribuir com o interrogatório, a ponto de detalhar o horário de todas as suas atividades ao longo do dia e do início daquela noite, assim como o dos outros convidados. Sem conseguir entender qual era o exato sobrenome do "Rei do Ácido", o investigador o registraria foneticamente como "Sniderman". Não obstante, a farmacopeia encontrada com o canadense o levaria a ser advertido oficialmente de que qualquer coisa que dissesse poderia ser usada contra ele em juízo. Ainda, as substâncias encontradas em sua posse, ao todo 16 itens, seriam levadas para análise. Ao passo que a substância marrom parecia ser haxixe de diversas procedências, foi o pó, em grande quantidade, e o "comprimido laranja" que exigiriam uma investigação mais cuidadosa. Como era bem provável que essas substâncias fossem drogas pesadas, Schneiderman tinha motivos mais do que suficientes para estar preocupado.

Surpreendentemente, Michael Cooper conseguiu evitar uma revista formal. Sem hesitar, assim que a polícia entrou em Redlands, ele subiu a escada pé ante pé. Momentos antes do final da diligência, um dos agentes, que ainda revistava os quartos do andar superior, deparou-se com o fotógrafo vagando pelo corredor. Cooper lhe disse que acabara de chegar à festa e, de acordo com relatos, o policial acreditou na história do fotógrafo, que escapou, assim, da revista.

Às 21h05, cerca de uma hora após o início da batida, os agentes de polícia preparavam-se para encerrar seu trabalho. O inspetor Cudmore, na presença de seu superior, o inspetor chefe Dineley, leu as formalidades de praxe para Richards: "Caso os resultados laboratoriais demonstrem que drogas nocivas tenham sido consumidas nesta propriedade e não estejam relacionadas a nenhum indivíduo, em específico, o senhor será considerado o responsável."

"Ah, entendi. Quer dizer que a culpa é minha?", respondeu Richards, ciente de que, embora nenhum vestígio de maconha tivesse sido encontrado em sua posse, com certeza seria responsabilizado por permitir que drogas fossem usadas em sua casa. Apesar de as provas serem circunstanciais, a pena poderia ser entre três a seis meses de prisão ou multa se o caso fosse levado ao Juizado de Pequenas Causas Criminais, mas se o transgressor escolhesse ser julgado por uma instância superior, a pena e a multa poderiam ser bem mais altas caso houvesse a condenação.

Às 21h15, encerrada a diligência, a polícia bateu em retirada, levando consigo vários sacos plásticos transparentes, cujo conteúdo viria a ser catalogado na Delegacia de Polícia de Chichester, em um registro com duas páginas. Foi necessário abrir um inventário somente para as substâncias encontradas com Schneiderman; entretanto, os outros 29 artigos coletados na casa abrangiam desde "sucatas" e "um castiçal" até "cinzas de lareira", "sabonete" e "bitucas de cigarro (da marca B&H)". Esses itens, e outras substâncias de natureza mais difícil de ser determinada, foram enviados para o Laboratório Forense da Scotland Yard, para minuciosa análise.

A portas fechadas, após a saída da polícia, alguém foi até o aparelho de som e colocou o álbum *Blonde On Blonde* de Bob Dylan para tocar, em alto volume. A faixa "Rainy Day Woman #12 & 35" se adequava com perfeição à atmosfera do local e fechou com chave de ouro a pantomima que acabara de suceder. Enquanto os agentes, com as várias provas coletadas, voltavam às suas viaturas, todos que se encontravam dentro da casa começaram a gargalhar compulsivamente, tendo como pano de fundo o som irreverente de Bob Dylan.

> *Well they'll stone you and say that it's the end*
> *Then they'll stone you and then they'll come back again*
> *They'll stone you when you're riding in your car*
> *They'll stone you when you're playing your guitar*
> *Yes, but I would not feel so all alone*
> *Everybody must get stoned!*

["Bem, eles vão te apedrejar e dizer que tudo se acabou
Então vão te apedrejar e, em seguida, voltar a te machucar
Vão te apedrejar quando você estiver passeando em seu carro
Vão te apedrejar quando estiver tocando sua guitarra
Sim, mas eu não me sentiria tão solitário
Todos têm de tomar pedra!"]

Enquanto todos, histéricos, cantavam, o telefone tocou. Keith o atendeu e, do outro lado da linha, estava Brian, ligando de seu apartamento em Kensington. Tendo sua briga com Anita chegado ao fim, por pura exaustão, e encerradas as gravações da trilha sonora do filme *A Degree of Murder*, o casal achara que seria divertido viajar até West Wittering para participar da farra. Keith, completamente perplexo, naquele momento, pelo que acabara de acontecer, não conseguiu fazer nada além de murmurar: "Nem pensar, cara. Acabamos de ser enquadrados".

Entretanto, notícias sobre a batida policial se espalhavam. O telefonema apreensivo de Jagger foi logo comunicado à rede que gerenciava os negócios dos Stones. Às três da manhã de segunda-feira, Timothy Hardacre, advogado da banda, foi acordado por Tony Calder, com as seguintes palavras: "Temos problemas. Precisamos de você". Por precisar saber o que tinha, de fato, acontecido, Timothy agendou uma reunião com Jagger e Richards, em Londres, para o dia seguinte.

Na sala de estar de Richards, o grupo relembrava os acontecimentos um tanto confusos daquela noite e riam ao se recordar do olhar constrangido dos policiais quando Marianne desceu as escadas valsando de modo teatral. Visto que o principal esconderijo de drogas de Schneiderman não fora descoberto e que ninguém havia sido preso, todos estavam otimistas de que não haveria maiores consequências.

Na verdade, apenas Fraser estava de fato preocupado com o que fora levado pelos policiais. Ciente de que seus comprimidos não eram um medicamento para diabetes, como relatara à polícia, precisava conversar, mais do que depressa, com seu fornecedor de drogas, Tony Sanchez. Com conexões em todo submundo londrino, o espanhol era a única pessoa com quem Fraser podia contar nesse momento de desespero. Possuindo o instinto de sobrevivência de um viciado em drogas, ele sabia que, com os contatos certos, uma receita retroativa prescrita por um médico de caráter dúbio poderia frustrar uma possível acusação. Em 1967, o uso de heroína era legalizado para usuários cadastrados e, caso prescrita por um médico disposto a ajudar no caso, documentos legais poderiam evitar um processo. Se não os conseguisse, podia adotar outras estratégias, um tanto quanto questionáveis. Fraser instruiu Mohammed para se preparar para a viagem de cerca de 115 quilômetros de volta a Londres; um sentido de urgência acompanhou o grupo durante a viagem pelas estradas de West Sussex.

Schneiderman também demonstrou sua intenção de partir imediatamente. Como a polícia confiscara o significativo estoque de drogas em seu poder para ser examinado pela perícia, era compreensível que ele estivesse ansioso por partir. Apesar de apenas Fraser rivalizar com Schneiderman em relação à quantidade de drogas encontradas em sua posse, a possível detenção do canadense poderia detonar várias questões, em especial seu pendente processo de extradição para a América do Norte. Logo após Fraser ter ido embora, Schneiderman partiu em seu *Mini* – seu destino tão misterioso quanto sua chegada. De acordo com documentos recém-descobertos, parece que Schneiderman esperou 48 horas antes de fugir pela França, rumo à Espanha, e seus vários nomes falsos contribuíram para sua fuga. De qualquer forma, a maior parte das substâncias encontradas em sua posse na noite da batida policial na casa de Richards demandaria um longo processo de análise. Por consequência, teria tido tempo mais do que suficiente para desaparecer antes que os agentes das fronteiras inglesas fossem alertados. O desaparecimento do canadense, que não deixou qualquer vestígio, se tornaria objeto de um acalorado debate nas semanas seguintes, levando vários daqueles com quem entrara em contato à paranoia, perguntando-se quem seria ele de fato e qual seu papel na batida policial?

Em West Wittering, uma mescla de incredulidade e exaustão tomou conta dos que ainda se encontravam em Redlands. Naquela noite, ninguém quis se recolher a seus aposentos, preferindo desfrutar a sensação de segurança de estarem todos juntos na sala de estar e, à medida que a viagem do "Sol da Califórnia" se esvaía, todos adormeceram ali mesmo.

Capítulo 6

Marrakech

"Você se senta em casa e se sente seguro porque não está na África do Sul ou em algum outro Estado repressor. Mas quando, de repente, a polícia invade seu lar, você fica tão atordoado que passa a questionar quão livre realmente é."

Mick Jagger, março de 1967.

O sol surgiu às 7h19 na manhã de segunda-feira, 13 de fevereiro. Aqueles que se encontravam em Redlands, ainda abalados pelos acontecimentos da noite anterior, decidiram partir de imediato. A incerteza permeava o ar e todos concordaram que se sentiriam mais seguros na anonimidade de Londres. Sem nenhum carro à entrada e com as cortinas cerradas, a propriedade parecia abandonada, exceto pela figura familiar de Jack Dyer que, como sempre, cuidava do grande jardim.

Logo após terem deixado West Wittering, todos procuravam, nos jornais diários, alguma reportagem sobre a batida policial. Com a guerra do Vietnã monopolizando as manchetes, não encontraram nenhuma nota sobre os acontecimentos da noite anterior, nem mesmo no *Evening Argus*, jornal vespertino que cobria a região de West Sussex. Entretanto, caso a imprensa decidisse publicar a história, Keith, de antemão, escreveu para seus pais, informando-os sobre o que ocorrera. Após descobrir que seu telefone havia sido grampeado, enviar cartas passou a ser seu meio de comunicação preferido. Agora, com a batida policial em Redlands confirmando que sua paranoia não era infundada, levaria algum tempo até que ele se sentisse seguro para usar um telefone.

Ao longo do dia, a polícia não enviou qualquer comunicado oficial sobre o caso. De qualquer forma, Mick, ao fazer o telefonema em Redlands, na realidade já convocara Andrew Oldham e Tony Calder para uma reunião a fim de discutir os últimos acontecimentos e como melhor enfrentar uma possível ação judicial. O encontro aconteceu no fim da tarde, no escritório de Oldham no centro de Londres e, apesar de seus detalhes nunca terem sido revelados, é evidente que o empresário dos Stones ficara muito perturbado com o ocorrido.

Robert Fraser tinha motivos ainda maiores para estar preocupado. A maior parte das substâncias encontradas com ele poderiam ser classificadas como drogas leves; no entanto, a acusação de posse de heroína tornava seu caso mais sério. De volta a Londres, Fraser entrou em contato com o traficante Tony Sanchez, pedindo a ele que fosse para seu apartamento em Mayfair, onde lhe contou, em detalhes, o que havia ocorrido. Desesperado por livrar os outros convidados da confusão, Fraser perguntou a Sanchez como poderia postergar uma ação judicial.

Sanchez garantiu a Fraser, e supostamente, depois, a Jagger e Richards, que era possível subornar vários policiais corruptos para que as provas coletadas fossem substituídas por substâncias menos nocivas. De acordo com o traficante, isso custaria em torno de 7 mil libras esterlinas, o equivalente a 100 mil libras esterlinas no valor da moeda em 2011.

Ainda segundo Sanchez, Jagger e Richards teriam dado 5 mil libras esterlinas em dinheiro vivo e o restante seria levantado por Fraser. O negócio foi realizado em um *pub* em Kilburn, na terça-feira seguinte, quando o dinheiro teria sido entregue em uma sacola plástica para o contato de Sanchez que iria burlar os resultados da análise da perícia. Tudo continuava tranquilo e, até o sábado seguinte à batida, a imprensa nada publicara e a polícia não enviara qualquer notificação.

Isso gerou uma expectativa velada, ou melhor, certa esperança de que a tentativa de suborno de Sanchez teria sido bem-sucedida. Fraser, após organizar a transação, partiu para Amsterdam em férias regadas a drogas. Com sua volta para Londres prevista apenas para o final de semana seguinte, ele também esperava que a artimanha de Sanchez tivesse cumprido seu objetivo. Mick e Keith colocaram, temporariamente, os acontecimentos de Redlands de lado, e voltaram a se reunir no Olympic Studios para continuar a trabalhar no álbum seguinte dos Stones, ainda sem título.

O fim de semana de 18 e 19 de fevereiro, na Inglaterra, foi extremamente frio, com a temperatura despencando aos níveis habituais do severo inverno inglês. Qualquer esperança de que a temida investigação da polícia tivesse sido arquivada veio abaixo com a publicação dos jornais de domingo. Apesar de, no fim de semana da investida policial em Redlands, o *News of the World* ter interrompido, em caráter temporário, a série "Astros Pop e Drogas", o jornal, agora, voltava à ação.

A primeira página do jornal alardeava a batida policial em detalhes, de modo vívido e chocante. A grande manchete "Patrulha antidrogas faz batida em festa de astros Pop" deixava claro que a reportagem só poderia ter como fonte alguém próximo ao evento. Apesar de a história citar, de forma provocativa, que "três figuras conhecidas pela nação" haviam participado da festa, o *NOTW* absteve-se de revelar sua identidade.

De modo sensacionalista, o jornal relatou que uma das pessoas presentes à festa estava de posse de LSD – uma declaração que, por fim, não foi provada no tribunal. O jornal também declarou que a polícia tinha informações de que um "estrangeiro" (ou seja, David Schneiderman) estava foragido e que os aeroportos e portos estavam sendo vigiados, caso ele tentasse sair do país.

A revelação mais surpreendente foi a de que, minutos antes de a polícia entrar na propriedade, um "astro pop e sua mulher" partiram de Redlands, totalmente inocentes do que estava à espreita. Essa valiosa informação revelou, a despeito de afirmações em contrário, que a presença de George Harrison e de sua esposa era de conhecimento de fontes não identificadas.

Harrisson registraria suas próprias impressões sobre o ocorrido em um documentário da rede de TV Granada, que foi ao ar em 1987: "O mais engraçado é os jornais terem publicado que 'outro astro pop internacional e sua esposa escaparam momentos antes do cerco se fechar.' Fui embora por volta das 19 horas. Portanto, para mim, isso só deixa claro que estavam esperando que eu partisse, pois a perseguição aos astros pop tinha apenas começado e ainda não queriam chegar aos Fab Four".

Apesar de o *News of the World* ter preservado a anonimidade dos envolvidos, outros jornais, que também estavam a par dos detalhes mais instigantes do episódio de Redlands, não tiveram o mesmo cuidado. No mesmo dia da reportagem do *NOTW*, o *Sunday Telegraph*, cujo foco não era, até então, observar as artimanhas do mundo pop, publicou uma matéria minuciosa sobre o assunto, escrita por seu repórter criminalista, Peter Gladstone Smith, revelando que Mick, Keith e Marianne Faithfull haviam participado da festa daquela noite.

A maior parte dos detalhes citados por Gladstone Smith estavam corretos, em particular o passeio à praia que a trupe fez no dia da batida policial, durante o qual, de acordo com o jornalista: "se divertiram à beça e tiraram fotos uns dos outros perto da embocadura da enseada de Chichester". Tal informação sugeria que os participantes da festa já estavam sendo vigiados – por quem quer que fosse – muito antes da investida policial.

Na noite do domingo em que tais reportagens foram publicadas, Marianne participava de uma longa entrevista como convidada do programa *The Eamonn Andrews Show*, ironicamente, o mesmo programa em que Jagger comunicara sua intenção de processar o *News of the World*. Com o público a par dos detalhes do episódio de Redlands, Andrews evitou tocar em qualquer assunto relacionado a narcóticos. Não obstante, uma discussão sobre o tema foi trazida à tona por outro convidado, o indócil Lorde Boothby, cujos comentários foram considerados tão provocativos que foram eliminados da edição final. Como o nome de Marianne fora incluído nos relatos da batida policial, os fotógrafos da imprensa estavam à sua espera na saída do estúdio.

Na esteira do *News of the World* e do *Sunday Telegraph*, a maior parte dos jornais diários publicou, no dia seguinte, reportagens sobre a batida policial. Apesar de, em vista do grande interesse da mídia, a polícia de West Sussex estar receosa em responder às perguntas, um porta-voz seu declararia: "Pode ser que ainda leve vários dias para obtermos os resultados dos testes das amostras". Em busca de qualquer notícia que fosse de interesse público, os repórteres circulavam pelas estradinhas de West Wittering, importunando o jardineiro de Richards, Jack Dyer, e a governanta da casa, em busca de declarações. Ambos afirmaram que não haviam percebido nada de estranho na manhã seguinte à batida policial, à exceção de que ninguém havia usado os quartos de hóspedes.

Quanto à possibilidade de os protagonistas do evento se pronunciarem, os empresários dos Stones informaram, apenas, que os advogados haviam instruído Jagger e Richards a não dar qualquer declaração. Apesar de nenhuma acusação formal ter sido feita até segunda-feira, 20 de fevereiro, os dois Stones encontraram-se com Allen Klein e sua equipe de advogados no Hilton Hotel de Park Lane, em Londres. Presente à reunião estava o Queen's Counsel [advogado nomeado sob recomendação do chanceler como conselheiro da rainha, o qual tem o direito de se sentar junto à bancada dos magistrados e usar a peruca que lhes é característica], Victor Durand. Advogado dos desfavorecidos, Durand era considerado uma celebridade da Ordem dos Advogados da Inglaterra; sua mais famosa façanha fora a defesa bem-sucedida dos famosos Irmãos Kray, acusados, em 1965, de formação de quadrilha e extorsão.

"Convoquei Victor Durand, o mais importante criminalista da época, para conversar com todos eles", relembra Timothy Hardacre, advogado dos Stones. "Tivemos uma reunião com Mick, Keith e Durand para discutir todos os detalhes do caso. Victor Durand disse, durante o encontro, que o caso de uma batida policial como aquela, com o envolvimento daquele tipo de força policial, levaria um longo tempo para ser resolvido."

Era óbvio que o processo de Jagger contra o *News of the World* teria de ser temporariamente suspenso. Dar continuidade a uma ação por calúnia e difamação com uma acusação pendente por uso de drogas – a despeito das provas da inocência de Mick – seria insustentável. Com certeza, isso era tudo que o jornal almejava.

A reunião também serviu para elevar a posição de Klein. A ausência de Oldham, que estava, então, cuidando de outros negócios, não passou despercebida e levou Klein a ter um papel mais importante nas negociações com Jagger e Richards. Seu instinto apurado e prático lhe dizia quais seriam as consequências se o caso chegasse aos tribunais: a pior delas sendo a prisão dos Stones e a derrocada imediata da mina de ouro que representavam. No entanto, com apenas algumas bitucas de baseados, raspas retiradas de uma mesa de pedra e os quatro comprimidos de anfetamina de Jagger como provas materiais, foi decidido que o melhor a fazer seria negar quaisquer acusações circunstanciais em vez de admiti-las em primeira instância. Como os compromissos dos Stones no exterior exigiam vistos de entrada nos países, essa era a única opção.

Quando Fraser retornou de Amsterdam, todos os envolvidos tiveram uma discussão calorosa sobre qual teria sido o estopim da batida. Dado que os detalhes da festa eram conhecidos apenas por um grupo restrito, indagaram, a princípio, como a polícia ficara sabendo do encontro. Os comentários de Durand de que a polícia teria planejado sua investida tempos antes de ela de fato ocorrer levantaram suspeitas por parte dos envolvidos. Como Jagger, Richards, Fraser e Schneiderman foram os únicos formalmente acusados pela polícia, a desconfiança, portanto, recaía sobre os outros.

Como fossem consideradas ridículas quaisquer insinuações de que Gibbs, Cooper, George Harrison e sua esposa Pattie ou mesmo o assistente de Fraser se tratassem de informantes, restava apenas um suspeito, o desconhecido Nicky Kramer, que adentrara à festa, praticamente, sem ser notado.

O porte elegante e o comportamento enigmático de Kramer na noite da festa geraram desconfiança e, sem ninguém mais para taxar de delator, os envolvidos, a esse ponto extremamente paranoicos, chegaram a aventar a possibilidade de Kramer estar a serviço das "forças inimigas". A partir desses indícios, alguns integrantes do círculo de Mick e Richards passaram a colocar em prática uma abordagem mais agressiva a fim de descobrir quem era o culpado. Uma das pessoas que não tinha o menor pudor em fazer uso de violência para atingir seus objetivos era David Litvinoff. Conhecido como "Litz" por aqueles com quem tinha contato, o exilado judeu era íntimo do parlamentar Tom Driberg, de lorde Robert Boothby e de outros membros excêntricos da aristocracia. Gay elegante e apaixonado pelo volátil universo artístico de Londres, Litvinoff mostrou ser uma companhia fulgurosa entre os frequentadores de Chelsea. O judeu também circulava pelo submundo londrino, o que o tornava uma pessoa temida e o envolvia em uma aura de mistério ainda maior. Vindo a atuar como "consultor" nas gravações do filme *Perfomance*, sua aparência se tornaria ainda mais suspeita por conta de uma profunda cicatriz no rosto, que se especula ser consequência de um embate com Ronnie Kray.

Com rumores de que Kramer fosse o suposto informante, Litvinoff decidiu resolver a questão no melhor estilo gângster. Abordando o desafortunado Kramer no apartamento onde este morava, em Chelsea, com o intuito de arrancar uma confissão, o exilado judeu usou alguns dos métodos que tinham se tornado marca registrada dos irmãos Kray: primeiro, deu-lhe uma surra e, como ele nada revelasse, dependurou-o de cabeça para baixo do lado de fora da janela. Apesar de parecer uma atitude um tanto exacerbada, Litvinoff estava apenas repetindo o que ele próprio vivenciara ao ser pendurado por um dos membros da gangue dos irmãos Kray do lado de fora do quinto andar de um apartamento localizado na rua Kensington High. O fotógrafo Christopher Gibbs foi testemunha dessa cena chocante: "Ainda me lembro de como foi horrível ver David Litvinoff espancando Nicky Kramer para fazer com que confessasse ter sido o informante".

A despeito da tortura de que fora vítima, Kramer continuou a afirmar ser inocente e as suspeitas quanto a ele foram colocadas de lado. Não surpreende que o etéreo Nicky Kramer tenha rapidamente saído de cena, sendo visto poucas vezes a partir de então.

Assim, a atenção voltou-se para Schneidermann. Tendo sido acusado pela polícia assim como Keith e Mick, foi, a princípio, isento de culpa, mas a facilidade com que deixou o país fez com que sua participação no episódio passasse a ser observada mais de perto. Ao analisarem alguns dos comentários controversos feitos pelo canadense na ocasião e os rumores sobre sua suposta lista de passaportes e nomes falsos, aqueles mais perspicazes ficaram em alerta. Outro motivo de inquietação foi a maneira astuta como conseguiu ser aceito pelo grupo, praticamente ao mesmo tempo em que o *News of the World* conduzia suas investigações, além do fato de a polícia ter ignorado sua maleta cheia de drogas. Embora ninguém tivesse se importado, até então, com sua fala mansa e falta de vínculos, o jeito ladino com que se embrenhara no círculo íntimo dos Stones tornou-o, então, foco de suspeitas.

Apesar da falta de informações precisas, é evidente que o conhecido "Rei do Ácido" deixou de usar o nome "Schneiderman" assim que saiu do Reino Unido, o que fazia todo sentido dado que esse era o nome que constava dos registros da diligência em Redlands. Como David Jove, o "Rei" permaneceu incógnito por muito tempo. Passou pela Espanha, pela ilha catalã de Ibiza e chegou, por fim, a Israel. Ao longo do caminho, conseguiu adentrar, sem dificuldade, qualquer festa que estivesse ocorrendo. Ele, por fim, voltou à cidade de Nova York, onde ficou detido por um curto período em virtude de delitos cometidos antes de suas andanças pela Inglaterra. Uma vez mais, sua lábia convincente poupou-o de uma prisão prolongada. Embora se suponha que ele ainda estivesse engajado em sua "evangelização" do ácido, Schneiderman manteria seu envolvimento com os Stones e o caso de Redlands guardado a sete chaves.

Com a imprensa à espera de novidades sobre a batida policial, Mick e Marianne se tornariam manchete por outro motivo: chegaram com oito minutos de atraso para a apresentação de *Madame Butterfly*, no Royal Opera House de Londres, em 23 de fevereiro. Uma vez que a Princesa Margaret, a convidada de honra, já estava em seu assento, o atraso do casal foi visto, pelos padrões de 1967, como uma espécie de afronta, e notícias sobre o suposto insulto ocupariam um espaço considerável na primeira página dos jornais. No entanto, nenhuma das publicações considerou adequado fazer qualquer referência às acusações que envolviam Jagger.

Não obstante, com a saga de Redlands ainda em ebulição, a polícia de Chichester deu à imprensa uma declaração mais detalhada sobre a incursão policial: "Na noite de 12 de fevereiro de 1967, agentes de polícia entraram em uma casa no distrito de Chichester com um mandado de busca expedido com base no *Dangerous Drugs Act*. Várias pessoas foram fichadas e alguns objetos e substâncias, levados do local e remetidos, posteriormente, para análise no laboratório da Polícia Metropolitana. O resultado da análise foi encaminhado ao chefe de polícia que, de posse do relatório, irá, agora, procurar informações sobre as implicações legais da situação antes que qualquer atitude seja tomada". Em vista do comentário feito anteriormente pelo Chefe de Polícia de

West Sussex, Thomas Williams, sobre "sua grande preocupação quanto ao consumo de drogas", a possibilidade de clemência parecia ínfima.

Com esse episódio sombrio permeando cada um dos passos dos participantes da festa de Redlands, eles decidiram que o melhor a fazer seria mudar de cenário, afastando-se do Reino Unido. Durante uma conversa com Victor Bockris, em 1992, Richards falou sobre sua sensação de urgência: "Apesar de a batida ter ocorrido em fevereiro, não fomos indiciados na época... nem mesmo presos. Por um tempo, tivemos esperança de que os advogados pudessem nos livrar de tudo aquilo. Mas, enquanto isso, achamos que o melhor a fazer era se mandar da porra da Inglaterra para que nada mais acontecesse. Então, decidimos ir para o Marrocos".

Apenas pensar na paisagem enigmática do Marrocos já foi o bastante para amenizar a paranoia do grupo. Ao vislumbrar as vantagens daquela saída do país, Allen Klein também concordou com a ideia.

No sábado, 25 de fevereiro, Keith, Brian e Anita, mais aliviados do que contentes, partiram para Paris, pernoitando no hotel George Cinque. A modelo Deborah Dixon, então consorte do diretor de cinema Donald Cammel, juntou-se ao grupo. Enquanto Jagger, Gibbs, Cooper e Fraser pegaram um voo direto para Tangier, Richards sugeriu a seus companheiros que viajassem de carro pela França e Espanha, para que fossem relaxando ao longo do caminho. O *Bentley* azul [*blue*] de Richards – batizado de *"Blue Lena"* em homenagem à atriz Lena Home – faria a viagem de cerca de 2 mil quilômetros com o *roadie* e chofer Tom Keylock na direção. Por exigência do músico, o banco traseiro do carro assumiria a aparência de uma tenda beduína móvel, com almofadas, peles e outros aparatos para fazer com que se sentissem em casa. A constante mudança de cenário fez com que a angústia das últimas semanas se dissipasse, ainda que momentaneamente, durante a viagem pela França. Ao longo do caminho, o grupo animou-se ao saber que "Ruby Tuesday", o último compacto dos Stones, havia chegado ao topo das paradas dos Estados Unidos.

Qualquer renovado sentimento de camaradagem logo se perdeu com o humor volátil de Brian. Confinado ao espaço de um carro, sua natureza crítica veio à tona e ele começou a alfinetar Anita quanto ao desejo que ela tinha de se dedicar exclusivamente à carreira cinematográfica, atividade na qual se sentia muito à vontade. Brian observara a cativante desenvoltura cênica de Anita enquanto compunha a trilha sonora de *A Degree of Murder*, mas era tão machista que não conseguia aceitar que ela, de alguma forma, tivesse sucesso. Para tornar a situação ainda mais desconfortável, Brian havia percebido que Keith e Anita, de modo dissimulado, trocavam sorrisos e olhares. Com esse turbilhão de sentimentos, o clima de ansiedade dentro do carro aumentava a cada quilômetro.

Em razão do uso de inúmeras drogas e de traumas pessoais, as crises de asma de Jones retornaram com toda força ao se aproximarem da cidade de Toulouse. Levado às pressas ao hospital Centre Hospitaller d'Albi, no município de Tarn, nas imediações, os médicos suspeitaram que Brian estivesse com pneumonia e recomendaram que fosse hospitalizado de imediato. Tal emergência foi suficiente para interromper a viagem, mas, após quatro dias de espera, foi decidido que Brian ficaria no hospital, sob a condição de que, assim que recebesse alta, fosse ao encontro dos outros. Com a descoberta de sangue em seus pulmões, Brian nada mais podia fazer a não ser aceitar a situação.

Enquanto o *Bentley* se aproximava da fronteira espanhola, o vácuo deixado por Jones permitiu que Keith e Anita se aproximassem – um lenitivo ao trauma de Richards com relação ao ocorrido em Redlands e ao complicado relacionamento de Anita com Brian. Enquanto os dois se divertiam em meio aos tapetes de pele e as almofadas macias do banco de trás, a outra passageira, Deborah Dixon, incomodada, saltou do carro na primeira oportunidade e voltou para seu amante, Donald Cammell, que se encontrava em Paris.

Ao chegarem a Valência, na costa oeste da Espanha, Keith e Anita, acompanhados do motorista Tom Keylock, fizeram uma parada em um hotel para dar uma pausa na viagem. O casal decidiu desfrutar um jantar romântico, mas a situação se complicou quando o restaurante se recusou a aceitar o cartão de crédito de Keith. Sem ter pesetas, a moeda corrente do país, em mãos, o casal foi levado à delegacia local, interrogado ao longo da noite e, por fim, liberado após ter obtido permissão para fazer um telefonema para Keylock, que levou seus passaportes à delegacia.

De volta ao hotel, receberam um telegrama de Brian, que estava bem o suficiente para fazer contato com o mundo exterior e, ao telefonar para o escritório dos Stones em Londres, veio a saber que Keith e Anita haviam feito uma parada em Valência para passar a noite. Prestes a receber alta, Brian, em seu típico tom imperativo, exigiu que voltassem a Toulouse para buscá-lo. Sem a mínima intenção de estragar os bons momentos que compartilhavam, o casal ignorou a mensagem de Brian e partiu para o sul, em direção a Marbela, consumando o novo relacionamento ao longo do caminho.

Ao receber alta do hospital, como ninguém fora buscá-lo, Brian decidiu pegar um voo de volta para Londres a fim de conversar com seu médico sobre a asma. O escritório dos Stones lhe informara onde Keith e Anita se encontravam. Ele, em seguida, enviou um telegrama para ela, pedindo que o acompanhasse em seu voo de volta a Londres. Anita pegou um avião até Toulouse, de onde o casal embarcou rumo a Londres, para que Jones iniciasse o tratamento contra asma e, assim, Keith e Keylock fizeram a última etapa da viagem sozinhos.

Após uma breve parada em Gibraltar, em 5 de março, Keith, por fim, reuniu-se ao restante do grupo que havia pego um voo direto para Tangier. Após receber alta do hospital, Brian e Anita partiram de avião até Tangier para encontrar-se com o grupo, levando consigo Marianne, que estivera ensaiando no West End de Londres para sua participação na peça *Three Sisters*, de Chekhov, e também ansiava por um momento de descontração.

Curtindo uma viagem de LSD durante o voo, eles também fizeram uma parada em Gibraltar, que seria uma agradável visita não fosse a bizarra tentativa de Brian de acrescentar o som do grupo de macacos que habitava o Rochedo de Gibraltar à trilha sonora que gravara para o filme *A Degree Of Murder*. No entanto, os macacos de Gibraltar não ficaram nem um pouco impressionados com o blues psicodélico de Brian e vários deles entraram em uma espécie de surto incontrolável.

Mas, ao chegar ao majestoso hotel El Minzah, em Tangier, os "fugitivos" conseguiram, enfim, relaxar. Construído em 1930 de acordo com as orientações do aristocrata inglês, o Marquês de Bute, o hotel tinha uma aparência colonial que mesclava um toque de realeza com a rica atmosfera da região. Embora tudo indicasse que aquele seria um tranquilo período longe do burburinho londrino, os sentidos extremamente aguçados de Brian logo perceberam a forte química que crescia entre Keith e Anita. A fim de aplacar a ansiedade, consumiu todas as drogas que tinha à mão. Christopher Gibbs, que tentara de todas as formas prevenir o grupo quanto à magia oferecida pela região, não tardou em perceber o que estava acontecendo e se afastou, hospedando-se em outro lugar.

A presença dos Stones no hotel El Minzah atraiu outros artistas, entre eles, o performático Brion Gysin, então com 51 anos. Diletante de esquerda que atuava nos campos da poesia, das artes plásticas e da música, Gysin já servira de guia local para astros do calibre de Timothy Leary e William Burroughs. Ele se hospedou em um dos quartos do hotel e, em seguida, viria a escrever suas impressões sobre a estada do grupo:

Tudo se passa quase ao mesmo tempo. Brian e eu tomamos ácido. Anita, de mau humor, toma pílulas para dormir e vai para cama na suíte que compartilha com Brian. Keith liga o som e começa a tocar uma música vibrante em homenagem a ela e ao luar que cobre o deserto... Robert (Fraser) *ouve um dos antigos sucessos de Elmore que trouxera consigo. Mick começa a dançar ao som da música. Pela primeira vez, percebo que a presença de Mick é realmente mágica. Então, quando começo a sentir o efeito do ácido, Brian mais me parece um personagem tirado do quadro* Big Picture, *uma bonequinha de um filme, rodeada por outras bonequinhas idênticas a ele, que entoam suas canções... O serviço de quarto chega, trazendo grandes travessas de comida, as quais usamos para brincar de tobogã, deslizando pelo chão. Sinto dizer, mas: Comida? Quem precisa disso? Que coisa mais vulgar.*

Após usufruírem alguns dias de esplendor no luxuoso hotel El Minzah, o grupo viajou cerca de 500 quilômetros rumo ao interior do país, até Marrakech. Ao passo que Tangier era receptiva aos turistas, Marrakech parecia resistente a qualquer traço de modernidade. "Adoramos ser levados a outras esferas", Keith viria a relatar em relação a loucura que vivenciaram em Marrakech. "Lá, você podia ser *Simbá, o Marujo*, de *As Mil e Uma Noites*. Era fabuloso."

Como dinheiro não era problema, o grupo se instalou no luxuoso hotel Es Saadi, em Marrakech, cujas suítes esplêndidas, piscinas exóticas e coleção de *villas* isoladas tornavam o local propício para se aventurar pela cidade e sentir sua magia. Receosos de dividir seu espaço com turistas ocasionais, o grupo apropriou-se de todo o oitavo andar durante sua estada.

O fotógrafo dos *socialities* e artista plástico Cecil Beaton, para quem Jagger posara no ano anterior, encontrava-se ente os outros hóspedes do hotel.

Durante a ascensão meteórica dos Stones, Beaton não se cansava de tecer comentários sobre Jagger e o retrato, intitulado *O Cantor*, foi exibido por curto período em Londres. Beaton, sentindo-se, sem dúvida, em casa no ambiente acolhedor do hotel, escreveu um diário minucioso de suas aventuras, e seu relato sobre os acontecimentos da noite de 7 de março de 1967 é um retrato precioso dos Stones daquela época.

Na noite de terça-feira, desci para jantar já tarde e, para minha surpresa, deparei-me com Mick e um bando de boêmios sonolentos na recepção do hotel. Robert Fraser, um de seus acompanhantes, usava um grande chapéu de feltro preto e estava agachado à beira da piscina. Formavam um grupo bem esquisito que incluía os três Stones: Brian Jones e sua namorada, Anita Pallenberg – com a tez de uma palidez desbotada, os olhos maquiados com um negro insípido, as mechas de cabelo de um amarelo desbotado, além da bijuteria barata; Keith Richard (sic) vestia um terno estilo século XVIII: um longo casaco de veludo preto e calças bem justas; e, é claro, Mick Jagger... (Mick) sempre muito gentil, é um verdadeiro cavalheiro. É bem perspicaz e seus pequenos olhos, cujo branco chega a ofuscar, não deixam passar nada. Com sua mente analítica, comparava tudo que via aqui com as impressões que teve em países que já visitara. Eu não queria passar a ideia que meu único interesse era Mick, mas por acaso nos sentamos um ao lado do outro enquanto ele bebia uma dose de Vodka Collins e fumava, segurando o cigarro com o indicador apontado para o alto. Sua pele é muito clara e bem cuidada. Mick possui uma elegância nata.

Mais tarde, naquela mesma noite, o grupo saiu do hotel, acompanhado por Beaton, para jantar em Marrakech. O fotógrafo, juntamente com Mick, Brian e Anita, partiu no *Bentley* de Keith.

Fomos em dois carros. O Bentley estava repleto de almofadas "pop art", tapetes de pele escarlate e revistas de sexo. Imediatamente, os alto falantes atrás de mim começaram a tocar o som ensurdecedor de música pop. Mick e Brian dançavam ao sabor da música e a jovem inclinou-se para frente, exclamando entre dentes que acabara de fazer o papel de uma assassina em um filme que seria exibido no Festival de Cannes.

Ao chegarem ao restaurante, Beaton conversou com Jagger, notando a atitude reservada e a erudição do cantor, que contrastavam com sua imagem pública. Longe da rigidez sufocante do Reino Unido, o vocalista e o artista trocaram impressões sobre vários assuntos. Jagger mencionou o contratempo que tivera com a polícia em Redlands e sua crença de que o Reino Unido estava se transformando em um "Estado repressor". Como era de se esperar, a conversa logo se voltaria para as drogas.

Ele (Jagger) *perguntou: Você já tomou LSD? Ah, deveria. Teria um sentido especial para você; nunca mais se esqueceria das cores. Para um pintor, é uma experiência incrível. A mente não funciona com quatro cilindros, mas com 4 mil. Você vê tudo brilhar, vê o lado belo e o lado feio das coisas e enxerga as outras pessoas como se as estivesse vendo pela primeira vez. Ah! Você deveria fazer a "viagem" no campo; rodeado por flores, assim ela seria tranquila. Apenas as pessoas que se odeiam se sentem mal.*

Beaton perguntou a Jagger como as autoridades estavam lidando com o LSD.

Ah, (respondeu Mick). *eles não têm como acabar com ele. É como a bomba atômica; depois de descoberto, não há como ser esquecido. E como a bomba atômica, é muito fácil de ser fabricado.*

A refeição se estendeu noite adentro e o grupo enfim retornou ao hotel por volta das três da madrugada. Na manhã seguinte, Beaton estava a postos para fotografar Jagger assim que aparecesse.

Às 11 horas, ele (Jagger) *chegou à área da piscina. Não conseguia acreditar que era a mesma pessoa que caminhava em nossa direção. O sol forte refletido pelo piso branco dava a impressão de que seu rosto estava pálido, disforme e inchado: os olhos, praticamente fechados; o nariz com um forte tom rosado e o cabelo castanho desbotado. Sua aparência, suas mãos e seus braços eram incrivelmente femininos...*

Brian, também na piscina, usava calças brancas com um grande retalho quadrado preto costurado na parte de trás. Apesar de a costura do retalho estar se soltando, dava um certo ar de elegância ao traje. Mas, com o porte surpreendentemente magro e firme que tinham, sem estômago ou glúteos salientes, quase qualquer coisa que vestissem lhes caía bem.

Pressentindo que talvez aquela fosse sua única chance, Beaton aproveitou a oportunidade para fotografar Jagger em trajes de banho. Como não tinha nada melhor a fazer, Mick consentiu em tirar algumas fotos em frente à folhagem que circundava o hotel. As imagens revelaram um Jagger excessivamente magro, com as mãos nos quadris, olhando de modo lascivo para Beaton, que o fotografava de um plano inferior. Os trajes sumários de Mick deixavam seu corpo praticamente à mostra e as fotos de Beaton mostram a naturalidade com que ele se portava diante de uma câmera.

Seus lábios eram carnudos, o corpo, praticamente imberbe. Mesmo assim consegui, de forma surpreendente, que ficasse parecido com um Tarzã de Piero di Cosimo (pintor renascentista do século XV). Ele é sensual e, ao mesmo tempo, andrógino. Poderia bem ser um eunuco, mas é um modelo nato.

Após fotografar Jagger à beira da piscina, Beaton o convenceu a ir até seu aposento, onde o incentivou a tirar seu traje de banho para que pudesse tirar uma foto sua de costas, "ao natural". O retrato foi supostamente tirado, mas, como alguns poderiam se sentir ofendidos com tal exposição, Beaton viria a transformá-lo em um estudo em tela. Em seguida, Mick mostrou ao *expert* das últimas tendências da moda o amplo guarda-roupa da banda.

"Mick me mostrou os inúmeros paletós com brocados. Tudo era de segunda linha, fabricado com pouco cuidado, as costuras se abrindo. O próprio Richards havia costurado suas calças, em tons de lavanda e rosa pálido, com uma simples faixa de couro cerzida de qualquer jeito, separando as duas cores."

Para a sessão com Beaton, Jagger escolheu uma camisa de *pois*, com colarinho alto a fim de dar equilíbrio aos traços de seu rosto. A surpreendente foto em preto e branco revelou um Mick atormentado e taciturno, espreitando por entre a folhagem, no interior do hotel. Para incitar mais controvérsia, Beaton fez com que Jagger unisse as mãos, como que em oração. Com apenas uma réstia de luz iluminando o perfil de Mick, Beaton conseguiu capturar a imagem, de certa forma, imaterial do cantor.

Sem a presença de Beaton, a *entourage* dos Stones passou a desfrutar da atmosfera vibrante, opulenta e exótica de Marrakech – muito diferente daquela do agonizante Reino Unido – visitando seus mercados de rua e comprando todo tipo de bijuterias e roupas. Dentre os vários velhacos de plantão, eles se tornariam amigos do animado vendedor de tapetes, Achmed, dono de um sorriso tão permanente quanto o sol, cuja atividade paralela, era o fornecimento de um potente tipo de *marijuana* da região, pela qual o grupo pagou um bom dinheiro.

Apesar de aliviado por estar distante dos acontecimentos que se desenrolavam em outros lugares, a atração entre Keith e Anita consumia o ego de Brian. Ao perceber o que estava ocorrendo, Fraser sugeriu a Brian que este saísse dos aposentos no prédio principal e fosse para uma das *villas* do Hotel Es Saadi. Gysin, que acompanhara o grupo até Marrakech e aderira à odisseia química de Brian, foi designado para servir de companhia ao guitarrista.

Certo dia, a trupe decidiu fazer um passeio regado a ácido pelo deserto. Antes de partirem, foram buscar Brian na *villa* em que estava hospedado, mas este estava em um estado tão lastimável que não conseguia sequer sair da cama. Por não quererem estragar a farra do dia, rumaram para o deserto sem ele, com a Cordilheira do Atlas servindo de poderoso pano de fundo para suas alucinações.

A excursão pelo deserto foi interrompida pela chegada de uma tempestade que os pegou de surpresa. De volta à segurança do hotel, Anita resolveu fazer uma visita de cortesia para Brian em sua *villa* e, ao chegar, o encontrou na cama com duas prostitutas berberes tatuadas. Brian queria que ela transasse com as prostitutas, enquanto ele assistia, mas, sentindo-se insultada com o convite, virou as costas e foi embora.

Tal atitude fez Brian perder o controle, atacando-a de modo violento. Conseguindo escapar, Anita correu para o quarto de Keith que, ao vê-la com o rosto e corpo marcados, ficou furioso.

"Àquele ponto eu já havia desistido de Brian," relembraria Keith, anos depois. "Ficava indignado com o modo como ele tratava Anita Pallenberg e com seu comportamento. Sabia que não havia qualquer possibilidade de haver uma amizade duradoura entre mim, Mick e Brian. Mas o que Anita tinha passado já era mais do que suficiente e, além disso, estávamos realmente atraídos um pelo outro."

A atitude de Brian levou o grupo a partir de Marrakech o mais rápido possível. Brion Gysin foi testemunha de como o clima se tornara pesado e com seu jargão idiossincrático, descreveu a tensão que crescia:

"Ao redor da piscina do hotel, presenciei uma cena que só posso descrever como bizarra. Mick prestes a partir, reclamando da conta do hotel. Os hipócritas de plantão rindo em silêncio, pois a discussão é acalorada. Em um canto, Anita balança em uma cadeira de lona, enquanto Keith, na piscina, mergulha repetidas vezes, buscando aproximar-se dela e, quando tento passar por eles, percebo que é impossível. Há algo lá, uma barreira. Posso senti-la... e não gosto nem um pouco do que vejo, então em seguida fecho minha conta no hotel e procuro a casa de um amigo que mora no antigo bairro árabe onde poderia me hospedar."

Havia outros motivos prementes que exigiam uma partida imediata. Tom Keylock descobrira que vários jornalistas estavam a par da "escapada" para o Marrocos e haviam chegado a Marrakech. Apesar da maior parte da trupe ter o cuidado de não expor seus hábitos pessoais, Keylock sabia que as atitudes intempestivas de Brian seriam um prato cheio para a imprensa. Sabendo que Gysin conhecia bem a região, Keylock pediu que ele mantivesse Brian afastado tanto quanto possível. "Nós realmente temos um ponto fraco", Keylock diria a Gysin, "e você bem sabe que é Brian. Ele fala para os jornalistas qualquer coisa que passe pela sua cabeça. Não tem limite."

Seguindo a sugestão de Keylock, Gysin levou Brian para um longo passeio por Marrakech. Nesse meio tempo, sem que ambos tivessem conhecimento, o restante do grupo partiu. Sem saber o que estava acontecendo, Gysin acompanhou Brian pelos bazares, ouvindo de soslaio as conversas dos inusitados personagens que se reuniam em marcos da cidade como o *Djemaa al-Fna*, localizado na praça central de Marrakech. Conhecida no passado como "A Praça dos Mortos", Brian, encantado pelo som de flautas, apreciou a folia que tomava conta do local, onde desfrutou maconha da mais pura procedência, que era fumada abertamente.

Durante a tarde, foi oferecido a Brian um grande narguilé ornamentado com um chumaço de cabelo, dentes e ossos antigos. Após intensa negociação, ele conseguiu persuadir os donos a lhe venderem o objeto – o que não lhe custou pouco. Em seguida, Brian voltou ao hotel para mostrar a seus amigos sua última aquisição. Mas, qual não foi sua surpresa, quando descobriu que todos haviam partido. Ele telefonou para Gysin: "Venha pra cá! Depressa!" Disse, entre soluços. "Todos eles me abandonaram. Foram embora. Não sei pra onde foram. Não deixaram nenhum recado. O pessoal do hotel não quer me falar para onde foram. Estou completamente sozinho, me ajude. Venha pra cá, já!".

Em estado de choque pela traição, exacerbado pelos efeitos colaterais das drogas que consumia, Brian desmaiou na recepção do hotel e foi, então, levado a um dos quartos que seus amigos haviam deixado vago. Sedado, dormiu por dois dias. Ainda sob o efeito da dor da rejeição, pegou um voo até Paris a fim de digerir o ocorrido no apartamento de Donald Cammell. Após alguns dias de sofrimento, voltou para Londres, onde chegou em 8 de março. Para aumentar sua dor, o narguilé que comprara foi confiscado pela alfândega no Aeroporto de Heathrow e foi, por fim, levado à sede do esquadrão antidrogas de Londres e colocado ao lado da mesa do sargento de polícia Norman Pilcher.

Enquanto Brian, sedado, dormia em Marrakech, Keith e Anita ficaram hospedados por um curto período em um apartamento em outra parte da cidade antes de partirem para Málaga, via Tangier e, em seguida, para Barcelona. Na Espanha, pegaram um voo de volta para Londres, deixando o Bentley a cargo de Keylock. Marianne Faithfull voltou a Londres antes do restante do grupo, a fim de continuar seus ensaios no West End de Londres. Mick, ainda encantado pelos sabores do Oriente Médio, visitaria Casablanca antes de retornar ao Reino Unido.

De volta a Londres, Anita tirou todos os seus pertences da residência de Brian em Kensington e se mudou para o apartamento de Keith, em St. John's Wood. Brian, perturbado, foi ao encontro da antiga parceira. Em lágrimas, ela lhe disse que era impossível viver com ele e que o estava deixando para sempre; uma decisão que Brian, à beira do ostracismo, não conseguia aceitar. Ele encarou com amargura o que considerava ser uma terrível traição das duas pessoas que lhe eram mais próximas e passou a consumir mais drogas do que nunca. Apesar de ainda ter esperanças de que Anita voltasse para ele, começou a se envolver com Suki Poitier, antiga namorada de seu falecido amigo Tara Browne.

Mick pegou o voo de volta para Londres em 17 de março. Marianne estava esperando-o de braços abertos no aeroporto. Horas depois, o

Departamento de Polícia de West Sussex comunicou os advogados que representavam Jagger, Richards e Fraser de que estes receberiam intimações para depor sobre a batida em Redlands. A notícia fez cair por terra grande parte das expectativas do trio, além de confirmar que a tentativa de Sanchez de manipular o curso da investigação tinha falhado e, por conta disso, 7 mil libras esterlinas haviam sido perdidas, sem a menor chance de ser recuperadas. Em uma época em que a corrupção na polícia era prática comum, o dinheiro fora simplesmente usurpado.

Como de costume, informações sobre as iminentes intimações começaram a circular pela imprensa. A polícia estava sendo cuidadosa quanto às palavras, citando apenas "supostas ofensas", mas, como o *News of the World* já havia mencionado "posse ilegal de drogas" em sua edição de 19 de fevereiro, não restavam muitas dúvidas sobre o teor das acusações.

Enquanto os nomes de Jagger e Richards dominavam as matérias de jornais, a polícia, não se sabe por que, negava-se a identificar os outros dois indivíduos que haviam sido oficialmente advertidos naquela noite em Redlands. O nome de Robert Fraser poderia ter alguma importância dentro do círculo artístico da capital inglesa, mas o nome David Schneiderman não representava nada, exceto para alguns participantes do frenesi londrino no qual ele se infiltrara. A polícia poderia alegar que não intimou Schneiderman a depor pois já tinha conhecimento de que ele fugira do país, mas o fato de seu nome não ser citado apenas aumentou as suspeitas de que ele estava, de alguma forma, envolvido na batida.

Timothy Hardacre, advogado de Mick e Keith, recebeu em 20 de março as intimações para que seus clientes comparecessem ao Juizado de Pequenas Causas de Chichester na quarta-feira, 10 de maio. Embora a viagem pelo Marrocos tivesse elevado o ânimo dos músicos, a notícia de que seriam julgados arruinou qualquer sensação renovada de otimismo. Na realidade, a mídia seria a única a lucrar com o caso e ela já se preparava para cobrir o que seria um dos mais importantes processos judiciais da década, em especial porque os acusados alegavam inocência.

Apesar da expectativa sobre o que aconteceria em 10 de maio e da tensão que envolvia Keith e Brian, os Stones tinham de dar continuidade a seus afazeres. Canções tinham de ser compostas e gravadas para o álbum seguinte, cujo lançamento estava previsto para o final do ano. Além disso, uma turnê pela Europa, que já havia sido agendada, se aproximava e era necessário que ensaiassem para deixar a banda afinada para as apresentações ao vivo (o que não faziam desde outubro do ano anterior). Incertos quanto ao resultado do julgamento, nenhum deles ansiava pela possibilidade de novas turnês.

Desde o início, vários contratempos permearam a turnê pela Europa. Ao chegarem a Malmo, na Suécia, em 24 de março, a banda e sua *entourage* foram submetidas a uma revista pelas autoridades. O jornal londrino *Evening News* relatou: "Na Suécia, autoridades alfandegárias revistaram os Rolling Stones dos pés à cabeça à procura de drogas". A banda pop, que chegava de Copenhagen, declarou que ficaram retidos por cerca de uma hora enquanto os agentes inspecionavam 16 malas. "Eles estavam procurando maconha", declarou Mick, "e vasculharam cada uma de nossas peças de roupa, inclusive as roupas íntimas."

Outros países europeus foram tão rígidos quanto a Suécia, o que contribuiu para que a imprensa inglesa de plantão aumentasse seu portfólio de escândalos. Em 10 de abril, depois de um voo de Zurique para Paris, a banda foi, mais uma vez, submetida a uma minuciosa revista pelas autoridades alfandegárias francesas. Analgésicos e remédios para gripe foram examinados com rigor, rolos de filme fotográfico foram retirados das câmeras e os equipamentos de palco, desmontados e inspecionados com cuidado. "Tudo que tínhamos foi vasculhado minuciosamente", relataria Tom Keylock, o gerente de turnês, aos repórteres: "Era óbvio que haviam lido várias matérias jornalísticas sobre drogas e estavam levando a coisa a sério demais". Quando se preparavam para sair do aeroporto Le Bourget de Paris, Keylock teve de separar uma briga entre Mick e Keith e um "extremamente" prestativo funcionário da imigração.

Ao que parece, Mick explodiu quando jornalistas lhe perguntaram se o nome da banda fazia parte da suposta "Lista Negra" de contraventores da Interpol que circulava pelas alfândegas. "Claro que há uma lista," Mick declararia em uma coletiva de imprensa. "E é óbvio que estão atrás de mim. Nos últimos dois meses, em quatro ocasiões, ao chegar a Londres, fui levado para uma sala reservada e revistado. Com certeza procuravam drogas... Sinto que estou sendo tratado como se fosse uma bruxa, apesar de não trazer comigo nenhuma vassoura voadora."

Também ocorreram problemas durante os shows. Na Suécia, policiais com cães perseguiram fãs que tentavam subir ao palco durante a apresentação da banda. Em Viena, uma bomba de fumaça foi detonada assim que os Stones subiram ao palco. O show, ainda pela metade, foi interrompido, gerando um caos generalizado e a prisão de 143 pessoas. O episódio mais violento ocorreu em Warsaw, na Polônia, em 13 de abril. Os Stones eram uma das primeiras bandas de rock do ocidente a se apresentar atrás da Cortina de Ferro. Fãs baderneiros foram ao show no Palácio da Cultura e entraram em confronto com a polícia, que usou bombas de gás lacrimogêneo.

Para um grupo que buscava elevar o patamar de sua música, esses acontecimentos eram não só desanimadores como importunos. Ademais, com o LSD e outras substâncias levando seus usuários, na época, a um estado de alheamento, Jagger, em especial, estava tendo dificuldade em enxergar o porquê de estar no palco: se os shows dos Stones não passavam de uma mera desculpa para os fãs se rebelarem, com certeza era hora de parar e reavaliar a situação.

Deixando atrás de si uma desastrosa trilha de caos, os Stones fecharam a turnê europeia com uma apresentação tumultuada em Atenas, em 17 de abril. No início de maio, Anita e Brian se depararam com uma situação desconfortável por ocasião do Festival Anual de Cannes. Em virtude de suas respectivas participações em *A Degree of Murder*, ambos foram requisitados para colaborar na promoção do filme. Brian e Anita viajaram no mesmo avião enquanto Keith partiu de carro para a Riviera Francesa, onde ficaria bem distante da vista de Brian. Apesar do mal-estar entre ambos, Brian e Anita fizeram um show à parte para os *paparazzi* durante os compromissos agendados para a promoção do filme, sendo fotografados sempre sorrindo e muito bem vestidos durante as paradas obrigatórias na rotunda do Festival de Cannes. Keith deixou a França, sozinho, na manhã de terça-feira, 9 de maio. Ao chegar a Londres, foi diretamente ao encontro de Mick e sua equipe de advogados para discutir o comparecimento ao tribunal de Chichester, marcado para o dia seguinte.

Preocupado com a possibilidade de ter sua figura maculada pela publicidade negativa em torno dos dois Stones, Robert Fraser optou por contratar os serviços de outro advogado para sua defesa, o eminente QC William Denny. Tal decisão, tomada em comum acordo com os advogados de Jagger e Richards, beneficiava os Stones, pois os afastaria da séria acusação de porte de heroína, que recaía sobre Fraser. Com a deliberação unânime de negar as acusações, os três envolvidos tinham de comparecer pessoalmente à sessão para apresentar os pedidos de sua declaração de inocência. Tom Keylock levou Mick e Keith até West Wittering na noite de terça-feira, 9 de maio. Foi oferecido a Fraser um aposento em Redlands, mas ele, ainda assustado com a incursão policial, preferiu ficar em Londres e dirigir-se a Chichester logo no início da manhã seguinte.

Mick e Keith acordaram cedo para se preparar para seu primeiro dia no tribunal. Estavam vestidos de modo bastante convencional: Jagger usava um paletó verde, camisa e uma gravata cinza; Richards, um paletó azul marinho e gravata cor de rosa. Com a mídia, tanto local quanto nacional, à espreita do lado de fora de Redlands, os dois Stones partiram para o Juizado de Pequenas Causas de Chichester pouco depois das 9 horas da manhã.

Em Chichester, a cerca de oito quilômetros de Redlands, outros também estavam à espera da dupla. A notícia sobre a audiência se espalhou pela rede de fãs e um grupo de mais de cem pessoas se reuniu para ter a oportunidade de ver seus ídolos. As escolas locais proibiram os alunos de faltar às aulas, mas muitos deles desafiaram seus professores e se juntaram ao grupo de fãs, muitos dos quais haviam viajado durante a noite, de Londres até lá, e esperavam seus ídolos do lado de fora do fórum.

Ciente de que a fama de Jagger e Richards atrairia muitas pessoas, a polícia conversara com o relações-públicas da banda, Les Perrin, para garantir que os dois chegassem ao fórum causando a menor agitação possível. Para tornar isso viável, ficou combinado que um carro de polícia encontraria Mick e Keith em uma estrada secundária de Chichester e que de lá os músicos seriam levados para a audiência em um discreto *Morris Minor* cinza.

A estratégia foi bem-sucedida e, ao se encontrarem dentro do insípido fórum, os dois Stones se depararam com a triste realidade que teriam de enfrentar. Fraser chegara de Londres sem causar grande alvoroço. O trio esperou em uma antessala, junto a outros indiciados que esperavam ser chamados para a audiência. Entre os casos analisados antes do julgamento de Keith e Mick estava o de um caçador ilegal que foi multado em 15 libras esterlinas por ter invadido uma propriedade e matado coelhos sem licença de caça.

Ao ouvir os casos dessas infrações menores, Mick e Keith ficaram esperançosos de que receberiam nada além de uma advertência severa: "Era como ter voltado aos tempos de escola" Keith relembraria, tempos depois. "Acho que, mesmo naquela ocasião, não esperávamos nada além de uma palmada na cabeça ou uma reguada nas mãos."

Com os 40 lugares reservados ao público tomados pela imprensa e por fãs rebeldes, os agentes monitoravam o que acontecia no recinto por meio de *walkie-talkies*. Prevendo uma invasão de fãs ensandecidos pelos fundos do fórum, os policiais bloquearam as entradas com um cordão de isolamento.

Pouco depois das 10 horas da manhã, Jagger, Richards e Fraser foram conduzidos à sala de audiências. Em virtude do grande número de policiais e funcionários presentes, o trio teve de se sentar no local normalmente reservado ao júri. Após todos estarem devidamente instalados, os três magistrados tomaram seus lugares – cidadãos comuns liderados por Basil Shipman, importante membro da comunidade de Chichester e integrante de uma renomada família da região por manufaturar produtos à base de carne. Abertos os trabalhos, procedeu-se à leitura das acusações: Jagger, acusado da posse de quatro comprimidos de derivados de anfetamina; Richards, por permitir que sua residência de Redlands fosse usada para o consumo de maconha, e Fraser, pela posse de heroína e anfetamina.

As acusações contra o elusivo David Schneiderman também foram lidas. De acordo com o promotor, fora encontrada em sua posse "uma grande quantidade de haxixe, aproximadamente 15 gramas. No entanto, como Schneiderman não fora encontrado, os magistrados decidiram que, em virtude de sua ausência, seu nome não deveria ser revelado, nem mencionado pela imprensa. Apesar de a decisão estar de acordo com os procedimentos legais pois ele não respondera à citação, ela contribuiu para incendiar ainda mais as já fortes suspeitas sobre sua participação nos acontecimentos.

A promotoria foi, então, chamada a apresentar suas alegações. Como não queria, evidentemente, correr nenhum risco, a acusação arrolou nove policiais para dar testemunho (dos quais dois eram especialistas forenses). Essa foi a primeira ocasião em que os policiais e os acusados se encontraram após aquela noite de fevereiro.

As acusações de porte de drogas contra Jagger e Fraser não necessitavam de provas mais contundentes do que o relatório detalhado da polícia forense sobre as substâncias encontradas com eles. Já o delito de Richards – permitir que sua residência fosse usada para o consumo de maconha – era mais complexo. Para tal, a polícia e a promotoria prepararam um relato detalhado do que testemunharam na residência de Richards na noite da batida, o qual foi lido em voz alta, para o deleite da imprensa que se encontrava no local.

Após as exposições preliminares, houve um recesso para o almoço. Contrariando o meticuloso planejamento para a chegada ao tribunal, Mick e Keith saíram do prédio pela porta da frente, evidentemente seguindo as orientações de Les Perrins, que os acompanhava, e não fizeram nenhuma objeção aos pedidos da imprensa por uma foto, talvez com o intuito de causar constrangimento às autoridades, o que de qualquer forma foi uma afronta ao acordo estabelecido previamente.

Encontrando-se em meio a uma falange de repórteres e curiosos, a presença de Mick e Keith causou um breve tumulto, com mais de 400 pessoas desesperadas por vê-los. Perrin e Allen Klein, recém-chegados de Nova York, serviram de guarda-costas dos Stones enquanto estes desciam as escadas em direção ao *Bentley* que os esperava. Alguns fãs conseguiram ultrapassar o cordão de isolamento da polícia para chegar até a dupla. De acordo com relatos da imprensa local, também houve vaias vindas de alguns moradores de Chichester.

A saída caótica viria a ser considerada uma afronta ao plano meticuloso da polícia e dos agentes do tribunal. As autoridades, encarando com desdém as fotografias tiradas na ocasião, que sugeriam que os Stones estavam sendo tratados com extrema severidade, vieram a interrogá-los a respeito de sua atitude. Sem perceberem que haviam quebrado o protocolo, Mick, Keith e sua equipe de advogados foram almoçar em um hotel próximo ao fórum antes de voltar para a audiência. De volta ao tribunal, Jagger, Richards e Fraser ouviram atentamente seu advogado Geoffrey Leach inquirir alguns dos policiais que participaram da batida policial. O inspetor chefe Dineley foi o primeiro a ser interrogado. Desejoso de estabelecer uma relação entre os fatos e o que já fora exposto na mídia, Leach perguntou quem teria informado a polícia sobre a festa em Redlands. Dineley deu a impressão de não saber como responder à pergunta e declarou apenas que seu colega, o sargento Stanley Cudmore, recebera uma "dica de alguém". Quando Cudmore foi chamado ao banco das testemunhas, Leach pressionou-o para que revelasse a fonte de tal informação.

Geofrey Leach perguntou: "Essa pessoa tinha conexões com algum jornal conhecido?" Ao que Cudmore respondeu: "Não tenho como responder a essa pergunta, senhor".

Ao final da arguição, Leach declarou à corte que seus clientes negavam "veementemente as acusações" e, além disso, refutavam a interpretação da promotoria sobre "as provas encontradas em sua posse". O QC William Denny, advogado de Fraser, diria que seu cliente esperava, o mais breve possível e de bom grado, poder responder às acusações feitas contra ele.

Como os três acusados se declararam "inocentes", o caso seria levado a uma instância superior ao Juizado de Pequenas Causas de Chichester. Jagger, Richards e Fraser tiveram de pagar uma fiança de cem libras esterlinas e o julgamento foi formalmente adiado para o final de junho.

Com a conclusão dos trabalhos do dia, ainda restava a não menos importante questão de como sair do fórum em segurança. A multidão aglomerada do lado de fora do prédio era ainda maior e, apesar de terem saído pela porta da frente durante o intervalo de almoço, não lhes restava outra opção a não ser sair pelos fundos. Com outro carro servindo de chamariz, Mick e Keith conseguiram evitar a multidão e partir rumo a Redlands.

Muito embora os músicos tenham retornado à casa de Richards em segurança, a polícia não poupou esforços em sua campanha contra os Stones, promovendo um ataque surpresa a outro flanco. Quer tenha sido um ato predeterminado ou obra do acaso, enquanto a presença de Mick e Keith no tribunal tornara-se foco de grande interesse da mídia, Brian Jones foi alvo da ação de Norman Pilcher e de seu esquadrão de investigadores. Brian e o príncipe Stanislaus Klossowski de Rola, mais conhecido como Stash, amigo íntimo do guitarrista e parceiro dos Stones, foram a Paris após o Festival de Cannes e haviam chegado a Londres na noite anterior.

Em uma entrevista concedida ao repórter Peter Markham da revista *Ugly Things*, de Rola falou sobre as circunstâncias controversas acerca daquela diligência policial. "Durante toda a manhã daquele dia fatídico de maio, o telefone não parou de tocar. Brian e eu nos revezávamos para atender às chamadas, que eram, invariavelmente, de jornalistas – alguns dos quais nós conhecíamos – perguntando, 'Vocês foram pegos?' *Mas eles ligavam antes de a polícia chegar!*"

Exatamente às 16 horas, 12 agentes de polícia liderados por Pilcher invadiram o apartamento de Brian na Courtfield Road. Após realizar minuciosa revista do local, encontraram uma quantidade considerável de maconha, além de vestígios de cocaína e metedrina. Quando os policiais lhe mostraram as drogas, Jones admitiu que a maconha era dele, mas negou ter qualquer conhecimento das outras substâncias. "Não, cara," diria a Pilcher, "não são minhas, de jeito nenhum. Não sou um drogado." Dada a reputação questionável de Pilcher, é possível que as drogas tenham sido "plantadas" no apartamento de Brian, mas era mais do que plausível que os inúmeros indivíduos que passavam pelo apartamento de Jones a qualquer hora do dia ou da noite tivessem deixado rastros de sua presença.

Em uma cena semelhante à ocorrida em Redlands, um grande número de utensílios domésticos de Jones foi levado. Dentre os 29 objetos confiscados, 17 deles continham substâncias derivadas da maconha. No, entanto, o mais preocupante era o frasco com o rótulo metedrina, que se encontrava pela metade, e outros vestígios de substâncias cristalinas, que poderiam levá-lo a ser indiciado por um delito mais sério do que a mera posse de maconha.

Jones e de Rola foram levados à Delegacia de Polícia de Chelsea, onde foram formalmente indiciados e, por mais incrível que pareça, fotógrafos da imprensa e equipes de noticiários televisivos estavam a postos para registrar a chegada de ambos, o que sugeria que outras pessoas já estavam a par da investida policial. Na manhã seguinte, os dois apresentaram-se no Juizado de Pequenas Causas de West London, onde, após uma audiência de três minutos, foram liberados sob fiança e teriam direito de permanecer livres até a data de dois de junho, quando teriam de se apresentar novamente em juízo. De volta a seu apartamento, Jones enviou um telegrama para seus pais, que se encontravam em Cheltenham, dizendo: "Por favor, não se preocupem. Não tirem conclusões precipitadas e não sejam severos demais comigo".

Durante a audiência preliminar em dois de junho, Jones e de Rola optaram por ter suas acusações julgadas em uma instância superior, por um júri. A fiança de cada um deles foi arbitrada em 250 libras esterlinas. Jones, diante da perseguição que estava sofrendo, foi aconselhado por Allen Klein a não ter endereço fixo até que o caso fosse resolvido. Assim, passou a morar, temporariamente, em quartos de hotéis e na casa de amigos.

Todos esses episódios envolvendo tribunais foram cobertos, com entusiasmo, pelos jornais em uma sucessão de manchetes chocantes que propagavam a ideia de que os Stones eram um bando de degenerados, usuários contumazes de drogas e que nutriam total desprezo pelas leis do país. A sincronicidade entre a apresentação dos dois Stones em juízo e a batida policial no apartamento de Brian foi, com certeza, planejada para gerar essa crença quanto ao grupo e fazer com que a opinião pública se voltasse contra eles.

Entretanto, alguns círculos expressavam sua inquietação quanto ao caso envolvendo os Stones. Dick Taverne, MP durante a gestão de Lincoln e ministro do *Home Office*, era uma dessas vozes. Assim como outros, estava preocupado com a quantidade de informações que circulavam antes do julgamento de Mick, Keith e Brian. "É impossível prever o resultado desses processos", disse, em uma conferência no País de Gales. "Mas, independentemente de seu resultado, pode-se, de fato, afirmar que isso não irá gerar um preconceito do público contra os réus, ainda que venham a ser absolvidos?"

"Acredito que havia, em certos círculos, grande hostilidade contra a banda por acreditarem ser ela um bando de músicos subversivos contrários ao sistema", afirma lorde Taverne, hoje. "Uma de nossas propostas era que, caso fosse desejo do réu, o procedimento criminal poderia ser realizado em segredo de Justiça. Até aquele momento, vários casos haviam tido uma cobertura negativa maciça, antes mesmo de terem ido a julgamento."

Tom Driberg era outro ministro que se preocupava com tais acontecimentos. Aos 62 anos de idade, Driberg, comunista convicto e homossexual não assumido, viria a ser delatado como agente duplo. Dotado de caráter imprevisível, esse importante membro da esquerda do Partido Trabalhista tinha vários motivos para oferecer seu apoio ao grupo, dentre eles, seu fascínio por Mick Jagger a quem, diz-se, teria abordado no restaurante Gay Hussar, no Soho. Ocultista, considerava-se amigo íntimo de Aleister Crowley até a morte deste, em 1947. Tornara-se confidente dos irmãos Kray durante os anos 1960. Circulando com destreza por vários meios sociais, conhecera Jagger durante um jantar e ficou entusiasmado pela atmosfera de descontração gerada pelos Stones.

Em novembro de 1965, Driberg levou a voto uma moção parlamentar contra a solicitação de um juiz de Glasgow para que os Stones fossem proibidos de entrar na Escócia. Mencionando que o juiz teria feito comentários "pessoais irrelevantes, esnobes e insultuosos", Driberg esperava que o Parlamento o apoiasse. Apesar de sua moção ter recebido apenas uma assinatura, ele conseguira expressar seu ponto de vista. Como havia cada vez mais notícias sobre o iminente julgamento de Jagger, Richards e Jones, Driberg, assim como Taverne, ficou apreensivo com relação ao interesse exacerbado da mídia pelos casos e manifestou sua opinião de que nada fosse publicado na imprensa antes do início dos julgamentos.

Para fugir à pressão, Jones decidiu, intempestivamente, participar do Festival Pop de Monterey, no norte da Califórnia, durante o fim de semana de 16 a 18 de junho. Nessa incipiente manifestação da cultura hippie, Brian divertiu-se em meio às milhares de pessoas que assistiam ao festival, muitas das quais ficaram deslumbradas ao ver o loiro deus do rock passeando por ali. Confraternizando com músicos do calibre de Jimi Hendrix, a quem Jones apresentara no palco ao público presente, Eric Burdon, The Who e a cantora/atriz Nico da banda The Velvet Underground, Brian deparou-se com uma grande variedade de drogas que circulavam pelo local e tomou, entre outras, uma dose de STP, um composto de LSD e anfetamina que propiciava uma viagem psicodélica prolongada, de até 72 horas. Com histórias de que mesmo usuários experientes tinham sido hospitalizados após fazerem uso da potente droga, Brian simplesmente "surtou".

De volta a Londres, a saúde física e mental de Brian estava tão depauperada que o músico foi colocado sob os cuidados de um psiquiatra da Harley Street, que recomendou uma internação no The Priory, um centro de reabilitação de Londres, em Roehampton, onde ficou sedado por dois dias. Ao acordar, Brian perguntou se poderia participar das sessões de gravação dos Stones, no Olympic Studios, em Barnes, um bairro próximo dali. Com a devida permissão, Brian se entupiu de inúmeras drogas e, ao chegar ao estúdio, mal podia se expressar com coerência. Infelizmente, seu descontrole foi registrado, de modo nada glorioso, pela câmera de Peter Whitehead, que trabalhava no vídeo de lançamento do compacto seguinte dos Stones. Quando Jones retornou, tarde daquela noite, ao The Priory, seu estado foi considerado tão grave que teve de ser sedado mais uma vez.

No final do primeiro semestre de 1967, um ano de extraordinário impacto cultural, os Stones pareciam derrotados. Como não podiam agendar nenhum show sem autorização judicial, o grupo prosseguiu da melhor forma possível. Mick e Marianne voltaram para o Marrocos enquanto Keith e Anita mantinham seu romance em segredo. Brian, com seus demônios sempre presentes, oscilava entre os *nightclubs* e as clínicas de reabilitação. Andrew Oldham, também mergulhado em um coquetel de paranoia e consumo abusivo de drogas, abalado com os julgamentos iminentes, temia ser o próximo alvo e decidiu se afastar da banda.

Andrew Oldham: "Eu também corria certo perigo e estaria encrencado se a polícia me pegasse. Sabia que, no meu caso, não haveria garotas esperando do lado de fora da prisão, gritando: 'Libertem o Andy!' Caso me prendessem, eu seria, infelizmente – pela primeira vez na minha vida – apontado como um empresário que se deixou levar por um mundo sórdido. Além disso, meu visto e minha permissão para trabalhar com os Stones, com a banda The Small Faces, com a gravadora Immediate Records, ou qualquer outra coisa relacionada ao meio musical, me seriam tirados. E, portanto, não teria qualquer oportunidade de trabalho. Então, fiz a coisa mais sensata que podia: entrei em um avião e fui para os Estados Unidos em meados de maio de 1967".

Qualquer possibilidade de participar do "Verão do Amor" [nome dado ao verão inglês de 1967, em virtude da efervescência cultural da época] seria problemática para todos os envolvidos no caso, a despeito de Mick, Keith e Marianne, e muitas outras pessoas em voga, terem participado da gravação de "All You Need is Love" [Tudo que precisamos é de amor], nos estúdios de Abbey Road, na noite de 25 de junho.

O evento fez parte de *Our World*, um programa especial da BBC que marcou a primeira transmissão via satélite para todo o mundo, com uma audiência esperada de mais de 400 milhões de espectadores. Em meio à atmosfera festiva do Estúdio 1 da BBC, alegremente carregada de incenso e música, Mick foi gravado rapidamente pelas câmeras, batendo palmas e cantando o contagiante refrão que se tornaria um dos principais hinos da época.

 Dois dias depois, ele e Keith deveriam se apresentar na corte de Chichester, onde tudo os esperava – menos amor.

Capítulo 7

Chichester (Primeiro Dia)

"Dos homens de Sussex me aproximarei,
Dentre os quais amigos farei;
Eles em silenciosos vales as estrelas encaram,
Eles com labor os campos aram.
E à minha pobre alma a cura trarão
Os homens de Sussex e o Deus do Sul."

Adaptado de "The South Country", Hilaire Belloc.

Distante pouco menos de dez quilômetros de Redlands, a cidade de Chichester sempre exerceu forte influência sobre os vários vilarejos espalhados ao seu redor. Com uma imponente catedral, datada do século XVI, representativa de sua autoridade, a posição de Chichester como capital de West Sussex nunca foi questionada e, apesar de sua infraestrutura ter sido criada durante o período das invasões romanas, a tradicional Igreja Anglicana da Inglaterra sempre encontrou receptiva acolhida na exuberante região. O característico temor a Deus dos habitantes de Chichester, refletido pelo grande número de igrejas da cidade, transformaram-na no local ideal para abrigar a sede do judiciário de West Sussex.

Ao longo do século XX, a população passou a se orgulhar de seu sistema judiciário provinciano tanto quanto de seus bem cuidados gramados e cercas-vivas. Assim como na maior parte dos pequenos aglomerados urbanos do porte de Chichester, a ocorrência de contravenções menores eram previsíveis e encaradas com grande desagrado. Enquanto os agentes de polícia do pós-guerra tinham, quando muito, permissão para repreender esses contraventores, os delitos mais sérios eram julgados pelo Juizado de Pequenas Causas local.

Em 1967, os casos que exigissem uma sentença mais rígida do que a que os juízes do Juizado de Pequenas Causas tinham o poder de proferir eram analisados nas *Quarter Sessions* [Sessões Trimestrais], um tribunal interino. Essas audiências, cujo nome deriva de um antigo estatuto de 1388, deviam ser realizadas a cada três meses, a fim de solucionar casos que não fossem sérios o bastante para ser encaminhados à instância superior, as *Crown Courts* ou Tribunais da Coroa [equivalentes a um tribunal de segunda instância]. Como Jagger, Richards e Fraser optaram, em maio, por ter seus recursos julgados perante um júri, a próxima etapa de seus processos seriam as *Quarter Sessions*, conhecidas como audiências de "Solstício de Verão".

À época, o tribunal era composto por três magistrados, respeitados cidadãos comuns conhecidos como juízes de paz, cuja subsistência vinha de outros meios que não a atuação no campo do direito. Para garantir que não se deixassem influenciar pelo poder a eles outorgado, uma autoridade maior, com proficiência jurídica, era designada para orientar a decisão desses magistrados. Caso os réus desejassem ser julgados por homens comuns, um corpo de jurados seria, então, convocado. No entanto, a sentença era, por fim, promulgada pelos magistrados, que decretavam a pena que entendessem adequada ao delito.

Embora esse tribunal não tivesse o poder de julgar crimes mais sérios, tais como assassinato e homicídio involuntário, tinha permissão para resolver questões mais simples, entre elas, porte de drogas.

Apesar de casos ocasionais relacionados à anfetamina e à maconha serem julgados em Chichester, em geral, eles eram considerados delitos menores e levados ao Juizado de Pequenas Causas a menos que, como no caso dos Stones, se solicitasse o julgamento da causa por um júri. Mesmo que o consumo de drogas estivesse aumentando, o judiciário de Chichester estava mais preocupado com contravenções de trânsito, caça clandestina e ocasionais casos de embriaguez em público.

Ainda que as *Quarter Sessions* reduzissem, em muito, o volume de trabalho das *Crown Courts*, sua estrutura irregular e as constantes sentenças bizarras deram margem a sérias reservas quanto à fidelidade das decisões, em termos legais. Na realidade, algumas das sentenças proferidas foram tão questionáveis que o *Courts Act* (Reforma do Sistema Judiciário) de 1971, cujo objetivo era a modernização do sistema judiciário, as extinguiu.

Em 1967, entretanto, as acusações relacionadas a drogas eram, via de regra, julgadas pelas *Quarter Sessions*. As autoridades de Chichester, prestes a julgar dois dos maiores astros pop do mundo, não se sentiam preparadas para lidar com a magnitude da tarefa à sua frente. Acostumados a julgar casos relacionados aos cidadãos menos afortunados de

Chichester, esse embaraçoso encontro com o mundo do entretenimento seria, sem dúvida, o momento mais extraordinário da vida desses amadores agentes da lei. Os holofotes do mundo iluminavam cada um de seus movimentos e, desde a divulgação do caso, a expectativa só fez crescer.

Como a possibilidade de Mick e Keith serem julgados como cidadãos comuns era ínfima, decidiu-se contratar os melhores advogados de Londres para defendê-los e o renomado QC Michael Havers foi escolhido para liderar a equipe. Filho do eminente *sir* Cecil Havers, juiz da Alta Corte, Michael seguiu os passos do pai ingressando na carreira jurídica com grandes aspirações, tanto legais quanto políticas. Após servir na Marinha Real, continuou seus estudos de direito na Universidade de Cambridge. Em 1964, com apenas 41 anos, Havers foi nomeado QC, o mais jovem advogado a receber tal título, até então. Apesar de, ao longo dos anos, vir a ocupar o mais alto posto do judiciário britânico, até aquele momento nunca atuara em um caso tão inusitado quanto o de Mick Jagger e Keith Richards. Pai de dois adolescentes, Philip e Nigel, Havers tinha alguma familiaridade com o cenário pop, mas seu interesse não ia além da certa curiosidade em entender como esse movimento tinha exercido tanto fascínio sobre a juventude do mundo.

Em maio, enquanto assistia ao noticiário da TV na noite da primeira audiência dos Stones no Juizado de Pequenas Causas, Havers fez um comentário com a família, em tom de brincadeira, sobre quem seria corajoso o bastante para representar os músicos quando o caso fosse encaminhado a uma instância superior. Seu filho, Nigel Ravers, ao rememorar o estranho rumo dos acontecimentos daquela noite, declarou: "Quando a história foi divulgada pela primeira vez nos noticiários, lembro-me de meu pai ter dito: 'Espero que não me peçam para defendê-los'. Mais tarde o telefone tocou, ele atendeu e, minutos depois, voltou e disse: 'Vou defender os Stones'".

No dia seguinte, o escritório de Michael Havers estava em alvoroço com a novidade. Vários colegas imploraram a ele que não aceitasse o caso, o que o deixou em um dilema. O filho, Nigel, recorda-se da situação. "Seus colegas se mostraram tão contrários a que assumisse o caso que meu pai foi à procura de meu avô e perguntou-lhe: 'Devo aceitar o caso? É um caso perdido, não é?' Ao que meu avô respondeu: 'É seu dever aceitá-lo; é seu dever ganhar!'".

Após aceitar representá-los, Havers buscou compreender o mundo incomum de Jagger e Richards. Seu primeiro passo foi convidá-los para uma reunião em seu escritório na King's Walk, nº 5, na região de *Temple*, tradicional área de escritórios de advocacia em Londres. A visão de Mick e Keith caminhando pelas estreitas vielas de Temple Bar foi inusitada, mas o advogado logo simpatizou com seus jovens clientes. "Meu pai ficou realmente impressionado com Mick e Richards", diz Nigel. "Ficou admirado ao perceber que eram inteligentes, espertos e atentos aos detalhes. Não tinham nada de idiotas."

Na realidade, a única coisa que pediram naquele primeiro encontro com Havers foi uma dose de uísque. Como não tinha nenhuma bebida alcoólica para oferecer, Havers teve de pedir uma garrafa na sala ao lado. A partir de então, nunca deixou de ter um armário com bebidas à disposição de seus famosos clientes em caso de visitas.

Trivialidades à parte, era preciso estabelecer a melhor estratégia para o julgamento. Apesar de Havers conhecer muito bem os procedimentos dos tribunais londrinos, encarava, assim como vários de seus pares, com certa suspeita a independência concedida às *Quarter Sessions*. Como esses tribunais eram presididos primordialmente por leigos, era comum que o presidente do júri arbitrasse o caso e este, provavelmente por ser de idade avançada, não seria complacente com "tipos" como Mick e Keith.

Para pesar de todos os envolvidos, o maior temor de Havers foi personificado com a notícia de que o juiz Leslie Kenneth Allen Block presidiria o julgamento. À época com 61 anos, seus preceitos rígidos não poderiam estar mais em desacordo com o estilo de vista heterodoxo dos Stones. Exercendo sua função em Chichester há apenas seis meses, Block era um inflexível e tradicional membro do *establishment,* com profundas ligações tanto com as forças armadas como com o sistema judiciário. Nascido em 9 de agosto de 1903, a princípio quis construir carreira na marinha, mas, após ingressar no Serviço Militar Obrigatório e na Escola Real de Cadetes, decidiu seguir o caminho do Direito. O advento da Segunda Guerra Mundial, em 1939, desviou-o do caminho das leis, mas sua habilidade em conduzir operações de guerra o levou à ascensão na carreira naval. Ao final dos conflitos foi elevado ao posto de comandante, recebendo a condecoração *Distinguished Service Cross,* por sua bravura.

Findo o serviço militar, Block retomou seu trabalho na área jurídica, de início como juiz assistente na Corporation of London, órgão municipal de Londres, com atribuições especiais junto à prefeitura da cidade. Por vezes, suas responsabilidades o levavam a atuar em Old Bailey, o Tribunal Criminal de Londres, onde viria a ganhar certo *status* entre seus pares ao interromper um julgamento em virtude da alta temperatura na sala de audiências.

Ao se aposentar, voltou sua atenção à agricultura e à administração de propriedades. Casado com uma herdeira de uma das famílias tradicionais de West Sussex, agregou o trabalhou rural a algumas atividades advocatícias, exercidas na tranquilidade de Shiprods, sua residência em estilo Tudor, com dez aposentos, localizada em Heinfield. Apesar de ainda frequentar requintados clubes londrinos como o MCC e o Garrick, Block não teve dificuldade em se integrar à comunidade agrícola de West Sussex, transformando-se em figura constante nos eventos da comunidade, em particular nos jogos de críquete, uma de suas paixões. Ademais, sua participação como presidente das *Quarter Sessions* de Chichester exigia apenas alguns dias de dedicação durante o ano.

Embora muito distante da peruca e da toga tradicionais de Old Bailey, Block com certeza apreciava sua posição no Judiciário de Chichester. Ciente do interesse que circundava o caso de Redlands, o desafio, sem dúvida, acendeu seu desejo de ser o foco das atenções. Apesar de a cultura pop ser-lhe algo totalmente reprovável, Block tinha experiência suficiente para perceber que a associação dos Rolling Stones com o não conformismo o colocaria na posição de defensor do *establishment*.

Block era figura de destaque dentre aqueles que trabalhavam para o cumprimento da lei e da ordem. John Rodway, que em 1967 era um jovem agente de polícia de Chichester, fala sobre a reputação de Block: "O juiz Block não era um velho caduco, na realidade, era muito astuto. Dizem que era conhecido como 'o carrasco'. Ele era, essencialmente, um juiz policial e, na sua opinião, um agente de polícia não deveria mentir. Caso você fosse um policial e se apresentasse perante o juiz Block, tinha de ter certeza do que estava falando, pois ele não tolerava que alguém viesse dar de malandro. Mesmo assim, como acreditava na letra da lei, caso um policial tivesse agido corretamente, Block o apoiaria".

Reuniões entre Jagger, Richards e sua equipe de advogados estenderam-se até o dia anterior ao julgamento, que começaria em 27 de junho. Entre as sessões formais havia alguns intervalos tensos. Durante um deles, Havers levou os dois Stones a seu clube londrino, o Garrick, ironicamente o mesmo frequentado por Block, em Convent Garden. Nigel Havers, o filho do advogado, relata o evento: "Todos no local ficaram em silêncio quando eles entraram e, ao se aproximarem do bar, todos deram um passo para trás. Foi parecido com a cena de *Lawrence da Arábia,* quando Peter O'Toole com sua acompanhante árabe entra no escritório, totalmente bagunçado, de um policial – ambos estavam imundos e o árabe oferece um copo de limonada. Acho que era assim que meu pai sondava a velha-guarda".

Apesar desses raros momentos de relaxamento, ainda estava pendente a questão de representar com competência os dois Stones no tribunal, pois existia a possibilidade, ainda que ínfima, de lhes ser dada uma pena privativa de liberdade, caso o tribunal decidisse fazer da dupla um exemplo. O grupo tinha plenas condições de arcar com o valor de uma multa, mas a possibilidade de serem presos era com certeza perturbadora, em especial por conta do preconceito com que eram tratadas as celebridades levadas a julgamento. Havers e sua equipe orientaram Mick e Keith sobre a melhor forma de convencer o tribunal de que eram inocentes e, também, de neutralizar o impacto da mídia, que já os considerava culpados. Pouco antes de sua morte, Havers conversou com o escritor americano Aaron Edward Hotchner sobre uma reunião que tivera com Jagger a respeito da questão dos testemunhos.

Michael Havers: "(Mick) expressava-se usando duas 'línguas' diferentes ao mesmo tempo: um perfeito inglês londrino, classe média-alta e um arremate de *cockney* [linguajar suburbano inglês]. Eu o orientei a se restringir ao inglês tradicional quando testemunhasse... Também disse a ele que, quando estivesse no tribunal, teria que desconsiderar todos à sua volta, exceto a mim, e caso não soubesse o que responder, dizer, simplesmente, que não sabia ou que esquecera o que tinha acontecido, pois 'se você conjecturar,' disse a ele, 'fará a escolha errada'".

Tais reuniões continuaram até o dia anterior ao início do julgamento. Após o último encontro com os advogados, em Londres, Jagger e Richards, acompanhados por Robert Fraser, viajaram para Redlands a fim de se mostrar tão descansados quanto possível no primeiro dia em juízo. Apesar de, em maio, o *marchand* ter-se negado a ficar na propriedade na noite anterior à audiência junto ao Juizado de Pequenas Causas, dessa vez decidiu que, em virtude do cerco da mídia sobre todas as manobras dos dois Stones, era importante mostrar que estavam unidos.

Não se sabe se algum dos três conseguiu ter uma boa noite de sono. O sol surgiu no horizonte às 4h45 da manhã, em um céu sem nuvens. Como o bom tempo era um presságio do belo dia que se seguiria, os moradores de Chichester já estavam ocupados com suas atividades rotineiras muito antes da chegada da caravana dos Stones, pois, como de costume para uma manhã de final de junho, os estabelecimentos comerciais abriam bem antes do nascer do sol. Os mercados da cidade estocavam peixes frescos vindos dos portos das enseadas vizinhas e deixavam à mostra a abundância das frutas e verduras do verão. Com os alunos das escolas e faculdades imersos nas provas finais, a cidade ficava tranquila na maior parte do dia. Ademais, era o segundo dia do campeonato anual de tênis de Wimbledon e, com os britânicos depositando suas esperanças em Ann Haydon-Jones, os moradores locais, sem nenhum interesse quanto ao julgamento de celebridades do mundo pop, estavam sentados tranquilamente em frente a seus aparelhos de televisão, sem a mínima preocupação com o destino dos dois Stones.

Não obstante, o Departamento de Polícia de Chichester não queria se arriscar e, em virtude do que acontecera por ocasião da audiência preliminar, em maio, enviou ao fórum um reforço de pessoal para lidar com a esperada invasão de adolescentes enlouquecidos. Além disso, as aguardadas legiões de equipes dos noticiários e de jornalistas afoitos vindos de todo o mundo tinham de ser acomodadas. A imprensa britânica já havia recebido uma amostra do que acontecera naquela fatídica noite em Redlands durante a audiência no Juizado de Pequenas Causas, mas as alegações de "inocência" significavam que mais detalhes estavam por vir, um prato cheio para os jornalistas que já se preparavam para a tão conhecida época de escassez de notícias que sempre se dava no verão.

A fim de não perder nenhum detalhe do que já era considerado o mais extraordinário julgamento desde o caso Profumo, de 1963, representantes dos vários setores da mídia se colocaram a postos em Redlands nas primeiras horas da manhã para registrar a viagem de Mick e Keith até o tribunal. Com sua gana característica, um pequeno grupo de fotógrafos, incluindo, como era de se prever, os do *News of the World,* invadiu a desprotegida propriedade para fotografar Jagger e Richards, no instante em que saíam da casa.

As imagens mostram um grupo um tanto taciturno caminhando em direção ao *Bentley* azul de Keith. Diante da grande probabilidade de que um corpo de magistrados nada amigáveis os esperava, Jagger e Richards assumiram uma postura um tanto convencional, apesar do toque exótico de seus trajes "casual *chic*".

Mick vestia um paletó lilás e verde transpassado, com botões brancos, calças verde oliva, uma camisa floral e uma gravata com listras verdes e pretas. Keith, em um dilema entre o que seria apropriado ao evento e, ao mesmo tempo, não muito convencional, mostrou certa transigência ao optar por um casaco três quartos, estilo capitão da marinha, camisa de colarinho alto, calças cinza estilo militar e sapatos com padrões em preto e uma echarpe branca sobre os ombros. Fraser vinha logo atrás deles, vestido de modo conservador, sendo os extravagantes óculos escuros o único sinal de não conformismo. Com Tom Keylock à direção, o *Bentley* partiu para Chichester.

Apenas um pequeno grupo de fãs havia se reunido antes da abertura do tribunal, o que surpreendeu a polícia que havia empregado um grande número de agentes para controlar a multidão esperada. Dentro do tribunal aconteceu o previsto: os 40 lugares reservados para o público foram tomados cinco minutos após a abertura do edifício; muitas pessoas haviam esperado em fila desde as primeiras horas da manhã para poder garantir os melhores lugares. Dividindo espaço com os fãs, havia jornalistas e membros do séquito de Jagger e Richards. Várias providências foram tomadas para garantir que a ordem fosse mantida e os fãs foram advertidos energicamente por um oficial da corte de que, a qualquer manifestação exacerbada, seriam expulsos. Para reforçar a advertência, dois agentes uniformizados ficaram a postos nos fundos da galeria, assegurando que nada fugisse ao controle.

Sabendo da possibilidade de ter de ficar em Chichester por alguns dias, a equipe de advogados de Mick e Keith estabeleceu sua base no Ship Hotel. Localizado na North Street, nº 57, a poucos minutos do tribunal, o hotel que hospedara o General Eisenhower após a notícia do desembarque aliado na Normandia – o Dia D, em 1944 – era o local adequado para se estabelecer um quartel-general.

Cerca de 15 minutos após partir de Redlands, o *Bentley* chegou ao tribunal localizado, na Rua Southgate. A imponente construção de tijolo aparente contrastava sobremaneira com a arquitetura mais singela, característica de Chichester. Apesar de construído em 1949, com certo ar de modernidade, seu estilo já era considerado ultrapassado, mesmo para os padrões de 1967. Ainda funcionando como fórum, seu estilo frio e sóbrio, o olor dos painéis de carvalho envernizados e do chão recentemente alvejado – o cheiro das instituições inglesas em sua glória hipócrita – fazia o coração daqueles que esperavam por uma sentença bater mais rápido.

Para decepção dos fãs que esperavam do lado de fora, o trio entrou na corte pela porta dos fundos. Mesmo assim, Jagger, Richards e Fraser foram recebidos pelo som dos cliques das máquinas fotográficas e por uma equipe de jornalistas da rede de TV britânica ITN, cujas câmeras capturaram uma cena inusitada: Jagger tirando algumas fotos com sua própria máquina, a fim de eternizar o momento surreal. Já dentro do edifício, foram cumprimentados por Les Perrin, que lá estava para lidar com a mídia, enquanto Keylock e Ian Stewart cuidavam de necessidades pessoais. (Allen Klein encontrava-se temporariamente em Nova York, a negócios.)

Os agentes de polícia que se fizeram presentes ao longo da saga de Redlands também adentravam o recinto. Seus rostos pareciam curiosamente familiares para Jagger, Richards e Fraser. Dentro da sala de audiências, os advogados ligados ao caso estavam ocupados com os preparativos para o julgamento. À esquerda do corpo de magistrados estava Michael Havers QC e, à sua direita, o experiente procurador de 54 anos, Malcolm Morris QC que, como o juiz Block, também havia trilhado uma carreira militar e no direito. Tendo estudado em Eton e Oxford, Morris curiosamente construíra seu círculo social nos mesmos clubes londrinos que Block e já havia sido citado de modo memorável na revista *Who's Who* por suas façanhas nos círculos jurídicos, como evidenciava seu currículo, que enfatizava seus sucessos em batalhas nos tribunais. Como Havers observaria mais tarde, pouco antes do início da sessão, o corpulento Morris foi visto trocando comentários simpáticos com os membros do tribunal e, depois, com os magistrados.

Atrás da bancada estavam os três juízes de paz – com o juiz Block a sua esquerda – cujas profissões em nada se assemelhavam à dos acusados: O senhor Robert Elwes era um fazendeiro de Chichester; o senhor J. Gentle, jornaleiro em Worthing e o senhor Arthur Howard, antigo membro do congresso pelo partido conservador. Assim como Block, Howard deixara Londres para se dedicar à agricultura, no vilarejo de Steyning, em West Sussex.

Após os juízes terem se acomodado, os membros do júri entraram na sala de audiências. Como ditado pelo rígido protocolo, o júri era composto por 12 homens da região de Chichester, que não tinham a mínima ideia do teor do caso que seria apresentado. Ao se sentarem à esquerda do banco dos réus, os semblantes corados e sua ansiedade só fizeram aumentar o drama da situação. Em seguida, após ouvirem de funcionários do juízo um sumário sobre o processo, Jagger, Richards e Fraser saíram de uma pequena sala de espera e entraram na sala de audiências, sentando-se no banco dos réus, bem à frente do corpo de juízes. Ao entrarem, pôde-se ouvir gritinhos de entusiasmo vindos das garotas na assistência do tribunal. Para a maioria dos fãs, os Stones eram apenas pixels monocromáticos na tela da TV ou imagens difusas roubadas pelos tabloides, para serem admiradas durante o café da manhã e, ainda assim, lá estavam eles, sentados, no tribunal local, como se não fizessem parte do cenário.

Após a ansiedade inicial, os três se sentaram no banco dos réus, seus trajes da moda fazendo com que se destacassem de todos os outros presentes. Olhando com nervosismo ao redor, buscavam assimilar o cenário inusitado: o ambiente sóbrio, com paredes revestidas de painéis de madeira, onde apenas o símbolo vermelho e dourado da Coroa Britânica, acima da bancada dos magistrados, oferecia algum colorido. Acima deles, a luz do dia invadia o ambiente por um teto de vidro, enquanto um antigo sistema de ar-condicionado zunia continuamente.

De acordo com a praxe, policiais ficaram de prontidão em cada um dos lados do banco dos réus. Visivelmente nervoso, Mick inclinou-se em direção ao policial a seu lado e conversou com ele. De acordo com a imprensa de plantão, esses apartes davam a impressão de ser bem amigáveis, apesar do ar de apreensão. Interrompendo o estranho clima de fantasia, o choro de um bebê, em outra parte do edifício, ecoou pelas escadas e chegou à sala de audiências. Além disso, risos e gritos abafados vindos do público podiam, de vez em quando, ser ouvidos, a despeito dos esforços dos policiais e dos funcionários do juízo.

Com tudo pronto, os trabalhos do dia podiam ter início. Como previsto, algumas exposições e objeções preliminares foram feitas perante os magistrados. Havers pediu, em primeiro lugar, que as acusações contra o trio fossem lidas em separado, uma estratégia que, além de prolongar consideravelmente o julgamento, beneficiaria não só Jagger e Richards, afastando-os das acusações mais sérias que pendiam sobre Fraser, como também, Fraser, distanciando-o da enorme fama de Mick e Richards. O pedido, perfeitamente adequado ao planejamento dos eventos, foi concedido pelo juiz Block. A acusação contra Michael Phillip Jagger foi a primeira a ser ouvida.

O promotor Morris levantou-se e iniciou seu discurso com uma pequena piada, dizendo que estava feliz por não ser um jornalista e ter de registrar o nome dos fármacos que seriam apresentados naquela manhã. E não era exagero, pois Jagger era acusado de posse de sulfato de anfetamina e hidrocloreto de metilanfetamina, substâncias que pareciam saídas da página de uma farmacopeia.

Após esse breve preâmbulo jocoso, Morris chamou a primeira testemunha, o inspetor chefe Gordon Dineley. Com um depoimento perfeito e, com certeza, bem ensaiado, Dineley reiterou os acontecimentos que levaram sua equipe a Redlands na noite de domingo, 12 de fevereiro. Apresentando o mandado de busca, que tão orgulhosamente mostrara a Richards, como primeira prova, Dineley relatou ao tribunal sua versão do que acontecera naquela noite, restringindo-se, em especial, a citar o número de pessoas que se encontravam no local e o de agentes de polícia envolvidos na diligência.

A testemunha seguinte foi o sargento de polícia de Chichester, John Challen, que encontrara o pequeno frasco com comprimidos na jaqueta de Jagger. Consultando, com frequência, seu caderno de anotações policiais, com capa de couro, falou sobre o momento em que encontrou as pílulas de anfetamina e reiterou a afirmação do cantor de que a substância havia sido prescrita por seu médico e que havia sido usada para "ficar acordado e trabalhar".

A fim de confirmar a composição das drogas, o cientista forense Michael Ansell foi, então, chamado a testemunhar. Apesar dos termos sulfato de anfetamina e hidrocloreto de metilanfetamina pouco significarem para os leigos, o nome popular das drogas – *speed* [estimulantes] – era mais conhecido. Ansell disse que as substâncias eram, de modo geral, derivadas de benzedrina e ilegais no Reino Unido. O fato de o cientista estar entre as testemunhas mostrava que a promotoria não queria deixar nenhuma brecha nas provas contra Jagger.

Após o testemunho de Ansell, houve um recesso para que a defesa pudesse preparar sua resposta. Era primordial para o caso que o júri fosse convencido de que o médico de Jagger havia prescrito os comprimidos, apesar da inexistência de qualquer receita médica. Além disso, como o uso de anfetaminas na Europa era uma zona cinzenta, a defesa faria o possível para mostrar que, sendo Jagger um músico que circulava pelo mundo, ele poderia ter comprado tais comprimidos legalmente em vários países europeus. Uma vez que Jagger viajava para o exterior e voltava para o Reino Unido com frequência, a possibilidade de ter se esquecido de que estava de posse dos comprimidos era verossímil. Ademais, em vista do grande volume de trabalho de Jagger, a defesa precisava provar que seu médico teria perfeitamente receitado uma fórmula semelhante na Inglaterra, se necessário.

O sargento de polícia Stanley Cudmore foi a primeira testemunha de acusação a ser agora questionada por Havers, que queria convencer a corte de que seu cliente tinha se comportado de modo gentil e condescendente na noite da batida policial. Seu interrogatório habilidoso levou Cudmore a afirmar que Jagger, em especial, havia, de fato, cooperado de modo maduro, sem objeções. Essa estratégia foi usada para dissipar quaisquer pré-conceitos que os jurados e magistrados pudessem ter em relação a Jagger (e Richards), levando a considerações sobre a formação tradicional de Jagger e suas excepcionais realizações quando estudante. "Acredito que cause surpresa a alguns saber que o senhor Jagger prestou e foi aprovado nos exames finais do Ensino Fundamental e Ensino Médio".

A defesa, então, chamou Raymond Dixon-Firth, de Wilton Crescent, em Knightsbridge, Londres. Clínico geral desde 1940, dentre outras ocupações, havia prestado seus serviços à família real do Iraque. Dixon-Firth confirmou que havia se tornado o médico de Jagger desde julho de 1965, quando este passou por um *check-up* em sua clínica.

Sob a orientação de Havers, Dixon-Firth buscou justificar as circunstâncias em que as drogas foram apreendidas em poder de Jagger. Ciente de que o uso de anfetaminas fora execrado por alguns dos mais contundentes meios de comunicação, o médico enfatizou que substâncias similares continuavam a ser prescritas, em larga escala, para reduzir o apetite e combater casos de alergias e problemas respiratórios.

Havers: "Há algum tipo específico de pessoa que tome esse medicamento?".

Doutor Dixon-Firth: "Pessoas muito ocupadas, motoristas que dirigem por horas seguidas, esses tipos de pessoas".

Havers: "Qual seria a dosagem média por paciente?"

Dr. Dixon-Firth: "Cinco miligramas: um comprimido, três vezes ao dia, seria, talvez, a dosagem média".

Enquanto estava sendo interrogado, o médico rememorou uma conversa telefônica que tivera com o cantor, no início do ano, sobre os comprimidos em sua posse. O doutor Dixon-Firth afirmou que Jagger lhe dissera que os havia adquirido para poder superar uma época particularmente difícil na tumultuada agenda dos Stones. Mick também o questionara sobre quão seguros eles eram e o médico lhe disse que podiam ser tomados por um tempo, mas que evitasse tomá-los por longos períodos.

Havers: "Quando lhe disse isso e que poderia tomá-los, ele estava, então, em posse regular de tais comprimidos?".

Doutor Dixon-Firth: "Com certeza".

Nesse momento, o juiz Block interviu a fim de esclarecer alguns fatos.

Juiz Block: "Caso ele não estivesse de posse de nenhum comprimido, o senhor teria prescrito algo similar?".

Dr. Dixon-Firth: "Sim".

Diante desse tão sólido quadro favorável, ironicamente criado por Block, Havers concluiu, dizendo que, como Jagger falara com seu médico – o que equivalia a ter uma receita –, tinha, portanto, pleno direito de estar de posse dos comprimidos.

Apesar dos argumentos da defesa serem convincentes, era fato que o uso da droga naquela forma era ilegal no Reino Unido, exceto com a prescrição, por escrito, de um médico. Dispondo a procuradoria, liderada pelo corpulento Morris, dessa vantagem, começou a interrogar o médico de Jagger de modo veemente. Não satisfeito com o testemunho do doutor Dixon-Firth a Havers, Morris questionou o médico sobre seu conhecimento quanto às composições de anfetamina. De modo claro e informativo, o médico reiterou que, apesar de a droga em posse de Jagger não estar disponível no Reino Unido, pura, em forma de comprimido, variantes desta estavam disponíveis em inúmeras formulações, algumas das quais vendidas sem receita médica.

Morris: "Você fez a ele mais alguma pergunta sobre a droga?".

Doutor Dixon-Firth: "Ele me disse que um amigo as oferecera e que precisava de alguma coisa que o ajudasse dar conta do dia seguinte".

Morris: "Você percebeu que ele estava de posse desses comprimidos?".

Doutor Dixon-Firth: "Sim, senhor".

O juiz Block interveio, então, mais uma vez.

Juiz Block: "Você pediu para vê-los?".

Dr. Dixon-Firth: "Não".

Aproveitando a oportunidade dada pelo juiz, Morris continuou: "Um médico tem de ter certeza do que está prescrevendo. Tem de conhecer os efeitos do que está prescrevendo. O senhor não tinha ideia do que estava prescrevendo?".

Doutor Dixon-Firth: "Sabia que eram estimulantes. Mas não sabia qual era a fórmula exata".

Sentindo que havia atingido o inimigo, Morris foi ainda mais incisivo: "O senhor está mesmo dizendo que, caso um paciente abastado como o senhor Jagger o procurasse e dissesse: 'Tenho alguns estimulantes', o senhor responderia: 'Tudo bem, pode tomá-los se precisar, mas não demais?'".

Doutor Dixon-Firth: "Sim, contanto que estivesse convencido, após conversar com ele, de que fossem adequados".

Morris: "Como poderia saber se eram apropriados? Você não estava lá".

Doutor Dixon-Firth: "Porque eu sei o que, de modo geral, os estimulantes contêm".

Após o interrogatório da procuradoria ao médico de Jagger, houve um recesso para o almoço. Como Jagger, Richards e Fraser ainda gozavam de liberdade, caminharam os poucos metros entre o fórum e o Ship Hotel na North Street, em Chichester, para almoçar com seus advogados. Ao entrar, Jagger foi cercado por vários fãs ensandecidos que queriam autógrafos, enquanto alguns fotógrafos tentavam tirar fotos.

Pouco depois das 14 horas, o tribunal voltou aos trabalhos para dar início às considerações finais. Havers falou com fervor em defesa de seu cliente, reiterando ao júri que Jagger estava em constante contato com seu médico e que a droga em questão era legal em outros países da Europa e estava presente em várias fórmulas vendidas no Reino Unido. Sabendo que a procuradoria tinha como ponto central a definição da palavra "prescrição", Havers argumentou que a autorização verbal do médico [para o uso da droga] era suficiente para exonerar Jagger da acusação apresentada contra ele.

Como esperado, a procuradoria insistiu, uma vez mais, na falta de uma prescrição por escrito e na ilegalidade da substância, que para eles não deixava margem a dúvidas. Após o término das considerações finais, o juiz Block conversou brevemente com seus colegas de bancada antes de apresentar seu próprio parecer ao júri.

Se a promotoria tinha deixado quaisquer dúvidas quanto à solidez do caso, elas se dispersaram quando Block apresentou sua própria interpretação do que ouvira. Falando, aparentemente, como um observador imparcial, o juiz, na realidade, discursou quatro minutos sem praticamente mencionar os argumentos da defesa. "Vocês podem pensar que estou fazendo com que percam seu tempo ao apresentar minhas considerações", iniciou seu discurso de modo nefasto. "Mas não hesito nem por um minuto em dizer que as evidências apresentadas pelo doutor Dixon-Firth não equivalem, pela lei, a uma receita prescrita por um médico devidamente autorizado a exercer a medicina. Portanto, nos termos da lei, as evidências apresentadas a favor do senhor Jagger não podem ser consideradas. Dessa forma, declaro que não há defesa para esta acusação. Peço, agora, que cheguem a um veredito."

Com esse parecer inequívoco ressoando em seus ouvidos, o júri saiu da sala de audiência e se encaminhou para uma pequena antessala a fim de deliberar o veredito. O sumário vaticinador do juiz Block quanto à inocência de Jagger chocou os advogados de defesa. Ao comentar o acontecido com A. E. Hotchner, Havers falou sobre seu choque ao ouvir o sumário de Block: "Foi um sumário viciado, o mesmo que dizer ao júri que o condenasse, apesar das provas e do princípio de que uma pessoa é inocente até que se prove o contrário".

A equipe de defesa mal havia tido tempo de absorver a gravidade das palavras de Block quando o serventuário declarou que o júri tinha chegado a um veredito. Os jurados tinham ficado reunidos por pouco mais de cinco minutos.

Com o clima tenso da sala de audiências, o porta-voz do júri levantou-se para ler o veredito. Visto que tinham passado apenas alguns minutos deliberando sobre o destino de Jagger, era claro que a decisão fora unânime.

Block pediu, então, ao jurado que lesse o veredito.

"Culpado".

Uma onda de comoção tomou o tribunal. Jagger baixou a cabeça, desolado. Em meio ao burburinho, Havers levantou-se e exigiu o direito de apelar da decisão.

Por saber que o processo de apelação não iria obstar a sentença, Block, com satisfação, concedeu o pedido, dizendo com sarcasmo: "Desejo-lhes toda a sorte do mundo".

Visto que a análise das acusações relacionadas à saga de Redlands iria se estender por mais um dia, Havers requisitou que o processo contra Jagger fosse sentenciado de imediato ou que fosse concedida uma fiança a seu cliente, tática que poderia evidenciar algum possível erro do juiz. Caso, naquela ocasião Block proferisse uma sentença definitiva para Mick, tal decisão, arquitetada às pressas, poderia ter sérias implicações nos veredictos de Fraser e Richards. Ademais, a condenação de Jagger poderia ter como consequência uma forte reação pública, bem como política, o que poderia comprometer o restante do julgamento.

Sabendo das consequências da decisão que tomaria, Block recusou friamente o pedido de fiança de Havers a favor de seu cliente, determinando que o cantor fosse mantido sob custódia até as sentenças de seus parceiros serem decretadas. Tal decisão significava que Jagger passaria a noite preso e, dado o andar da carruagem, era bem possível que sua estada fosse mais longa do que um simples pernoite. Havers, então, argumentou que os jurados presentes ao julgamento de Jagger seriam os mesmos a julgar as acusações contra Fraser e Richards e, dado o ocorrido, isso poderia influenciar sua decisão. Block retaliou, afirmando que convocaria um novo corpo de jurados para o julgamento de Richards e Fraser, agendado para o dia seguinte.

Com todos os presentes ainda em estado de choque, Jagger foi conduzido para as celas localizadas abaixo por um guarda, que o segurava pelo braço caso tentasse uma improvável fuga. A cena da descida dos três lances de escada de degraus de pedra fria que levariam Mick à cela onde ficaria trancafiado à espera de transferência para uma cadeia nas proximidades foi patética. Jagger deparou-se, então, com a dura realidade do que aconteceria caso o juiz Block decidisse ser severo na aplicação da lei à luz do veredito: sendo a pior das hipóteses uma pena de dois anos de prisão.

Havers tentou orientar seu abalado cliente, mas estava claro que nada poderia ser feito até o término dos outros dois julgamentos. Como o caso de Richards não era tão simples, seu julgamento poderia demandar um tempo considerável, o que implicaria uma permanência mais longa de Jagger atrás das grades. Aparentemente muito ocupados, os guardas concederam a Jagger apenas 13 minutos para conversar com sua equipe de advogados antes de tirá-los da cela. Mick foi, então, obrigado a esperar até a conclusão do julgamento de Fraser para saber para onde seria levado. Nesse ínterim, Fraser foi chamado a depor. Assim como Jagger e Richards, ele tinha, a princípio, se declarado "inocente" das acusações. No entanto, após a forma contundente como Jagger fora tratado, decidiu-se que Fraser deveria se declarar culpado, na esperança de que o corpo de magistrados demonstrasse alguma complacência diante de sua confissão.

Apesar dessa reviravolta, a promotoria logo foi ao ataque e, desrespeitando o protocolo legal, mencionou um antigo caso contra o *marchand* – sem nenhuma relação com a acusação de então – no qual Fraser fora processado por exibir, em sua galeria, uma escultura erótica do artista pop americano Jim Dine e obrigado a pagar uma multa de 20 libras esterlinas pelo delito. O caso foi mencionado em Chichester com o claro propósito de levantar dúvidas quanto aos argumentos da defesa e ao caráter de Fraser.

Com eloquência, o advogado de Fraser, o eminente QC William Denny, antigo integrante da RAF, a Força Aérea Britânica, e professor eventual da London School of Economics, faculdade em que Jagger estudara, destacou as credenciais impecáveis, tanto familiares quanto profissionais, de seu cliente. Desde o tempo de faculdade, no prestigiado *Eton College*, até tornar-se oficial do exército na unidade King's Rifles, o advogado descreveu de modo expressivo um homem que viera de uma estrutura similar à daqueles que tentavam subjugá-lo. Dando ênfase à admirável carreira militar de Fraser, Denny afirmou que seu cliente não era, de modo algum, um "covarde", tendo servido no Norte da África durante a Revolta dos Mau-Mau, no Quênia, nos anos 1950.

Denny descreveu um homem criativo que, ao retornar à pátria, criou uma próspera galeria de arte em Mayfair. Abordando o uso de drogas, Denny habilmente definiu Fraser como um inocente usuário de heroína ao alegar que seu cliente fora apresentado à droga por um antigo funcionário. De acordo com o advogado, Fraser fez uso da droga achando que ela atuaria como um estimulante temporário. No entanto, apesar de sua boa intenção, após algumas semanas consumindo a droga, sem saber das reais consequências, Fraser ficou viciado.

Mencionando a "vergonha secreta" de Fraser, Denny assegurou ao tribunal que seu cliente lutara contra seus demônios e que, antes do incidente em Redlands, havia procurado seu médico pedindo, mais uma vez, ajuda. O médico de Fraser, doutor John Quentin Craigmore, radicado em Londres, foi chamado ao banco de testemunhas para declarar que acreditava que seu paciente estava então "livre do vício". Para concluir sua preleção, Denny declarou não haver "nenhuma razão para Fraser algum dia voltar à heroína".

Aceitando a nova alegação de Fraser como "culpado", o juiz Block decidiu adiar sua sentença até que o caso de Richards fosse ouvido na íntegra. Isso posto, Fraser foi levado sob custódia para junto de Jagger.

Enquanto Fraser tomava as escadas para se unir a Jagger, Richards foi chamado ao banco de testemunhas. Visto que a acusação de ter permitido que sua casa fosse usada para o consumo de maconha era a mais complexa das três, estava claro que o julgamento não chegaria ao fim no tempo que restava antes de a corte dar por encerrados os trabalhos do dia. Na ocasião, foi concedido a Richards tempo suficiente para registrar sua declaração de "inocente" antes de a corte concluir seus trabalhos. Como sua alegação de inocência afastava a possibilidade de ser mantido sob custódia, Richards pagou uma fiança de 250 libras esterlinas e ganhou uma noite de liberdade. Não foi surpresa que ele partisse rapidamente de Chichester, com Keylock à direção, levando-o de volta a Redlands. Ao chegar lá, teve tempo de pensar sobre os acontecimentos do dia e se preparar para o que prometia ser um amanhã sombrio.

Um pedido de Jagger chegou a Richards: uma mala com roupas limpas, uma gilete e espuma de barbear. Além desses itens, Keith pegou um livro sobre Budismo Tibetano, dois sobre arte moderna e um quebra-cabeças de 184 peças. Keylock, sem tardar, levou tudo para a equipe de advogados de Jagger, em Chichester. Por motivos óbvios, a gilete seria confiscada pelos agentes da prisão.

Em virtude das celas do prédio do tribunal serem apenas para uso provisório, Jagger e Fraser seriam levados para Lewes Prison, o presídio mais próximo, localizado no subúrbio de Brighton, onde havia instalações para manter aqueles que estavam sob custódia. Por terem sido considerados culpados e tido seus pedidos de fiança negados, os dois sofreram a humilhação de ficarem algemados a um guarda durante a viagem até o presídio. Visto que não havia indícios de serem prisioneiros agressivos e que as acusações contra eles não envolviam comportamento violento, a imposição do uso de algemas parecia totalmente ridícula. Como era de se esperar, uma hora após o término das audiências do dia, a imprensa estava a postos para registrar a patética cena de Jagger, Fraser e quatro outros prisioneiros, também sentenciados naquele dia, serem levados dos fundos do prédio do Tribunal de Chichester no camburão cinza do presídio. Com notícias sobre a prisão de Jagger chegando a *Fleet Street* [em Londres], alguns fotógrafos mais tenazes conseguiram tirar algumas fotos do vocalista, ao partir algemado. Cerca de uma dezena de garotas começaram a esmurrar os portões de aço que protegiam os fundos do prédio, gritando: "Queremos Mick!".

A viagem de 60 quilômetros de Chichester a Lewes ao longo da suave encosta à beira-mar costuma ser uma experiência bem agradável, mas, para Jagger e Fraser, o trajeto na parte de trás do camburão foi, com toda certeza, deprimente. Mantidos em extremidades opostas do veículo, cada um deles acompanhado de um guarda, Fraser viria a relembrar que o oficial a seu lado dissera: "Não era você que a gente queria, era aquele desgraçado do Mick Jagger".

Uma hora e meia após terem partido de Chichester, o furgão chegaria à imponente fachada da Lewes Prison. Depois de cruzarem as enormes portas de carvalho, os sentenciados passaram, um por um, pelas formalidades de rotina. Foram despidos, examinados pelo médico da prisão e receberam, então, um conjunto dos uniformes que deveriam vestir. Da entrada foram levados para uma sala com segurança reforçada dentro da ala hospitalar, pois, estando sob custódia, não precisavam ficar com os presos comuns. As janelas do hospital eram protegidas por barras de metal, de onde se podia avistar os muros de pedra incrivelmente altos, encimados com arame farpado. A realidade de estar preso era aterradora demais para Jagger que, com frequência, tinha crises de choro.

Em Redlands, Richards, atordoado, pensava sobre o que o dia seguinte lhe reservava. Marianne Faithfull fora uma das últimas pessoas a chegar a West Wittering naquela noite. De acordo com seus relatos, Keith parecia apático quanto ao que acontecera com Jagger e Fraser, e também em relação ao seu próprio destino, não dizendo nada além de: "o que acontecer, aconteceu". Para aqueles que conheciam o temperamento de Richards, esse era, sem dúvida, seu jeito de lidar com a gravidade da situação.

Marianne também estava tentando desesperadamente lidar com o que estava acontecendo a seus melhores amigos. Apesar de os detalhes sobre sua participação na saga de Redlands ainda não terem vindo à tona no tribunal, ela tinha quase certeza de que o julgamento de Keith no dia seguinte chamaria a atenção para o seu envolvimento no episódio. Confusa, Marianne não compareceu ao primeiro dia do julgamento, indo para a casa do ardiloso vocalista da banda Small Faces, Steve Marriott, em Chiswick. Amiga de Saida, namorada do cantor, Faithfull, Ronnie Lane e Ian McLagan, também músicos da banda, resolveram, bem ao espírito da época, que a melhor forma de fugir do pesadelo que os rondava era usar ácido e dançar para extravasar suas angústias. De acordo com relatos da própria Marianne, foi um dia tresloucado, extremamente psicodélico, apesar de seu subconsciente não parar de trazer à tona imagens de Mick no tribunal, levado pelo vento com abutres prontos para atacar seu corpo frágil.

De alguma maneira, Jagger captou tais vibrações. Keylock recebeu um telefonema de Lewes Prison com ordens de que levasse Marianne para ver o cantor o mais rápido possível, pois precisava de seu apoio. Usando sua intrepidez afiada, Keylock procurou Marianne até encontrá-la na casa de Marriott, mas presumindo que se tratava de um repórter atrevido atrás de alguma notícia, Saida deixou o segurança dos Stones esperando à porta. Por fim, após ter de elevar o tom de voz, o intimidador Keylock pôde entrar a fim de informar Marianne de que Mick precisava vê-la imediatamente. Ainda sob o efeito do LSD, Marianne foi levada a Redlands para conversar com Richards sobre a situação e, em seguida, até Lewes Prison para visitar Jagger e Fraser.

Michael Cooper também estava em Redlands quando Marianne chegou. O fotógrafo, com seu instinto aguçado, percebera a importância histórica do dilema que Mick e Keith enfrentavam e, portanto, fotografara todos os momentos do desenrolar do julgamento. Ele partiu com Marianne para Lewes Prison para visitar Jagger e Fraser em sua primeira noite na prisão.

Levados até a ala hospitalar, encontraram Jagger, inconsolável, deitado em um pequeno catre que tomava a maior parte da cela. Ao ver seus dois amigos, correu até eles, os olhos úmidos desde que o júri apresentara o veredito, algumas horas antes. "Vocês têm que me tirar daqui", implorou, a voz fraca. "Acho que não vou conseguir sobreviver atrás das grades."

Marianne, ainda "chapada" de ácido, encontrou forças para reanimar Jagger: "Fique calmo", ela se recorda de ter dito, naquela noite. "Tente relaxar, você provavelmente só vai ficar aqui esta noite e, depois do julgamento de Keith, amanhã, estará livre." Diz-se que Jagger continuou a chorar e falava, em meio a lágrimas: "Eu não fiz nada".

Pragmático, mas também complacente, Cooper começou a estudar o recinto em busca do melhor ângulo para fotos. Ele tinha consciência de que a detenção de Jagger era a mais célebre prisão de um artista famoso desde o encarceramento de Oscar Wilde, cerca de 50 anos antes, e queria capturar esse momento emblemático. Sabendo que seria impossível entrar no presídio portando uma câmera SLR convencional, Cooper levara clandestinamente um dispositivo microscópico para conseguir a imagem de Jagger atrás das grades, uma foto que seria motivo de grande vergonha para todas as camadas do antiquado *establishment*. Ele pediu a Mick que se deitasse sobre o catre para poder fotografá-lo por entre as barras da parte da frente da cela. Ao tirar algumas fotos, disse: "Vou entregá-las para os jornais e vai ser o maior escândalo". Jagger gostou da ideia e ainda sugeriu que aquilo daria uma bela capa para o próximo LP dos Stones.

Infelizmente para todos os envolvidos, um guarda ouviu o clique da câmera e confiscou o filme de Cooper quando este saiu. De qualquer forma, outras imagens comoventes de Jagger algemado a um guarda tiveram destaque na primeira página da maioria dos jornais de âmbito nacional. Apesar de, na maior parte delas, Jagger mostrar um sorriso corajoso, não era difícil perceber que, por trás do verniz profissional, o Stone estava amedrontado/abalado.

Ao sair de Lewes Prison, Faithfull, Cooper e Keylock voltaram a West Wittering pela estrada costeira. Com mais um dia emocionalmente desgastante à espera, os habitantes de Redlands, por fim, foram dormir.

É bastante provável que o juiz Leslie Block tenha se retirado para seus aposentos bem mais cedo do que aqueles que se encontravam em Redlands. Mesmo que estivesse preocupado com a possibilidade de que suas decisões daquele dia logo se tornassem alvo de profundas investigações, tranquilizava-o saber que, em seu mundo, colocar um membro dos Rolling Stones atrás das grades era motivo de orgulho.

Capítulo 8

Chichester (Segundo Dia)

"Oh! Quem é aquele jovem pecador com algemas em seus pulsos? O que teria feito para lhe lançarem ameaças e lamentos? Por que traz a culpa estampada no rosto? Oh! À prisão irá pela cor de seu cabelo."

Adaptado de "Oh Who Is That Young Sinner",
Alfred Edward Housman, 1896.

O calor intenso do lado de fora da penitenciária de Lewes pouco importava para Jagger e Fraser, que tentavam dormir sobre os catres duros como pedra. Nesse novo ambiente não teriam a mordomia de ler os jornais diários enquanto saboreavam o café da manhã; entretanto, o restante do Reino Unido seria levado a reviver os momentos traumáticos do julgamento de ambos, no dia anterior, com imagens dramáticas de Jagger sendo levado para a prisão. O *Daily Express,* conhecido jornal de direita, circulou trazendo uma dessas fotos, sob a manchete "Jagger Passa Noite na Cadeia". O *Daily Mirror* dedicou três quartos de sua primeira página a uma foto de Mick, algemado, tentando sorrir, sem sucesso. Mesmo o *The Times,* cuja cobertura do mundo da música pop era, de modo geral, ínfima, devotou uma coluna à prisão de Jagger.

O dia começou da mesma forma que para qualquer outro prisioneiro sob custódia. Jagger e Fraser foram acordados bem antes das sete horas e tomaram um minguado café da manhã antes de voltarem para Chichester a fim de aguardar as sentenças. Embora ao serem transferidos para Lewes, na noite anterior, cada um deles tivesse sido algemado a um guarda diferente; na viagem de volta ao tribunal, foram presos um ao outro com manilhas, provavelmente para evitar que guardas da prisão fossem fotografados pela imprensa.

A grande cobertura jornalística que o caso gerou com certeza acendeu os ânimos de toda a juventude de Chichester. Ao passo que, no primeiro dia de audiências, apenas um pequeno grupo se reuniu à porta do juízo, no segundo dia o local já se encontrava abarrotado muito antes de Jagger e Richards chegarem, cada um vindo de um destino diferente.

Com um grande número de pessoas que nada mais podiam fazer a não ser esperar, os vendedores ambulantes logo chegaram, aproveitando o "circo" que, de repente, se instalara na cidade. Furgões vendendo sorvete, cachorro-quente e chá chegaram para alimentar os fãs dos Stones e um camelô oportunista montou uma banca com uma máquina de *silk-screen* portátil para produzir camisetas com dizeres como "Mick é Inocente" e "Libertem os Stones".

Pouco antes das 10 horas da manhã, o furgão cinza da prisão, que trazia Jagger e Fraser, estacionou nos fundos do prédio. As janelas transparentes do veículo não ofereciam proteção contra as lentes vigilantes que os aguardavam. Como era de se esperar, uma bateria de câmeras fotografou os dois ao levantarem as mãos para bloquear o brilho da "artilharia" de *flashes*, deixando, assim, as algemas a mostra.

Em segurança atrás dos portões de aço do fórum, Jagger e Fraser foram tirados do camburão, com a mídia mais uma vez a postos para filmar e fotografar a dupla enquanto caminhavam em direção aos degraus da entrada – imagens que chegaram a Fleet Street, o quartel-general da imprensa londrina e agências fotográficas de todo o mundo. Supostamente certos do constrangimento que a imposição do uso de algemas causaria ao *establishment*, Jagger e Fraser saíram do camburão fazendo uma "dancinha" e, como as correntes que os prendiam um ao outro restringissem seus movimentos, até mesmo os guardas da prisão acharam a cena hilária. Os dois foram, então, levados para as celas do edifício, onde esperariam por sua sentença.

De modo um tanto mais discreto, Richards chegou ao tribunal antes de Jagger e Fraser. Michael Cooper registrou todos os acontecimentos do dia e as fotos que tirou naquela manhã incluíam imagens de Richards no banco de trás de seu *Bentley*, acompanhado de Havers, deixando West Wittering. Ciente de que era foco das atenções, Keith chegou pelos fundos do prédio usando um típico terno preto, em estilo regência, com debruado em preto, e uma camisa branca de gola alta com detalhes em preto nas bordas.

Assim como no dia anterior, vários fãs dos Stones, representantes da mídia e membros da *entourage* do trio encontravam-se entre o público que assistia ao julgamento. Marianne, ao chegar, conseguiu escapar dos fotógrafos e dirigiu-se aos bancos reservados para o público, acompanhada de Keylock, Cooper e Les Perrin.

Como acordado, um novo corpo de jurados foi sorteado, composto, mais uma vez, apenas de moradores de Chichester, com uma única mulher em meio a 11 homens. Iniciados os trabalhos, Richards foi chamado ao banco dos réus a fim de reiterar sua declaração como "inocente". Após essa formalidade, seguiu-se a leitura do nome dos indivíduos presentes no local durante a batida policial em Redlands e que não haviam sido acusados de nenhum delito. Apesar de, até o momento, poucos detalhes sobre o acontecimento terem vindo à tona, as circunstâncias que envolviam a acusação de Richards demandavam uma descrição pormenorizada do que ocorrera naquela noite fatídica.

Marianne estava preocupada. Com poucas provas disponíveis, era óbvio que a promotoria destacaria o seu suposto comportamento lascivo para provar a veracidade da acusação, alegando que ela estava sob o efeito de *cannabis*. Como a participação da jovem no episódio era primordial para a tese da promotoria, foi acordado entre ambas as partes que a identidade de Faithfull não seria revelada e, portanto, ela seria mencionada como "Senhorita X". Não obstante, o juiz Block declarou que, a despeito do anonimato, qualquer pormenor sobre o que ocorrera naquela noite poderia ser usado como prova. A mídia, sempre bem informada, não tinha qualquer dúvida sobre quem era a "Senhorita X".

O promotor Malcom Morris começou sua preleção lendo os entediantes detalhes da lei em relação ao caso de indivíduos que permitam que se fume maconha em sua residência. Após uma digressão sobre os diversos tipos de *cannabis*, Morris conduziu o júri de volta aos eventos de 12 de fevereiro, relatando em detalhes o cenário do interior de Redlands. Em seguida, citou os vários recipientes que continham traços de maconha e o forte cheiro de incenso que se misturava a aromas mais fortes.

Morris: "Quando se fuma haxixe, a erva exala um cheiro forte, doce e incomum. Talvez os senhores cheguem à conclusão, ou não, de que eles estivessem apenas queimando incenso na residência; mas, como virão a saber e, com certeza, compreenderão, quando ervas indianas são consumidas, é comum acender-se incenso a fim de disfarçar o típico cheiro da erva. As provas mostrarão que havia um forte cheiro adocicado no local e os senhores, com certeza, chegarão à conclusão de que seria impossível isso passar despercebido a Keith Richards".

No intuito de tornar suas afirmações críveis, Morris afirmou que, de acordo com especialistas, a maconha podia induzir a um estado de tranquilidade e à perda temporária de qualquer senso de pudor. Tal asserção encontraria ressonância na crença de que o comportamento da misteriosa "Senhorita X" era consequência do uso de drogas que Richards, supostamente, permitia que fossem consumidas em sua residência.

"Esse foi, exatamente, o efeito sobre a jovem no sofá," afirmou Morris. "Ela tinha o corpo coberto apenas por um tapete de pele claro, o qual, vez por outra, deixava cair, revelando o corpo nu."

Sabendo que poderia ser acusado de descrever de modo voyeurístico o que teria sido um episódio privado, o promotor não tardou em contextualizar suas declarações: "Ninguém deve satisfação quanto ao modo como se porta em sua própria casa", prosseguiu Morris. "O que torna o comportamento dessa jovem significativo é que ela não ficou constrangida com a chegada da polícia, dando a impressão de apreciar a situação. Mesmo após ter sido levada ao piso superior, onde suas roupas se encontravam e seriam revistadas, voltou, logo em seguida, ao andar térreo, apenas usando o tapete de pele e, nas palavras da detetive de polícia que a acompanhava, 'alegre e aparentemente despreocupada'. Não nos importa conhecer a identidade daquela jovem, mas teria ela perdido o senso de inibição? Teria ela o perdido por ter fumado haxixe? Pode-se concluir, portanto, que o motivo pelo qual ele [Richards] não ficou surpreso com o comportamento da 'Senhorita X' foi que todos os presentes estavam sob o efeito de haxixe."

Mais uma vez, Morris buscou justificar seus argumentos, pedindo ao júri que distinguisse o que ele chamava de "comportamento impróprio" de qualquer preconceito (ou mesmo empatia) que tivessem quanto a Richards em virtude de sua posição de celebridade. Não obstante, Morris conseguira pintar um quadro vívido (certamente pelos padrões de 1967) de lascívia e permissividade na mente do júri. Na realidade, dada a imagem que a mídia fazia dos Rolling Stones, a procuradoria bem poderia se safar caso fosse alvo de escrutínio por sua atuação no caso.

Por fim, Morris citou a presença de David Schneiderman.

Abstendo-se de citar o nome do canadense, Morris disse apenas que havia um indivíduo presente à festa "que não estava presente no tribunal e que, na verdade, não se encontrava mais no país". No intuito de enfatizar o quadro de uma orgia regada a drogas, Morris detalhou a grande quantidade de substâncias encontradas, naquela noite, em posse de Schneiderman.

A fim de sustentar a tese da procuradoria, vários agentes de polícia foram chamados a depor. O primeiro deles foi o detetive de polícia John Lynch, responsável pelo esquadrão antidrogas da Scotland Yard. Apesar de não mencionado em juízo, Lynch fora o primeiro a receber as informações privilegiadas do *News of the World* sobre a festa em Redlands e não buscou descobrir sua fonte. Apesar da atitude discreta de Lynch sobre o caso, sua vasta experiência no esquadrão antidrogas de Londres seria de grande valia para os argumentos da promotoria.

Com Morris conduzindo cada palavra de seu depoimento, Lynch discorreu sobre os efeitos que acreditava que a maconha tinha sobre os usuários e seu cheiro peculiar. Quando questionado a respeito da diferença entre o cheiro da droga e o do incenso, o inspetor de polícia afirmou que a primeira tinha um "aroma acre", diferente do cheiro "doce e incomum" que os agentes de polícia detectaram naquela noite. Apesar de parecer um mero detalhe técnico naquele momento, tal declaração viria a pesar bastante contra a promotoria.

Em seguida, Havers, o advogado de defesa, interrogaria o inspetor de polícia. De posse de várias anotações, ele se aferrou à tese da promotoria de que o aroma do incenso tinha sido usado para mascarar o cheiro da maconha. Havers chamou atenção para algumas incoerências nas declarações de Lynch, em especial a contradição quanto aos aromas que permeavam a casa na noite da batida policial.

Havers: "Um aroma forte e doce seria resultado da queima de incenso?".

Lynch: "Não, necessariamente".

Havers: "Mas, digamos que alguém entre em um aposento onde há um odor forte e doce, tal odor seria o oposto do de maconha?".

Lynch: "Sim, senhor".

A fim de contrapor a sugestão da promotoria de que "Senhorita X" estaria se comportando de modo lascivo, Havers questionou Lynch quanto aos instintos carnais que a maconha provocaria em seus usuários.

Havers: "Você admitiria que um dos efeitos da maconha é não ser afrodisíaca?".

Lynch: "Sim, acredito que não seja, senhor".

Haver: "Na realidade, ela diminui o desejo sexual".

Lynch: "Sim, senhor".

Em seguida, a promotoria tomou o depoimento do sargento de polícia Cudmore. Por ser um dos principais agentes de polícia que participaram da diligência, também foi questionado sobre o cheiro que impregnava Redlands. Sabendo que o comportamento dos convidados era primordial para a condenação de Richards, Cudmore enfatizou as ações e a atitude lânguida da "Senhorita X". Não foi surpresa a garota e o tapete de pele se tornarem o ponto central de seu testemunho.

Cudmore: "No sofá da sala havia dois homens e uma mulher. Ela usava um tapete claro de pele de cervo ao redor dos ombros e podia-se entrever, de vez em quando, que não estava vestindo mais nada por baixo dele. A senhorita foi até o piso superior e voltou à sala principal. Havia dez agentes de polícia no cômodo e ela continuava vestida com o tapete de pele e nada mais".

As declarações da polícia e da promotoria sobre o envolvimento da "Senhorita X" no episódio deixaram poucas dúvidas sobre quais seriam as manchetes do dia seguinte. Todos os jornalistas que assistiam à audiência sabiam, por eliminação, que a tal senhorita era Marianne Faithfull. Em uma tentativa de aplacar a impressão de que a "Senhorita X" não passava de uma exibicionista, Haver continuou a questionar Cudmore.

Havers: "Era um tapete grande?".

Cudmore: "Bem grande".

Havers: "Era maior do que um casaco de pele?".

Cudmore: "Sim".

Havers: "O 'tal tapete' era uma colcha de cama, não? Dê uma olhada".

Com a ajuda do advogado Geoffrey Leach, seu assistente, Havers apresentou a primeira prova concreta da defesa: a colcha que havia coberto o corpo de Faithfull naquela noite de fevereiro. Feita com retalhos de pele, de um lado, e um tecido macio do outro, até mesmo o corpulento Havers pareceu um homem pequeno perto dele. "É enorme", prosseguiu, colocando em xeque a insinuação do sargento de polícia de que a colcha não era grande o suficiente para cobrir o corpo de uma pessoa. "Como podem ver, ela tem cerca de dois metros e meio por um metro e meio."

Com a ajuda de Leach, Havers mostrou ao júri o tapete, cujo tamanho falava por si só. Marcando um ponto a seu favor, Havers perguntou a Cudmore sobre o comportamento de Richards naquela noite. O policial admitiu, como afirmara quanto a Jagger, que Keith e todos que se encontravam na festa cooperaram plenamente e agiram de forma bastante ponderada. Correndo o risco de minar suas afirmações anteriores, Cudmore acrescentou que não podia assegurar o que ocorrera antes da batida policial.

O foco do interrogatório voltou-se, então, ao modo como a batida policial fora deflagrada. Como Cudmore admitira, perante o Juizado de Pequenas Causas, que havia recebido uma informação sigilosa de um "conhecido jornal de âmbito nacional", Havers perguntou-lhe sobre o misterioso David Schneiderman. Sendo o principal elo entre o *News of the World* e as autoridades policiais, Cudmore revelou o que ninguém revelara até então: que, a despeito do mandado de prisão contra Schneiderman, este saíra do país em 14 de fevereiro, apenas dois dias depois da batida em Redlands. Cudmore também afirmou não ter conhecimento de qualquer vínculo entre o canadense e algum jornal de domingo.

Como acordado pelas partes, o nome de Schneiderman não seria citado e, portanto, Havers entregou um pedaço de papel para Cudmore (no qual o nome de Schneiderman estava escrito), pedindo uma confirmação. Quando Cudmore fez um sinal afirmativo, Havers, então, perguntou aos magistrados por que o nome do canadense – uma figura tão primordial no desenrolar dos eventos – deveria continuar anônima. O juiz Block respondeu que, a fim de evitar quaisquer confusões, ele deveria ser citado como "Senhor X", em especial porque, de acordo com o juiz, ele havia "fugido do país". Após tal afirmação, o juiz deu um risinho, o que levou muitos a crer que ele talvez soubesse mais sobre Schneiderman do que deixava transparecer. Sem se preocupar com as contingências, Havers exigiu que o nome do canadense fosse revelado. Após discussões, Block cedeu, permitindo que o "Senhor X" fosse chamado de "David Henry Schneiderman", asseverando que ele também era conhecido como "David Britton". Ter o nome do canadense pronunciado representou uma pequena vitória para a defesa, apesar de a menção ao nome do canadense e o tamanho do tapete que cobria o corpo de Marianne terem sido os únicos trunfos da defesa naquele dia.

A próxima testemunha a ser ouvida foi a detetive de polícia Rosemary Slade. Induzida pela promotoria, ela, mais uma vez, descreveria o comportamento de Faithfull, afirmando ter visto que a jovem, de modo deliberado, deixara o tapete cair na frente dos policiais.

Em seguida, foi a vez do sargento de polícia John Challen testemunhar. Além de mencionar as bitucas de cigarro que encontrara no quarto de Richards, foi instado a falar sobre o comportamento da "Senhorita X".

Challen: "Ela estava de costas para mim, nua. Ouvi um homem rir no quarto, enquanto estava ao telefone".

A promotoria foi implacável e chamou a detetive de polícia Evelyn Fuller para testemunhar sobre o que havia presenciado. Incumbida de revistar Faithfull naquela noite, descreveu o comportamento da jovem da seguinte forma: "Ela parecia não estar preocupada com o que acontecia a sua volta".

Após a maior parte da manhã ter sido dedicada ao debate da atitude, não só psicológica, mas geral, da "Senhorita X", a sessão foi suspensa para o almoço. Jagger e Fraser foram levados de volta às celas, mas Richards, cujo julgamento ainda estava em andamento, pôde sair para almoçar com seus advogados, o que surpreendeu os fãs, já que a maioria não sabia que Keith deixara o fórum pelos fundos.

Para elevar o ânimo de Jagger e Fraser, foi-lhes permitido saborear um suculento almoço enquanto esperavam, deprimidos, por suas sentenças. Seus advogados providenciaram para que o Globe Hotel, localizado em frente ao prédio do tribunal, preparasse, para Jagger, coquetel de camarão, cordeiro assado com molho de menta e morangos frescos com creme para sobremesa, por 21 xelins e seis centavos. Para Fraser, melão gelado e salada de salmão, seguidos de uma porção de frutas frescas com creme, ao valor de 22 xelins e seis centavos. A refeição foi regada a vinho, meia garrafa de *Beaujolais*, e a taxa de entrega foi cobrada pelo gerente do hotel.

Uma hora depois, com todos satisfeitos, a corte retomou os trabalhos. Após ter ouvido inúmeras testemunhas da promotoria, Havers decidiu colocar suas cartas sobre a mesa, dirigindo-se ao júri com emoção. Ciente de que a mídia estava atenta a cada nuance do julgamento, Havers pretendia que suas palavras fossem levadas para além das paredes do tribunal.

Michael Havers: "Uma das coisas que mais causa pesar com relação a qualquer fato que atrai a atenção do público – quer seja um homicídio, uma fraude civil ou criminal ou, como neste caso, o envolvimento de um famoso grupo pop... uma das piores consequências de um crime assim é que o interesse das pessoas cresce cada vez mais e gera boatos que se sobrepõem à realidade, dando margem para que preconceitos venham a deformar sua natureza".

Sem subterfúgios, Havers focou-se no papel do *News of the World*. Desconsiderando o anonimato garantido às partes envolvidas, mas não acusadas, Havers citou o nome do jornal, classificando-o, de modo sarcástico, como "conhecido guardião da moral". Após mencionar abertamente o nome do semanário, Havers passou a examinar o papel deste nos acontecimentos.

"Como poderiam saber que haveria uma batida policial?", questionou. "As provas que serão apresentadas confirmarão que a festa só começaria depois da meia-noite de sábado... A casa em questão pertence a Keith Richards, que a adquirira pouco tempo antes e que, de modo casual, dissera a alguns amigos: 'Venham ver minha casa nova'. Ele nem se lembrava mais do convite até receber um telefonema de um dos convidados, no sábado, dizendo que a festa aconteceria e que X, Y e Z iriam até lá... Eles se reuniram em Redlands por volta da meia-noite do sábado. Schneiderman, um homem que Keith Richards mal conhecia, estava no grupo. Os dois haviam se conhecido em Nova York, um ano antes. Como ele chegara ali e quem o levara é algo que ninguém sabe [sic]. No entanto, Schneiderman lá estava, com todas as armadilhas e ardis de alguém ligado às drogas".

A corte estava perplexa com o que acabara de ouvir. Apesar de a promotoria ter feito o possível para desviar a atenção de Schneiderman, Havers o colocara no centro da trama.

"Deixem-me revelar o que está por trás dos fatos", continuou Havers. "Em cinco de fevereiro, uma semana antes [da batida policial] o *NOTW* publicou um artigo, não a respeito do senhor Richards, mas de Mick Jagger – uma reportagem inverídica, caluniosa e repugnante. Consequentemente, o advogado do senhor Jagger entrou, de imediato, com uma ação contra o *News of the World*. Nos cinco dias que se seguiram, não importa onde fosse ou o que fizesse, este homem [Jagger] foi seguido e vigiado. Um furgão, ou carro, ficou constantemente estacionado em frente a seu apartamento e, após uma semana, esse conhecido jornal, de abrangência nacional, instou a polícia para que fosse a West Wittering em busca de drogas e nada mais. Sabemos que estavam à procura de drogas, pois esse era o teor do mandado."

Havers dirigiu-se diretamente ao júri: "Se um jornal publicasse uma história que viesse a se revelar inverídica, quantos milhares de libras os senhores arbitrariam ao prejudicado, como indenização? Pode ser mera coincidência um jornal de tiragem nacional publicar uma matéria difamatória sobre Jagger e um famoso jornal vazar uma informação para a polícia na semana seguinte. Naquela festa havia um homem que não fazia parte do círculo dos Stones. Era um estranho dentre o grupo, um estranho que oportunamente vinha do outro lado do hemisfério com uma grande quantidade de maconha. Schneiderman foi o único homem encontrado em posse de maconha. Será que ele partiu da Inglaterra com uma passagem de volta no bolso?".

Havers, então, fez uma pausa de alguns segundos para que a alegação de conluio entre a imprensa marrom e a polícia fosse digerida. Ele sabia que, no público assistente, repórteres do *News of the World* ouviam, com atenção, a cada uma de suas palavras – e, com certeza, tinham sido instruídos a reportar à redação do jornal qualquer menção ao envolvimento do jornal na saga.

Em seguida, Havers voltou-se para a acusação em si, ou seja, de que Richards, sem qualquer objeção, permitira que se fumasse maconha em sua residência. Com a prova relativa ao cheiro de maconha posta em dúvida, Havers mudou seu foco para a "Senhorita X", lançando por terra, uma a uma, as alegações da promotoria sobre ela.

Havers: "Eles (os policiais) agora têm ciência de que um cheiro forte e adocicado é o oposto do cheiro da maconha. Se o local estivesse impregnado pelo cheiro de maconha e a garota, em estado de euforia, eles esperariam ver as pessoas correndo de um lado para o outro tentando eliminar qualquer vestígio da droga. No entanto, uma policial olhou pela janela da sala e com certeza os viu, pois, de onde estava, tinha uma visão global do ambiente. Mas nada desse tipo aconteceu. Teria a jovem se comportado de tal forma que se poderia deduzir que ela havia fumado maconha? Algum deles parou para pensar se tal alegação era justa, posto que ela não estava sendo julgada e, portanto, impossibilitada de se defender? Trata-se de uma garota cuja identidade foi mantida tecnicamente em anonimato, mas, em consequência deste julgamento, é descrita como uma ninfomaníaca drogada, sem nenhuma oportunidade de dizer uma palavra em sua defesa ou confrontar qualquer uma das testemunhas. Será que esperavam que ele próprio obrigasse a garota a testemunhar? Como se sentiriam se a situação fosse inversa: eles, os acusados, e testemunhas discutindo seu comportamento sem que lhes fosse dada a menor oportunidade de fazer algo a respeito? Não vou permitir que essa garota seja chamada a depor. Não vou rasgar o véu do anonimato e deixar que ela seja motivo de riso e objeto de escárnio de todos, como certamente será".

O discurso acalorado de Havers encerrou os trabalhos daquele dia. Apesar de ele ter conseguido, com sucesso, esclarecer os acontecimentos de modo pertinente, seu discurso fora longo demais para que o julgamento fosse concluído naquela tarde, o que permitiu que Richards continuasse livre, visto que as sentenças só seriam proferidas no dia seguinte; no entanto, Jagger e Fraser teriam de enfrentar mais uma noite na Lewes Prison. Embora Havers tivesse feito todo o possível para preservar a integridade de seus clientes, a imprensa sabia que tinha um verdadeiro escândalo nas mãos. Com histórias sobre rebeldes estrelas pop, drogas e uma jovem com apenas um tapete de peles cobrindo o corpo ressoando em seus ouvidos, os repórteres correram para os telefones mais próximos a fim de transmitir suas matérias para a sede dos jornais.

Quando a corte suspendeu a sessão, Richards e Faithfull foram até as celas onde Jagger e Fraser haviam ficado o dia inteiro esperando por suas sentenças. Tentando amenizar a segunda noite na prisão, Marianne lhes trouxe uma sacola com frutas frescas, 60 cigarros e um tabuleiro de damas. Quinze minutos depois, Jagger e Fraser foram levados até o camburão creme do presídio que, ao sair pelos fundos do fórum, foi cercado pela já costumeira falange de *paparazzi*, câmeras e fãs enlouquecidos.

De volta a Redlands, na companhia de Faithfull e Cooper, Richards, mais uma vez, refletiu sobre o que o futuro lhe reservava. Embora tanto a defesa quanto a promotoria tivessem considerado desnecessário levar Jagger e Fraser ao banco das testemunhas, os advogados de defesa concluíram que Keith deveria depor, não só a seu favor, mas também como porta-voz dos outros réus, em resposta às várias acusações que pesavam sobre eles.

Naquela noite, a BBC2 TV apresentava um programa chamado *The Ravers*, que fazia parte de sua respeitada temporada de documentários, *Man Alive*. Assim como o abismo entre os diferentes posicionamentos presenciados no fórum de Chichester, o programa buscava compreender como pensavam os jovens ingleses envolvidos em atividades que em muito se distanciavam das rígidas expectativas de seus pais. De modo um tanto irônico, a chamada do programa dizia que ele era "uma tentativa de mostrar ao público, em especial aos pais, os perigos que suas filhas enfrentariam ao perseguirem astros pop".

Em Londres, a imprensa estava tendo um dia de glória. Embora, de acordo com o protocolo da corte, o nome de Faithfull não pudesse ser revelado, a mídia não tardou em identificá-la, por associação. O *Daily Mirror* publicou uma foto de corpo inteiro de Marianne em sua primeira página, enquanto fazia referência a "uma garota nua de muito bom humor", em outra parte. O *Daily Express* usou a mesma tática, com a manchete "Garota Nua em Festa", acompanhada de uma foto de Marianne. Outros órgãos da imprensa seguiram o exemplo. Apesar de o jornal *The Times* evitar fazer qualquer menção de tom libertino, sua respeitada seção jurídica foi ilustrada com uma foto recatada de Marianne do lado de fora do Tribunal.

O *The Times* e outros jornais foram entregues em Redlands na manhã seguinte. Com o escândalo tomando vulto, membros da imprensa, ansiosos por tirar fotos sensacionalistas de Richards e Faithfull, estavam à espreita do lado de fora da propriedade. Seus esforços foram recompensados quando Marianne apareceu, segurando a edição da noite anterior do jornal *Evening News*, que trazia, na primeira página, a manchete "Garota Nua em Festa dos Stones", uma foto valiosa que logo chegaria aos jornais.

Sem que soubessem da presença dos fotógrafos indesejados, Keith e Marianne posaram para uma série de fotos, tiradas por Cooper, no gramado em frente à casa, segurando contra o peito dois jornais de abrangência nacional, cujos destaques eram as manchetes da saga da "Garota Nua". Richards, brincalhão, apontou para Marianne enquanto segurava o jornal, aludindo a um fato que ninguém, até então, ousara publicar.

Além das revelações sobre a "Senhorita X", novas fotos de Jagger, algemado, foram publicadas nos jornais matutinos. Era mais do que evidente que o sorriso levemente irônico que apresentara no dia anterior havia cedido lugar à tristeza. Se, para os mais complacentes, algemar o frágil Mick Jagger parecia excesso de zelo, protestos mais inflamados começavam a surgir nos altos escalões do parlamento.

O mais contundente deles foi o do membro do parlamento inglês, MP Tom Driberg. Chocado pela afronta infligida a alguém que considerava seu amigo, Driberg encaminhou uma questão parlamentar concernente ao uso de algemas à ministra do *Home Office*, Alice Bacon. Apesar de não fazer qualquer menção a Jagger ou Fraser, abordava claramente um aspecto de um julgamento que já se tornara extremamente controverso.

Driberg pediu a palavra na tribuna da Câmara dos Comuns [equivalente à Câmara dos Deputados brasileira], dizendo: "Pergunto a minha ilustre colega se concorda que, tendo a própria polícia declarado que um acusado foi totalmente cooperativo, este não deveria ser algemado, apesar de isso ter ocorrido em algumas circunstâncias".

Bacon logo leu as entrelinhas e absteve-se de fazer qualquer comentário além de que a responsabilidade de tal ato era do diretor do presídio para o qual o acusado estava sendo encaminhado.

A resposta não foi satisfatória para Driberg, nem para o astuto veterano MP Quintin Hogg. Conhecido dissidente do Partido Conservador, Hogg já havia escrito à ministra do *Home Office* com relação à saga das algemas e, agora, pressionava Bacon a responder de modo mais completo.

"Não lhe parece claro que as orientações quanto a esses casos precisam ser revistas?", Hogg perguntou a Bacon. "Elas não incluem uma disposição que determina que, caso um dos prisioneiros seja algemado, todos os outros do grupo também devem sê-lo? Não seria esta uma disposição severa demais que pode levar a uma humilhação desnecessária?"

Bacon remeteu Hogg à resposta dada anteriormente a Driberg, mas o *Home Office* viria a encaminhar um comunicado à imprensa. Embora não fizesse qualquer referência direta ao incidente de Jagger, o comunicado buscava esclarecer a questão: "Quando, como ocorrido na quarta-feira, vários prisioneiros estejam sendo levados em um mesmo veículo e alguns deles, por motivos de segurança, tenham de ser algemados, é praxe, por várias razões, que esse procedimento seja adotado para todos os outros detentos".

Tal declaração não conseguiu aplacar os ânimos em vários segmentos, incomodados com os métodos primitivos de controle usados contra indivíduos acusados de delitos não violentos. Como Jagger e Fraser ainda não haviam sido sentenciados, os observadores mais eruditos voltaram sua atenção a um assunto que logo se tornaria motivo de controvérsia dentro da comunidade jurídica. Um advogado de Londres expressou tal inquietação, afirmando: "Tudo parece dramático demais. Este não é um caso em que, de modo geral, se esperaria ser necessário o uso de algemas". Uma carta encaminhada ao *The Times* discutia o assunto ainda mais a fundo, dizendo: "Uma foto de Mick Jagger algemado a um guarda da prisão, como se fosse um criminoso violento, o transforma em figura heróica e gera compaixão, em especial por ter 'se comportado de modo exemplar, até então'. Todos aqueles que têm um espírito rebelde serão incensados e elevados. Aqueles em busca de publicidade verão uma forma fácil e rápida de obtê-la".

William Rees-Mogg, então editor do *The Times,* também mostrou preocupação com as fotografias estarrecedoras de Jagger algemado. Apesar de não ser propenso a seguir os acontecimentos do efêmero cenário pop, o editor se interessou sobremaneira pelo tratamento dispensado a Jagger e Richards: "Achei extremamente inadequado", refletiu William. "Mostrar pessoas algemadas ao público tem duas consequências: as humilha, o que, por si só, é ofensivo, e cria a impressão de que são culpadas. Isso é abuso de autoridade. Mas, valer-se das algemas para criar uma imagem negativa, tendenciosa, como aconteceu nesse caso, foi, em minha opinião, extremamente inadequado."

Enquanto o embate sobre o uso de algemas estava transformando os protagonistas de Redlands em mártires em alguns círculos, alguns lojistas atrevidos do Soho de Londres tiravam vantagem do caso, colocando algemas à venda. Em uma das vitrines havia um grande cartaz com os dizeres: "Seja Solidária [Faithfull] Usando um Par das Algemas de Jagger".

Zombarias à parte e sem a expectativa de nenhum outro acontecimento extraordinário, a sexta-feira, 29 de junho, seria, com certeza, o último dia do julgamento e uma atmosfera de ansiedade cercava o edifício de tijolos da corte de Chichester. Jagger e Fraser já haviam partido da Lewes Prision quando Richards, pouco depois das nove da manhã, saiu de Redlands rumo a Chichester. Como apontaria mais tarde o *Daily Mail*, Richards trocara o jeans surrado e a camiseta polo que usara mais cedo em Redlands por um elegante terno preto, com debruns de renda. A fim de ocultar os olhos cansados às lentes curiosas, usava óculos escuros. Dentro do carro, acompanhando-o durante a jornada de cerca de dez quilômetros, estavam Michael Cooper e Marianne Faithfull.

Marianne, discreta, vestia um clássico blazer preto, uma camisa com babados e calça comprida. Para evitar que fotógrafos importunos fotografassem sua expressão fragilizada, usava um grande par de óculos escuros coloridos. Uma vez mais o clima do lado de fora da corte era de frenesi. Como as notícias sobre esse "show gratuito" haviam se espalhado, centenas de adolescentes e curiosos estavam presentes para recepcionar os dois Rolling Stones quando chegassem separadamente. As lentes de Michael Cooper capturaram um milissegundo dessa loucura ao se aproximarem do prédio. Enquanto a polícia tentava abrir caminho entre a multidão de fãs enlouquecidos e de repórteres para que o carro passasse em segurança, Ian Stewart, *roadie* dos Stones, também foi fotografado tentando, em vão, garantir que o *Bentley* de Keith chegasse seguro a seu destino.

A situação foi igualmente tumultuada quando da chegada de Jagger e Fraser. Como os fãs já haviam percebido que Mick chegava pelos fundos do fórum, um mar de adolescentes estava a postos quando o furgão *Commer* se aproximou. Após entrarem no prédio, Mick e Fraser foram levados para as celas no andar inferior, a fim de esperar por suas sentenças. Diante da probabilidade de que a audiência de Richards tomasse grande parte do dia, era grande a expectativa dos dois detidos.

Dentro do tribunal, os procedimentos processuais de praxe foram repetidos, com fãs da banda ocupando a maior parte dos lugares reservados ao público. Como de costume, os repórteres com as devidas credenciais tinham lugar reservado.

Enquanto os trabalhos dos dois dias anteriores tinham se iniciado com longas preliminares legais, partiu-se rapidamente para a ação naquele dia, com Havers chamando Richards a depor. A aparência etérea e porte esguio do músico fizeram com que uma onda de entusiasmo se espalhasse pelo tribunal. Uma das pessoas que estava na plateia observou que: "um tremor quase inaudível recepcionou o réu de aparência menos agradável, com seu elegante traje *Beau Brummell* e o rosto pálido, doentio e aterrador".

Apresentando o retrato de um homem sempre à disposição do mundo, Havers levou Richards a relatar sua vida que, apesar de curta, tinha sido cheia de acontecimentos. Começando pelos anos que Richards passara na faculdade de artes, o relato prosseguiu de seu encontro fortuito com Jagger até o início da carreira dos Rolling Stones, um período que Richards descreveu como "muito caótico". Questionado por Havers sobre como o sucesso afetara o grupo, Richards respondeu: "A partir de 1963, não tivemos mais privacidade e trabalhamos sem parar por quatro anos".

Keith relatou a loucura daqueles atentos a cada passo do grupo e a absurda quantidade de turnês que os Stones fizeram a fim de garantir seu sucesso internacional. Lembrou-se de ter de correr de avalanches de fãs a cada apresentação, muitos dos quais chegavam a rasgar suas roupas. A lembrança de "quase ter sido estrangulado duas vezes" por fãs ultrafervorosos fez rir o público presente que, com certeza, participara de tais mostras de entusiasmo exacerbado.

Havers: "Vocês precisam de algum tipo de proteção contra os fãs?".

Richards: "Claro. Precisamos de um exército".

A discussão, então, voltou-se para os raros momentos de descontração que a banda desfrutava e a necessidade de fugir das implacáveis exigências da indústria fonográfica. Sem perder esse foco, Havers levou Richards a discorrer sobre os acontecimentos imediatamente anteriores à batida policial, rememorando, em detalhes, a calorosa atmosfera de amizade que circundava Redlands. A despeito da presença obscura de Schneiderman, que pairava ao fundo, Keith descreveu um domingo bucólico em West Sussex, usufruído com um pequeno grupo de amigos íntimos. Quando questionado sobre suas impressões quanto ao grande grupo de policiais que surgiu à entrada de sua casa, Richards respondeu que pensou, a princípio, que eram fãs.

Havers perguntou, então, a Richards se haviam acendido incenso em Redlands, naquela noite, para disfarçar o cheiro das drogas que estavam sendo usadas, ao que ele replicou, com veemência: "Não, senhor". A fim de elucidar sua afirmação, Keith explicou que fãs, com frequência, lhe enviavam varetas de incenso e pós aromáticos e que ele próprio gostava de queimar incenso puro pela casa. Os visitantes também gostavam de jogar pós aromáticos sobre a grelha de sua lareira. Ele declarou que os incensos chineses aprendidos, naquela noite, haviam sido trazidos por Schneiderman. A despeito de tudo que já havia declarado, Keith afirmou, mais uma vez, que não houve a menor intenção de usar os aromas para disfarçar o cheiro de maconha.

Referindo-se, em seguida, às provas físicas encontradas na casa, Havers selecionou um cachimbo de madeira, um dos itens que comprovadamente continham vestígios de maconha. Mostrando-o à corte, Havers perguntou a seu cliente qual a origem do objeto.

Richards: "Veio de Los Angeles. Foi um presente".

Havers: "De quem?".

Richards: "De um americano, o diretor de turnês de uma banda".

Havers: "Em viagens desse tipo, acredito que vocês ganhem milhares de presentes como este".

Richards: "Sim. Sempre que volto para a Inglaterra, minhas malas estão cheias de badulaques".

Havers, então, levou Richards a falar sobre o principal argumento da promotoria: que o comportamento lânguido da "Senhorita X" era resultado de drogas que ela teria usado naquela noite. Atentando-se, em especial, ao incidente do tapete, Keith explicou que, após um dia de diversão pelos campos da região, ela sujara suas roupas e queria tomar um banho. Não tendo uma muda de roupas limpas, ela usara o que era, na realidade, uma colcha de peles, como roupão improvisado.

Havers: "Ela deixou o tapete cair?".

Richards: "De forma alguma".

Nesse momento, Havers cedeu a palavra à promotoria, para que interrogasse Richards. Tendo destruído, por completo, a defesa de Jagger no dia anterior, era pouco provável que Malcolm Morris se deixasse abalar pela postura impassível de Richards.

Como esperado, Morris começou atacando as declarações sensacionalistas da defesa a respeito do *News of the World*. Encarando Richards de vez em quando, Morris, com ar arrogante, recapitulou as declarações de Havers, afirmando que ele "turvara as águas límpidas da argumentação".

Morris: "Ele [Havers] discorreu sobre várias coisas e, durante seu discurso de abertura, deixou claro que sua defesa se baseava no fato de que Schneiderman teria sido 'plantado' em sua festa de fim de semana como parte de uma conspiração malévola do *News of the World*. Tal alegação é parte de sua defesa ou não?".

Richards: "Sim, é, senhor".

Morris: "Sua tese de defesa é que Schneiderman teria sido 'plantado' pelo *News of the World* para tentar incriminar Jagger por uso de haxixe? É isso que está propondo?".

Richards: "Essa é a sugestão".

Morris: "O que o senhor está dizendo é que, como o jornal não queria indenizar Mick Jagger por calúnia, o que seria obrigado a fazer caso o artigo publicado fosse uma inverdade, teria 'plantado' ou arranjado uma forma de 'plantar' haxixe em sua casa?".

Richards: "Sim, senhor".

Morris: "O plano não deu certo e a única consequência dessa conspiração criminosa é o senhor estar banco dos réus".

Richards: "Sim, senhor".

Morris: "O senhor tem certeza do que está afirmando?".

Richards: "Sim".

Morris, em seguida, perguntou a Richards sobre o relacionamento que ele tinha com os convidados presentes em sua casa na noite da batida policial. Embora Marianne, Jagger, Gibbs, Cooper e Fraser fossem seus amigos íntimos, Richards afirmou que os outros eram "bicões", que tiraram vantagem do modo irrestrito como ele recebia aqueles que apareciam à sua casa. Um deles foi o jovem/"florzinha" Nicky Kramer, o outro, Schneiderman.

Richards: "A única coisa que posso afirmar é que, na minha profissão, há alguns 'aproveitadores' que você tem de tolerar. Naquela ocasião, havia duas ou três pessoas que eu não conhecia muito bem, mas conhecia o suficiente para permitir que estivessem presentes".

Morris: "Sabe algo sobre esses 'aproveitadores'?".

Richards: "Havia dois 'aproveitadores', um deles, Schneiderman".

Morris: "Como Schneiderman chegou à festa?".

Richards: "Ele conhecia um dos outros convidados. Pelo que me lembro, ficou sabendo que haveria uma festa e perguntou se não teria problema em aparecer. Tinha conhecido Schneiderman há mais de um ano, em Nova York, e o encontrei de novo em um *nightclub* de Londres, na semana passada".

Morris: "Não há dúvida, pelo que foi encontrado em sua posse, de que ele fumou haxixe?".

Richards: "Com certeza".

Percebendo uma brecha que poderia levar Richards a fazer uma confissão contra interesse próprio, Morris continuou a pressioná-lo.

Morris: "O senhor estava, então, a par disso?".

Richards: "Não naquele momento, senhor".

A fim de explicar o porquê de sua afirmação, Richards disse à corte que, até onde era de seu conhecimento, nenhum de seus amigos usava maconha. Schneiderman, entretanto, era um completo desconhecido. Quando Richards mencionou que Schneiderman fora embora da praia antes dos outros na manhã de domingo, Morris levantou a hipótese de que talvez o canadense tivesse voltado mais cedo a Redlands por outros motivos.

Morris: "Schneiderman poderia ter 'plantado' erva indiana, se quisesse?".

Richards: "Sim".

Morris: "Portanto, caso ele tivesse sido 'plantado' na festa daquele fim de semana com o intuito de incriminar o senhor Jagger, ele poderia ter colocado o que quisesse nas roupas do senhor Jagger ou em outros objetos?".

Richards: "Sim".

Morris: "Nada foi encontrado nas roupas do senhor Jagger". (Morris estava, evidentemente, se referindo à maconha e não aos comprimidos de anfetamina encontrados na jaqueta de Jagger.)

Richards: "Não, senhor".

Percebendo uma contradição, Morris pressionou ainda mais a fim de desmantelar as declarações de Richards.

Morris: "Bem, caso esteja, realmente, insinuando que isso foi parte de uma conspiração, não lhe parece curioso que nada tenha sido feito para associar o senhor Jagger ao uso de haxixe?".

Richards: "Ele estava envolvido na batida de modo geral, o que, tenho certeza que já seja suficiente".

Morris, rapidamente, mudou sua abordagem, concentrando seus esforços na "Senhorita X".

Morris: "Havia, como é do conhecimento de todos, uma jovem que estava sentada em um sofá, trajando apenas um tapete. O senhor não concordaria que, em circunstâncias normais, uma jovem ficaria envergonhada caso tivesse o corpo coberto apenas por um tapete na presença de oito homens, dois dos quais eram 'aproveitadores' e, outro, um criado marroquino?".

Richards: "De forma alguma. Ela não fica envergonhada facilmente, nem eu".

Morris: "O senhor considera, então, esse comportamento normal?".

Richards: "Não somos velhos e não damos a mínima para padrões morais insignificantes".

Com essa farpa lançada por Richards, Morris deu um passo atrás, a fim de demonstrar sua indignação. Para aqueles que pensavam como Morris, a resposta de Richards era reflexo da postura anárquica e insolente dos Rolling Stones. Com uma pausa de efeito, Morris voltou a citar o comportamento da "Senhorita X".

Morris: "Após ter sido levada ao andar superior por uma policial, não causou surpresa o fato de a 'Senhorita X' voltar à sala de visitas ainda cobrindo o corpo apenas com um tapete, diante de uma dezena [sic] de policiais?".

Richards: "Achei que o tapete era grande o suficiente para cobrir três mulheres. Não havia nada de inadequado no modo como ela o usava".

Morris: "Eu não estava falando sobre inadequação, mas sobre o constrangimento. O senhor não acha que o comportamento dela foi consequência de ter fumado haxixe e, com isso, perdido qualquer senso de inibição ou constrangimento?".

Richards: "Não, senhor".

Morris: "Vocês estavam apenas sentados na sala de visitas, fazendo nada em especial".

Richards: "Sim, senhor".

Morris: "Alguém estava fumando haxixe ou erva?".

Richards: "Não que eu soubesse."

Morris: "O senhor teria feito qualquer objeção caso alguém estivesse fumando haxixe?".

Richards: "Sim, pois sabia que se a polícia aparecesse, eu estaria aqui – assim como estou".

Após a enfática resposta, Morris encerrou o interrogatório. Apesar de o promotor ter tentado pintar um quadro sórdido do que ocorria no interior de Redlands com a anuência de seu proprietário, Richards testemunhou de modo seguro, oferecendo um relato crível do que ocorrera, isentando-se de qualquer suspeita de que soubesse que drogas estavam sendo consumidas, naquela noite, em Redlands.

Havers teve, então, a oportunidade de interrogar Richards mais uma vez. Como o *News of the World* se tornara o principal vilão do caso, o advogado de defesa pediu a Richards que oferecesse dados mais substanciais de que estava, de fato, sendo observado. De modo muito direto, Keith relatou à corte que, um dia após a difamatória matéria do *News of the World* ter sido publicada, ele viu um furgão estacionado em frente a seu apartamento, em Londres. Pouco depois, teria visto o mesmo veículo estacionado em frente ao apartamento de Mick e Marianne, no centro de Londres, e acrescentou ter percebido que, naquela mesma semana, outro furgão o seguia pela cidade.

Findo o interrogatório de Richards pela promotoria e pela defesa e como não houvesse mais nenhuma testemunha a ser ouvida, nada restava senão a apresentação perante o júri das alegações finais da promotoria e da defesa. Morris logo atacou a alegação da defesa de que o *News of the World* tivera um papel relevante nos acontecimentos relacionados à batida policial e voltou-se ao suposto envolvimento de Schneiderman. Se, como sugerido, o canadense fora "plantado" pelo jornal, "Por que", Morris perguntou ao júri, "todas as provas incriminatórias recaíam sobre ele e não contra Jagger?"

Morris concluiu sua preleção, referindo-se, mais uma vez, à "Senhorita X". Tendo usado o ambíguo comportamento da jovem na fatídica noite como um elemento-chave na acusação contra Richards, o promotor o trouxe à tona mais uma vez, em uma última tentativa de influenciar os jurados. "Talvez o júri também ache estranho que esta jovem tenha retornado a um aposento repleto de policiais com o corpo coberto apenas por um tapete quando poderia ter vestido suas roupas... Foi mencionado que ela não poderia se defender, mas, ao mesmo tempo, não seria correto privar o júri de provas relevantes contra Richards."

O promotor conclui com uma defesa ao *News of the World*, citado livremente na corte, claro como *agent provocateur* da saga, o que, em sua opinião, era uma acusação iníqua. Percebendo que a alegação de conspiração tinha como objetivo afastar a atenção da acusação de Richards, Morris declarou que todas as provas apontavam para o fato de que drogas estavam sendo consumidas naquela noite.

Em seguida, Havers faria seu discurso final ao júri. Com sua inteligência perspicaz, sabia que suas alegações em favor de Richards influenciariam o destino de Jagger e, de modo menos abrangente, o de Fraser. A despeito da clara simpatia do juiz Block à tese da promotoria, o advogado de defesa esperava que pelo menos um dos outros magistrados fosse contrário à pena de prisão.

Em sua preleção, Havers desqualificou as acusações da promotoria contra Richards. Além disso, afirmou que, apesar de Schneiderman ter sido "pego" e acusado de posse de maconha, não havia nenhuma outra prova que sugerisse que qualquer um dos outros presentes tivesse usado drogas naquela noite. Embora admitisse que Schneiderman poderia ter tentado distribuir a droga, isso, por si só, não indicava que quaisquer dos convidados a tivesse usado. Citando a declaração da polícia de que todos em Redlands agiram de "modo maduro", Havers afirmou que a alegação da promotoria a respeito do comportamento lânguido da "Senhorita X" estava em desacordo com as provas. Quanto à tentativa da promotoria de defender o *News of the World*, Havers sugeriu que, caso a polícia estivesse mesmo segura de que não houvera conluio, o sargento Cudmore, que recebera as informações sobre o encontro em Redlands, deveria ser novamente chamado a testemunhar e negar publicamente que o jornal teria avisado as autoridades sobre o que se passava na residência de Richards.

Após o discurso de ambos os advogados, a corte suspendeu a sessão para o entendiante intervalo de almoço. Mais uma vez, o almoço de Jagger e Fraser foi entregue em suas celas, enquanto Keylock levava Richards a um hotel afastado para que, tranquilo, saboreasse uma refeição antes da leitura do veredito e das sentenças.

Conquanto a imprensa tivesse de respeitar a determinação da corte de manter anônima a identidade da "Senhorita X", detalhes mais picantes de sua suposta postura extravagante eram comentados com fervor por todos os frequentadores dos *pubs* da Fleet Street. Por conta da extraordinária imaginação dos jornalistas, o comportamento excêntrico de Marianne começou a assumir ares cada vez mais libidinosos. A imagem de Faithfull relaxando no sofá com o corpo coberto apenas por um tapete foi transformada em uma cena de sexo com Jagger. Era óbvio que os detalhes sórdidos dessa história totalmente fabricada partiram de alguém que tinha interesse na derrocada dos Stones.

De modo proposital ou não, as referências pouco veladas da promotoria ao traje sumário da jovem deram margem a um boato que a polícia, ao entrar na residência de Richards, teria surpreendido Jagger comendo uma barra do chocolate *Mars* que havia sido colocada na vagina de Marianne Faithfull. Espalhando-se com velocidade espantosa, esse boato totalmente infundado tornou-se o assunto de todos os moralistas de plantão, trazendo à tona o que havia de pior na puritana e sexualmente reprimida sociedade britânica.

Para não se deixar levar por tal inverdade, é necessário examinar os fatos de modo imparcial. Visto que a polícia registrou todos os mínimos detalhes do episódio de Redlands, incluindo nomes de livros e a vestimenta dos presentes, tal ocorrência, certamente, faria parte dos registros. Como a promotoria se apoiava sobremodo no comportamento dos presentes para sustentar sua tese, é evidente que o suposto comportamento de Jagger e Marianne teria sido usado em juízo para reforçar as provas (que eram, quando muito, tênues). O agente de polícia John Rodway conhecia de perto toda a equipe que participou da batida e afirma peremptoriamente que, caso a cena da barra de chocolate tivesse ocorrido de fato, os detalhes teriam sido incluídos no relatório da diligência naquela noite e, além disso, se tornado, sem sombra de dúvida, motivo de piada da polícia de todo o condado.

"O boato causou surpresa a todos os agentes de polícia", recorda-se Rodway. "Eles não eram jovens policiais, eram agentes bem experientes. Caso tivessem visto Marianne Faithfull com uma barra de chocolate *Mars*, teriam documentado a cena e, se tivessem câmeras à mão (o que 'não' tinham), teriam tirado fotos."

Nenhum relatório policial faz qualquer menção ao fato. Apesar de nunca se ter provado a origem do rumor, só resta supor que algum membro da mídia criou esse mito sem nenhuma prova, como forma de retaliação a fim de restaurar sua tão manchada reputação ou, no mínimo, vingar-se.

Às 14 horas, a corte reuniu-se de novo para concluir o julgamento de Richards e proferir a sentença dos três réus. Após um curto período de deliberação, o juiz Block apresentou seu sumário. Assim como fizera com Jagger, Block advertiu o júri a não levar em conta qualquer preconceito que tivesse quanto à vestimenta do músico ou mesmo à referência, sem rodeios, a "preceitos morais tacanhos/insignificantes". Afirmando o óbvio, Block reconheceu o *status* de celebridade de Richards e a enorme publicidade gerada pelo julgamento. Em um esforço de parecer imparcial, insistiu que o júri se esquecesse de tudo que havia lido ou ouvido na imprensa sobre os outros dois outros casos (o que era, em si, impossível).

Remetendo-se às palavras do parlamentar MP Dick Taverne, que questionara a grande publicidade sobre o caso antes do julgamento, Block buscou cativar os jurados, muitos dos quais vinham de famílias com valores próximos aos dele. "Esse senhor", disse Block, referindo-se a Taverne, "não tinha ciência da competência de um júri de Sussex, do qual, agora, os senhores fazem parte". Após essa afirmação paternalista, Block abordou o cerne do argumento da promotoria. "A questão que irão julgar é, de certa forma, simples", reiterou. "Os senhores devem decidir se maconha estava sendo consumida na casa quando da chegada da polícia e se tal fato era do conhecimento de Richards."

Às 14h25, os membros do júri encaminharam-se à pequena antessala, localizada à esquerda do plenário, para deliberar. Após pouco mais de uma hora, os jurados informaram ao corpo de magistrados que haviam chegado a um veredito e foram, então, conduzidos de volta à sala de audiências para proferi-lo.

Keith foi considerado culpado da acusação de permitir que sua casa fosse usada para o consumo de maconha.

Com gritos de incredulidade vindos do público, fez-se um breve recesso, durante o qual os três magistrados leigos mensuraram as penas apropriadas aos delitos julgados, sob a condução crucial do juiz Block.

Jagger e Fraser foram levados de sua cela até o banco dos réus, na companhia de Richards, a fim de ouvir a leitura de suas sentenças, prestes a serem proferidas. A visão de Mick, Keith e Robert Fraser gerou um turbilhão de emoções em Faithfull. "Nunca vou me esquecer daquela imagem no tribunal", declarou à BBC, em 2004. "Foi terrível vê-los ali, perante um tribunal, e me dar conta do risco que corriam. Nunca vou me esquecer de como estavam bem vestidos. Foi absolutamente maravilhoso ver como se trajaram para comparecer ao tribunal."

Tendo o direito a uma última declaração perante o corpo de juízes, Haver reiterou que variantes das drogas encontradas na posse de Jagger eram receitadas sem restrições no Reino Unido. Visto que mais de 150 milhões de comprimidos com tais substâncias haviam sido prescritos, Havers afirmou que não poderiam ser classificadas como nocivas, o que fora corroborado pelo médico de Jagger. Além disso, alegou que Jagger havia enfrentado três dias de tormento e de "publicidade deveras adversa por parte da imprensa". Referindo-se às fotos que o mostravam algemado, Havers questionou se alguém que não tivesse a fama de Jagger teria recebido tal tratamento. Como apresentar-se em países estrangeiros fosse essencial para a carreira de um músico conhecido internacionalmente, Havers pediu que clemência fosse demonstrada para com o réu.

Voltando sua atenção para Richards, Haver declarou que não havia provas que sugerissem que "maconha estava sendo fumada de modo indiscriminado" em Redlands. Ademais, destacou que a Lei usada para incriminar Richards tinha como objetivo a punição de estabelecimentos organizados para o consumo de drogas, com fins lucrativos, algo que, com certeza, não ocorrera em Redlands. Por fim, Havers apresentou seu próprio sumário do caráter do réu: "Ele é um jovem simpático, que segue suas próprias opiniões... Este rapaz de 23 anos chegou a essa idade deparando-se com tentações e urgências que lhe foram impostas pelo estilo de vida errático que levou nos últimos quatro anos, muito maiores do que as que os jovens comuns enfrentam".

Havers, então, encerrou sua argumentação, deixando que o último ato do drama fosse representado pelos juízes. Era certo que o juiz Block estava ciente das consequências que podiam advir dos acontecimentos dos últimos dias, visto que, com a cobertura internacional do caso permitindo que juristas viessem a tomar conhecimento dos eventos, qualquer deslize poderia ser alvo de críticas. Não obstante, a lei permitia que os juízes sob sua recomendação impusessem a pena máxima. Caso Block resolvesse, de fato, usar todo o peso da lei, Fraser poderia ficar preso por sete anos; Jagger, por dois anos e Richards, por consideráveis dez anos.

Enquanto o júri, no caso de Richards, demorou algum tempo para chegar a um veredito, foi necessário apenas poucos minutos de deliberação para que Block e seus pares decidissem qual seria a condenação dos três réus. Com o pesaroso trio unido como um mesmo corpo no banco dos réus, suas acusações foram enunciadas, mais uma vez, antes de serem proferidas suas sentenças. De acordo com o protocolo, as sentenças foram proferidas pelo homem que havia assumido a posição de guardião do *establishment*. À sua frente estavam, de pé, indivíduos pelos quais não sentia a mínima afinidade e cuja reputação ele tentava aniquilar. Aos 61 anos e representando uma geração que se sentia traída pelo comportamento anárquico e irreverente de "tipos" como os Rolling Stones, o juiz Block podia agora emitir um julgamento compatível com o ressentimento que seus correligionários tinham contra eles.

Eram pouco mais de 15h45 e o silêncio tomou conta da sala de audiência. Os advogados, tanto da defesa quanto da promotoria, colocaram sua papelada de lado e olharam em direção aos juízes. Do lado de fora, mais de 600 fãs e curiosos esperavam reunidos, aguardando o veredito. Um silêncio avassalador tomou conta da sala enquanto o juiz Block lia a primeira sentença.

"Keith Richards, o crime pelo qual o senhor foi corretamente julgado e considerado culpado tem pena máxima, decretada pelo Parlamento, de dez anos... Isso mostra a gravidade do crime... O senhor é sentenciado a cumprir um ano de prisão. Além disso, terá de pagar 500 libras esterlinas pelas custas da promotoria. Podem levá-lo."

Pôde-se ouvir, imediatamente, os fãs presentes soluçando e gritando: "Não! Não!". Os repórteres e outros interessados no desfecho do caso conversavam, agitados. Diz-se que Richards não esboçou nenhuma reação – apenas encarava os juízes, de forma inexpressiva. O juiz Block pediu silêncio.

"Robert Fraser, o senhor se declarou culpado da posse de uma droga muito perigosa e nociva. É sentenciado a cumprir seis meses de prisão. Além disso, terá de pagar 200 libras esterlinas de custas. Podem levá-lo."

Ao ouvir sua sentença, Fraser deu um profundo suspiro e bateu os saltos de seus elegantes sapatos pretos, um contra o outro. Como sua fama era restrita ao mundo das artes plásticas de Londres, não se ouviu nenhuma exclamação ou grito vindo do público.

Com dois dos três acusados de Redlands sentenciados a cumprir penas de prisão, havia pouca esperança de que Jagger saísse livre. Como a pena de Richards fora severa, pairava no ar a pergunta se seu companheiro Stone teria o mesmo destino. Em virtude da grande popularidade de Mick, o público aguardava ansioso, enquanto o juiz Block se preparava para ler a sentença.

"Michael Phillip Jagger", começou, de modo ameaçador. "Por ser considerado culpado da posse de uma droga potencialmente perigosa e nociva, é condenado a cumprir três meses de prisão. Além disso, terá de pagar 200 libras esterlinas de custas. Podem levá-lo."

Enquanto o juiz Block pronunciava a sentença, Jagger cobriu o rosto com as mãos e começou a balançar o corpo. Quando os guardas fizeram sinal de que os três deviam descer as escadas em direção às celas, Richards, por um segundo, agarrou a balaustrada de madeira à sua frente e encarou os juízes. Enquanto eram conduzidos para as celas no andar abaixo, pôde-se ouvir uma cacofonia de gritos, berros e indignação vinda do público presente. Dentre os três, Jagger, com certeza, foi quem mais ficou abalado com o veredito e, ao ser levado pelo guarda, olhou de relance para a aflita Marianne, que a tudo assistia. Nesses poucos segundos, o casal trocou um olhar melancólico e, apesar da distância, ela conseguiu ver que ele chorava. Ele, então, virou-se, olhou os 12 degraus que levavam às celas, cobriu o rosto com as mãos e desceu as escadas, cambaleante.

"Era como se eu estivesse morto", Jagger viria a declarar. "Era como estar em um filme de James Cagney, à exceção de que tudo ficara negro."

O *Daily Telegraph*, que até então não tinha por tradição publicar relatos emocionados sobre os astros pop, editou uma cobertura um tanto poética do momento em que Jagger foi condenado.

"Ao ouvir sua sentença, Jagger praticamente desmoronou e cobriu o rosto com as mãos", escreveu o correspondente do jornal. "Saiu do banco dos réus cambaleante, à beira das lágrimas."

O caos se instalou na assistência. Duas garotas se abraçaram, chorando, e uma delas, ao ver Jagger abatido ser levado para as celas, gritou: "Estão prendendo ele só porque tem cabelo comprido".

Capítulo 9

A Prisão

"Policiais, acalmem-se. Calma, tabloides dominicais. Juízes ultrajados, (acalmem-se). As leis mudarão, todos nós estaremos mortos em breve e, por fim, triunfaremos – por que não colocar os acontecimentos em perspectiva? Não somos uma ameaça ao governo ou à lei e à ordem – apenas desejamos o bem de nosso povo."

Folheto distribuído durante as manifestações contra o *News of the World,* em junho e julho de 1967.

Após o pronunciamento das sentenças, o tumulto no tribunal continuou. A balbúrdia era tamanha que o juiz Block ordenou que o público fosse retirado do recinto. Enquanto os guardas da corte e policiais colocavam os fãs para fora do prédio, os jornalistas que assistiam à audiência corriam em direção aos dois telefones públicos do plenário. Com o horário escolar já encerrado, o número de pessoas reunidas do lado de fora do tribunal subiu para mais de 600, a maioria delas atônita com o que havia acontecido. À medida em que a notícia se espalhava, repórteres e curiosos reuniram-se na entrada dos fundos do fórum. Outros, procuravam os *pubs* e hotéis mais próximos para poder transmitir o veredito aos ansiosos redatores dos jornais londrinos.

Steve Abrams, um dos expoentes da luta pela liberação da maconha, era, à época, um dos colaboradores do jornal *"underground" International Times* [IT]. Com o interesse que todos os membros da contracultura pareciam nutrir pela saga, Abrams foi até Chichester a fim de obter informações sobre os vereditos. No entanto, o *IT* não conseguira, como era de se esperar, as credenciais necessárias para que Abrams pudesse assistir ao julgamento e, assim, o repórter ficou do lado de fora do prédio na companhia do fotógrafo Michael Cooper.

"Quando os vereditos foram lidos", recorda-se Abrams, "estávamos em pé na calçada oposta ao prédio do tribunal, onde a polícia nos obrigou a ficar. Lembro-me, com clareza, do eletrizante momento em que a grande porta de madeira do fórum se abriu e uma garota saiu chorando, aos berros e, assim, em questão de minutos, todos souberam o que tinha acontecido."

A debandada do plenário deixou Marianne estarrecida e sem condições de racionalizar o que o destino imediato reservava a seu namorado enquanto descia, a passos lentos e acompanhada de Cooper, os degraus da escada de pedra em direção às celas onde se encontravam Mick e Fraser. Assim como a equipe de defesa de Jagger, ela acreditara, de fato, que, apesar de considerados culpados, Mick e Keith não seriam condenados à prisão e, ao se encontrar com Mick, se abraçariam entre soluços.

Michael Havers e sua equipe conseguiram autorização para conversar por alguns minutos com seus clientes. Os dois Stones foram informados de que, na manhã seguinte, seriam apresentados recursos junto à Alta Corte de Londres [a última instância recursal para questões dessa natureza, na Inglaterra]. Apesar de ser apenas um paliativo, os advogados de defesa previam a possibilidade de conseguir uma diminuição das penas: redução de um mês na sentença de Mick e de quatro meses na condenação de Keith. No entanto, o objetivo principal era a esperança de que fosse estabelecida uma fiança na audiência de apelação.

Os presídios para onde seriam encaminhados seriam determinados de acordo com a disponibilidade de espaço para receber novos detentos. Apesar de não ser um requisito legal, acreditava-se que Jagger e Richards seriam separados, portanto, não causou surpresa a informação de que Richards e Fraser seriam levados para a penitenciária Wormwood Scrubs, em Shepherd's Bush, Londres, ao passo que Jagger seria encaminhado para Brixton Prison, no extremo oposto da cidade.

Trinta minutos após o pronunciamento das sentenças, chegou a informação de que o transporte que levaria os três a seus respectivos presídios estava a sua espera. Visto que os fãs bloqueavam a entrada dos fundos do tribunal, gritando "Vergonha" e "Liberdade para eles!", enquanto outros mais audazes tentavam escalar o portão de aço para chegar perto dos ídolos arruinados, decidiu-se que o trio deixaria a corte pela porta da frente do prédio.

Enquanto um furgão *Land Rover*, servindo de chamariz, partia pelos fundos, Jagger, algemado a um guarda da prisão, Richards e Fraser, presos um ao outro por uma manilha, desceram os degraus da frente do tribunal e, cruzando a calçada, entraram em um carro de polícia que os levou até um furgão que os esperava, alguns quilômetros fora de Chichester. Em seu interior havia um grupo, particularmente numeroso, de sete guardas que acompanhariam Jagger, Richards e Fraser aos respectivos presídios, localizados a cerca de 65 quilômetros de Londres.

Quando os três partiam, Marianne deixou o prédio do tribunal e vagou até o Ship Hotel, seguida de perto por alguns *cameramen* que se acotovelavam para capturar sua imagem. Les Perrin, que a acompanhava, buscava, em vão, protegê-la dos intrusos. Como um pardal ferido, cuja inocência havia sido roubada pelas maquinações preconceituosas do *establishment*, ela permitiu que Cooper tirasse algumas fotos suas na recepção do hotel.

Marianne, por fim, foi levada a uma Redlands vazia antes de partir para Londres. Agora o interesse desmesurado da mídia se voltava para ela e para a misteriosa "Senhorita X". Detalhes ainda mais picantes sobre a saga, muitos dos quais, fabricados, chegavam às redações dos jornais de todo o país e o "terrível segredo do Reino Unido" começou a ter vida própria. A essa altura, alguns participantes do círculo íntimo dos Stones já estavam a par da decisão do júri. Allen Klein, apesar de ainda ter negócios pendentes em Nova York, pegou o primeiro voo de volta para Londres.

Por volta das 20 horas, Jagger foi deixado na Brixton Prison, enquanto Richards e Fraser seguiriam por mais cerca de 15 quilômetros em direção ao presídio de Wormwood Scrubs, no oeste de Londres. Ambas as instituições eram, em 1967, típicas do sistema prisional inglês; construídas durante um período em que o bem-estar dos presos pouco importava.

Wormwood Scrubs, nome de um antigo campo de treinamento militar, era um lugar horrendo. Construído em 1874, o edifício em estilo gótico aprisionara alguns dos mais notórios criminosos do Reino Unido atrás de suas portas de carvalho. Descrita, mais tarde, por seu diretor como uma "lata de lixo penal", nada mais restava aos que lá estavam presos senão pensar em sua soltura. Como as sentenças de Richards e Fraser não lhes garantissem nenhum privilégio, ambos seriam colocados junto aos cerca de 1.300 presos comuns.

Por já ter gozado da hospitalidade de alguns dos recantos mais luxuosos do mundo, Keith ficou horrorizado com o que encontrou ao chegar ao presídio. Fraser e ele foram examinados por um curador. Fraser recebeu o número de identificação 7.854 e Richards, o número 7.855. Tiveram de despir seus ternos sob medida, que foram empacotados e guardados, e receberam, em seu lugar, o uniforme da prisão: um conjunto de calça e blusa de brim e um par de calçados. Em seguida, foram fotografados em uma sala que Richards viria a descrever como semelhante a uma "câmara de execução". Esses procedimentos tinham como objetivo desumanizar os detentos e Richards declarou, tempos depois, que se sentiu como "um pedaço de merda". Provavelmente cientes das questões em torno desses famosos prisioneiros, as autoridades decidiram não submeter Richards, Fraser e Jagger à revista íntima.

Após as formalidades de entrada, Richards e Fraser foram encaminhados para suas celas. Como de costume quando da chegada de novos detentos, receberam um lápis e um bloco de papel com o selo de Sua Majestade impresso na parte superior. Ambos escreveram mensagens comoventes para suas famílias, que certamente estavam preocupadas, informando que todo o possível estava sendo feito para que fossem soltos. Anita Pallenberg, que estava participando de uma filmagem na Itália, recebeu um telegrama de Keith contendo também palavras de encorajamento.

Como rádios eram um dos poucos "luxos" permitidos dentro da penitenciária, a notícia da prisão de Keith espalhou-se como fogo por Wormwood Scrubs. Como era de se esperar, manifestações de apoio se fizeram ouvir dentro das paredes frias e úmidas do presídio enquanto Keith era conduzido para sua cela. Ao caminhar pelos corredores deprimentes, o Stone ouviu várias manifestações de incentivo de alguns dos presos ao passo em que outros tentavam lhe passar cigarros feitos por eles. "Não se preocupe", Keith disse a um dos detentos que lhe ofereceu palavras de apoio, "não vou ficar aqui por muito tempo". Com esse e outros comentários sarcásticos trocados com os detentos, Richards foi colocado em sua cela. Tal era sua fama que vários prisioneiros, ao passarem por sua cela, jogavam-lhe tabaco e papel de cigarro pelas barras.

John Hopkins foi uma visita muito bem-vinda à cela de Keith naquela noite. Conhecido como "Hoppy", além de ser cofundador do jornal *International Times*, era uma figura influente na contracultura londrina. Hopkins havia sido sentenciado a nove meses de prisão, em primeiro de junho de 1967, sob circunstâncias semelhantes às de Richards. A apologia ao uso de maconha que fizera perante a corte levou o Juiz Gordon Friend, responsável por seu caso, a promulgar uma sentença de caráter exemplar, declarando: "Ouvindo sua opinião sobre a posse e o consumo de maconha, vejo que essa não é uma questão que eu possa ignorar. Você é uma figura perniciosa para a sociedade".

Fosse ou não do conhecimento dos dois Stones encarcerados, a revolta que se manifestara em Chichester logo havia se espalhado pelo país. Com repórteres e fãs indignados congestionando as centrais telefônicas dos presídios para saber detalhes das condições da famosa dupla, os telefonistas de Brixton e de Wormwood eram obrigados pelo regulamento a transferir todas as chamadas para o *Home Office*. Havia rumores de que Mick e Keith teriam seus cabelos cortados no comprimento exigido pelo regulamento dos presídios, mas um funcionário do *Home Office* negou o fato, declarando: "O corte de cabelo não é compulsório. O sistema prisional não é um mecanismo inflexível".

Enquanto a determinação férrea e o caráter resiliente de Richards ajudassem-no a suportar a situação, para o sensível Jagger a passagem por Brixton seria traumatizante. Ao chegar ao presídio, assim como Richards e Fraser, Mick passou pelas formalidades de praxe antes de ser conduzido a sua cela e receber lápis e papel. Além de várias cartas emocionadas, escreveu algumas letras de música, deitado em seu catre. Suas palavras viriam a fazer parte de algumas das faixas gravadas pelos Stones, em especial "2000 Light Years From Home" [Dois mil anos-luz distante de casa] e "We Love You" [Nós amamos vocês], trabalhos influenciados pelo drama insano da incessante saga.

Ao final do dia, informações sobre os acontecimentos em Chichester inundavam a mídia. O *Evening News* e o *Evening Standard*, os dois jornais vespertinos de Londres, dedicaram grande parte de sua primeira página à cobertura dos julgamentos e respectivas sentenças. A fim de oferecer notícias em primeira mão aos leitores, o *Evening Standard* encomendou uma rápida pesquisa de opinião para sondar a reação do público em geral. Ao serem perguntados: "A pena dos Stones foi justa?", pouco mais da metade dos entrevistados respondeu que concordava com as sentenças de prisão, enquanto outros desaprovavam seu rigor. A pesquisa também revelou outro importante dado: aqueles que consideravam a sentença adequada tinham mais de 30 anos.

Veículos de comunicação menos controlados pelo governo também demonstraram seu apoio aos músicos. Rádios "pirata" localizadas além dos limites territoriais começaram a tocar as músicas dos Stones com muito mais frequência. Essas emissoras, também consideradas párias da sociedade por trabalharem na ilegalidade, eram tão execradas quanto os Stones e logo viriam a ser tiradas do ar por conta da lei *Marine Offences Act*, de 1967, que passou a controlar as transmissões de rádio feitas de fora do território inglês. Fora dos limites do país, as notícias sobre a prisão dos Stones levaram muitos expatriados, simpatizantes da banda, a organizar piquetes em frente às embaixadas do Reino Unido a fim de expressar sua indignação.

Em Londres, muitos dos partidários dos Stones começaram a pensar em uma forma de retaliação. Movidos pelo que consideravam uma afronta a sua cultura, fãs e ativistas uniram-se como nunca antes e, apesar de estar em pleno "Verão do Amor" [como ficariam conhecidos esses meses ensolarados no Hemisfério Norte], militantes da extrema esquerda radicados em Londres não hesitaram em utilizar métodos mais radicais.

Tomados por um impulso que sobrepujava o idealismo, decidiram partir em passeata até a redação do *News of the World*, na Bouverie Street, nº 30, perto de Fleet Street – o coração do mundo jornalístico de Londres. Mick Farren, vocalista da "banda de garagem" The Deviants e importante ativista, liderava o movimento. Respeitado colaborador do *International Times*, estava anos-luz à frente dos sonhos fugazes da geração movida pelas drogas e, assim que a sentença dos Stones foi decretada, ele e seus pares trataram de reunir o maior número possível de manifestantes.

Mick Farren: "Nas três horas seguintes ao pronunciamento das sentenças, ligamos para pessoas insistindo para que se reunissem em Fleet Street à meia noite e que ligassem para outras pessoas, pedindo o mesmo. Quando chegamos ao *News of the World*, em torno das 23h45, apenas uns 50 'malucos' estavam lá. Ficamos desapontados, mas não por muito tempo. De repente, hippies começaram a chegar, aos montes. À 0h30, as ruelas próximas ao jornal estavam tomadas por todo tipo de gente. Hippies com tambores e flautas, figurões da política com seus seguranças em casacos de couro, além de astros pop rodeando a redação do jornal em limusines. O diretor de som de uma banda de rock chegou a bloquear a rua com sua caminhonete".

A multidão, que então somava milhares de pessoas, foi "recepcionada" por um despreparado pelotão de apenas sete policiais. As estreitas ruas vizinhas à sede do jornal logo foram tomadas por um grande número de manifestantes, o que impossibilitou qualquer ação da polícia. Enquanto esse protesto pacífico acontecia, os jornais diários da região preparavam suas edições matinais. Como era de se esperar, com a chegada do verão e nenhuma outra manchete bombástica, a prisão de Jagger e Richards transformou-se na galinha dos ovos de ouro dos jornais. Sob a funesta manchete "Poderão os Stones sobreviver a um período de ostracismo?", o *Daily Mirror* dedicou quatro páginas de sua edição de 30 de junho à prisão dos músicos. O jornal *The Daily Express* também dedicou sua primeira página ao caso, com a manchete, em letras garrafais, "Stones São Presos" e uma reportagem de mais de duas páginas. Além do drama dos Stones, os jornais londrinos tinham outra história, ainda mais perturbadora, para rechear suas edições: a morte da atriz e cantora Jayne Mansfield em um acidente de carro, no Mississipi.

Em 1967, assim como agora, o *Daily Mail* expressava a opinião da classe média inglesa e, além da previsível notícia sobre a prisão de Jagger e Richards, publicou uma matéria tendenciosa escrita por Monica Furlong. Enquanto a maioria dos jornais adiava se posicionar com relação ao caso, a reportagem de Furlong, sob o título "Os Frívolos Ídolos da Sociedade e o Cheiro da Decadência", fazia críticas descuidadas não apenas aos personagens envolvidos na saga que ocorrera em um tribunal em Chichester, mas também a outros alvos.

"Qual a importância do caso de Jagger?", perguntou Furlong. "Não é fácil enxergar além das drogas, da garota nua, dos hábitos das estrelas pop e modelos e dos cabelos compridos... Mas, as reações a esse caso deixam claro o medo terrível do exemplo que figuras públicas podem dar a seus jovens fãs... Sem dúvida, algumas formas de protesto são salutares. (Elas) ajudam a criar um saudável contraponto às rígidas tradições de nossa sociedade. Mas, por vezes, como acredito ser este o caso, há um ranço de decadência, ou seja, uma total falta de ideias e prazer verdadeiros."

Os jornais mais influentes retrataram os acontecimentos de modo mais reservado. O *Daily Telegraph* e o *The Guardian* limitaram-se aos fatos. O jornal *The Times* também dedicou parte de sua primeira página ao julgamento, com a manchete "Dois Rolling Stones são presos".

Além de outros protestos planejados contra o *News of the World*, novas ações foram discutidas, a fim de destacar quão injustas haviam sido as sentenças – dentre elas, um extraordinário show em apoio aos dois Stones, a ser realizado no Hyde Park, em Londres. Outra ideia, bem ao espírito do movimento hippie da época, foi comprar um buquê de flores para o juiz Block, usando parte da renda arrecadada com o show. Os ativistas mais irreverentes sugeriram acrescentar às flores um bilhete com os dizeres: "Nós o perdoamos". Outras bandas simpatizantes dos Stones não tardaram em expressar seu apoio. A banda The Who, um grupo que expressou o desencanto dos jovens em "My Generation", foi a primeira a se manifestar. Pete Townshend, além de considerar os Stones sua banda favorita, tinha outros motivos para se solidarizar com a situação de Mick e Keith, pois também tinha sido citado na série de reportagens do *NOTW* sobre drogas no mundo pop.

Na noite em que Jagger foi considerado culpado e ficou sob custódia (28 de junho), a banda The Who reuniu-se no estúdio De Lane

Lea, em Holborn, sem a presença de John Entwistle (então em lua de mel) e gravou, em uma curta sessão, duas composições de Jagger e Richards: "Under My Thumb" e "The Last Time". Como o tempo era primordial, sem contar a publicidade que isso geraria, Kit Lambert, um dos empresários da banda, tentou publicar um anúncio na edição de 30 de junho do jornal londrino *Evening Standard*. Entretanto, este só sairia na edição do dia seguinte.

O texto dizia: "Últimas Notícias: A banda The Who acredita que Mick Jagger e Keith Richards foram usados como bodes expiatórios na questão das drogas e, em protesto à sentença mordaz imposta a eles ontem, em Chichester, o grupo está lançando, hoje, as primeiras de uma série de canções compostas por Jagger e Richards, a fim de divulgar o trabalho da dupla até que, finalmente livres, possam voltar a gravar".

The Monkess, uma banda adolescente "pré-fabricada", também expressou sua solidariedade à causa. Durante seus três shows no Wembley Empire Pool, em Londres, para um público ensandecido, Peter Tork e Michael Nesmith usaram braçadeiras pretas para demonstrar, de modo implícito, seu apoio aos Stones. Perguntou-se a Nesmith, o mais ponderado membro da banda, qual sua opinião sobre a sentença dos Stones e, como de hábito, respondeu de modo erudito: "O confronto de Mick Jagger e Keith Richards com a lei representa, para o cenário psicodélico, o mesmo que Joana D'Arc representou para o Cristianismo".

Ironicamente, na mesma noite em que Jagger e Richards foram levados para a prisão, os The Monkees estavam hospedados no Royal Garden Hotel, em Kensington, onde Brian Jones se encontrava. Paranoico com o que acontecera a Mick e Keith, Brian decidiu vagar por vários hotéis londrinos, caso o esquadrão antidrogas estivesse à sua caça esperando também condená-lo, como acontecera em Chichester.

Como era provável que fãs dos Stones estivessem se mobilizando, por todo o país, para mostrar sua solidariedade, um apelo foi feito aos 10 mil membros do fã-clube oficial da banda para que não participassem de nenhuma dessas manifestações. Apesar de muitos estarem dispostos a agir, uma "campanha" maciça poderia ter um efeito contrário tanto perante a opinião pública quanto perante o Judiciário. Os advogados de defesa de Jagger e Richards tinham certeza que os magistrados que deliberariam sobre os recursos seguiam os mesmos princípios daqueles que julgaram a dupla em Chichester e, assim, qualquer manifestação pública contundente poderia ter um resultado oposto ao desejado.

Aquela incerteza pesava sobre os ombros de Michael Havers que, após o julgamento em Chichester, voltara para casa tarde da noite, desapontado e abatido. "Ele estava arrasado", confirmou seu filho, Nigel Havers. "Eu nunca o tinha visto tão para baixo. Papai estava chocado e decepcionado com a decisão judicial e jurou que os tiraria da prisão na apelação."

Como o juiz Block, com relutância, permitira que se recorresse das condenações, a equipe de advogados de defesa trabalhava noite adentro para preparar todos os documentos necessários.

Nesse meio tempo, Jagger e Richards enfrentavam a dura realidade da vida na prisão. Keith, acostumado a admirar os campos de Sussex quando bem entendesse, foi acordado às 6 horas da manhã, juntamente com os outros prisioneiros de Wormwood Scrubs. Para poder entrever outro cenário que não as corroídas paredes cinza de sua cela, empurrou um cambaleante banquinho para perto da janela e nele subiu, a fim de ter um vislumbre do céu. Os berros de um dos guardas o trouxeram de volta à realidade e Richards se juntou aos outros prisioneiros na fila para o café da manhã. Como vários recém-chegados, foi levado para conhecer outras áreas do presídio, incluindo a capela e a biblioteca. Ele recebeu a tarefa de, no período da manhã, trabalhar na linha de produção da oficina da prisão, onde alguns presos costuravam malas de correio e outros, como ele, montavam pequenas árvores de Natal de plástico, que seriam colocadas sobre bolos para as festas de fim de ano.

Após terminar a entediante e entorpecedora tarefa, Richards foi levado para o pátio para uma hora de "socialização". Mesmo forçado pelos guardas a caminhar ininterruptamente pelo pátio da prisão, fez contatos com outros presos, muitos dos quais, a meia voz, lhe ofereceram uma diversificada gama das mesmas substâncias que o levaram a estar ali. Depois da obrigatória atividade física, Keith voltou para a relativa segurança de sua cela. No início da tarde houve grande espanto quando os rádios do presídio, todos aparentemente sintonizados na mesma estação, tocaram "It's All Over Now" [Tudo acabou], dos Stones. Como todos os internos de Wormwood Scrubs parecessem cantar em uníssono, Richards teve certeza, então, de que independentemente de seu destino, ele nunca deixaria de ter o amparo desses companheiros.

Ao passo que Richards vivenciara apenas uma noite na prisão, esse era o quarto dia que Mick passava atrás das grades e, para os que o visitavam, sua aparência era deprimente. Além do uniforme insípido da prisão deixar claro que lá ele não passava de um homem comum, Mick parecia exausto e consumido pela tensão. Encarcerado em uma cela lotada e sem a costumeira proteção de seus guarda-costas, Mick temia por sua segurança pessoal, não só por conta de presos oportunistas como também de alguém que tivesse algum ressentimento em relação a ele. Marianne, uma das primeiras pessoas que obteve permissão de visitá-lo, tentou, em vão, consolá-lo, mas era evidente que Jagger estava arrasado.

Nas primeiras horas da manhã de 30 de junho, Havers e sua equipe apresentaram-se à Alta Corte de Londres perante o juiz William Kenneth Diplock e seus colegas, os magistrados Brabin e Waller. Apesar de serem necessários meses para preparar a maior parte dos documentos indispensáveis para a audiência de apelação, conseguir que os Stones saíssem sob fiança era o objetivo principal naquele momento.

Aos 60 anos, na época, Diplock era um dos mais respeitados e experientes juízes de apelação e, apesar de não ver com bons olhos a cultura que Mick e Keith representavam, estava consciente da gravidade da decisão tomada em Chichester. Os presentes à pequena sala de audiências ouviram o pedido de Havers ao corpo de magistrados, alegando que Jagger e Richards foram vítimas de sentenças de caráter exemplar, proferidas sem a mínima consideração às provas apresentadas ao corpo de magistrados.

Reiterando as provas apresentadas, Haver afirmou que Jagger tinha o amparo de seu médico e, mesmo admitindo que seu cliente tinha drogas consigo, seu clínico lhe dera uma "autorização ética" para usá-las. Em um tom apaixonado, Havers demonstrou como a reputação de Jagger havia sido maculada pela cobertura dada ao caso pela mídia, um estigma que o advogado ansiava reverter. "Não se levantou qualquer suspeita de venda de substâncias ilegais", enfatizou. "Não havia grandes quantidades (de drogas) e existe uma grande diferença entre este caso e o de uma pessoa que possua grandes quantidades de narcóticos e tenha a intenção de vendê-los, ou seja, um traficante". Havers também argumentou que, ao divulgar fotografias de seu cliente algemado, a mídia criou uma imagem totalmente distorcida de Jagger. Essa iteração convincente da defesa levou os magistrados a receberem o recurso. O juiz Diplock, de modo pertinente, concordou ainda pela concessão de fiança, determinando a liberação imediata de Jagger.

Após obter tal vitória, Havers apresentou o caso de Richards aos juízes. O advogado de defesa argumentou que a condenação por ter permitido o consumo de maconha em sua residência tinha várias falhas em virtude da incapacidade dos agentes de polícia em discernir entre o aroma de maconha e o de incenso. Além disso, o argumento de que o suposto comportamento lascivo da enigmática "Senhorita X" resultava de estar ela sob o efeito de maconha foi refutado por Lynch, investigador da Scotland Yard.

Os magistrados concordaram com Havers que tais questões relativas ao caso de Richards precisavam ser reexaminadas e deferiram o pedido de sua imediata liberação sob fiança. Apesar de Mick e Keith terem a liberdade assegurada, algumas concessões ainda tinham de ser feitas à burocracia da lei. Estabelecendo a fiança exorbitante, ainda que proporcional à gravidade do caso, de 5 mil libras esterlinas tanto para Jagger como para Richards, os magistrados determinaram que duas pessoas servissem de avalistas, pagando cada uma a quantia de mil libras esterlinas, responsabilidade que recairia sobre o assessor de imprensa da banda, Les Perrin, e o contador, Stanley Blackmore. Apesar de Havers alegar que a dupla tinha compromissos musicais e contratuais no exterior, os magistrados exigiram que os passaportes de Jagger e Richards fossem retidos até as audiências de apelação. Com a proximidade do período de recesso do judiciário, o recurso poderia levar mais de três meses para ser julgado. Pensando nisso, Havers pediu que o recurso fosse julgado o mais breve possível, mas como as anotações dos estenógrafos de Chichester ainda não tinham sido transcritas, era bem provável que a audiência só ocorresse no início de outubro.

A despeito desses contratempos, o mais importante era que a liberdade imediata de Mick e Jagger fora obtida. Após apenas 26 minutos de audiência, os dois Stones tiveram sua libertação decretada, o que pôde demonstrar o quão convincente foi o pedido de Havers.

Cada um dos dois Stones recebeu a notícia de sua liberação de modo bem diferente. Keith lembra-se de estar em sua cela quando ouviu um clamor vindo de fora: os prisioneiros que tinham rádios haviam escutado à notícia de que ele seria solto sob fiança. Quando um dos presos berrou que ele seria libertado, Keith pulou de sua cama e começou a chutar as grades de sua cela, gritando: "Me deixem sair, seus filhos da mãe! Me deram fiança!". Em seguida, Richards foi informado oficialmente de que deveria se preparar para ser solto. Ele se lembra de que, enquanto pegava seus pertences, ouviu um dos guardas dizer: "Você vai voltar". Dizem que Jagger ficou sabendo que seria liberado quando um exemplar de um jornal vespertino foi colocado sorrateiramente em sua cela.

Apesar da condescendência demonstrada quanto a Jagger e Richards, o pedido de fiança em favor de Fraser foi negado. Seu advogado, William Denny QC, argumentou que seu cliente foi pego com uma quantidade ínfima de heroína (suficiente para um dia) e que sua sentença – em especial por estar ele, agora, livre do vício – era severa demais. Denny também enfatizou que a publicidade gerada pelo julgamento impedira seu cliente de ter uma audiência justa. Nenhum de seus argumentos comoveu os magistrados, que declararam que Fraser deveria permanecer preso. "Quando se trata de heroína", declarou lorde Parker, "esta corte considera ser de interesse público que, caso não haja circunstâncias atenuantes, o réu fique detido."

Sendo assim, Fraser permaneceu detido. Teria que esperar até que a máquina da lei voltasse a funcionar para que pudesse saborear, de novo, a liberdade. Apesar de haver alguma esperança de que seu recurso fosse ouvido antes do recesso judiciário em julho, as possibilidades eram ínfimas.

O *Bentley* azul de Keith, dirigido por Tom Keylock, o fiel escudeiro, rumou primeiro em direção ao presídio de Brixton para buscar Mick. Precisamente às 16h20, e com um pequeno grupo de fãs, a maioria em uniformes escolares, à sua espera, Jagger foi conduzido para fora dos muros da prisão. Vestindo uma jaqueta bege e uma camisa amarela, Jagger sorriu para fãs e fotógrafos. Cinquenta minutos depois, o *Bentley* chegou à imponente entrada de Wormwood Scrubs. Vestindo as mesmas roupas que usara durante o julgamento em Chichester, podia-se perceber o alívio estampado no rosto pálido de Keith ao sair do presídio. No portão, fotógrafos cercaram o carro, bloqueando, por instantes, sua passagem. Como esperado, *flashes* dispararam, registrando o rosto cansado, mas relaxado, de Mick e Keith no banco de trás. Cinco minutos depois, o carro já dera meia volta e se dirigia a Londres, onde Mick e Keith se encontrariam com sua equipe de advogados no bairro de Temple, no centro de Londres.

Lá chegando, os dois Stones telefonaram para aqueles que os haviam apoiado nos últimos dias, inclusive Paul McCartney, que teria enviado mensagens de solidariedade para Jagger, Richards e Fraser.

Ao passo que Mick estava satisfeito por estar livre, Keith estava ensandecido por ter ficado preso. O motivo de sua ira foi o absurdo que veio à tona enquanto estava em Wormwood Scrubs. Nigel Havers relembra que seu pai lhe contou sobre o que estava por trás da revolta de Richards. "Keith disse: 'Quero processar a Rainha'. Meu pai ficou surpreso e perguntou: 'O que quer dizer com isso?' E Keith respondeu: 'Fiquei preso porque drogas foram consumidas na minha casa e, na prisão, me ofereceram maconha, baseados, tudo que se possa imaginar. Quem é a dona das prisões? A Rainha.' E meu pai retrucou: 'Ah, entendo onde você quer chegar, mas acho que é melhor deixar isso de lado'."

Após a reunião com a equipe de defesa, Mick, Keith e Les Perrin resolveram tomar um drinque em um *pub* da redondeza, o The Feathers, localizado na Tudor Street, nº 36, um famoso ponto de encontro da comunidade jurídica (hoje conhecido como The Witness Box [o banco de testemunhas]). Desfrutando a liberdade, os dois Stones conversaram animadamente com membros da imprensa que acompanharam os acontecimentos que se seguiram ao longo do dia. Permitiram também que se tirassem fotos deles enquanto se escoravam no bar. A conversa, que, de modo geral, partiu dos repórteres, foi um tanto formal. Em retrospecto, percebe-se que suas respostas foram bastante cautelosas, provavelmente graças à orientação de seus advogados e empresários.

Keith: "O que está sendo publicado não vai acabar com a banda. Não existe nenhum plano de separar o grupo e esperamos que nossos fãs continuem fiéis".

Mick: "Fomos tratados com muita gentileza e todos nos ajudaram. Não temos o menor ressentimento pelo que aconteceu... afinal de contas, uma cela não é muito diferente de um quarto de hotel em Minnesota".

Keith: "A única coisa que estou fazendo no momento é curtir minha liberdade".

Ainda sob a mira dos *flashes*, Mick continuava a tomar, tranquilo, um drinque de vodca com lima, enquanto Keith saboreava uísque com coca-cola. Perrin tentou criar uma atmosfera de ordem até que, por fim, as entrevistas foram dadas por encerradas. Jagger despediu-se, dizendo: "Levará alguns dias para nos reajustarmos. Mas precisamos terminar a gravação que estávamos fazendo".

Após terem respondido às perguntas da imprensa, os dois Stones deixaram o *pub*. O apoio a eles era tamanho que o dono do estabelecimento ofereceu os drinques como cortesia da casa. Para finalizar a "suposta" coletiva de imprensa, algumas fotos foram tiradas na rua. Com os braços sobre os ombros um do outro, ambos pareciam exaustos. Mick, tendo reencontrado Marianne, e Keith foram levados até a suíte de Allen Klein, no Dorchester Hotel. Apesar de aliviado de que seus artistas estivessem livres, diz-se que Klein ficou furioso com o que aconteceu, em seguida, em seu quarto de hotel.

"Quando Mick, Keith e Marianne chegaram ao meu quarto, ela pegou um cachimbo com haxixe e o acendeu", relatou Klein. "Bem, como alguém poderia ser tão estúpido? Tirei o cachimbo dela e atirei aquela 'merda' pela janela. Ela ficou falando que a lei não era realista: bem, eu estava pouco me lixando se a lei era realista ou não. Só não queria que fossem para a cadeia. E não era só pelo dinheiro. Não me preocupo só com isso. O fato é que, se estou envolvido, então sou responsável. Mantê-los fora da prisão se tornou uma missão pessoal."

Os dois jornais vespertinos de Londres foram os primeiros a publicar a notícia da libertação de Jagger e Richards. Usando de perspicácia, o *Evening News* dividiu seu editorial em duas correntes, com opiniões pró e contra a decisão. Nesse ínterim, as notícias que seriam divulgadas nos jornais da manhã seguinte já estavam sendo rodadas. Como a notícia da libertação dos Stones só veio à tona no final da tarde, os jornais que não tinham compromissos tão prementes com prazos ainda discutiam a prisão dos Stones.

Em 1967, William Rees-Mogg, à época editor do *The Times*, era o mais respeitado jornalista do Reino Unido. Vindo a receber o título de barão Rees-Mogg, foi uma das vozes mais eruditas de sua geração, grande conhecedor da política, do sistema judiciário e das artimanhas da mídia. Em 1956, ele se candidatara a membro do Partido Conservador com o intuito de ocupar uma cadeira no parlamento como representante da cidade de Chaster-le-Street, localizada em Durham. Não conseguir ser eleito como Membro do Parlamento (MP) não o impediu de seguir carreira como jornalista. Após trabalhar para o *Financial Times*, tornou-se editor do *Sunday Times* e, em seguida, diretor do jornal diário *The Times*, pouco antes da saga Jagger-Richads irromper.

Investigando o diversificado cenário londrino, Rees-Mogg notou o rápido aumento do uso de drogas por parte dos jovens. Era-lhe difícil compreender, assim como a outros, a incoerência de uma lei que não fazia distinção entre drogas leves, como a maconha, e outros narcóticos mais pesados, como a heroína. O julgamento de Jagger e Richards, além de tornar tal fato evidente, levantou a questão da natureza de sentenças de caráter exemplar. Quando fotos de Jagger algemado circularam pelo país, Rees-Mogg sentiu-se na obrigação de expressar o crescente mal-estar quanto ao que ocorrera em um editorial do *The Times*.

Visto que os casos de Mick e Keith ainda seriam revistos pela corte, era impossível afirmar se suas condenações seriam revogadas ou reduzidas. Ademais, qualquer ponto de vista que fosse publicado enquanto o caso ainda estivesse em andamento poderia ser considerado *sub judice*, ou seja, passível de pena e, caso as autoridades julgassem apropriado, o editorial de Rees-Mogg poderia ser rechaçado e o jornal *The Times*, junto com o jornalista, passível de processo.

Portanto, Rees-Mogg foi corajoso ao colocar a cabeça a prêmio. Embora a maioria dos editoriais do *Times* fossem escritos por um grupo

Ao chegar ao Juizado de Chichester para esperar o pronunciamento de suas sentenças, Fraser e Jagger exibem as algemas de aço que os prendiam um ao outro para os fotógrafos de plantão, em 28 de junho de 1967. (TED WEST/CENTRAL PRESS/GETTY IMAGES)

Mick e Robert Fraser chegam a Lewes Prison para sua primeira noite na prisão, em 27 de junho. Jagger viria a ser transferido para Brixton Prison a fim de cumprir uma sentença de três meses por porte de drogas. (DAILY SKETCH/REX FEATURES)

Poucas horas depois de detalhes da batida policial terem sido revelados em juízo, Marianne Faithfull é fotografada em Redlands segurando a edição recém-lançada do jornal londrino *Evening News*, cuja manchete da primeira página a ligaria para sempre ao escândalo.
(DAVID MCENERY/REX FEAATURES)

O fotógrafo e amigo Michael Cooper tenta, em vão, proteger Marianne Faithfull da imprensa, perturbada após Mick e Keith serem considerados culpados no Juizado de Chichester.
(MIRRORPIX)

Momentos depois, no Ship Hotel, em Chichester, Marianne tenta digerir a dimensão das sentenças de prisão decretadas contra Mick e Keith.
(MIRRORPIX)

Acima: A prisão de Mick e Keith deu ensejo a uma extraordinária quantidade de demonstrações de apoio por parte da comunidade pop. Em um ato de solidariedade, a banda The Who fez o lançamento relâmpago de um compacto com duas músicas compostas por Jagger e Richards: "The Last Time" e "Under My Thumb".

À direita: Após saírem da prisão na sexta-feira, 30 de junho de 1967, Mick e Keith partiram imediatamente para o escritório de seus advogados a fim de conversar com a equipe de defesa. (MIRRORPIX).

Após o encontro com a equipe de defesa, Mick e Keith degustam um merecido drinque no The Feathers, um *pub* próximo ao escritório de seus advogados. (MIRRORPIX).

Apesar de Jagger e Richards terem saído da prisão sob fiança, as manifestações contra o *News of the World* continuaram. Acima, em 30 de junho, Keith Moon, baterista do The Who, e sua esposa demonstram seu apoio à causa. (C. MAHER/GETTY IMAGES)

Mick e Keith em Redlands, em 4 de julho de 1967, dia em que os jornais diários divulgaram que a audiência de apelação havia sido marcada para uma data mais próxima: "Isso foi um grande alívio", declarou Mick.
(DAVID COLE/REX FEATURES)

QC Michael Havers, advogado de defesa de Mick e Keith no caso Redlands.
(MIRRORPIX)

William Rees-Mogg, editor do jornal *The Times* em 1967 e autor do histórico editorial "Who Breaks a Butterfly On a Wheel" [Quem Submete uma Borboleta à Roda do Suplício?].

O Juiz Leslie Kenneth Allen Block, que presidiu o corpo de magistrados no Juizado de Chichester. Radical, intransigente e inclemente, ficou certamente satisfeito com a oportunidade de colocar Mick e Keith atrás das grades.
(HENFIELD VILLAGE MUSEUM)

O sargento de polícia Norman Clement Pilcher. Responsável por incursões policiais contra Donovan, Brian Jones, John Lennon, Yoko Ono e George Harrison, foi apelidado o Oliver Cromwell do rock [Cromwell foi um antigo militar e político britânico, morto em meados do século XVII].

Poucas horas após ter sua sentença de prisão revogada, Mick pegou um avião no aeroporto de Battersea rumo a Spain's Hall, uma residência elisabetana em Essex, onde participaria do *World In Action*, um especial televisivo. Com ele, Marianne Faithfull e John Birt, pesquisador da rede de TV Granada, hoje conhecido como lorde Birt.

Robert Fraser, *marchand* e dono de uma galeria de arte em Mayfair. Ele não teve a mesma sorte de Mick e Keith e acabou por cumprir a maior parte de sua pena no presídio Wormwood Scrubs, no oeste de Londres.
(FRED MOTT/EVENING STANDARD/ GETTY IMAGES)

O sucesso da apelação de Mick e Keith foi recebido com alívio por todos que apoiaram sua causa. O Beatle Paul McCartney – de volta de uma temporada de férias na Grécia com a namorada Jane Asher e o amigo "Magic" Alex Mardas – estava ansioso por demonstrar sua satisfação com a notícia.
(GEORD STROUD/ EXPRESS/GETTY IMAGES)

A extraordinária foto de Richard Hamilton da saga de Redlands viria a ser chamada *Swingeing London* [a Londres Repressora]. A contundente foto de Mick e Fraser algemados ao serem transferidos para a prisão tornou-se uma das imagens mais impressionantes dos anos 1960.
(MOMA, HOMER SYKES)

Mick e Keith não foram os únicos a enfrentar problemas com a lei. Brian Jones teve vários embates com a polícia durante 1967 e 1968. Apesar de seu sorriso, Brian – fotografado aqui no Juizado de Pequenas Causas de West London, em 11 de maio de 1967 – viria a ser preso por conta de acusações relacionadas a drogas. (ANN WARD/DAILY MAIL/REX FEATURES)

21 de maio de 1968. Horas após uma batida em seu apartamento em Chelsea, Brian, desnorteado é levado da delegacia de Chelsea (em 21 de maio de 1968). (RON CASE/KEYSTONE/HULTON ARCHIVE/GETTY IMAGES)

Um ato de misericórdia. Brian, com a namorada Suki Poitier, deixa o tribunal após escapar de uma sentença de prisão por porte de drogas, em 26 de setembro de 1968. (MIRRORPIX).

de jornalistas anônimos, Rees-Mogg assumiu a tarefa de produzi-lo na íntegra e, com isso, publicou um dos mais importantes editoriais do século XX. Tal é sua importância que o texto completo aqui se encontra transcrito, *ipsis litteris*, com a permissão de lorde Rees-Mogg.

"Quem Submete uma Borboleta à Roda do Suplício?"

O senhor Jagger foi condenado a três meses de prisão. Está recorrendo da condenação e da pena, e foi liberado sob fiança até a audiência de apelação, que será realizada ainda este ano. Nesse ínterim, é provável que a sentença de prisão seja amplamente discutida pelo público, em especial porque as circunstâncias são inusitadas o bastante para se transformar em uma questão de interesse público.

O senhor Jagger foi acusado pela posse de quatro comprimidos com sulfato de anfetamina e hidrocloreto de metanfetamina, adquiridos de modo perfeitamente legal na Itália e trazidos para este país. Tais substâncias não são drogas de alto potencial nocivo e, na dose adequada, sequer são consideradas nocivas. São uma espécie de benzedrina recomendada pelos fabricantes italianos tanto como estimulante quanto medicamento para enjoo.

No Reino Unido, é considerado crime estar de posse dessas substâncias sem receita médica. O clínico de Jagger atesta que sabia que o músico estava de posse delas e autorizara seu uso, mas não escrevera uma receita, pois, na realidade, os medicamentos já haviam sido comprados. Não houve nenhuma objeção a seu testemunho. Esse foi, portanto, um delito de natureza técnica que qualquer homem honesto poderia ter cometido antes deste caso ter chamado a atenção do público para a questão. Caso, após sua visita ao papa, o arcebispo de Canterbury tivesse comprado, em Roma, um medicamento recomendado para enjoos em viagens de avião e entrasse no Reino Unido com os comprimidos que não havia consumido, correria o risco de ser indiciado pelo mesmo delito. Ninguém que tenha viajado e comprado medicamentos legalizados no exterior pode ter certeza de não ter infringido a lei de nosso país.

O juiz Block disse aos jurados que a anuência de um médico não podia ser usada como prova de defesa contra a acusação de posse de medicamentos sem prescrição e o júri, então, declarou o senhor Jagger culpado. Ele não foi acusado de envolvimento com quaisquer outros delitos relacionados a drogas que ocorreram na mesma casa. Eram casos distintos e não foi apresentada nenhuma prova de que ele soubesse que o senhor Fraser tinha comprimidos de heroína e o desaparecido senhor Schneiderman, haxixe. E, de fato, não é crime estar no mesmo local, ou na companhia de pessoas que estejam consumindo drogas e, ademais, não seria razoável considerar isso um crime. Sendo assim, as substâncias que o senhor Jagger trazia consigo devem ser consideradas uma questão à parte das diferentes substâncias que outros pudessem ter consigo na ocasião. Talvez seja difícil, para os leigos, fazer tal distinção, mas é claro que não será feita justiça se um homem for punido por estar associado de modo meramente casual com o crime de outro.

Tem-se, portanto, uma condenação contra o senhor Jagger baseada tão somente no fato de que tinha em sua posse quatro comprimidos estimulantes italianos, comprados de modo lícito, mas que foram trazidos ilegalmente para o país em virtude de não ter uma receita médica. Quatro não é um número exorbitante. Não é a quantidade que um traficante traria consigo nem a que se esperaria encontrar com um viciado. Seja como for, é óbvio que a carreira do senhor Jagger envolve uma grande carga de tensão e esgotamento. Seu médico consente que, por vezes, ele faça uso ocasional de tais medicamentos e é provável que outros similares tivessem sido receitados caso fosse necessário. Milhares de substâncias semelhantes são prescritas todo ano no Reino Unido, e por uma série de motivos. É necessário nos perguntarmos, portanto, por que razão essa transgressão técnica, dissociada, como deve ser, das transgressões de outras pessoas, foi tida como merecedora de uma pena de prisão. Na maioria dos juizados, é raro que a pena de encarceramento seja imposta a réus primários quando as drogas envolvidas não são indicativas de dependência e não se levanta a hipótese de tráfico. Comumente, a pena imputada é a liberdade vigiada, cujo propósito é motivar o transgressor a seguir sua vida e evitar os riscos do envolvimento com drogas no futuro. Causa surpresa, portanto, que o juiz Block tenha condenado o senhor Jagger à prisão, em especial por seu caso ser um dos menos graves já levados a juízo.

Não seria correto especular sobre os motivos do juiz, os quais não conhecemos. É, no entanto, possível ponderar sobre a reação pública. Há muitas pessoas que têm uma visão primitiva da questão, o que se pode chamar de visão pré-jurídica. Consideram que o senhor Jagger teve o que merecia. Não apreciam a natureza anárquica das apresentações dos Rolling Stones, não gostam de suas músicas, de sua influência sobre os adolescentes e, de modo geral, os consideram 'decadentes', um termo usado pela senhorita Monica Furlong, em artigo publicado no Daily Mail.

Tal visão parece razoável em termos sociológicos e compreensível em termos emocionais. No entanto, não possui qualquer relação com o caso. É primordial que se pergunte: 'O senhor Jagger recebeu o mesmo tratamento que teria recebido caso não fosse uma celebridade, com todas as críticas a que sua fama deu ensejo? Caso um estudante talentoso tivesse retornado de suas férias de verão na Itália com quatro comprimidos de estimulantes em seus bolsos, seria considerado necessário exibi-lo, algemado, perante o público? Por vezes, uma única pessoa passa a ser símbolo da preocupação popular quanto a alguns aspectos morais. O caso Steven Ward, com suas provas dúbias e veredito questionável, é exemplo disso, e aquele veredito o destruiu. Ambas as situações trouxeram à tona emoções similares. Se vamos transformar qualquer caso em um símbolo do conflito entre os valores tradicionais do Reino Unido e o novo hedonismo, então devemos nos certificar de que os valores tradicionais do Reino Unido incluam tolerância e equidade. Garantir ao senhor Jagger o mesmo tratamento dispensado a qualquer outra pessoa – nem melhor, nem pior – deveria ser uma característica própria da Justiça britânica. No entanto, nesta circunstância, ficaria a suspeita de que o senhor Jagger tenha recebido uma pena mais severa do que a que seria imputada a qualquer outro jovem cidadão comum.

O editorial tem como título um verso do poema de Alexander Pope, *Epistle to Dr. Arbuthnot* [Epístola ao doutor Arbuthnot], de 1735. Em termos gerais, a analogia de submeter uma borboleta à roda do suplício foi usada para simbolizar uma pena de caráter exemplar aplicada em um caso, de certa forma, inofensivo – semelhante, em termos mais correntes, a usar uma marreta para abrir uma noz.

William Rees-Mogg: "A citação de Alexander Pope refletia o extraordinário contraste evidente entre a figura frágil de Mick Jagger e o peso e força da Lei a ele imputados. Perceber que ele não estava sendo tratado de modo justo por ser famoso e representar uma reação agressiva a nossa cultura me levou a concluir que nossa cultura estava traindo seus princípios".

Além de chamar atenção ao fato de que a fama de Jagger poderia ter influenciado o rigor de sua condenação, Rees-Mogg abordou a clara espécie de substâncias com que Jagger foi pego.

Rees-Mogg: "Quatro comprimidos com compostos semelhantes à benzedrina, com certeza, não poderiam ser considerados um delito sério. A benzedrina tem sido usada desde os tempos da guerra, quando a tripulação dos aviões recebia doses maciças para permanecer alerta enquanto partia rumo à Alemanha. Já foi usada por estudantes para permanecerem acordados durante as provas; não como uma droga que alterasse o estado de consciência, mas sim como uma substância que permitia estar com a mente ativa quando se estava muito cansado".

A opinião de Rees-Mogg tinha grande peso e influência. Outros editores, inspirados por seu editorial, expressaram sua opinião nos dias que se seguiram. O influente jornal dominical *Observer* também afirmaria que o julgamento não atingira "nenhum fim" a não ser o "martírio simbolizado pelas algemas, cujo único propósito parecia causar ainda mais humilhação".

O *Sunday Times,* editado pela mesma empresa que publicava o *The Times* de Rees-Moggs, também publicou um artigo contundente a respeito da sentença desproporcional, proferida em Chichester. "O abismo entre as gerações aumentou de modo considerável nesta semana em West Sussex, deixando atrás de si resquícios de choque, ira, vaidade e questionamentos. Parafraseando o promotor, o forte cheiro da ignorância."

Como era de se esperar, o jornal de direita *Sunday Telegraph* buscaria justificar os vereditos e, ao fazê-lo, expressou o que muitos acreditavam ser a opinião do juiz Block. "O objetivo das sentenças", escreveu o conservador TE Utley, "não foi censurar a cultura pop, mas mostrar, de modo claro e contundente, que a sociedade está determinada a eliminar o consumo de drogas pelos jovens... Há muitas pessoas, dentre as quais me incluo, que considerariam que uma pena duas vezes mais severa seria pertinente caso se mostrasse passível de colaborar na erradicação do consumo de drogas". Utley concluiu sua argumentação dizendo: "Se as autoridades pudessem impor a mesma condenação à loucura pelas drogas, tenho certeza de que não haveria pai ou mãe neste país que não receberia de bom grado tal determinação".

Inesperadamente, a imprensa musical britânica estava dividida quanto ao assunto. A revista *New Musical Express*, conhecida por deixar claro seu posicionamento político, mal citou o escândalo dos Stones, que tomava conta da comunidade musical, ao passo que a revista *Melody Maker* publicou, em 8 de julho, sua própria resposta: "A *Melody Maker* leu o editorial do *The Times* na íntegra e, com certa surpresa, consideramos que deveríamos enviar não uma flor, mas um buquê para o *The Times*. O jornal publicou, no último sábado, um editorial imparcial, direto, informativo e justo sobre o caso Jagger, escrito por seu próprio editor Rees-Mogg. Felizmente, o texto foi bastante ponderado".

Apesar de Mick e Keith estarem livres, as manifestações contra o *News of the World* continuaram e o UFO, o *nightclub* psicodélico mais importante da cidade, localizado na Tottenham Court Road, se tornou o quartel-general do movimento, o que não poderia ser mais apropriado. Ponto de encontro favorito de músicos, *freaks* e diletantes da esquerda, onde qualquer um era bem-vindo, o UFO possuía uma atmosfera que o transformava em um local ao mesmo tempo ligeiramente perigoso e atraente. Os alto-falantes do clube divulgaram os detalhes de uma segunda manifestação contra o jornal na sexta-feira, 30 de junho. Como resultado, mais uma vez, uma grande multidão partiu do *nightclub* rumo à praça Picadilly Circus, na qual se encontrou com outros manifestantes, muitos dos quais haviam participado da passeata da noite anterior. O ponto de encontro foi a estátua de Eros – o eterno símbolo do amor – de onde seguiram em marcha pela histórica Rua Strand em direção a *Fleet Street* e à redação do *NOTW*.

Desta vez, no entanto, a polícia estava a espera deles, munida de cassetetes, escudos protetores e cães e, quando os manifestantes bloquearam as ruas, houve tumulto e muitos, incluindo Mick Farren, foram feridos. A namorada de "Hoppy" Hopkins, a extravagante Suzy Creamcheese, também conhecida como Susan Ziegler, estava no centro da ação e, mais tarde, foi presa. Keith Moon, baterista da banda The Who, também estava presente para manifestar sua indignação. Ele e sua mulher carregavam dois cartazes – o dele dizia: "Fim à Perseguição do Pop!", e o dela, com certeza sem se dar conta da homonímia, "Liberdade para Keith".

Moon se recordaria em 1978: "Saí e comprei uma centena de cabos de vassoura e várias cartolinas e fiz cartazes dizendo 'Liberdade para Mick e Keith' e, de dentro de meu *Bentley*, os distribuí para a multidão em frente ao prédio".

Sem se perturbar com a ação da polícia, os membros mais atuantes do movimento marcaram outro protesto para a noite seguinte, durante o qual planejavam bloquear a saída dos furgões que entregariam a edição de domingo do jornal. Apesar do número um pouco menor de manifestantes, os esforços dos presentes serviram para manter acesa a controversa questão das sentenças de Mick e Keith.

A revista *OZ*, que ganhava cada vez mais destaque entre os adeptos da contracultura por conta de suas opiniões francas e sem reservas, apressou-se em produzir um informativo que pudesse circular concomitantemente aos protestos. Distribuído entre os manifestantes que caminhavam rumo a *Fleet Street*, o folheto descrevia a indignação quanto à repercussão das sentenças proferidas contra os Stones. Grande parte de sua ira era direcionada ao editor do *News of the World*, Stafford Somerfield.

"Assim como os Stones simbolizam uma nova espécie de permissividade – daí as severas punições de caráter exemplar – o semanário desse homem [Somerfield] é o epítome de ganância, perseguição e fascismo hipócrita e decadente o qual atua como se fosse Deus. Infelizmente, a falta de princípios morais deste jornal tem se mostrado típica da imprensa em geral. A despeito de a corte ter assegurado anonimidade à convidada da festa de Richards, quase todos os jornais publicaram manchetes da "Garota Nua" justapostas com imagens irrelevantes de Marianne Faithfull. Tal insinuação cruel foi uma estratégia comum da imprensa – gananciosa demais para salvaguardar a integridade da cantora, covarde demais para expô-la sem reserva. A imprensa nacional não tardou em ganhar dinheiro explorando as vívidas extravagâncias dos Stones no passado... Agora, Richards e Jagger estão no banco dos réus, os ventos mudaram de direção e a atenção da juventude está focada na virilha."

Vítima de tantos insultos, não havia dúvidas de que o *NOTW* viria a retaliar as acusações em seu estilo peculiar. Muitos expressaram seu desdém pelo óbvio conluio entre o jornal e a polícia, mas foram os protestos que ocorreram em frente à redação que enfureceram os diretores do semanário. Naquela mesma semana ocorreram outros ataques menos convencionais ao jornal e a sua equipe. Um manifesto publicado no *International Times* incitava os leitores a telefonar para o tabloide e deixar registrado seu descontentamento com as manobras escusas. Como esperado, a central telefônica do jornal recebeu uma avalanche de chamadas durante aquela semana. Alguns, mais intrépidos, conseguiram ludibriar a central telefônica e falar diretamente com o departamento editorial, causando sérios inconvenientes aos jornalistas que estavam compondo a edição seguinte do jornal.

Somerfield também seria objeto de represálias que teriam como alvo sua residência. Alguém que, com certeza, conhecia o endereço do aguerrido editor telefonou para o esquadrão antidrogas, delatando que havia narcóticos naquele endereço. Como a polícia, até então, desconhecesse que Somerfield era o editor do *NOTW*, lá chegaram para realizar a busca. A senhora Somerfield, que estava só em casa, já que o marido estava trabalhando em Londres, ao se deparar com uma equipe de detetives de polícia à sua porta convidou-os a entrar e informou a um deles que iria telefonar para seu marido no *News of the World*.

"Por quê?", perguntou o policial, confuso.

"Porque ele é o editor do *News of the World*", replicou.

Ao ouvir a resposta, ficou claro o que acontecera.

"Deus do céu!", disse o policial, visivelmente envergonhado.

"Na verdade, não", respondeu ela, "apesar de, às vezes, ele agir como se fosse."

As ameaças à equipe editorial e a Somerfield continuaram ao longo da semana, ao ponto de a polícia se instalar em sua casa para protegê-lo de possíveis agressões. Dizem que os policiais apreciaram a hospitalidade do editor, que lhes teria dado passe livre para desfrutar de sua adega e despensa. Por fim, Somerfield dispensou seus serviços. "Pedi a seu chefe que os liberasse", declararia o editor, "porque não tinha mais como arcar com as despesas de hospedagem".

Prontos para a luta, o *News of the World* revidou, clamando sua inocência na primeira página da edição de 2 de julho. Com a manchete "Uma Acusação Monstruosa", o jornal defendeu-se das declarações que haviam ganhado força desde o final do julgamento. "Uma acusação monstruosa foi feita contra o *News of the World* durante o julgamento do Rolling Stone Keith Richards, nas *Quarter Sessions* de West Sussex.", lia-se em negrito. "Foi uma acusação feita em juízo, sob circunstâncias que nos impediram de rebatê-la, à época."

Ao longo de duas páginas, o jornal tentou se eximir das várias acusações que pesavam sobre ele. Como esperado, negaram com veemência que teriam plantado um *agent provocateur* na festa em Redlands. "Nunca tivemos, em absoluto, qualquer ligação com o senhor Schneiderman," dizia o editorial, "nem direta ou indiretamente; nem antes, durante, ou depois do evento".

Apesar dos desmentidos, Somerfield confirmou o que fora sugerido em juízo, ou seja, que o jornal havia informado a polícia sobre a festa em Redlands. Visto que a polícia e os advogados de defesa tinham provas disso, nada mais restava ao jornal senão explicar o ocorrido. "Queremos deixar claro que passamos as informações à polícia, pois fazê-lo era nosso puro e simples dever."

Duas fotos de Mick e Keith, tiradas de modo furtivo em o que parecia ser um apartamento "caindo aos pedaços" davam um matiz sensacionalista àquela confissão ousada. Obviamente tiradas por algum informante infiltrado, o objetivo era mostrar a dupla em um ambiente o mais infesto possível. A legenda sob a foto de Jagger dizia: "Em paz na baderna".

A confissão do jornal de que havia informado a polícia sobre a festa não aplacou a ira dirigida contra o tabloide e muitos não tardaram em condenar seu papel na saga. Lorde Lambton, parlamentar representante de Berwick-upon-Tweed pelo Partido Conservador, veio a público e criticou o tabloide, dizendo: "Não há justificativa para o que fizeram. A função de um jornal é publicar notícias e organizar ou explicar os fatos de acordo com a opinião de seus proprietários. É claro que não cabe a um jornal o papel de agente de polícia".

Membros da comunidade artística também expressaram sua reprovação. John Osborne, um dos mais jovens e eminentes dramaturgos do Reino Unido, enviou uma carta ao *The Times* escarnecendo a atitude do *News of the World:* "Devemos aceitar que editores de jornal acreditem ser seu 'puro e simples dever' transmitir pistas fortuitas de informantes sobre o que possa ou não estar acontecendo na residência particular de alguém?".

Em resposta a Osborne, Somerfield escreveu para o *The Times* buscando esclarecer o ocorrido. "Não plantamos ninguém na festa", afirmou. "Não plantamos drogas na festa; não ficamos 'de olho' no senhor Jagger; não agimos com o intuito de influir no processo por calúnia que o senhor Jagger movia contra nós."

Apesar de a retaliação de Somerfield não ter tido nenhum impacto sobre os que o criticavam, em 2007, o jornalista Robert Warren, do *NOTW*, ofereceu à BBC uma visão retrospectiva do que acontecera à época: "É óbvio que, se tivéssemos plantado alguém em Redlands, o teríamos deixado lá para conseguir a história inteira. A batida policial, na realidade, interrompeu a 'coisa' toda. Durante o julgamento de Jagger, a defesa sugeriu que havia um informante nosso infiltrado na festa e todo mundo comprou a história... Nossa intenção não era que Jagger fosse preso; nossa intenção era provar que aquilo que estávamos publicando era verdade. Mas a polícia levou o caso aos tribunais; nós não os instamos a isso. Contudo, um delito havia sido cometido e não nos arrependemos do que fizemos; na realidade, ficamos satisfeitos de que nossas ações tenham tido como resultado um processo penal... Foi mais um desses casos banais que acabam virando uma bola de neve".

Comentários vindos de outras vertentes ainda eram encaminhados por cidadãos comuns tocados pelo caso e continuavam a inundar os jornais, as revistas e periódicos. A senhora F. Smith, de Birmingham, escreveu para o *Daily Mail* expressando sua visão dos fatos: "Eu não me daria ao trabalho de atravessar a rua para ver ou ouvir os Rolling Stones, mas estou chocada com a crueldade das sentenças que lhes foram impostas". A senhorita R. Deere, de Kingston, região de Surrey, no sudoeste de Londres, defendeu, com entusiasmo, a letra da Lei: "Os Stones deveriam ter sido presos imediatamente e qualquer marcha a seu favor, interditada pela polícia". Entrentanto, é provável que a carta de Sylvia Disley, encaminhada para o *Daily Mail*, tenha sido a mensagem mais pertinente recebida pela mídia sobre o caso Jagger. Ela destacou um dilema com o qual várias donas de casa do Reino Unido se defrontavam com relação à posse inadvertida de drogas – um assunto sobre o qual, por ironia, Jagger havia escrito e cantado em "Mother's Little Help" (do álbum *Aftermath*). "Sou uma dona de casa, com 30 e poucos anos de idade", relatou Disley, "e, há muito tempo, tenho um frasco de comprimidos de benzedrina guardado em um armário, mas juro por minha vida que não consigo me lembrar de onde vieram. Apenas agora, após a sentença imposta a Mick Jagger, me dei conta de que eu e, provavelmente, outras milhares de donas de casa, estamos passíveis de ser condenadas a até dois anos de prisão e multa de mil libras esterlinas."

Com as opiniões divididas quanto ao caso de Jagger e Richards, uma pesquisa de opinião pública de âmbito nacional foi realizada a fim de verificar o que o povo pensava a respeito do ocorrido. Os resultados foram estarrecedores: a agência National Opinion Poll registrou que 56% dos entrevistados entre 21 e 34 anos acreditavam que Jagger, em especial, deveria ter permanecido preso por mais tempo.

Como era de se prever, os resultados da pesquisa foram um estímulo à imprensa de direita. O jornal *Sunday Express* publicou um editorial que comentava: "Não poderia haver lição maior para aqueles que confundem o discurso de alguns grupos *avant-garde* com a voz dos jovens. A maioria da juventude não tem nenhum interesse em drogas e acredita, com toda razão, que estas sejam consumidas apenas por desvirtuados".

Outros preferiram evitar a mídia e expressar suas opiniões para aqueles ligados diretamente ao caso. Uma mãe, moradora de Tooting, sul de Londres, decidiu escrever uma carta oferecendo seu apoio à ação da polícia. A carta que encaminhou ao chefe de polícia da New Scotland Yard, em 3 de julho de 1967, foi considerada digna de ser mantida no arquivo do caso; onde continua até hoje.

Prezado senhor,

Neste mundo de hoje, no qual os jovens não demonstram o devido respeito à rainha, ao país e aos governantes, espero que o relato a seguir lhes sirva de incentivo.

Meu filho de 17 anos leu sobre o caso dos Rolling Stones e, infelizmente, sobre todos os seus detalhes sórdidos, mas não se deixou influenciar. A despeito de alguns comentários sensatos que foram feitos sobre os Rolling Stones (ele é leitor dos jornais The Times, Sunday Times *e* Sunday Express*), sua conclusão sobre o caso foi a seguinte: "Estou do* *lado da polícia, é impossível que 15 agentes tenham mentido". Esse comentário, vindo de um jovem, demonstra o louvor e respeito que se tem pelo seu trabalho.*

Achei que deveria enviar-lhe esta carta diante de minha alegria com o fato, mas peço desculpas caso ela tenha sido uma perda de tempo para o senhor.

*Atenciosamente,
Myrtle K. Smith*

Capítulo 10

A Apelação

Ramson Stoddard: "O senhor não vai usar essa história, senhor Scott?". Maxwell Scott: "De jeito nenhum. Estamos no Oeste. Aqui, quando uma lenda se transforma em fato, então publicamos a lenda".
Extraído do roteiro do filme *O Homem que Matou o Facínora*, de James Warner Bellah e Willis Goldbeck, 1962.

Enquanto a saga de Redlands tomava conta do país, as questões mais prementes que o caso trazia à tona eram ofuscadas pelos rumores sobre Marianne Faithfull, que circulavam pela sociedade. Apesar de os falatórios terem incitado alguns setores da imprensa, nenhum jornal ousava publicá-los. Mesmo assim, eles se transformaram em moeda corrente na comunidade jornalística londrina, alastrando-se, em seguida, e sem ser desmentida, pelos *pubs*, *nightclubs* e bares de todo o país. Não foi surpresa que a irreverente revista *Private Eye* tenha sido a primeira a fazer alusão aos sórdidos boatos – ainda que de forma indireta. Com seu típico sarcasmo velado, a revista colocou uma referência ao escândalo impressa na letra Y – que lembra a virilha feminina – da palavra *EYE* de seu logotipo, na qual se lia: "Uma Barra de Chocolate Preenche a Lacuna". Um comentário cujo objetivo era incitar todos que tivessem conhecimento do rumor. Ainda tirando proveito do caso Redlands, a edição de 7 de julho da *Private Eye* trazia na capa uma fotografia adulterada do primeiro ministro Harold Wilson e seu vice, George Brown, que mostrava os políticos saindo, aos tropeços, de seu gabinete, em Downing Street, nº 10, com corte de cabelo *beatnik* sobreposto à imagem original. A fotografia estava acompanhada da manchete: "Drogados pelo Poder – Dois Detidos". A revista continuou a mencionar o caso ao longo de várias semanas, satirizando tudo e todos os envolvidos na saga.

Outros buscavam abordar a questão de modo mais sagaz. Richard Hamilton, um dos muitos artistas londrinos que tinham sido agenciados por Fraser, além de amigo pessoal do *marchand*, ficou abalado com o caso, em especial ao ver as imagens de Jagger e Fraser algemados. Desejoso de retratar artisticamente a humilhante situação, Hamilton usou uma foto de John Twine, câmera do jornal *Daily Sketch*, que mostrava os dois tentando esconder o rosto, algemados um ao outro. Usando seu tradicional estilo *Pop Art*, Hamilton deu um tratamento colorido à imagem em preto e branco de Twine, transformando-a em uma série de litogravuras com cores berrantes. Intitulada "A Londres Repressora" [*Swinging London*], a representação daquele momento histórico por Hamilton criou uma imagem que se tornou um ícone exemplar do tratamento indigno dispensado a Jagger e Fraser.

Hamilton, no entanto, não parou por aí. Com Mick e Keith libertados sob fiança, ele decidiu destacar a situação de Fraser, ainda preso, criando outra obra de arte dramática na forma de uma colagem. Como Hamilton buscasse criar algo que capturasse o frenesi da mídia, a secretária de Fraser lhe entregou vários recortes de jornais sobre o julgamento do caso Redlands. Unindo-os de modo irregular, o artista plástico acrescentou à colagem alguns itens relacionados ao evento: um pedaço de papel de embrulho de incenso, uma parte de um quadro da pintora Bridget Riley (cliente de Fraser) e, acirrando a controvérsia, uma tira de embalagem do chocolate Mars.

Nesse ínterim, Mick e Keith tentavam retomar suas vidas. Uma semana após sua soltura e bem distantes dos holofotes, voltaram a seus afazeres profissionais. Visto que tinha sido impossível fazer gravações durante o julgamento, Jagger e Richards voltaram a Redlands a fim de começar a trabalhar nas composições do sexto álbum dos Stones.

Percebendo que os músicos não se encontravam em Londres, jornalistas do *Daily Mirror* foram à caça da dupla, que foi encontrada em West Wittering, em 4 de julho. A visita dos repórteres foi fortuita, coincidindo com uma decisão exemplar em que lorde Parker, presidente do tribunal, antecipara as audiências da apelação de Mick e Keith para 31 de julho. Evidentemente ansioso por se livrar de um caso que havia ganhado as manchetes dos jornais, o magistrado escolhera o último dia antes do recesso judiciário para garantir que os julgamentos não seriam postergados até outubro, data do reinício das sessões. "É um grande alívio.", declarou Jagger aos repórteres. "Seria um saco ter de esperar todo esse tempo na expectativa de saber o que aconteceria com a gente." Fraser também se beneficiou da determinação do Presidente do Tribunal de julgar os casos antecipadamente. Sua apelação seria julgada em 28 de julho, três dias antes da audiência de Mick e Keith.

Enquanto isso, outro Stone, Brian Jones, não desfrutava do mesmo apoio do público que seus colegas. Seu julgamento por porte de drogas só seria realizado em outubro, o que lhe causou grande ansiedade. Convencido de que seria alvo de novas investidas do sargento Pilcher, Jones – em virtude dos relatos de que Jagger e Richards teriam sido vigiados – acreditava que seus telefones estavam grampeados. Com relatos de numerosos telefonemas encaminhados aos serviços de emergência reportando invasões de domicílio, incêndios e até uma ligação relatando o comprometido estado de saúde de Brian, uma torrente de veículos dirigia-se constantemente a seu apartamento para investigar o que ocorria.

Temeroso de que alguém o estivesse incitando a ter um colapso nervoso, Jones convocou uma coletiva de imprensa em seu apartamento em Courtfield Road, e falou com os repórteres da sacada de sua residência, no primeiro andar do prédio. Vestindo um quimono de seda e perigosamente recostado no frágil peitoril, declarou aos repórteres que forças desconhecidas haviam deflagrado uma guerra contra ele. As vozes em sua mente foram amplificadas pela cobertura maciça dada ao julgamento de Jagger e Richards. Ao visitar seu médico quando seus colegas foram sentenciados, seu estado foi considerado tão grave que foi internado em uma clínica em Hampshire para poder se recuperar de seus inúmeros traumas, sendo liberado apenas dois dias depois.

Mas o destino se encarregaria de mantê-lo afastado por mais tempo. Ainda ferido por Anita Pallenberg tê-lo preterido por Richards, Brian continuou a sair com Suki Poitier, cuja aparência física e personalidade eram praticamente uma cópia em carbono de Pallenberg. Ao voltar à efervescência da noite londrina, Jones desmaiou após uma festa no Hilton e, com Suki perturbada por seu estado, o casal foi levado às pressas ao hospital The Priory, em Roehampton.

O doutor Anthony Flood, médico de Brian, estava presente e supervisionou o atendimento. O estado mental de Jones foi diagnosticado como "ansioso, bastante deprimido e suicida em potencial". Sentindo-se muito só, Jones requisitou um quarto duplo para ele e Suki, além de acomodações para vários membros de sua *entourage* – no entanto, suas exigências foram recusadas com delicadeza. Após passar cerca de três semanas em recuperação no The Priory, Brian partiu em férias com Suki para Málaga, na Costa del Sol, Espanha.

Sua ausência pouco afetou as sessões de gravação do novo álbum dos Stones, retomadas oficialmente em 7 de julho, no Olympic Studios. Era grande a pressão para que o material inédito fosse divulgado o mais rápido possível, pois, como o "Verão do Amor" chegava a seu ápice, circulavam boatos de que o álbum psicodélico dos Stones seria lançado quando a "festa tivesse chegado ao fim". Para preencher temporariamente o vácuo deixado pela escassez de lançamentos da banda nos Estados Unidos, uma insípida coletânea incluindo faixas do lado B de compactos e refugos de álbuns já lançados, intitulada *Flowers* [Flores], um nome de certa forma desgastado, foi lançada pela London Records dos Estados Unidos. Na capa, o rosto de cada um dos Stones (foto extraída do encarte do álbum *Aftermath*) era sustentado por caules de flores. Alguns críticos viriam a especular que a falta de folhas no caule abaixo da imagem de Jones seria uma referência à sua ínfima participação no álbum.

Apesar de a canção "A Whiter Shade of Pale", da banda Procol Harum, e "San Francisco (Be Sure to Wear Some Flowers in Your Hair)", de Scott McKenzie, terem atingido o topo das paradas de sucesso mundiais em julho, os Beatles, mais uma vez, como era de se esperar, levaram os louros com "All You Need Is Love", um hino à época. A música chegou à primeira posição das paradas, mas, como não havia qualquer possibilidade de os Beatles se apresentarem ao vivo no programa *Top of The Pops*, a BBC se viu obrigada a reprisar o vídeo da gravação de *Our World*, a primeira transmissão via satélite ao vivo, assistida por milhões de pessoas em todo o mundo.

Como a saga de Redlands ainda era assunto corrente, alguém da alta cúpula da BBC considerou que a imagem de Jagger, cantando e sorrindo com seus trajes psicodélicos, poderia ferir a sensibilidade dos espectadores e, enquanto Johnnie Stewart, produtor do *Top of the Pops*, se preparava para inserir uma tomada do público no lugar da pequena participação de Jagger, Brian Epstein – empresário dos Beatles –, ao ficar sabendo do ardil, resolveu interceder. Por sua exigência, o vídeo foi transmitido na íntegra. A mídia logo tomou conhecimento da celeuma e a direção dos Beatles, então, emitiu um comunicado lacônico que dizia: "Caso a BBC insistisse no corte do vídeo, iríamos proibir sua transmissão. Jamais permitiríamos esse tipo de censura. Os direitos sobre o filme são nossos – somente nossos". Em defesa da BBC, seu porta-voz nada mais pôde fazer a não ser declarar que a sugestão de retirar Jagger da edição final do vídeo tinha "vindo de muito alto".

É mais do que provável que tal controvérsia estivesse sendo alimentada pelas longas colunas jornalísticas dedicadas aos julgamentos. O debate sobre drogas ganhava cada vez mais força e alguns buscavam tirar proveito da histeria coletiva ao influenciar a opinião pública. Muitos na linha de frente desse movimento procuravam adotar uma postura mais atuante diante de seu desagrado com a ordem vigente.

Como vários dos que estavam no lado mais delicado da controvérsia, Steve Abrams observava de perto a escalada das ocorrências que envolviam o uso de drogas por todo o Reino Unido. Motivado pela total falta de compreensão do governo sobre o assunto, em janeiro de 1967, Abrams criou o SOMA, um grupo atuante, formado por especialistas e consultores em questões políticas, sociais e econômicas, cujo objetivo era abordar as discrepâncias relativas ao uso da maconha. A sigla, cunhada da droga onipresente no romance *Admirável Mundo Novo*, de Aldous Huxley, significava *Society Of Mental Awareness* [Sociedade da Consciência Mental].

As leis relacionadas à maconha não faziam distinções pertinentes quanto a questões como composição, uso e fornecimento da droga e muitos – incluindo Abrams – sabiam que o julgamento de Redlands destacava tais falhas. Transgressores que não possuíam a fama dos Stones e estavam presos há muito tempo precisavam de representação. Ademais, as severas penas impostas pela Justiça após algumas batidas policiais traziam à tona a preocupação quanto ao grau de liberdade que a polícia tinha para perseguir usuários por um crime que não envolvia violência ou vítimas.

A prisão de John 'Hoppy' Hopkins com base na mesma lei que condenara Keith Richards foi um golpe certeiro na contracultura de Londres. Os Rolling Stones tinham acesso a um grupo seleto de advogados, privilégio negado a outros menos famosos ou sem as mesmas condições financeiras e, assim, o debate logo se transformou em ação. O então governo do Partido Trabalhista providenciara sua própria análise sobre narcóticos a cargo do *Wootton Committe*, liderado pela baronesa Barbara Wootton, que pediu ao ministro do *Home Office,* Roy Jenkins, que investigasse o uso de entorpecentes no Reino Unido e sugerisse o melhor curso de ação. A despeito do título nobiliárquico, arbara Wooton, que construíra notável carreira como socióloga e criminologista, se mostrava receptiva à argumentação dos dois lados da questão.

Como a data para a entrega do relatório estava prevista para o ano seguinte, Abrams e seu crescente grupo de simpatizantes estavam ansiosos por aproveitar a grande publicidade da questão sobre o uso de drogas gerada pelo caso Redlands. Embora o consumo de LSD fosse uma pauta importante do relatório, o objetivo do SOMA era levar o comitê a conduzir suas investigações para a urgente questão do uso recreativo da maconha. O grupo possuía dados convincentes para fundamentar seus argumentos e tendo em mãos relatórios internacionais sobre o uso de drogas que corroboravam seus objetivos, seria possível que conseguisse influenciar a decisão do comitê.

Apesar de o SOMA ter pouca representatividade perante a maior parte da população do Reino Unido, Abrams era perspicaz o bastante para perceber que a participação de celebridades poderia dar peso a sua campanha. Como o conceito de liberdade de imprensa era muito presente no Reino Unido, ele propôs que fosse escrito um manifesto divulgando o que artistas e intelectuais acreditavam ser a abordagem adequada ao consumo de maconha. Abrams usou como referência um manifesto do jornal *The Times*, de 30 de março de 1967, que se opunha à guerra do Vietnã. Intitulado "Dissocie o Reino Unido", o contundente manifesto continha assinaturas de várias personalidades ligadas à arte, à política e ao meio acadêmico. Valendo-se da propaganda contra a guerra do Vietnã como modelo, partidários do consumo da maconha também seriam convidados a apoiar a campanha.

Tendo conseguido carta branca dos outros membros do movimento, parecia óbvio que o passo seguinte seria oferecê-lo ao *The Times* que, em virtude do editorial de William Rees-Mogg, acreditava-se ser o mais receptivo. Apesar dessa impressão, o editor não pactuava dos objetivos do manifesto, mas concordou em publicá-lo, mesmo sabendo que seria alvo de críticas.

William Rees-Mogg: "Optei pela liberdade de expressão, pois, mesmo não partilhando dos objetivos do manifesto, eles não refletiam a posição oficial do *The Times*. Por outro lado, o argumento de que a maconha era uma droga que deveria ser legalizada por inúmeros motivos era forte o suficiente para ser discutido. Portanto, assim como aceitamos publicar aquele tipo de manifesto, estávamos abertos a outros pontos de vista".

Aprovada a publicação do manifesto, Abrams e sua equipe voltaram sua atenção para os aspectos mais práticos do empreendimento. Em 1967, o custo de uma propaganda de página inteira no *The Times* girava em torno de 1.800 libras esterlinas, portanto, era primordial garantir o apoio de simpatizantes que pudessem colaborar com um grande montante em dinheiro. Sabendo que a fama dos Beatles poderia dar *status* internacional à campanha, Abrams procurou Paul McCartney em sua residência em St. John's Wood, em 2 de junho, para ver se conseguia sua ajuda. Como o *Sgt. Pepper*, mais novo álbum do grupo, havia sido lançado oficialmente no dia anterior, o Beatle estava exultante.

Steve Abrams: "A menos que minha memória esteja falhando, McCartney meteu uma cópia de *Sgt. Pepper* nas minhas mãos e disse: 'Escute o disco com fones de ouvido durante uma viagem de ácido.' A conversa que se seguiu foi, no entanto, bem tranquila. McCartney tinha plena consciência da influência das declarações feitas pelos Beatles e se deu conta de que, caso se manifestassem a respeito de muitas questões, tal força se perderia. Mas falar sobre *cannabis* seria uma exceção".

A despeito da imagem de "bom moço" que lhe foi impingida no início da carreira dos Beatles, McCartney havia angariado grande respeito da comunidade alternativa de Londres, sendo considerado o Beatle mais acessível. Em inúmeras ocasiões, ajudou a socorrer o combatido jornal *International Times*, além de ser um efetivo patrocinador da irreverente galeria de arte Indica Gallery, localizada na movimentada região de Piccadilly, em Londres. Apesar de os outros Beatles não declararem que faziam uso de drogas químicas, McCartney confirmou, durante uma entrevista para a rede de televisão ITV, em 19 de junho de 1967, que já usara LSD, o que voltaria a afirmar em uma entrevista à revista *Life*. "Deus é tudo", disse, entusiasmado, durante entrevista à *Life*. "Deus está presente no espaço entre nós; na mesa à sua frente. Deus é tudo, é todos e está em todos os lugares. Acontece que percebi isso com o ácido."

Por caminhos sinuosos, os comentários de McCartney chegariam aos ouvidos da ministra do *Home Office*, Alice Bacon, à época com 58 anos. Como uma de suas tarefas era conter o consumo de drogas, ficou chocada ao ler, na revista *Queen*, enquanto estava no salão de beleza, um artigo sobre o uso que celeridades faziam de drogas, entre elas McCartney e Brian Epstein. Furiosa, Bacon voltou depressa ao parlamento e, em um discurso confuso, repleto de contradições, endereçou prontamente uma consulta à Câmara dos Comuns [equivalente à Câmara dos Deputados, no Brasil] quanto à questão dos astros pop e suas responsabilidades.

Alice Bacon: "Acredito que, atualmente, corremos perigo neste país... Não estou falando apenas da maconha mas também de outras drogas que foram citadas, em particular o LSD. Estou falando de pessoas que estão desvirtuando nossos jovens, não só por consumir tais drogas, mas tentando influenciá-los e incentivá-los a experimentá-las. Hoje, há aqueles que consideram o posicionamento da sociedade quanto ao uso de drogas como uma oportunidade de questionar valores tradicionais e padrões de comportamento social de todas as espécies e advogar propósitos e conduta que vão além do 'barato' e prazeres propiciados por alguns comprimidos. Para tais pessoas, o consumo de drogas é um modo – o modo – de vida para o qual atraem aqueles que se deixam impressionar: os curiosos, os frustrados e os abatidos. Seja de modo insidioso ou aberto, intencional ou não, os jovens estão entrando em contato com a parafernália que envolve a experiência psicodélica e os chavões do mundo das drogas".

Apesar de tais admoestações, McCartney, de bom grado, patrocinou o manifesto do SOMA e garantiu que este seria assinado pelos outros Beatles. "McCartney dava uma ênfase apaixonada ao LSD", relembra, atualmente, Steve Abrams. "Eu sugeria uma forma de mudar o foco do LSD para a maconha e vincular os Beatles a inúmeras outras figuras eminentes em um protesto dentro do sistema."

Apesar de consentir na publicação do manifesto, o *The Times* exigiu que cada uma das pessoas que apoiassem a causa encaminhasse aos advogados do jornal uma autorização, por escrito, para que seu nome fosse publicado. Tal exigência adiou a data de publicação do manifesto em uma semana, mas os ânimos acirrados garantiriam que a lista contivesse assinaturas de pessoas proeminentes.

Steve Abrams: "Encontramos pessoas da mais alta reputação dispostas a colocar seu nome em nosso manifesto; em particular, Francis Crick, o mais eminente cientista do século XX, e o escritor Graham Greene, uma das mais importantes figuras da literatura inglesa da época. Greene respondeu ao pedido dizendo que, quando recebera a carta, estava em uma viagem de ópio e caminhara cerca de três quilômetros até a cidade para enviar um telegrama para Rees-Mogg, confirmando sua adesão ao manifesto".

Na segunda feira, 24 de julho, o *The Times* publicou o manifesto na quinta página de todas as suas edições. Com a inequívoca manchete "A Lei Contra a Maconha é Ineficaz na Teoria e na Prática", o manifesto tomava por base inúmeras provas que corroboravam a afirmação do SOMA de que a maconha não causava dependência nem era claramente prejudicial à saúde. Além disso, o texto da campanha expressava a preocupação com a crescente perseguição da polícia aos usuários de maconha e, apesar de não mencioná-lo de modo explícito, referia-se ao tratamento dispensado a Donovan, Brian Jones e outros pela equipe de Norman Pilcher.

"A proibição da maconha tem levado a legislação ao descrédito e os agentes de polícia, obrigados a cumprir uma lei injusta, à desmoralização. Milhares de cidadãos atemorizados têm sido arbitrariamente considerados criminosos, ameaçados de prisão, de perder seus meios de subsistência, além de se tornarem vítimas de opressão e represália. Muitos foram expostos ao desprezo do público nos tribunais, insultados por magistrados desinformados e, por fim, presos. Outros, perseguidos por policiais com pastores alemães ou parados, por acaso, nas ruas e revistados de modo impróprio. O *National Council for Civil Liberties* [Conselho Nacional de Liberdades Civis] chamou a atenção para casos em que drogas que foram 'plantadas' em indivíduos suspeitos de uso de maconha. Chefes de Polícia pedem ao povo que delate seus vizinhos e filhos."

Como resumo do embate, o manifesto fazia cinco recomendações ao ministro do *Home Office*, para que fosse criada uma lei mais coerente sobre o uso da droga:

1. *O governo deve permitir e incentivar a pesquisa de todos os aspectos do consumo de maconha, inclusive seu uso medicinal.*
2. *A permissão do consumo de maconha em ambientes privados não deve mais ser considerada crime.*
3. *A maconha deve ser excluída da lista de drogas nocivas e seu uso, controlado em vez de proibido, por meio de um novo instrumento legal ad hoc.*
4. *O porte de maconha deve ser permitido por lei ou, quando muito, considerado um delito menor, passível de multa de 10 libras esterlinas quando da primeira ofensa e de não mais de 25 libras esterlinas em caso de reincidência.*
5. *Todas as pessoas presas por porte de maconha ou por permitir que a droga fosse consumida em sua residência particular devem ter suas sentenças comutadas.*

Como a acusação contra Richards coincidia com o segundo e quinto itens das recomendações do SOMA, era quase certo que o manifesto atingisse seu objetivo.

A despeito das provas convincentes apresentadas no manifesto, sua credibilidade era sustentada pelos 65 signatários: 15 médicos, dentre os quais Jonathan Miller e RD Laing, que concordavam com os objetivos gerais da campanha; os parlamentares/MPs Tom Driberg e Brian Walden; além dos quatro Beatles e seu empresário, Brian Espstein – as personalidades que mais atraíram a atenção do público.

Como previsto, o manifesto abalou a nação, já confrontada com o dilema cada vez mais discutido sobre o uso de drogas. No Parlamento, MP Paul Channon, do Partido Conservador, pediu a suspensão dos debates para poder analisar o consumo de drogas leves no Reino Unido, com base na grande cobertura da imprensa sobre o uso de narcóticos. Evitando citar o caso Stones de modo direto, Channon fez várias referências ao manifesto publicado no jornal *The Times*.

O MP Tom Driberg, partidário da causa de Jagger, emitiu um questionamento a Alice Bacon pedindo esclarecimentos quanto à questão do uso de anfetaminas. Apesar de não citar o nome de Jagger, o pedido reacendeu a questão sobre medicamentos proibidos no Reino Unido que são adquiridos legalmente em outros países e trazidos para solo britânico. Esse era um ponto-chave da apelação de Jagger e a ministra foi perspicaz o bastante para dar uma resposta breve e concisa que não a comprometesse.

Alice Bacon: "Não gostaria de fazer quaisquer comentários sobre o assunto, pois isso poderia me levar a falar sobre um caso específico que ainda está pendente de julgamento. Mas é óbvio que o termo 'drogas nocivas' fala por si só e, de acordo com nossa lei, os comprimidos descritos por meu honorável colega são considerados drogas nocivas".

Como era de se prever, a decisão de Rees-Mogg de publicar o manifesto provocou reações diversas de seus pares. O MP Quintin Hogg, do Partido Conservador, que anteriormente demonstrara seu apoio à causa de Jagger com relação à questão do uso de algemas, considerou o manifesto uma "vergonha". De acordo com Rees-Mogg: "Era óbvio que havia pessoas muito mais preocupadas com o consumo de maconha do que as que assinaram o manifesto. Uma delas era Quintin Hogg. Acho que fui imparcial, pois, apesar de não concordar com o teor do manifesto, achei que seria correto publicá-lo".

A poucos dias das audiências de apelação, Jagger e Richards, agindo com sensatez, não se manifestaram quanto às demonstrações de apoio, apesar de ser evidente que o manifesto daria força a sua causa. No entanto, um potencial revés ocorreu em 28 de julho, durante o julgamento da apelação de Fraser.

Embora o advogado do *marchand* tentasse dissociá-lo do famoso caso que pendia sobre seus amigos, a acusação de porte de heroína era muito mais séria, o que acabaria por colocar Fraser em grande desvantagem. Impossibilitado de comparecer à audiência por estar preso em Wormwood Scrubs, foi representado por seu advogado, QC William Denny, que, mais uma vez, descreveu seu cliente como uma pessoa que trabalhava exaustivamente, sob pressão constante em face às dificuldades de administrar uma famosa galeria de arte em Londres. Por ter seu cliente já cumprido cinco semanas de uma sentença de seis meses, Denny pediu um abrandamento da pena, o qual foi duramente negado pelos juízes. A formação exemplar do *marchand* surtiu efeito contrário ao esperado, e foi, na realidade, interpretada como um obstáculo à diminuição da sentença.

"Tais privilégios, no mínimo," declarou Parker, Presidente da Suprema Corte, "implicam maior responsabilidade e levariam a corte a aplicar uma pena maior e não menor do que seria imposta a uma pessoa que, a meu ver, pudesse ser considerada um homem comum".

Em seu sumário, o juiz Parker destacou o fato de Fraser ser usuário de heroína e usou como critério para sua decisão a visão extremamente negativa que, de modo geral, se tinha da droga: "A heroína é considerada uma droga assassina e é importante lembrar que qualquer um que faça uso dela coloca seu corpo e sua alma nas mãos de traficantes, perdendo a força moral necessária para resistir a quaisquer pressões que lhe sejam impostas".

Após tal discurso nefasto, não restava dúvidas de que a apelação seria rejeitada e, apesar da redução da pena, Fraser foi obrigado a cumprir o restante da condenação – míseros quatro meses, os quais, como prisioneiro nº 7.854, passou em sua cela ou trabalhando na cozinha do presídio. O resultado do recurso de Fraser foi um mau presságio para Jagger e Richards. Para aumentar a ansiedade da dupla, seu advogado Michael Havers recebeu um telefonema, inesperado e ameaçador, de um dos membros da procuradoria, informando-o que continuar com a apelação seria perda de tempo.

Correndo contra o tempo, os Stones terminaram a gravação de um compacto "tapa-buraco". Intitulado "We Love You", a música tema ficara em gestação por mais de um mês. Musicalmente, não passava de uma colagem de ritmos populares à época, reverberando, ao fundo, sons do Oriente Médio. A base da canção era constituída do forte arranjo de piano criado e executado pelo músico convidado, Nicky Hopkins. Brian – a despeito de sua errática contribuição às composições dos Stones daquele período – acrescentou à canção um notável fundo psicodélico ao tocar um teclado Mellotron.

A letra de "We Love You" exalava uma ironia "agridoce"; as mensagens afetuosas eram direcionados não só aos fãs que os apoiavam abertamente, mas também às autoridades que tentaram cercear as atividades da banda. Jagger, ansioso por injetar um tom de verossimilhança à canção, inseriu sons de portas de celas se fechando, correntes chocalhando e o eco de passos em chão de pedra na gravação. Como os Beatles e os Stones se revezassem pelos estúdios de Londres, Lennon e McCartney foram até o Olympic Studios em 19 de junho de 1967 para acrescentar algumas harmonias vocais ao refrão de "We Love You" e "Dandelion", outra faixa que estava sendo gravada. Os Beatles trouxeram consigo o poeta *beat* americano Allen Ginsberg, para participar da festa.

Após o término das gravações, era preciso criar um vídeo promocional. "We Love You", com certeza, precisava de um cenário dramático, que realçasse o teor de sua temática. Em 1967, inserções de vídeos – precursoras dos videoclipes atuais – tornavam-se cada vez mais comuns entre os grupos pop cansados da maratona de apresentações dubladas em programas de TV como o *Top of the Pops*. Mostrando, a princípio, apenas tomadas de shows, essas curtas vinhetas tinham passado, há pouco, por uma reformulação, e apresentavam um tom mais experimental. Os Stones contrataram Peter Whitehead, diretor do inédito documentário da turnê de 1965, *Charlie Is My Darling*, bem como dos vídeos de seus dois últimos compactos "Have You Seen Your Mother, Baby, Standing In the Shadow?" e "Let's Spend The Night Together?". Whitehead foi um dos diretores mais famosos dos anos 1960, tendo sido requisitado pelo *Top of the Pops* para filmar cenas que acompanhariam canções de expoentes como Jimi Hendrix e a banda Pink Floyd.

Peter Whitehead: "O que sabíamos era que, na segunda-feira, os dois Stones se apresentariam perante o tribunal e poderiam ser presos. Andrew Oldham me enviou o último compacto da banda e disse: 'É bárbaro, se chama "We Love You".' Eu o ouvi e achei horroroso. Pensei: 'Eles vão ser presos, haverá tumulto nas ruas e me apresentam essa música pavorosa.' Andrew, então, perguntou: 'Bem, você tem alguma ideia de como podemos filmar isso?' Na minha opinião, o julgamento de Mick e Keith tinha sido tão simbólico quanto o de Oscar Wilde. A hipocrisia em relação à homossexualidade na época de Wilde era muito semelhante à atitude que eu via ser adotada em relação à maconha e às anfetaminas nos anos 1960 – e que levaria os Stones à prisão. Hoje, ao observar o que aconteceu com Wilde, nos sentimos envergonhados só de imaginar que pudemos fazer aquilo com alguém como ele, encarcerá-lo daquela forma.... Como foi possível? Então pensei: 'Já sei. Vista Mick como Oscar Wilde e faremos uma espécie de paródia do julgamento do escritor'".

Mick, Keith e Marianne se encontraram com Whitehead no salão de uma igreja Metodista em *King's Cross*, Londres, na manhã de domingo, 30 de julho. Com a ajuda do câmera Anthony Stern, o amplo interior da igreja foi transformado em um arremedo de tribunal.

"Íamos para lá e para cá, como doidos", lembra-se Stern. "Foi uma experiência totalmente improvisada. Criamos o filme conforme as ideias vinham. Enrolamos pedaços de jornal para fazer uma peruca [de juiz] para Keith, que também usou meus óculos de aro quadrado para ficar com uma aparência mais grave."

O vestuário tinha de ser tão simbólico quanto a ideia. Jagger, no papel de Oscar Wilde, usava a mesma jaqueta verde esmeralda em cujos bolsos a polícia encontrara os quatro comprimidos de anfetamina. Ele colocou, ainda, um cravo verde, símbolo que os partidários de Oscar Wilde adotaram para demonstrar seu apoio à causa do escritor, caso a inferência feita à injustiça perpetrada passasse despercebida a alguém.

Marianne, reconhecida, então, como parte integrante da saga, usava uma peruca cortada em fio reto à altura da nuca para representar o dândi eduardiano, lorde Alfred Douglas, ou 'Bosie' [amante de Oscar], que o traiu no julgamento. Keith se sentou atrás da bancada, no papel do juiz. Apesar de a semelhança de Keith com o marquês de Queensbury, juiz e adversário de Wilde no tribunal, ser mínima, os óculos de Stern deram-lhe ares de autoridade. Acrescentando mais um toque de ironia, os rolos de jornal que formavam a longa peruca de magistrado eram feitos com páginas do *News of the World*.

Whitehead tinha, ainda, outra carta na manga: "Eu disse, 'Ei! Vocês podem trazer o tapete de pele?' Aquele no qual Marianne estaria enrolada, nua, quando da batida. Na mesma hora, todos achamos que aquilo seria tão escandaloso quanto o julgamento de Oscar Wilde – e, além disso, conseguiríamos criar um filme para promover a música".

Próximo ao final do filme, enquanto Keith presidia a corte de modo ditatorial, a atenção se volta para o tapete colocado sobre a bancada. Com uma ordem do Juiz Richards, Marianne, impassível, ergue o tapete, deixando à mostra Jagger, nu, com um sorriso de escárnio no rosto.

Peter Whitehead: "Quando chegamos à tomada do tapete, achei que seria muito óbvio colocar Marianne debaixo dele, então decidi enganar todo mundo e colocar Mick. Assim, o filme deixou à mostra um elemento de androginia no final, o que tinha tudo a ver com Oscar Wilde".

Após o término das filmagens no interior da igreja, Whitehead e Stern gravaram closes do rosto dos dois Stones e do casal Jagger –Marianne (ela ainda com a peruca) caminhando por entre as árvores cultivadas do lado de fora (cenas que foram usadas em um filme para promover a canção "Dandelion"). Por considerar as sequências do tribunal muito sensacionalistas para ser o foco do filme, Whitehead acrescentou algumas tomadas recentes da banda, gravadas no Olympic Studios. Tais cenas eram, por si só, extraordinárias, graças às fotos fortuitas de Brian Jones, completamente drogado, que davam a impressão de que ele mal conseguia tocar.

A despeito do aparente descaso dos Stones com sua situação, uma sensação de melancolia permeava as filmagens: "Não foi muito divertido pois eles estavam em um péssimo estado de espírito", relembra Whitehead. "Achavam que seriam presos. Estavam pra baixo, completamente vazios, não expressavam nenhum sentimento. Eu tentei não me mostrar animado. Estávamos apenas tentando ficar tranquilos e fazer o que tinha de ser feito. Na realidade, foi um trabalho bem mecânico."

Na manhã seguinte, o sol brilhava sobre Londres, mas Keith acordou coberto de manchas, as quais seu médico diagnosticou como catapora. Os dois Stones tinham uma reunião agendada com seu advogado, Michael Havers.

Nigel Havers: "Na manhã da audiência, os meninos vieram primeiro para nosso apartamento. Keith disse: 'Estou com catapora,' e meu pai respondeu: 'É melhor ligarmos para o Tribunal, pois pode ser que um dos juízes nunca tenha tido a doença'. E, de fato, um deles não tinha tido. Eu me lembro de ver Keith sentado na cama de meu pai e de minha mãe e ela passando loção de calamina nele".

Antes do dia da audiência, os dois Stones tinham ido à famosa alfaiataria Gieves & Hawkes, na Rua Saville Row, para comprar ternos, pois Havers os aconselhara a se apresentarem do modo mais sóbrio possível. Parecendo um perfeito jovem empresário, Jagger, sem que ninguém soubesse, usava uma gravata com o decalque de uma mulher nua na parte inferior. Como seu terno estava abotoado, ninguém, a não ser o músico, sabia de sua existência.

A expectativa da audiência de apelação era grande e jornalistas, equipes de filmagem e vários fãs já se encontravam do lado de fora da Corte Real de Justiça [*Royal Courts of Justice*] bem antes do início dos trabalhos. Alguns curiosos e funcionários de escritórios uniram-se à multidão, mantida sob controle por policiais, alguns dos quais, a cavalo. Um fã otimista levara uma vitrola portátil que tocava, sem parar, "It's All Over Now" [Agora, tudo acabou]. Enquanto alguns acreditavam que o caso de Jagger e Richards seria arquivado, outros não tinham tanta certeza. Para os mais conscientes, a sentença que o juiz Block impusera em Chichester poderia facilmente ser confirmada por seus pares da Alta Corte.

Assim como nas audiências de Chichester, o local reservado ao público estava tomado por fãs dos Stones, muitos dos quais haviam passado a noite na fila para garantir um lugar. Pouco antes do início dos trabalhos do dia, Jagger e Richards chegaram no *Bentley* de Keith, com Tom Keylock ao volante. Sem querer atrair muita atenção sobre si, Marianne chegou sozinha em um *Mini* vermelho. Como sempre, ela parecia o epítome da *Swinging London*, vestindo uma saia justa e uma psicodélica blusa com estampa floral.

Como sua catapora era altamente contagiosa, Richards foi dispensado da sala de audiências e levado a uma antessala contígua à sala da Procuradoria, deixando Jagger, Haver e a equipe de defesa para ouvir a decisão dos juízes. O juiz presidente lorde Hubert Parker, de Waddington, estava vestido de acordo com seu alto cargo. Aos 67 anos, sua firmeza e experiência o tornaram um magistrado respeitado entre seus pares. Apesar de sua imparcialidade ser bem-vinda, ela também significava que não havia nenhuma possibilidade de ele se deixar levar pelo clamor dos manifestos em favor dos Stones.

Os outros dois juízes, lorde Winn e Cusack, que assistiam Parker em seus trabalhos, além de muito experientes, eram também resistentes a pressões externas. Antes de os juízes tomarem seus lugares, as pessoas presentes no plenário foram advertidas de que, em caso de tumulto, poderiam ser obrigadas a se retirar, mas isso não foi suficiente para conter o alvoroço dos adolescentes, para os quais não havia nenhuma diferença entre uma sala de audiências e uma casa de espetáculos.

"Foi incrível", relembra Philip, o filho mais velho de Havers, que presenciou os acontecimentos com seu irmão, Nigel. "Bem, para começar, o público era repleto de fãs dos Stones e eles faziam a maior algazarra. Meu pai teve de pedir a Mick: 'Você pode fazer com que eles se calem? Pois assim vão perturbar os juízes'. Então, Mick virou-se para eles, fez um sinal de silêncio e todos, na mesma hora, obedeceram e ficaram quietos."

Com o público em silêncio a pedido da única autoridade que reconhecia, os trabalhos puderam ter início. A acusação contra Richards de permitir que sua casa fosse usada para o consumo de maconha foi julgada sem a presença dele. Enquanto Havers, de modo respeitoso, apresentava os principais argumentos da apelação de seu cliente, lorde Parker e seus colegas, por vezes, o questionavam quanto a vários aspectos. Embora os três juízes tivessem consigo a transcrição do julgamento de Chichester, o promotor QC Malcolm Morris reapresentou os acontecimentos ocorridos em Redlands e Marianne, cuja anonimidade havia sido desvelada, teve de, mais uma vez, ver toda a saga vir a público novamente.

A audiência de Richards durou pouco mais de duas horas. Após um recesso de cinco minutos, os juízes retornaram ao plenário para ler sua deliberação e sentença. Ciente de que a decisão seria minuciosamente escrutinada, lorde Parker apresentou um sumário detalhado, que abrangeu, um a um, cada ponto da apelação, reportando-se, principalmente, às provas policiais e às longas transcrições do julgamento.

Após deliberar com seus colegas, Parker informou à corte que as provas apresentadas em Chichester pelo inspetor de polícia John Lynch – apesar de sua experiência nessa questão – não estavam em concordância com os acontecimentos em Redlands. Como os agentes de polícia não sabiam, com exatidão, no que consistia o cheiro de maconha, ficava clara uma grande incoerência nos argumentos da procuradoria. Dado que a avaliação de comportamento resultante do consumo de maconha era, de modo geral, de domínio de médicos e não de inspetores de polícia, os juízes julgaram que, em especial, os comentários de Lynch eram fruto do que lera em algum "manual", sem qualquer base em experiências pessoais e fundamentadas. Além disso, a incapacidade do juiz Block em ponderar as provas apresentadas pela promotoria, em especial, quanto ao estado da "Senhorita X", era mais uma evidência de que o protocolo legal não havia sido observado corretamente.

"A única prova que nos foi apresentada", concluiu Parker, "é extremamente preconceituosa: sua nudez. Nenhum júri pode ter certeza de que ela tenha fumado haxixe, apenas com essa mera evidência."

Mesmo sem a intenção de menosprezar a maneira como Block conduziu o julgamento, lorde Parker comunicou à corte que os três juízes eram da opinião de que, caso tivessem presidido o julgamento em Chichester, as evidências contra a "Senhorita X" teriam sido consideradas inadmissíveis.

"A situação do presidente do corpo de juízes não era fácil", afirmou Parker, referindo-se, de modo cortês, ao juiz Block. "É possível que, ao analisar o caso em retrospectiva, tenha percebido que deveria ter excluído tal prova."

Dando a impressão de que os juízes pretendiam ir além da simples redução da pena de Richards, Parker declarou: "O que, por fim, levou esta corte a decidir pela anulação da condenação foi que, supondo-se que o presidente do corpo de magistrados estivesse correto em admitir as provas, era seu dever admoestar o júri de que não havia nenhuma prova contundente, mas, antes, apenas provas circunstanciais que poderiam levá-los a concluir que ela havia usado haxixe e que o apelante estava ciente disso. Assim, seria temerário manter o veredito e, portanto, resta anulá-lo".

Apesar de as palavras de Parker terem sido expressas de modo impassível, o público presente não teve dúvidas do que significavam. Uma manifestação de alegria tomou conta da sala de audiências. Absolvido de todas as acusações que pesavam sobre ele, Keith, que estava em outro ponto do prédio, só viria a saber do veredito quando alguém dirigiu-se à sala onde estava recluso para informá-lo.

Após um recesso de 15 minutos, os juízes voltaram a se reunir a fim de julgar o caso de Michael Phillip Jagger. Havers reiterou a inocência de seu cliente, legitimada pela prescrição "verbal" de seu médico. Em seguida, ambos os lados apresentaram seus contundentes argumentos por cerca de 20 minutos antes de os juízes apresentarem o veredito, sem suspensão dos trabalhos.

No início, tinha-se a impressão de que a decisão judicial seria apresentada por etapas.

Mesmo com os argumentos da defesa, Parker declarou que era impossível que o médico de Jagger tivesse conhecimento dos componentes presentes nos comprimidos com base apenas em uma conversa. Além disso, afirmou que os princípios ativos do medicamento eram, sem sombra de dúvida, ilegais no Reino Unido, e apenas permitidos sob prescrição médica, dentro dos moldes legais.

"Era impossível afirmar", disse Parker, "mesmo que uma receita médica pudesse ser prescrita verbalmente – e este não era o ponto que se discutia em juízo – que o ocorrido podia ser considerado uma prescrição médica."

As palavras de Parker causaram certa inquietação no público, pois apesar do entusiasmo ainda presente pela absolvição de Richards, não havia nenhuma garantia de que Jagger usufruiria da mesma clemência.

A sala de audiências foi tomada por um silêncio desconcertante quando lorde Parker concluiu seu discurso, dizendo: "Portanto, a apelação da sentença é denegada".

Diante do indeferimento da apelação de Jagger, havia ainda a possibilidade de que sua sentença fosse reduzida ou mesmo invalidada. No entanto, havia também a chance de que sua sentença fosse confirmada ou até aumentada.

Parker chamou a atenção para a pequena quantidade de substâncias encontradas na jaqueta de Jagger e reconheceu que não havia nenhuma prova de abuso ou tráfico – fato que Havers afirmara com veemência. Parker concluiu, declarando que Jagger usara a droga com total aprovação de seu médico, fato que, por si só, era o maior atenuante que poderia existir.

Lorde Parker pediu a Jagger que levantasse e leu seu veredito à corte.

"A decisão mais acertada", declarou, em nome de todos os juízes, "é sentenciar o senhor Jagger à liberdade condicional."

Uma grande sensação de alívio tomou conta do público quando o juiz detalhou as condições vinculadas à decisão judicial, em especial, que o cumprimento da condenação de Jagger seria adiado pelo prazo de um ano. Caso, durante esse período, ele não se envolvesse em nenhum outro contratempo, sua condenação seria invalidada e deixaria de constar de sua folha criminal. No entanto, se ele violasse a disposição, seria sentenciado não só pelas acusações que já pendiam sobre ele como, também, pelos novos delitos.

Em sua conclusão, lorde Parker deixou de lado sua atitude imparcial em relação à fama de Jagger: "Acredito que seja correto dizer isto quando se está julgando alguém que tem uma grande responsabilidade como o senhor tem, pois, quer queira ou não, muitos jovens neste país o consideram um ídolo. Tal posição implica graves responsabilidades e, caso o senhor venha a ser, de fato, punido, é natural que tais responsabilidades acarretem uma pena maior".

Após essa quebra de protocolo incomum, o caso de Jagger foi encerrado. O vocalista foi logo ao encontro de um exultante Richards e ambos, acompanhados de sua equipe de advogados, deixaram o prédio do tribunal, de carro, seguidos, como já era de se esperar, por um grupo fãs e membros da mídia. De volta ao apartamento de Havers, fizeram uma pequena comemoração. Jagger trocou seu "traje de tribunal" por algo mais adequado ao evento: uma camisa branca, em estilo indiano, com debruns em tom violeta no colarinho, uma folgada calça de cetim e sapatos brancos.

Em virtude da catapora, Richards precisava ser mantido em isolamento. No entanto, Jagger ainda tinha vários compromissos e foi levado do apartamento de Havers para a sede da Granada Television, na Golden Square do Soho, Londres, onde havia sido convocada uma coletiva de imprensa. Para escapar da investida da imprensa, Marianne seguiu em seu *Mini*.

Mick caminhou por entre a legião de jornalistas e repórteres que lotavam o pequeno escritório e se colocou perto de uma janela. Orientadas por Les Perrin – e com Allen Klein, furtivamente observando os acontecimentos – as perguntas eram tão contundentes quanto a quantidade de fotografias que eram tiradas. O alívio de Jagger por não ter de cumprir a pena de prisão foi suficiente para torná-lo receptivo às perguntas dos repórteres, muitas das quais citavam as palavras de lorde Parker a respeito de sua responsabilidade quanto à sua legião de fãs.

Apesar de se mostrar um pouco lento nas respostas, Jagger foi, no entanto, loquaz quanto à árdua questão da responsabilidade que a fama implicava.

"Talvez, responsabilidade não seja algo que se peça", disse a um grupo de repórteres, em seu melhor linguajar burguês. "Pode ser que ela seja imposta a alguém quando essa pessoa é colocada no centro das atenções nesse campo de atuação em especial, mesmo que não tenha pedido por isso... Nesse particular, acredito que minhas responsabilidades só se refiram a mim mesmo. A responsabilidade, como já declarou um de meus amigos, também recai sobre os membros da imprensa, que criam tais responsabilidades, talvez para si mesmos, quando buscam publicar cada detalhe da vida pessoal de alguém que não deseja que esta venha a público, que tenta mantê-la particular. Tenho responsabilidades quanto ao meu trabalho, meus discos, e outras questões de natureza pública... Quantos banhos eu tomo ou meus hábitos pessoais não dizem respeito a mais ninguém."

Um dos jornalistas sugeriu, então, que seus fãs o consideravam um líder, perguntando, em seguida, se ele não deveria servir de exemplo.

"Mas eu nunca me envolvi em nenhuma discussão a favor ou contra drogas, nem nada parecido", respondeu Mick. "Eu não difundo ideias religiosas, como alguns astros pop fazem. Não propago o uso de drogas, como outros astros pop fazem. Toda essa coisa de responsabilidade me foi imposta simplesmente por que eu e Keith fomos processados, [mas] não demos nenhuma declaração pública sobre religião, drogas, nem nada do gênero."

Com o assunto sobre o uso privado de drogas no cerne do debate, perguntou-se a Jagger se ele condescendia com o uso de narcóticos em ambientes particulares.

"Não sei", respondeu Jagger ao repórter da ITN, Michael Nicolson: "É ilegal. Assim como era ilegal, por um período não tão distante da história judicial deste país, a tentativa de suicídio e alguns dos que tentaram cometer suicídio foram presos. Em retrospecto, essa parece uma lei bem primitiva. E pode ser que, um dia, olhemos para trás e tenhamos a mesma opinião sobre as leis atuais".

Outro repórter mais oportunista perguntou a Mick se ele considerava a possibilidade de tomar anfetaminas de novo.

"É claro", replicou Jagger, para a alegria de alguns membros da imprensa, esclarecendo, em seguida: "Contanto que tenham sido receitadas por um médico".

Como as perguntas poderiam enveredar para temas mais controversos, a coletiva foi encerrada depois de 15 minutos. A escolha da sede da Granada TV não se deu por acaso. Após negociações secretas, a rede televisiva firmou um acordo com Jagger para que o Stone fosse entrevistado com exclusividade pelo audacioso noticiário *World In Action* uma vez encerradas as audiências. Certos de que Mick escaparia da prisão, os produtores do programa já haviam cuidado dos detalhes finais da gravação mesmo antes do julgamento da apelação. No dia da audiência, a equipe de produção da Granada seguiu todos os passos de Jagger – estava presente no tribunal quando os vereditos foram lidos e, mais tarde, na coletiva de imprensa.

Estreando em 1963, o *World In Action* ganhou respeito considerável em virtude de seu desafiador jornalismo de guerrilha, que contrastava com o estilo sóbrio e antiquado da BBC. Em 1967, John Birt – que viria a se tornar Diretor Geral da BBC – era um repórter investigativo de 22 anos e membro da equipe de produção do noticiário da Granada. Instigado pelo extraordinário conjunto de circunstâncias que se abateu sobre Mick e Richards, Birt sugeriu que o caso era apropriado ao *World In Action*. Como ponto central da matéria, Birt imaginava Mick Jagger sendo questionado por vários pilares do *establishment* britânico quanto ao grande abismo entre gerações, considerado, por muitos, o cerne do problema.

Após um encontro preliminar com Andrew Oldham para discutir a filmagem, Birt teve duas reuniões com Jagger: a primeira, no apartamento do Stone em Harley House e a segunda, durante uma das sessões de gravação da banda. Juntos, criaram um enredo para melhor apresentar Jagger e os membros do *establishment* e discutir o conflito de gerações. John Birt (hoje, lorde Birt) lembra-se do transcorrer dos acontecimentos: "Eu mesmo era filho dos anos 1960, eu tinha interesse pelo movimento *avant-garde* e em mudar os moldes tradicionais da televisão e de outras formas de arte. A princípio, eu tinha imaginado uma festa bem ao estilo da década de 1960, em um belo jardim, com várias pessoas circulando e, em meio a isso tudo, encontraríamos Jagger e conversaríamos com ele. Durante nossas conversas, a ideia inicial se transformou em algo mais radical: 'Mick Jagger encontra-se com o *establishment*'. Para minha surpresa, Jagger se mostrou um jovem muito determinado e prático e queria algo menos amorfo do que eu apresentara; algo mais contundente, mas a ideia do jardim campestre inglês permaneceu".

Spain's Hall, por estar de acordo com a visão de Birt, foi o local escolhido para recepcionar esse encontro de personalidades. Próxima ao vilarejo de Ongar, no condado de Essex, a propriedade, construída no século XV, fora residência de sir John Ruggles-Brise, governador do condado, e, assim como hoje, podia ser locada. Com ventos favoráveis, a intenção era transmitir o debate ao vivo, o que, por si só, faria crescer o entusiasmo quanto ao evento.

Independentemente dos aspectos criativos do programa, era preciso considerar a não menos importante possibilidade de o Tribunal de Apelação confirmar a decisão do juiz Block, o que não só levaria Jagger de volta à prisão, mas deixaria o *World In Action* com uma lacuna de 30 minutos em sua programação e dispendiosas despesas a cobrir. "Eu não tinha muita experiência e, em retrospecto, com apenas 22 anos, fui um tanto imprudente", declara Birt. "Eu, de fato, acreditava que ele sairia livre, mas acho que, à época, deveria ter sido mais cuidadoso quanto a minhas suposições."

Na ocasião, a confiança de Birt no resultado do julgamento foi recompensada e, por fim, a escolha de quem seriam os participantes que debateriam com Jagger em "um diálogo entre gerações" recairia sobre quatro pessoas. William Rees-Mogg era uma escolha óbvia, visto que sua evidente compreensão dos problemas com que Jagger se confrontava o colocava como a melhor opção para servir como anfitrião convidado *de facto*. Os outros três escolhidos foram Thomas Corbishley, padre Jesuíta; Lorde Stow Hill, antigo ministro do *Home Office* e procurador geral e o doutor John Robinson, bispo de Woolwich e autor de uma controversa avaliação do Cristianismo, intitulada *Honest to God*.

Enquanto esses pilares do *establishment* esperavam em Essex, Jagger, Marianne e Birt foram levados, a toda velocidade, da garagem da Granada TV até o heliporto de Battersea, em um Jaguar esporte branco, dirigido por um dublê, a fim de despistar os paparazzi. Por motivos só conhecidos pelos repórteres, decidiram não seguir o carro e apenas um fotógrafo solitário os esperava em Battersea. Transferidos para um pequeno helicóptero, o espaço limitado não foi suficiente para reprimir o ardor de Mick e Marianne, como se recorda Birt:

"Quando chegamos a Battersea, o helicóptero que nos aguardava não era muito grande e era rudimentar. Havia um piloto na frente e um assento bem pequeno na parte de trás, onde eu, um rapaz de quase 1,90 metro de altura, o esguio Jagger e a pequena Marianne nos instalamos. Era um espaço realmente apertado e Marianne ficou sentada no meio, em cima de Jagger durante a maior parte da viagem. Ela o beijava e acariciava, como se eu não estivesse lá. Não chegaram às vias de fato, mas ficaram se afagando como se estivessem sozinhos. Foi bem constrangedor".

Vinte minutos depois, o helicóptero pousou no gramado de Spain's Hall. É provável que, por conta das câmeras de TV a postos no local, Jagger tenha saído do helicóptero antes dos outros a fim de causar impacto e deixar claro seu notório *status* de celebridade. Durante a viagem, trocara seu vestuário e, ao chegar ao local, usava uma túnica em tons violeta, uma calça roxa de cetim e sapatos brancos.

"Antes de o programa ir ao ar," recorda-se Birt, "levei Jagger e Marianne Faithfull para um quarto no segundo andar daquela majestosa residência e não tinha dúvidas quanto ao que aconteceria assim que estivessem a portas fechadas. Eu tinha tido um dia difícil e, assim que desci para tomar uma xícara de chá, meus colegas de trabalho me perguntaram: 'Onde ele está?' Respondi que tinha dito a Mick que ele teria tempo para relaxar antes da filmagem e, então, eles me disseram: 'Não, houve uma mudança de planos, temos de começar a filmagem agora, porque testamos nossos cabos de transmissão para o estúdio e eles não estão funcionando direito. Agora, vamos ter de levar a fita para Londres a tempo da transmissão'. Tive, então, de voltar para o andar de cima para chamar Mick. Bati à porta e não houve resposta. Bati de novo e uma voz exausta respondeu: "Oi?" Ao que falei, nervoso: "Desculpe, Mick, mas houve uma mudança de planos. Você tem que ir agora mesmo para o *set* de filmagem'."

O exuberante ambiente ensolarado pareceu deixar Jagger mais relaxado e, com a presença simpática de Rees-Mogg como mediador, o Stone, aos poucos, foi introduzido na conversa com delicadeza.

Rees-Mogg: "Mick, você teve um dia difícil e três meses, no mínimo, extremamente conturbados. E agora está sentado neste jardim com um grupo de membros do *establishment* à sua frente... O que gostaríamos de discutir com você é em que você acredita, o que pensa ser importante e ver como nos sentimos em relação a isso... Você é, com frequência, considerado um símbolo da rebeldia e as mães criticam a influência dos Stones, por considerá-los rebeldes. Você sente que precisa se rebelar contra a sociedade em que vive, por conta do que ela é? Ou, melhor, você acha que está, de fato, se rebelando contra ela?".

Sorrindo e parecendo um tanto ofendido, Jagger usou sua postura mais erudita para elaborar a resposta: "Sim, com certeza estou me rebelando contra ela. Quero dizer, não da forma óbvia como um jornal ou uma manchete pop fazem, mas é claro que acredito que há coisas erradas na sociedade. Mas, até pouco tempo, não entrei nesse tipo de discussão porque eu não sentia que ela não era meu lugar, ou por meu conhecimento, que penso não ser suficiente para começar a fazer afirmações sobre essa espécie de assunto".

Lorde Stow Hill destacou o extraordinário interesse que Jagger – e, consequentemente, a cultura pop – suscitava e de que forma o vocalista gostaria de ser visto pelo seu público. A resposta de Jagger, apesar de bastante evasiva, exemplificava o que estava por trás da revolução da juventude da época.

Mick: "Da mesma forma que comecei quando jovem, ou seja, aproveitar o tempo da melhor forma possível sem me importar com quaisquer responsabilidades, o que a maior parte dos jovens tenta fazer".

Caloroso e educado, não foi difícil para o recém-emancipado Jagger encantar seus inquisidores com sua postura inofensiva e personalidade despretensiosa. Embora fossem muito remotas as chances de aquele grupo se coadunar socialmente com Jagger, qualquer desconfiança inicial foi substituída pelo respeito normalmente reservado a pessoas que tinham um posicionamento mais tradicional.

Em termos pessoais, Jagger sentiu-se bastante tocado pela decisão de Rees-Mogg de se posicionar a seu favor. "Ele ficou imensamente grato pelo editorial", conta Rees-Mogg. "Tempos depois, ele encontrou-se, por acaso, com minha filha e disse ser muito grato por eu ter salvado sua carreira. Isso aconteceu em um momento em que ele não teria conseguido ir aos Estados Unidos caso a pena fosse mantida."

Terminada a entrevista, Mick e Marianne pegaram o helicóptero de volta para Londres. Com a imprensa ainda em seu encalço, foram descobertos, mais tarde, em um restaurante no Soho. Abraçados um ao outro, o casal conversou animadamente com os repórteres, falando sobre seus planos de morar juntos em um futuro próximo.

Anos depois, Jagger comentaria o dia maluco em que passou algumas horas diante da alta corte do judiciário e, em seguida, foi levado de helicóptero para enfrentar um grupo de inquisidores intelectuais: "Eu estava meio atordoado, em estado de choque", lembrou. "Em especial depois de ficar trancado em uma pequena sala por algum tempo, o que nunca é agradável. E, depois, ser levado de helicóptero para aquela coisa. Na realidade, eu não me expressei de modo coerente durante aquela entrevista. Foi constrangedor."

Enquanto Jagger discutia com membros do *establishment*, fãs dos Stones organizaram uma pequena "Cerimônia de Ação de Graças" na Westminster Abbey [Abadia de Westminster], durante a qual um pequeno grupo de 15 fãs colocou flores em frente à catedral. Cerca de um quilômetro e meio dali, um grupo bem maior se reunia no Hyde Park para agradecer o resultado. Com apenas três policiais os observando, mais de 150 participantes vestidos em trajes *hippies* formaram um círculo para celebrar, tocando tambores, cantando e tocando sinos.

Como a mídia não tivesse muito mais a comentar sobre o caso, o juiz Block foi procurado em sua casa em Henfield, West Sussex, e questionado se teria ficado surpreso com a decisão dos recursos. "Não estou abalado com a questão", respondeu, demonstrando confiança. "Muitas de minhas sentenças já foram revogadas. Afinal, tomamos nossas decisões e sempre agradecemos a Deus por haver um Tribunal de Apelação."

Aparentemente, a declaração de Block dava a impressão de ser apenas uma resposta preparada para a mídia. Como a sentença que proferiu em Chichester ainda era motivo de comoção, o juiz revelaria seus verdadeiros sentimentos sobre o caso antes do final de 1967.

Capítulo 11

Londres – 1

> *"Por que regozijar-se com o triunfo de César? Que grande conquista o traz de volta?*
> *Que tributários o seguem até Roma*
> *Para que tenha sua biga adornada com grilhões de escravidão?*
> *Vós sois pedras! Vós sois rochas! Vós sois piores que as coisas sem vida!*
> *Ó cruéis homens de Roma, duros de coração."*
>
> William Shakespeare, *Júlio César*.

Na manhã seguinte ao julgamento da apelação dos Stones, houve uma previsível avalanche de comentários na imprensa sobre a decisão de lorde Parker. Cinco jornais de âmbito nacional devotaram seus editoriais à decisão judicial, o que, à época, poderia ser considerado um fato histórico, dado que a mídia ainda tinha reservas quanto aos astros pop.

O *Daily Mirror*, que, com discrição, posicionara-se a favor de Jagger e Richards desde o início da saga, manifestou sua satisfação com o resultado do julgamento: "Muitos consideraram as condenações – 12 meses de prisão, no caso de Richards, e três, no caso de Jagger – desproporcionais aos supostos delitos envolvendo drogas", escreveu o editor-chefe do jornal. "Lorde Parker, presidente da Suprema Corte, colocou cada uma delas em sua correta perspectiva e conseguiu dar o melhor desfecho possível para esse caso tão polêmico."

Outros jornais de centro-esquerda também se mostraram satisfeitos pela questão ter sido, por fim, tratada de modo justo. O *Guardian* argumentou que o resultado da controvérsia poderia servir de incentivo para o *Home Office* concluir "o mais breve possível" seu tão esperado relatório sobre drogas.[3] O *Daily Sketch* aplaudiu o veredito de lorde

---

3. Enquanto este livro estava sendo preparado para publicação, o *Guardian* ainda insistia nesse ponto. Sua edição de 5 de junho de 2011 trazia uma carta, assinada por inúmeras pessoas de renome e influência, que pediam a revisão das leis relacionadas às drogas.

Parker, mas acrescentou que "os pais britânicos teriam recebido de bom grado uma manifestação do presidente da Suprema Corte quanto ao papel da lei na proteção dos jovens contra os perigos do consumo de drogas."

Como era de se esperar, o *Daily Telegraph*, que pouco tratava sobre os acontecimentos da cultura pop, fez uma abordagem imparcial da determinação da corte de apelação. "Tal decisão não pode ser considerada uma vitória das vozes permissivas da sociedade, que buscam a legalização do que chamam de drogas 'leves', nem uma derrota dos defensores do controle e da disciplina."

Diante do extraordinário apoio que receberam de colegas e fãs, os Stones, para expressar sua gratidão, publicaram comunicados de página inteira nos principais periódicos musicais do Reino Unido. Nas revistas *New Musical Express (NME)* e *Melody Maker (MM)* divulgaram agradecimentos calorosos, mas de certa forma velados, pelo amparo recebido. Grande parte dos textos foi baseada na letra de "We Love You" [Nós Amamos Vocês], faixa título do compacto simples dos Stones que estava prestes a ser lançado e que era, em si, um relato indireto dos fatos relacionados aos julgamentos. Um dos comunicados dizia: "Queridos leitores da *NME*, queremos que vocês também os amem". O outro, publicado na *MM*, trazia uma página inteira com os dizeres: "Amamos vocês pelo apoio oferecido por nossos amigos para termos um final mais feliz".

We Love You foi lançado em 18 de agosto. No Reino Unido, embora a banda tivesse lugar garantido nas paradas de sucesso, o compacto atingiu apenas a oitava posição. Do outro lado do Atlântico, as vendas nos Estados Unidos decepcionaram e o disco conseguiu ficar apenas entre as *Top 50* [50 mais das paradas de sucessos]. A reação negativa ao vídeo promocional criado por Peter Whitehead em nada contribuiu para uma melhor aceitação do compacto. A BBC, ainda temerosa de fazer qualquer referência ao caso Redlands, se recusou a transmitir o vídeo no programa *Top of the Pops*, a menos que a sequência que simulava o julgamento fosse cortada. Ao ser informado de que a BBC pretendia apresentar as *Go-Jos*, dançarinas do programa, no lugar de tais cenas, Whitehead vetou a apresentação do vídeo. Quando a controvérsia veio a público, a BBC fez uma declaração a fim de esclarecer o assunto: "Nosso produtor assistiu ao vídeo e concluiu que ele não é adequado ao público cativo de nosso programa. Não se trata, em absoluto, de uma 'censura' da rede BBC. Foi uma decisão específica da produção do programa".

Apesar de os próprios Stones não se manifestarem quanto ao episódio, Whitehead se sentiu compelido a revidar: "Eu já imaginava que o vídeo seria censurado pelo *Top of the Pops* em virtude de sua visão extremamente superficial sobre a música pop. Fiquei muito aborrecido com a decisão. O pop não é só doçura e luz, como os diretores dos programas de TV gostariam que fosse. Além disso, meu vídeo é uma importante crítica social... essa recusa é um insulto à indústria pop. Cerca de 80% das músicas apresentadas no *Top of the Pops* fazem alguma crítica social. A música pop atual é uma forma de arte comprometida com questões sociais e a BBC está sendo irresponsável ao ignorar o que está acontecendo no mercado pop atual".

Por fim, "We Love You" foi apresentada no programa sem o vídeo promocional. O produtor do show contornou a situação ao reproduzir a música com uma sequência de fotos da banda, intercaladas por tomadas do público. Em algumas partes da Europa, as emissoras foram mais "generosas", exibindo o vídeo sem cortes. A despeito da controvérsia, o videoclipe de Whitehead ainda é considerado um marco dos vídeos pop.

Não foi fácil para os envolvidos na saga de Redlands se livrar da imagem negativa que os cercou. Quando rumores de seu envolvimento no escândalo vieram a público, Christopher Gibbs se viu obrigado a reagir. Assediado pela mídia, que estava em busca de qualquer detalhe instigante relacionado à batida, Gibbs quebrou seu silêncio declarando que a festa em Redlands nada mais fora do que uma reunião "totalmente decente" de amigos. "Eu tinha uma loja em Elyson Street, em Chelsea," comenta ele, nos dias atuais, "e estava lá quando a história toda foi divulgada. Lembro-me que vários jornalistas foram até lá e ficaram me importunando. Fiquei rotulado por causa disso. Minha família muito me criticou por ter envolvido nosso nome com 'essa gente devassa e desclassificada.'"

Com poucas chances de se defender atrás das grades, Robert Fraser teve de assistir a sua notória derrocada transformar-se em um prato cheio para a voracidade da imprensa. O *Daily Sketch* resumiu a ruína do *marchand* com a manchete "Conforto, Dinheiro, Respeito... Drogas", ao passo que o londrino *Evening Standard* publicou a seguinte manchete: "O Infortúnio e a Coragem do Filho de um Especialista em Finanças". O *Daily Mail* continuou seu implacável discurso moral com uma matéria intitulada: "A Vergonha Particular de Robert Fraser: o distinto aluno do Eaton College que venceu, tarde demais, sua batalha contra as drogas".

Algumas pessoas do então amplo círculo de amigos de Fraser organizaram, na galeria do *marchand*, em Mayfair, uma exposição de um mês, intitulada "Um Tributo a Robert Fraser". Com o objetivo de evidenciar o rigor da condenação, além de manter a galeria em funcionamento, 19 artistas, entre eles Peter Blake, Richard Hamilton e Claes Oldenburg, ofereceram suas obras de arte – "Em parte como mostra de solidariedade; em parte como mostra de indignação". Durante o tempo em que passou na prisão, Fraser foi confortado por uma infinidade de cartas enviadas por aqueles que lhe eram próximos. Uma delas, guardada até hoje, foi escrita, em conjunto, por Jagger, Marianne, Richards, Brian Jones e Anita Pallenberg. O sentimento de pesar era claro, em especial nas palavras de Mick: "Tudo ficará tão mais belo quando você voltar. Haverá tantas coisas a fazer. Tenho certeza de que você está pensando em um milhão delas e, juntos, iremos realizar todas". Richards, em seguida, daria sua contribuição ao assinar a carta com o número que recebera na prisão Wormwood Scrubs: 7.855.

Nesse ínterim, os Stones continuavam suas gravações no Olympic Studios. Acompanhados pelo pianista Nicky Hopkins e tendo Glyn Johns na técnica, a banda trabalhava em ritmo frenético – muitas vezes, noite adentro – gravando as faixas do novo álbum. No entanto, Brian pouco comparecia ao estúdio e, quando o fazia, deixava clara a necessidade de escapar da paranoia que o perseguia. Com o fantasma de seu iminente julgamento sempre presente, falava sem parar em fugir e, certa vez, chegou ao estúdio extremamente animado, mostrando a todos folhetos de viagem para lugares que ficavam, sobretudo, no Oriente Médio. "Veja essas incríveis ruínas romanas", falou com entusiasmo ao repórter Keith Altham durante uma sessão de gravação. "Vou encontrar um lugar no meio do Saara onde não existam fotógrafos."

Em agosto, descobriria outra rota de fuga da realidade que tanto o atormentava – o guru Maharishi Mahesh Yogi e suas técnicas de meditação transcendental. Naquele mês, durante o fim de semana do *Bank Holiday*, importante feriado no Reino Unido, Mick, Marianne e os Beatles viajaram de trem para Bangor, no norte do País de Gales, a fim de entrar em contato com a técnica de Maharishi, que prometia promover, de modo suave, a expansão da mente. Os Beatles anunciaram, durante sua estada no País de Gales, que não mais faziam uso de drogas. Mick e Marianne, no entanto, não se manifestaram sobre o assunto, provavelmente por não estarem dispostos a se comprometer e ter seus nomes associados a qualquer insinuação sobre o uso de narcóticos.

O casal, contudo, não se impressionou nem um pouco com o guru Maharishi e voltou para Londres, alguns dias depois, bastante decepcionado com a experiência. Ao longo daquele ano, Jagger e os Beatles passaram a manter um contato mais frequente, o que os levou a aventar a possibilidade de se unirem e criarem uma empresa comum, que os livraria das restrições do conservadorismo das gravadoras. Embora o projeto tenha sido deixado de lado temporariamente por causa da morte precoce do empresário do Beatles, Brian Epstein, durante a viagem ao País de Gales para conhecer o guru Maharishi, as negociações foram retomadas e se estenderam por todo aquele ano. Jagger e McCartney demonstraram ser os mais entusiasmados com a perspectiva da fusão dos interesses empresariais de ambos os grupos. No entanto, tal como muitas outras ideias que surgiram naquele ano, o negócio não vingou. A despeito disso, McCartney, sempre pragmático quando se tratava de negócios, usou a ideia da criação de uma empresa comum como base para abrir a Beatles' Apple Records e outras empresas correlatas.

Assim como Jagger e Marianne, Keith e Anita não se deixaram levar pela nova moda da meditação transcendental. Ainda abatido por conta dos julgamentos, Keith preferiu o anonimato de uma temporada no exterior e passou a maior parte do restante do verão indo diversas vezes à Itália para ficar junto de Anita Pallenberg, que participava das filmagens de *Barbarella*, de Roger Vadim. Convivendo com expoentes do mundo artístico e cinematográfico de Roma, o casal logo adotou um estilo de vida boêmio, muito distante do rígido convencionalismo da Grã-Bretanha.

Brian, que aparentemente buscava evitar seus colegas, procurou os préstimos de Maharishi apenas no início de setembro. O guitarrista preferiu consultar o risonho guru em Amsterdã a viajar para o País de Gales com os Beatles e, após fazer suas orações e pedidos aos pés do Maharishi, partiu para a Líbia na esperança de usufruir do anonimato que há muito ansiava.

No entanto, outras pessoas do círculo dos Rolling Stones também estavam sucumbindo por conta da pressão. Andrew Oldham entregou-se aos excessos da época e seu afastamento do grupo no decorrer do episódio de Redlands não passou despercebido. Quando, durante as gravações no Olympic, tentou voltar a exercer o papel de produtor da banda, os Stones não o receberam com entusiasmo, deixando claro que prefeririam trabalhar com Glyn Johns. Uma vez que Allen Klein e Jagger, juntos, cuidavam dos interesses dos Stones, a presença de Oldham em todas as atividades da banda parecia desnecessária. "Eu já tinha me empenhado o suficiente na minha relação com os Rolling Stones", declararia Oldham, em 2007. "E concluí que o melhor a fazer seria dizer: 'É melhor nos separarmos'."

A saída de Oldham foi formalizada no início de setembro, nos Estados Unidos, onde os cinco Stones se encontravam em virtude de reuniões com Klein, em Nova York, para tratar de questões práticas relacionadas à banda. Como os julgamentos dos casos de envolvimento com drogas tiveram cobertura mundial, não supreendeu que Jagger e Richards fossem detidos por oficiais da imigração ao chegarem, separadamente, em Nova York. Keith foi o primeiro a ser abordado, levado a uma sala privativa e interrogado sobre o que ocorrera na Inglaterra. Com a entrada imediata nos Estados Unidos negada, Richards recebeu um documento de "entrada em estudo", o qual lhe permitiria passar a noite em território americano até novo interrogatório, no dia seguinte. Jagger foi recebido da mesma forma e, assim como Richards, teve de se defrontar com autoridades da alfândega em um escritório na Rua Broadway, na manhã subsequente à sua chegada. Nesse meio tempo, autoridades americanas solicitaram a seus colegas ingleses que lhes enviassem informações a respeito da decisão judicial com relação ao caso de envolvimento com drogas.

Na manhã seguinte, Mick e Keith, acompanhados de Brian e Michael Cooper, compareceram a uma audiência no departamento de imigração, na qual, possivelmente em virtude de sua posição privilegiada de astros pop e das palavras convincentes de Cooper, lhes foram concedidos vistos de curta permanência nos Estados Unidos. Como era de se esperar, o acontecimento chegou à imprensa inglesa. O *Daily Mirror* publicou uma manchete com o título: "Dois Stones Barrados nos Estados Unidos: O Drama de Jagger e Richards no Aeroporto".

Resolvido o entrave burocrático, os Stones e Cooper se encontraram a fim de produzir a fotografia da capa de *Their Satanic Majesties Request* [Suas Majestades Satânicas Determinam]. O título era uma provocação ao *establishment*, cunhado com base no texto que se lê nos passaportes britânicos, *Her Britannic Majesty Requests* [Sua Majestade Inglesa Determina]. Em um estúdio em Manhattan, a banda e Cooper escolheram o cenário e os músicos, então, vestiram roupas um tanto espalhafatosas, mais apropriadas a magos do que a astros pop. Sentados de forma desordenada em o que parecia ser um arremedo de Terra do Nunca, graças ao cenário e trajes escolhidos, a imagem remetia a um movimento já visto como ultrapassado.

Como os hippies de São Francisco já estivessem queimando simbolicamente objetos associados ao "Verão do Amor", promover um álbum que rememorasse as amarras da época não seria nada fácil. A capa representava, no mínimo, um retorno a um tema que tinha sido melhor abordado no álbum *Sgt. Pepper*, dos Beatles. Uma vez que Cooper colaborara na elaboração da capa de ambos os álbuns, como forma de agradecer a referência aos Stones na capa do *Sgt. Pepper*, na forma de uma boneca vestida com uma blusa onde se lia "Bem-Vindos Rolling Stones", os rostos dos Beatles apareciam de forma velada em meio aos arbustos que cercavam os Stones na imagem em 3D criada para a capa do álbum.

De volta a Londres, o grupo dedicou-se ao trabalho. Em 27 de setembro, foi publicado um conciso comunicado informando que Oldham "não tinha mais qualquer ligação com os Rolling Stones". Como Klein passava a maior parte de seu tempo em Nova York, o empresário teve a ideia de criar um escritório exclusivo para o grupo no centro de Londres e, para ajudar na realização do projeto, enviou representantes para a Inglaterra. Jagger assumiu a tarefa do gerenciamento diário da banda, com Les Perrin assumindo o cargo de relações-públicas e o advogado de Marianne Faithfull, Jo Bergman, cuidando das principais questões administrativas.

As atenções voltaram-se, então, para o dilema de Brian Jones. A especulação da imprensa quanto ao futuro da banda caso o músico fosse condenado a passar um longo período na prisão foi respondida por Jagger, que negou uma possível separação do grupo ou a substituição de Jones. Ao mesmo tempo, Brian mantinha-se afastado dos holofotes, viajando mais uma vez para a Espanha com Suki Poitier para recuperar suas forças para o julgamento que se aproximava.

Ainda paranoico com a ideia de que seria abordado mais uma vez pela polícia, Brian deixou seu apartamento na Courtfield Road e mudou-se para um prédio em um bairro próximo, localizado na Chesham Street, nº 17, em Belgravia. Embora não existam registros policiais ou publicações na imprensa, há boatos de que o sargento de polícia Pilcher teria aparecido inesperadamente no apartamento do músico para interrogá-lo sobre um suposto assassinato. Apesar de não haver quaisquer referências documentais ao fato, a presença de Pilcher, cujo campo de atuação não incluía homicídios, pode bem ter sido uma manobra para assustar Jones antes de sua tão esperada audiência.

Finalmente, em 30 de outubro, Brian foi levado ao fórum pelo motorista Tom Keylock. Como atesta uma reportagem televisiva realizada naquele dia, Jones buscou adotar uma atitude convencional, vestindo trajes tão conservadores quanto o próprio *Rolls-Royce* que o conduzira ao julgamento. Sob o terno listrado de azul escuro e cinza o músico usava uma camisa branca rendada e uma gravata de *pois* em tons de azul. Ao subir as escadarias da Corte de Sessões Internas de Londres, aparentava, a despeito das dificuldades que enfrentava, estar muito bem.

Do lado de fora do edifício, apenas alguns fãs leais aos Stones esperavam para expressar seu apoio. Alguns repórteres da imprensa londrina também se fizeram presentes, satisfeitos, sem dúvida, de que a polêmica "astros pop e drogas" ainda perdurava. Em maio, as notícias sobre a prisão de Brian foram ofuscadas pelo julgamento dos outros Stones em Chichester, mas, àquela altura, a imprensa já estava a postos para expor os hábitos dos Stones em suas primeiras páginas, mais uma vez.

O guitarrista chegou ao tribunal acompanhado do outro réu, Stanislaus "Stash" de Rola, cujas chances de ser absolvido das acusações eram grandes. "Você precisa entender que eu amava o Brian, de verdade," de Rola revelou a Peter Markham, em 2010. "Logo depois da batida, a polícia parou nosso carro de novo por causa de uma suposta informação de que estávamos indo para West End com o carro cheio de drogas, o que era um absurdo; mesmo assim, o advogado de Brian e o meu orientaram que não saíssemos juntos. Brian alertado, ainda, a evitar especificamente a companhia dos outros membros dos Stones... Infelizmente, toda vez que me encontrava com Brian, ele dizia: 'eles são muito mais poderosos que nós' e continuava a falar como se já estivesse derrotado."

De maneira ameaçadora, a disposição da corte era quase uma cópia do cenário com que Jagger e Richards se depararam em Chichester: o presidente, acompanhado de três outros magistrados, os quais certamente conheciam os detalhes do recente embate de Mick e Keith com a Justiça. Era mais do que claro que Jones precisava de todo amparo possível. Em circunstâncias normais, os outros membros dos Stones teriam comparecido ao julgamento para demonstrar seu apoio ao companheiro, mas, com outros compromissos prementes, isso foi impossível. Jagger e Richards tinham uma viagem marcada para Nova York naquele mesmo dia para produzir a matriz do novo álbum e, por ironia do destino, Keylock teve de sair da audiência antes do término para levá-los ao aeroporto de Heathrow. Não obstante, Chris (irmão de Jagger), Steve Abrams (líder do SOMA), Jeff Dexter (DJ e mestre de cerimônias do *nightclub* UFO) e outros membros da contracultura britânica se fizeram presentes para dar seu apoio a Brian. Suzy Creamcheese, uma das mais importantes e atrevidas defensoras da cultura *underground* londrina, também compareceu ao julgamento. A artista e ativista Caroline Coon foi outra presença ilustre. Com essas e outras celebridades formando uma espécie de pequeno, mas coeso, exército em defesa de Brian, problemas poderiam ocorrer caso o resultado do julgamento não fosse favorável ao músico.

Antes da audiência, Brian fora orientado a se declarar culpado das duas acusações associadas à maconha, mas sustentar sua inocência com relação aos delitos mais graves, que envolviam cocaína e metanfetamina. Com isso, a polícia retirou as acusações relacionadas às drogas mais pesadas. Dada a voracidade com que perseguiam Brian, tal atitude foi inesperada, embora não tenha aliviado em nada o ataque da acusação. Uma das consequências da confissão de Jones quanto às acusações relacionadas à maconha foi eximir Rola de um processo legal. Os procedimentos de rejeição das acusações contra o suíço levaram não mais que alguns minutos. Para compensá-lo pelo transtorno e por alguma eventual despesa referente ao processo judicial, Rola recebeu a irrisória cifra de 78 libras esterlinas e 15 xelins. O caso lhe rendeu vários aborrecimentos: seu passaporte foi confiscado pela polícia logo após a batida (embora, graças a seus importantes contatos, o documento lhe tenha sido devolvido) e, além disso, foi vítima de um considerável ataque por parte da imprensa.

A exposição da promotoria começou com a descrição detalhada dos narcóticos encontrados no apartamento de Brian na tarde de 10 de maio. O advogado de Jones, QC James Comyn, alegou, em defesa de seu cliente, que, apesar de Brian ter feito uso de drogas no passado, elas apenas trouxeram problemas ao músico e prejudicaram sua carreira. Ao pedir abrandamento da pena, Comyn argumentou que, não obstante terem sido encontradas drogas no apartamento de Jones, ele "nunca as distribuiu ou vendeu, nunca as comprou ou disseminou e nem mesmo circulou de posse de tais substâncias em público". Comyn, então, fez menção à extraordinária criatividade de Brian, definindo-o como uma pessoa excepcional. Descrevendo seu cliente como um "jovem com uma carreira brilhante", ele fez referência ao virtuosismo do músico e suas habilidades com uma variedade de instrumentos. O advogado acrescentou que era desejo de Brian que as acusações feitas contra ele servissem de alerta e impedissem que seus jovens fãs cometessem os mesmos erros de seu ídolo. Em seguida, descreveu, em detalhes, a derrocada do músico, vítima de um esgotamento nervoso por conta de seus excessos anteriores, e pediu que a corte o poupasse de uma condenação à prisão. "Ele nunca foi preso," declarou Comyn, "e afirmo, com veemência, que ser preso é o que menos necessita no momento... Pessoas famosas que cometem delitos recebem, às vezes, punições mais severas que as impostas a um homem comum, e essas podem, vez por outra, ser rígidas e até mesmo cruéis."

Essa última assertiva foi, com certeza, uma referência quase explícita à saga de Redlands, uma manobra desesperada, caso o objetivo fosse dissuadir os juízes de provocar a mesma espécie de revolta que ocorreu quando Jagger e Richards foram condenados.

O doutor Leonard Henry, terapeuta de Brian, foi chamado para confirmar a alegação de Comyn de que as condições mentais de seu cliente eram instáveis. Ao se sentar no banco de testemunhas, o médico afirmou que a prisão de Brian "destruiria sua saúde mental por completo. Ele poderia entrar em um estado de depressão psicótica... ou mesmo tentar se ferir".

Tornando desnecessária boa parte do interrogatório da promotoria com a admissão de culpa quanto aos delitos relacionados à maconha, Brian foi chamado a depor acerca de sua condição fragilizada, o que era um risco, pois, ao passo que Richards enfrentara a mesma situação com uma autoconfiança férrea, existia a possibilidade de que Jones deixasse escapar alguma informação que pudesse arruinar sua defesa.

Sob a orientação cuidadosa de Comyn, Brian explicou que, como várias pessoas iam a seu apartamento, era impossível vigiar todos os que passavam por sua porta. Apesar de ter concordado com a alegação da promotoria de que deveria ter tomado alguma atitude a fim de colocar para fora de seu apartamento indivíduos que fumassem maconha, ele afirmou que nunca incitara, de forma alguma, o uso de drogas em sua residência. Comyn, então, pediu a Jones que afirmasse, em público, que se absteria de qualquer consumo de drogas no futuro.

A resposta de Brian, quase inaudível, espelhava às mesmas palavras de seu advogado de defesa. "Essa é exatamente a minha intenção", ele disse. "Elas [as drogas] só me trouxeram aborrecimentos e interromperam minha carreira. Espero que isso sirva de exemplo para qualquer um que se sinta tentado a experimentá-las."

Houve, então, um recesso de 90 minutos. Se o advogado de Jones fosse da opinião de que tinha conseguido construir uma defesa forte, que exortava à compaixão, não levara em conta a reputação do experiente presidente do corpo de juízes, Reginald Ethelbert Seaton. Tal como o aposentado juiz Block, o então magistrado de 68 anos ocupava parte de seu tempo atuando no judiciário. Em um cenário que, em tudo, lembrava aquele com que se depararam Jagger e Richards, Seaton atacou Brian com uma fúria avassaladora que mais parecia uma vingança por parte do *establishment*.

"Eu não estaria cumprindo meu dever", começou Seaton, "se não proferisse uma sentença de prisão. Os delitos dos quais o senhor se declarou culpado são muito sérios. Julgá-lo inocente implicaria afirmar que as pessoas podem infringir as leis em privacidade e, assim, impedir que algo que está crescendo como um cancro venha à tona. O senhor não é considerado culpado pelo frasco de cocaína que foi encontrado, mas isso mostra o que acontece nesse tipo de festa. Há algumas pessoas que fumam maconha, outras que usam drogas pesadas, e é dessa forma que a imoralidade começa. Em virtude de sua fama, o senhor é seguido por inúmeros jovens e, portanto, é seu dever servir-lhes de exemplo, e o senhor falhou nisso. Levarei em consideração o fato de o senhor ser uma pessoa de bom caráter e de ter assumido sua responsabilidade por tais delitos."

Apesar de reconhecer as circunstâncias atenuantes que lhe foram apresentadas, Seaton proferiu duas sentenças de prisão contra Brian por conta dos delitos relativos à maconha: uma de nove meses, por permitir que seu apartamento fosse usado para o consumo de maconha, e outra de três meses, por porte da droga. Além disso, Brian foi condenado a pagar o montante de 262 libras esterlinas e 10 xelins de custas judiciais. Depois de proferidas as sentenças, exclamações de "Oh, não!" podiam ser ouvidas do público. Um cântico furioso de contrariedade foi entoado por Chris Jagger e seus companheiros ativistas antes de serem retirados do recinto pela polícia. Com a corte em tumulto, o advogado de Brian fez um pedido de fiança, mas este recebeu um ressonante "Não" do juiz presidente Seaton. Todos que assistiam ao julgamento testemunharam, então, o momento em que Jones foi levado para as celas do fórum, onde deveria permanecer até ser conduzido à prisão. Nesse ínterim, os advogados de defesa de Brian pleitearam o direito de apelar e foram atendidos.

Caroline Coon, que presenciou o patético espetáculo, descreveu, de modo comovente, a aflição de Brian e, de forma indireta, a de muitos de seus amigos. "Acredito que deva ser aviltante para um homem ser submetido ao poder de outros só por estes estarem uniformizados. Quando se vê um jovem ser preso, principalmente quando este é alguém que considera ter alguns privilégios, e ser subjugado por homens uniformizados, a extrema fragilidade que esse jovem demonstra é chocante. A incrível bravata de 'a gente não liga' ou 'dane-se o *establishment*', que vários astros pop alardeavam quando presos, era apenas uma máscara. No fundo, o que acontecia era um verdadeiro dano psicológico que teria de ser enfrentado e trabalhado. Alguns sobreviveram, outros, não."

Meia hora depois, enquanto o *Rolls-Royce* ainda esperava do lado de fora da corte, um furgão cinza escuro partiu rumo a Wormwood Scrubs, transportando Brian e outros detentos. Ao chegar lá, Jones se deparou com as mesmas formalidades frias pelas quais Richards e Fraser passaram. Apesar de muitas das histórias sobre o tempo que Jones ficou na prisão parecerem fictícias, especulou-se, tempos depois, que os policiais do Scrubs, supostamente irritados por Richards não ter permanecido na prisão, haviam planejado uma recepção bastante desagradável para Brian. Além disso, os detentos teriam dado as "boas-vindas" a Jones com zombarias e vaias, alguns exigindo que seu cabelo fosse cortado, de acordo com as regras.

A prisão de Jones transtornou sobremaneira aqueles que presenciaram sua condenação. Terminada a audiência, estes percorreram a curta distância que separava o fórum, em Fulham, do *pub* Man In The Moon, em King's Road, Chelsea. Após conversarem rapidamente sobre o ocorrido, os amigos de Brian decidiram fazer uma manifestação no meio da rua. Como o estúdio de Caroline Coon ficava perto do *pub*, ela foi rapidamente até lá a fim de pegar alguns adereços inusitados para realçar o rigor da condenação de Brian.

"Eu tinha umas mil imitações de baseados no meu estúdio", relembra Caroline. "Ficamos andando pela King's Road, fingindo estar fumando esses falsos baseados e protestando com gritos: 'Libertem Brian Jones!'." Como aquele era um horrível dia chuvoso, os oito manifestantes continuaram a encenação, sem serem importunados, até que a polícia chegou para verificar o que estava acontecendo. Sob a alegação de que o grupo não tinha autorização para realizar o protesto, a polícia tentou pará-los.

"Os policiais disseram: 'Bem, vocês só podem ficar neste lado da rua'.", relata Coon, nos dias de hoje. "Steve Abrams, Jeff Dexter e Chris Jagger fingiram tropeçar, ultrapassando a linha invisível traçada pela polícia, e foram todos jogados no banco de trás de um camburão. Enquanto o veículo se afastava, consegui bater no vidro de trás e dizer, 'Não se preocupem, estarei lá para pagar a fiança de vocês.' Nesse momento, a porta de trás do camburão se abriu e eu fui arremessada para dentro."

Mantidos sob custódia, os policiais exigiram que cada um deles se identificasse. Ao ouvirem o nome Jagger, os policiais quiseram saber se Chris era mesmo irmão do famoso músico. Na ocasião, ele foi indiciado por suspeita de depredação de veículo policial, enquanto Suzy Creamcheese (que se intitulava uma "manifestante profissional"), Caroline, Dexter e Abrams foram detidos sob acusações que variavam desde obstrução de tráfego até comportamento abusivo. Em conformidade com o espírito da época, Caroline recusou-se a ser libertada sob fiança e foi transferida para a prisão feminina de Holloway, onde ficou até a notícia de sua prisão chegar aos ouvidos do locutor Bernard Braden, que pagou sua fiança.

A presença de Caroline na audiência de Brian representou mais do que mero apoio ao músico. Ela sentira na pele como, com o aumento do uso recreativo de narcóticos, as punições aplicadas aos usuários de drogas vinham se tornando cada vez mais rigorosas. Estudante de artes em Londres, no ano de 1966, seu então namorado jamaicano foi preso por conta de uma acusação relacionada à maconha. Durante uma visita a ele na prisão, reuniu-se com os advogados que trabalhavam para a libertação do rapaz e, assim, descobriu que direitos básicos eram negados a muitos dos encarcerados por delitos leves que envolviam drogas. Uma vez que o caso Redlands trouxera à tona a questão do uso de drogas por jovens, Caroline sentiu-se compelida a agir e, junto com um grupo de partidários de suas ideias, criou a *Release*, uma organização sem fins lucrativos que oferecia informações básicas e imparciais a qualquer pessoa que fosse presa por acusações relacionadas a drogas.

Caroline Coon: "Embora eu tivesse consciência de que as condenações de Mick e Keith eram terríveis, aqueles que não tinham pessoas influentes para protegê-los estavam em situação muito pior. Na realidade, havia pessoas desaparecendo sem deixar pistas de seu paradeiro. Foi por isso que a *Release* passou a ter um papel importante. A primeira coisa que exigi do *Home Office* foi que aqueles que fossem detidos tivessem permissão de fazer um telefonema. Na época, se alguém fosse detido pela polícia e não soubesse seus direitos, ficaria simplesmente desaparecido por semanas. Pessoas estavam sendo presas e não se tinha quaisquer notícias delas. Foi uma época de muito medo. As ruas pareciam uma selva".

Com policiais como o sargento Pilcher e outros que faziam uso dos mesmos métodos espalhando o terror por toda a Londres, inúmeros relatos da truculência usada durante as batidas chegaram aos escritórios da *Release*. Enquanto os Stones foram tratados com certo grau de civilidade em seu contato com a polícia, outros alvos menos famosos tinham seus direitos humanos desrespeitados por esses agentes ensandecidos.

Caroline Coon: "A polícia realmente achava que podia agir como bem entendesse. Eles invadiam a casa de alguém, roubavam seu dinheiro, batiam, espancavam, agiam com violência. Era realmente assustador. Foi algo que chocou a todos nós. Jagger ficou indignado. Foi um choque para todos aqueles que tinham sido criados com a crença de que a justiça britânica era exemplar, que o Império Britânico era o mais liberal do mundo e que servíamos como modelo de moral para todos os outros países. Essa imagem ruiu à medida que nos deparamos com um estado policial em que as autoridades fechavam os olhos para o que acontecia, ainda que não compactuassem com a situação".

A notícia da condenação de Jones logo chegou ao conhecimento dos outros participantes do círculo dos Stones e um recurso foi preparado para ser apresentado, no dia seguinte, à Alta Corte. Os outros membros da banda não se manifestaram a respeito, mas, em resposta aos boatos de que a prisão de Brian poderia representar o golpe de misericórdia para a banda, a equipe de relações-públicas dos Stones reiterou a declaração de que o grupo não se separaria.

Na manhã seguinte, os advogados de Brian apresentaram-se à Corte Real de Justiça com um pedido de fiança fundamentado em relatos médicos e na alegação de rigor da sentença. Após analisar as provas médicas, os magistrados concordaram com pedido de fiança com a condição de que psiquiatras nomeados pelo tribunal avaliassem, separadamente, o estado da saúde mental de Jones. Aceitas essas exigências e arbitrada a fiança em 250 libras esterlinas, com mais duas garantias de mesmo valor dadas por outros dois afiançadores, o pedido foi deferido. Às 19 horas, uma hora depois da assinatura dos documentos necessários, Brian foi oficialmente liberado de Wormwood Scrubs. Com Tom Keylock ao volante e acompanhado do advogado Peter Howard, Brian deixou Londres rumo a uma propriedade rural em Middlesex. Como a agenda judicial estava cheia até quase o fim do ano, o recurso só seria julgado em 12 de dezembro.

Por incrível que pareça, depois de tudo pelo que passara, Brian aplacou sua ansiedade embarcando em um novo período de embriaguez e uso de drogas, em Londres. Talvez essa tenha sido a forma que encontrou para lidar com a angústia, mas implicava na possibilidade de voltar para a prisão em um piscar de olhos caso fosse apanhado. Ainda convencido de que era vigiado pela polícia, ele trocou, em segredo, seu *Rolls-Royce* prata por um azul. Certa noite, quando Brian e uma acompanhante, levados por um motorista, percorriam a cidade, a polícia os parou junto à Embankment, a famosa ponte que funciona como dique sobre o rio Tâmisa. Fosse por terem reconhecido o famoso ocupante do carro, ou por terem recebido informações prévias, os policiais fizeram uma revista meticulosa no veículo. Jones trazia consigo uma pequena quantidade de maconha e, enquanto a polícia revistava outra parte do veículo, o músico enfiou a droga (embalada em papel alumínio) na boca de Brian Pastalanga, seu chofer. A artimanha funcionou, mas, após a polícia ter ido embora, em um surto de paranoia, Brian tentou se jogar no Tâmisa, pulando o muro que separava a rua do curso d'água. Por sorte, Pastalanga estava preparado para lidar com o comportamento de Jones e conseguiu impedi-lo. Mostrando claramente que estava à beira de um colapso nervoso, Brian foi levado diretamente para o The Priory, em Roehampton.

Enquanto Brian aguardava sua audiência de apelação da pior forma possível, outros envolvidos na saga passavam por contratempos. O mais afetado pelos acontecimentos era o velho adversário de Jagger e Richards, o juiz Leslie Block. Ao passo que muitos interpretaram sua atuação em Chichester como nada além de uma mostra de indignação por parte de um dos antigos pilares da sociedade, outros, que compartilhavam de seus pontos de vista, passaram a considerá-lo um herói. Apesar da magnitude da decisão de Block, que foi discutida nos principais editoriais de toda a imprensa britânica e deu margem a debates no parlamento e na instância superior do Judiciário, o juiz era cauteloso em suas declarações quanto ao resultado dos recursos. Era óbvio que surgiria uma oportunidade para expressar suas verdadeiras convicções.

Além de exercer suas funções, em jornada reduzida, junto à corte de Chichester, Block gostava de confraternizar com a comunidade rural de West Sussex, onde era uma figura bastante respeitada. A cada outono, quando o calendário agrícola chegava ao fim, os membros da comunidade participavam de festivais de agradecimento pela colheita, realizados nas diversas igrejas medievais espalhadas pela região. Os membros mais radicais dessa comunidade rural costumavam participar de jantares e festas menos piedosas, que também marcavam tal época do ano. Block, por vezes, animava tais ocasiões ao proferir discursos após a refeição, com o intuito de informar e divertir, e propunha, ao final, um brinde a alguma causa popular. Assim, ele seria a escolha óbvia para pronunciar algumas palavras de sabedoria no jantar promovido pela Horsham Ploughing & Agricultural Society [Sociedade Agrícola e de Plantio de Horsham] no sábado, 11 de novembro, no qual mais de 80 fazendeiros locais se reuniriam para discutir questões relacionadas à sua atividade. Contando com a presença e a fama de Block, o evento realizado na pequena, mas próspera, vila de Rudgwick atraiu a imprensa, ávida por registrar suas palavras.

Os discursos feitos em reuniões desse tipo descrevem, via de regra, as dificuldades que comumente acometem a comunidade agrícola e Block, valendo-se disso, usou de ironia em sua oratória. Tirando risos contidos e gargalhadas dos convidados de rostos marcados pelo sol, o discurso do juiz, de alguma forma, enveredou das comuns histórias de gado desgarrado, colheita e maquinário agrícola para o caso ao qual seu nome fora associado nos últimos tempos. Ao falar sobre detritos indesejados que, com frequência, importunavam os fazendeiros, Block mencionou que ele também tinha se deparado com elementos "sórdidos" em seu trabalho com a lei.

"Refiro-me a objetos que nenhuma serventia têm para fazendeiros," disse Block, a língua afiada, "os quais acredito serem inúteis para qualquer homem ou animal, a menos que sejam moídos para servir como superfície de rodovias, ou talhados para diferentes usos. Refirome às pedras [Stones]."

A metáfora de Block foi logo compreendida e todos no salão desataram a rir. Com a disposição favorável do público, conseguiu tirar ainda mais risos de seus companheiros ao declarar: "Em *Julio Cesar*, Shakespeare falou: *Vós sois pedras [stones]! Vós sois rochas! Vós sois piores que as coisas sem vida!* Seja como for, fizemos o melhor, meus amigos compatriotas, eu e meus companheiros magistrados, para reduzir essas rochas a uma medida apropriada. Mas, infelizmente, não foi o suficiente, porque a Corte de Apelação Criminal as deixou rolar [Rolling], livres. Só me resta supor que a Corte de Apelação Criminal tenha se deixado influenciar pelas palavras de Shakespeare, que assim escreveu em seu próprio epitáfio: 'Bendito o homem que poupar estas pedras'."

Uma vez que o interesse pelo tema do discurso obviamente transcendia os limites de Horsham, os registros dos jornalistas locais foi enviados para a imprensa londrina e deram início a uma nova abordagem da saga.

Publicados na imprensa nacional, os comentários de Block não tardaram a ser condenados. De forma compreensível, a gerência dos Stones logo comprou a briga, e publicou uma concisa declaração de Les Perrin: "Consultaremos nossos advogados para saber que providências tomar com relação às lamentáveis observações do juiz. Os Stones estão extremamente contrariados com o ocorrido. Eles poderiam dizer muita coisa, mas não se manifestarão. Eles aguardarão, como determina a lei, a decisão da Justiça, mantendo-se, até então, em silêncio".

Outras pessoas que não pertenciam ao círculo dos Stones também ficaram indignadas com os comentários veementes de Block. William Wilson, MP representante de Coventry pelo Partido Trabalhista, referiu-se aos comentários como "deploráveis" antes de levar a questão ao juiz presidente da Câmara dos Lordes [*Lord Chancellor*]. "Uma vez que um dos membros dos Rolling Stones está, no momento, sob fiança e aguardando o julgamento de sua apelação," disse Wilson, "os comentários do juiz podem ser considerados como quebra de sigilo de Justiça."

A comunidade agrícola de Block foi rápida na defesa de seu controverso orador. "O juiz Block não mencionou, de forma explícita, o nome da banda pop, mas sua insinuação foi bastante clara", observou John Holman, presidente da associação agrícola. "O MP que está se queixando deveria ter percebido que o juiz estava brincando."

A despeito de o presidente da associação tentar defender seu convidado de prestígio, as palavras daninhas de Block não poderiam ter sido mais inoportunas, visto que o julgamento do recurso de Jones ainda estava por vir.

Em 27 de novembro, o álbum *Their Satanic Majesties Request* foi lançado, com sua extravagante capa com efeitos em 3D, cujo custo chegou a 15 mil libras esterlinas. Como muitos dos seguidores mais ferrenhos dos Stones ficaram ressentidos com a imersão dos Stones na psicodelia, o álbum dividiu a opinião daqueles que, no passado, compravam religiosamente seus discos. Considerado, por muitos, um disco fragmentado, o álbum mostrava as marcas de um grupo cujos membros assumiam posições divergentes. Dados os acontecimentos de 1967, isso, com certeza, não foi motivo de surpresa.

A primeira faixa, "Sing This All Together", de caráter um tanto dissonante, era o reflexo sonoro de uma época que, para muitos, já tinha terminado – os sinos estridentes, os instrumentos exóticos e o clima místico promoviam uma experiência mirabolante e ultrapassada. Outras faixas colocavam à prova até os fãs mais liberais. Bill Wyman, que nunca antes se aventurara a nada além do baixo e de alguns *backing vocals*, de repente criou uma composição para o álbum, a atmosfera de conto de fadas de "In Another Land", que trazia o *backing vocal* de Steve Marriott, da banda The Small Faces, que, por acaso, estava em uma sala próxima àquela onde os Stones trabalhavam durante as gravações no Olympic. "She's a Rainbow", uma canção de arranjo cativante, acabou se perdendo em um lamaçal de sons distorcidos.

Apesar de sua presença esporádica às sessões de gravação, Brian incrementou algumas das faixas com sons esotéricos, na medida certa. Um exemplo é o suposto melhor momento do álbum, a misteriosa e autobiográfica "2000 Light Years From Home", a canção que Jagger afirmou, com desfaçatez, ter escrito "com base em sua experiência na prisão". Com o refrão *It's so very lonely* [É tão, tão solitário] acompanhado de menções a paisagens desérticas, nebulosas e estarrecedoras, a faixa foi a mais poderosa representação de isolamento já gravada. Jones fez um acompanhamento de *Mellotron* [espécie de teclado] ao longo de toda a música, dando-lhe um ar de pesadelo e alucinação, o que a tornou ainda mais vibrante. A banda gravou, sob a direção de Peter Clifton, um vídeo promocional um tanto obscuro para acompanhar a composição. No entanto, a possibilidade de sua utilização para o lançamento do compacto no Reino Unido foi descartada.

As vendas antecipadas do álbum foram boas e, nas semanas que antecederam o Natal, o compacto chegou à parada dos *Top 5* tanto na Grã-Bretanha quanto nos Estados Unidos. A reação negativa da crítica misturou-se à de observadores da mídia, desconcertados pelo direcionamento que a banda escolhera.

Embora os Rolling Stones já tivessem um estilo irreverente, chegar à verdadeira psicodelia (madura) talvez estivesse, ainda, fora de alcance. A influente revista *Rolling Stone* foi direta em sua avaliação do trabalho, como fica claro na crítica de Jon Landau: "*Their Satanic Majesties Request*, apesar de ter momentos de inquestionável genialidade, coloca em risco o *status* dos Rolling Stones. Com ele, os Stones deixaram de lado sua capacidade de estar na vanguarda a fim de impressionar os impressionáveis. Receberam influências demais daqueles que lhes são inferiores em termos musicais e o resultado é, agora, um álbum inseguro, no qual fazem um grande esforço para provar que eles são inovadores e que também têm algo diferente a dizer... É uma verdadeira crise de identidade e terá de ser resolvida de forma muito mais satisfatória do que o foi em *Their Satanic Majesties Request* se quiserem que sua música continue a evoluir".

Em publicações menos eruditas, a reação foi de descrença. O colunista pop do *Daily Mirror*, Don Short, desaprovou o álbum ao comentar: "Deixem-me fora disso, não consigo entender".

Para uma banda amplamente associada a um estilo sem afetação, *Their Satanic Majesties Request* deixou muitos em estado de perplexidade. Críticos mais perceptivos ressaltariam que o álbum era tão somente o reflexo de um ano turbulento. O futuro relações-públicas dos

Stones, Keith Altham, também ficou atônito ao ouvir o álbum e relata, nos dias de hoje, a sensação de incredulidade que se seguiu ao lançamento do disco. "Eles viram o que os Beatles tinham feito em *Sgt. Pepper* e concluíram que deveriam tentar algo semelhante, mas aquilo não tinha nada a ver com eles. Escrevi a crítica sobre o álbum para a revista *New Musical Express* e o fiz da melhor maneira possível. Escrevi apenas bobagens hippie e alucinógenas sem sentido que achei que teriam relação com o que eu considerava ser um álbum hippie e alucinógeno."

A crítica foi, de fato, tão excêntrica quanto o disco de que tratava. Sob o título "O álbum *Satanic Majesty's* (sic) dos Stones é uma viagem ao infinito em meio a estrelas e além', Altham fez sua própria viagem ao cosmos em uma tentativa de resumir toda a contradição que permeava as dez faixas. "Primeiro, levantem as mãos, com alegria. Abandonem sua mente sobre a mesa e seu cérebro no cinzeiro e vejamos, agora, o que temos aqui. Número 1: uma pequena sacola de medos; Número 2: duas dezenas de preceitos éticos; Número 3: uma grande vasilha de padrões obsoletos; Número 4: dois pacotes de moralidade preconceituosa; Número 5: uma boa dose de opiniões desgastadas; Número 6: meia dúzia de mentiras intransigentes sobre um ser com alma mágica, clara e brilhante. Agora, coloque tudo isso em um saco e agite bem. Qual o resultado? Resposta: Algo um tanto parecido com um olhar mais atento sobre o último álbum dos Stones, *Their Satanic Majesties Request*. Estou preparado para que as críticas chamem o álbum de qualquer coisa entre 'genial' e 'absurdo'. Você precisa tirar sua própria conclusão. Eu fiz isso. Uma última palavra sobre a capa tridimensional do álbum: 'Uau!'."

Altham relembra, ainda, uma reação igualmente estranha quando seu comentário chegou às bancas no início de dezembro: "Alguns dias depois, eu estava descendo a Wigmore Street de manhã, bem cedo, após um show cuja crítica eu deveria escrever, quando um *Rolls-Royce* preto veio, do outro lado da rua, na minha direção. Foi surreal, uma vez que não havia mais nada além daquele carro e eu, ali. Bem, o fato é que as portas de trás desse *Rolls-Royce* de repente se abriram e uma pessoa em um casaco de peles veio correndo até mim: era Marianne Faithfull. Ela disse: 'Meu querido, eu simplesmente adorei sua crítica sobre o *Satanic Majesties*, dos Stones, uma doideira absolutamente maravilhosa!' E, então, se afastou depressa. Até hoje não tenho certeza se ela estava se referindo ao álbum ou à crítica!".

A audiência para julgamento da apelação de Brian Jones se deu quatro dias depois do lançamento do álbum. Como seu resultado era imprevisível, Jones estava deveras ansioso. Pré-requisito de sua fiança, Jones compareceu a quatro sessões com o psiquiatra nomeado pela corte, doutor Walter Neustatter, em sua clínica na Harley Street. Psiquiatra de renome, Neustatter gozava de prestígio na comunidade dedicada às ciências da mente, além de ser autor de um conceituado livro sobre criminalidade, intitulado *The Mind Of The Murderer* [A Mente do Assassino].

A avaliação do médico foi tão minuciosa quanto se poderia esperar. A primeira sessão foi bastante incomum, visto que Brian não parava de exaltar o LSD, tentando persuadir o psiquiatra a "instruir o *establishment*" a aceitar o uso da droga. Não obstante, a dupla conseguiu manter um relacionamento aceitável, em especial porque ambos compartilhavam de um interesse fanático por críquete. Visto que a saúde mental de Jones era crucial para sua absolvição, o psiquiatra fez uma abordagem das numerosas contradições da psique de seu paciente. Ele comprovou a extraordinária inteligência de Jones e estabeleceu seu QI em 133. Apesar de não ter encontrado qualquer indício de desordem mental clássica ou influência psicótica, Neustatter detectou outros elementos de perturbação no estado fragmentado do músico. Grande parte do laudo, que segue abaixo, apresenta, em detalhes, um homem que parece estar em guerra consigo mesmo e com o mundo ao redor.

Os processos mentais do senhor Jones revelam, de fato, um enfraquecimento de seus vínculos com a realidade como resultado de intensa ansiedade sem causa aparente. Ele apresenta, atualmente, uma tendência a se sentir ameaçado pelo mundo que o cerca por conta de seu inadequado controle dos impulsos instintivos agressivos, que só faz aumentar. Esse controle repressivo parece estar se esfacelando e o paciente recorre, com frequência, a uma visível negação da ameaça criada pelo irromper de tais impulsos na mente consciente. Por vezes, ele projeta esses sentimentos agressivos no ambiente ao seu redor de modo que se sinta uma vítima de seu meio; em outras ocasiões, os introjeta, o que resulta em tendências depressivas significativas associadas ao risco de suicídio. Os problemas sexuais do senhor Jones têm forte relação com seus transtornos de agressividade – ou seja, ele vivencia uma ansiedade intensa em torno da sexualidade fálica e sádica em virtude a suas disputas agressivas implícitas [sic]. *Contudo, essas disputas fálicas também estão em conflito com suas patentes necessidades passivas, ligadas à dependência. Tal conflito impede qualquer conformação heterossexual madura; na verdade, ele se furta a qualquer envolvimento heterossexual genuíno. Esses distúrbios sexuais intensificam a considerável imaturidade emocional do senhor Jones e a resultante confusão de identidade. Ele hesita entre a figura da criança passiva e dependente, de imagem enigmática; a do adulto, de um lado, e a do ídolo da cultura pop, de outro... Em suma, minha conclusão é a de que o senhor Jones está, no momento atual, em um estado emocional extremamente precário, resultado de problemas não resolvidos em relação a seus impulsos agressivos e identidade sexual. Sua apreensão da realidade é frágil por conta do efeito debilitante da ansiedade intensa e dos conflitos relacionados a tais problemas. Grande parte de sua ansiedade deve-se, atualmente, à possibilidade de sua prisão, mas as raízes dela são mais profundas. Portanto, ele necessita, com urgência, de tratamento psicoterápico como apoio para ajudá-lo a se conscientizar das inúmeras potencialidades de sua personalidade e valor, a fim de conter sua ansiedade. Do contrário, seu prognóstico é bastante ruim. De fato, é muito provável que sua prisão venha a precipitar uma completa dissociação da realidade, gerando um surto psicótico, além de aumentar, de forma significativa, o risco de suicídio.*

Para sustentar seu laudo, o doutor Neustatter testemunhou junto à corte. Apresentando o quadro de um homem arrasado e assediado por demônios, o psiquiatra fez uma relação de alguns dos comportamentos mais bizarros de Brian, que incluíam aparecer para as consultas trajando roupas que ele só poderia descrever como exibicionistas. "Acho que ele vestia calças douradas e alguma coisa que parecia um tapete de peles", mencionou Neustatter. A aparência de Jones no tribunal parecia corresponder à descrição do psiquiatra quando o músico chegou à audiência vestindo um casaco de pele de ovelha sobre sua vestimenta mais formal.

Além da análise detalhada de Neustatter foram apresentados relatórios de outros três psiquiatras com consultório na Harley Street, em Londres, os quais corroboravam a constatação do estado atormentado do músico. O terapeuta de Jones, doutor Anthony Flood, falou à corte sobre a aversão que Brian demonstrava, então, pelas drogas. "Se alguém colocasse um baseado a quase um quilômetro de Brian Jones," disse o psiquiatra, "ele sairia correndo dali". Outro médico que cuidava de Brian, o Dr. Leonard Henry, narrou algumas das oito consultas que tivera com Jones em sua clínica, afirmando à corte que ele era "um homem muito doente" e que "poderia atentar contra a própria vida em circunstâncias que seriam facilmente toleradas por uma personalidade menos neurótica".

Com os advogados de Jones ratificando as opiniões dos psiquiatras de que a prisão o destruiria irremediavelmente, o presidente da Suprema Corte e seus dois colegas suspenderam a sessão por 20 minutos para discutir o caso. Se havia a possibilidade de se extrair algum otimismo daquelas circunstâncias nefastas, ela se resumia ao fato de o Juiz Parker, que presidira o julgamento das apelações vitoriosas de Mick e Keith, em julho, e seus colegas poderia oferecer a Jones a mesma possibilidade de se ver livre.

Ao retornar, Parker e os dois magistrados que analisavam o caso revogaram a prisão de Jones e substituíram-na por uma multa de mil libras esterlinas e suspensão condicional da pena por três anos sob a condição de que Jones continuasse seu tratamento com o doutor Flood. A despeito de os juízes desconsiderarem alguns dos comportamentos mais bizarros de Jones, não estavam dispostos atenuar as acusações das quais fora considerado culpado. Ao término da audiência, lorde Parker dirigiu a Brian um sério aviso. "Não se esqueça de que esta corte agiu com clemência para com o seu caso. Não houve isenção de sua responsabilidade. Você não pode bravatear que saiu sem punição, pois ainda está sob a autoridade desta corte. Se não cooperar com o agente que acompanha seu período de suspensão de pena ou com o doutor Flood, ou cometer qualquer outro delito, será trazido a juízo e punido, mais uma vez, pela infração. E você tem plena consciência do tipo de pena a que será condenado." Dito isso, determinou-se a manutenção das custas da primeira audiência, em outubro, no valor total de 250 guinéus. Parker referiu-se, de novo, à celebridade de Jones, desta vez com relação à suposta riqueza do músico. "O intuito de uma multa é levar o infrator a sentir em seu 'bolso' o peso de sua infração, mas nenhuma multa legalmente permitida poderia, de fato, pesar no 'bolso' deste jovem."

Após uma conferência com o agente designado pela corte para acompanhar seu comportamento durante a suspensão de sua pena, Brian foi liberado. Um dos primeiros a cumprimentá-lo foi Mick. Da plateia, ele acompanhara toda a audiência sem fazer alarde, mas, tendo se envolvido em uma contenda com um motorista enquanto se dirigia ao tribunal, estava ansioso por ir embora. Ainda assim, disse algumas palavras à imprensa com relação ao evidente alívio compartilhado por todos os Stones. "Estamos todos felizes por ele estar livre. Tudo o que queremos, agora, é deixar isso para trás e nos concentrar em nosso trabalho."

Além da ansiedade por ter de comparecer em juízo, Brian há dois dias vinha sentindo uma dor de dente crônica. Por conta da longa duração da audiência e dos problemas dentários do músico, uma coletiva de imprensa já agendada foi cancelada. Mesmo assim, os repórteres que se acotovelavam do lado de fora do tribunal conseguiram arrancar algumas palavras de Jones que, com feição atordoada, apenas murmurou: "Estou muito feliz por estar livre. Quero que me deixem em paz para que eu possa seguir minha vida".

Depois de ser atendido por seu dentista, Jones comemorou sua liberdade com dois dias de farra que terminaram no badalado Middle Earth, em Covent Garden, onde a consciência de estar livre o tomou com força total. À sensação de considerável alívio misturaram-se os efeitos dos analgésicos que lhe foram receitados para sua dor de dente e um coquetel de bebidas e drogas. Encontrando uma recepção calorosa ao chegar ao clube, a comemoração de Brian foi, no mínimo, espetacular. Ele subiu ao palco junto com a banda da casa e destruiu um contrabaixo acústico. Ao desmaiar, mais tarde, em seu apartamento, Brian Pastalanga o levou ao St. George's Hospital, na Hyde Park Corner. Internado na ala destinada àqueles que sofriam de distúrbios mentais crônicos, Jones saiu de lá depois de uma hora.

Na manhã seguinte, Brian estava de volta ao The Priory, em Roehampton. Embora a corte lhe tivesse oferecido um gesto de clemência, as rígidas condições asseguravam que ele seria continuamente observado. O *Daily Mirror* conseguiu se infiltrar na clínica e fotografar Jones em seu modesto quarto, o que em nada ajudou na recuperação do músico. Como não houvesse tratamento para sua condição instável, Brian deixou o hospital e viajou mais uma vez, agora para o Sri Lanka. Meio a contragosto, Jones viajou com Richards e a antiga namorada de Jimi Hendrix, Linda Keith, deixando Suki Poitier, sua mais frequente companhia nos últimos tempos, para trás.

E, assim, 1967 terminou. O ano da mais famosa batida policial por drogas na história da Grã-Bretanha chegou ao fim. Enquanto Mick, Keith e Brian enfrentavam seus próprios dramas públicos, para os outros dois membros dos Stones tudo não passara de um grande transtorno.

Bill Wyman, o menos célebre Rolling Stone junto ao público, expressou esse sentimento em palavras em sua autobiografia *Stone Alone*, publicada em 1990: "Apesar de eu ser totalmente avesso a drogas, os fornecedores que cercavam a banda – nos estúdios, nos camarins durante as turnês, nos hotéis, aviões, carros – me deixavam em uma posição vulnerável... Eu tinha de estar alerta porque, se os tiras dessem uma batida, eu iria para a cadeia com todos os outros, e Charlie também. E quem acreditaria que não estávamos envolvidos?... Eu aceitava o fato de que, para estar na banda, precisava tolerar isso. Mas eles não levantariam um dedo para me dar força perante minha família... Então, o 'separatismo' foi crescendo... Depois de 1967, por dez anos, eu mal convivi com os outros membros da banda".

Capítulo 12

Londres – 2

"A anarquia é o único vislumbre de esperança. Não estou falando sobre a concepção popular que se tem dela – homens com capas pretas esgueirando-se aqui e ali com bombas escondidas – mas sobre a liberdade de cada homem ser responsável por seus atos. O conceito de propriedade privada não deveria existir. Todos deveriam ter a liberdade de ir aonde quisessem e fazer o que tivessem vontade. A política, assim como o sistema judiciário, é dominada por idosos. Idosos atormentados pela religião. E as leis – estas estão ultrapassadas e não dão conta de casos específicos."

Mick Jagger, setembro de 1967.

Até então, ao longo da agitada carreira dos Rolling Stones, que completava cinco anos, 1967 foi, de longe, o período mais marcante para a banda. Enquanto muitos viam com carinho o "Verão do Amor", aqueles que tinham uma relação próxima com o grupo não vislumbravam nada de amoroso no que acontecera. Julgamentos, prisões, recursos e reviravoltas no gerenciamento da banda foram apenas alguns entraves na evolução dos Stones. Mas, a despeito das circunstâncias, o grupo deu cabo de lançar dois compactos simples, um álbum e realizar uma grande turnê pela Europa e, embora as críticas de *Their Satanic Majesties Request* tenham sido contraditórias, o álbum atingiu a marca de meio milhão de discos vendidos no final de 1967.

Para Jagger, uma das poucas vantagens que emergiram desse período turbulento foi a consolidação de seu relacionamento com Marianne Faithfull. O casal fez uma viagem de alguns dias para Bahamas, no fim de 1967 e mudou-se de Harley House para um edifício em Chester Square, no bairro Belgravia, em Londres. Como espaço era essencial para Nicholas, o filho de Marianne, então com dois anos, Mick comprou um apartamento de três andares localizado na Rua Cheyne Walk, nº 48, em Chelsea. Desde esse momento, adquirir imóveis tornou-se uma paixão para Jagger, que, ávido por seguir os passos de Richards e ter sua própria casa de campo, comprou Stargroves, uma propriedade próxima a Newbury, em Berkshire – um solar estilo elisabetano já bastante deteriorado, mas com uma história tão rica quanto os 40 acres de bosques que o cercavam e pelo qual pagou, de bom grado, 22 mil libras esterlinas. Mick e Marianne, contudo, passavam a maior parte do tempo no apartamento de Cheyne Walk, pelo qual tinham maior apreço. Além de Christopher Gibbs, outros expoentes de Chelsea moravam na redondeza e, como era de se esperar, o apartamento do casal logo se transformou em um famoso ponto de encontro. Naturalmente, os outros membros do Stones, sempre que possível, apareciam para uma visita e, no ano seguinte, encantados com a atmosfera tranquila de Cheyne Walk, Keith e Anita comprariam uma casa na vizinhança.

O MP Tom Driberg, que observara de perto todos os movimentos de Jagger ao longo daqueles anos, era outro frequentador da residência do casal. Empenhado em convencer o cantor pop a fazer parte do Partido Trabalhista, Driberg tentou persuadi-lo, com lisonjas, a candidatar-se ao Parlamento. A popularidade de Jagger junto à grande massa de jovens eleitores seria um trunfo e comenta-se que o cantor considerou a proposta com seriedade antes de recusá-la.

Marianne ainda sofria as consequências dos graves ataques da imprensa a sua reputação em virtude do episódio de Redlands. Além de deixar claro que não queria mais que jornais fossem entregues em sua residência, eliminou de sua vida o rádio e a televisão. Contudo, por vezes passava por situações constrangedoras. De acordo com Driberg, em uma festa, Marianne foi abordada pelo escritor W. H. Auden, que, deixando de lado seu habitual léxico poético, perguntou-lhe: "Quando você contrabandeia drogas, você as esconde no ânus?".

Disposta a revidar as provocações, em 25 de fevereiro de 1968, Marianne participou do programa *Personal Choice* da BBC TV, um típico programa de entrevistas, transmitido tarde da noite, que instava personalidades das mais diversas áreas a falar abertamente sobre sua vida. Marianne, com certeza, perturbou a sensibilidade classe-média do apresentador Michael Barrett. Após falar sobre sua infância turbulenta e a desmesurada atenção que atraiu ao se tornar cantora pop e atriz, Marianne abordou o assunto das drogas. "Se o LSD não tivesse que aparecer, não teria sido inventado. Pois 'Portas da Percepção' é a expressão mais apropriada ao que as drogas são – portas. Normalmente, não vamos além, apenas vemos uma parte da realidade, do jeito que estou vendo você agora... Vejo a mim mesma como uma pessoa muito poderosa. Elas, provavelmente vão acabar comigo, mas quero ver no que vai dar."

Uma vez que o escândalo de Redlands destruíra sua carreira musical, Marianne concentrou-se em sua carreira de atriz, aceitando vários papéis desafiadores. Sua personagem em *As Três Irmãs*, de Tchékhov, no início de 1967, recebeu críticas positivas. Dois anos depois, representou Ofélia na versão criada por Tony Richardson do clássico *Hamlet*, de Shakespeare, na qual Anthony Hopkins atuou como Cláudio. Mais uma vez, sua atuação foi bastante aplaudida. Também trabalhou ao lado de Alain Delon no filme *A Garota da Motocicleta* e como coadjuvante em *Depois que Tudo Terminou*, dirigido por Michael Winner – papéis menos gratificantes, em termos artísticos. Contudo, a imagem criada pelos tabloides deixou marcas que a levaram a procurar uma rota de fuga.

"Eu usava drogas porque todo mundo usava, elas estavam em toda a parte", Marianne declarou à BBC em 1999. "Quando se é jovem, rico, famoso e influente, sempre aparecem sanguessugas para lhe dar drogas – mas isso é uma das coisas que você não percebe quando está no meio da situação. E, antes de se dar conta, já está encrencado."

O ano seguinte levaria os Stones a uma drástica mudança de postura em todas suas atividades, como reflexo das transformações que aconteciam em outras instâncias. Se 1967 testemunhou um otimismo exacerbado, 1968 traria consigo um árido pragmatismo. A guerra do Vietnã servira de inquietante pano de fundo para o "Verão do Amor", mas, a oposição à dura realidade da guerra exigia mais do que imagens de flores colocadas em canos de armas de fogo. Protestos estudantis e motins raciais eclodiram pelo mundo todo e aqueles que estavam na vanguarda das artes sentiram-se compelidos a produzir algo que não fosse apenas entretenimento. Sob o olhar atento de alguns dos mais perspicazes expoentes do mundo do rock, os Estados Unidos e a Europa se preparavam para enfrentar um ano que seria difícil em todos os sentidos.

Richards, com sua costumeira atitude apolítica, raramente dava a impressão (ao menos em público) de estar sensibilizado com o que ocorria com o homem comum. Jagger, no entanto, se mostrava interessado no florescente movimento de resistência. Sua breve presença na linha de frente do chocante protesto contra a Guerra do Vietnã na Grosvenor Square, em 17 de março, deixou claro seu comprometimento com as causas populares, o qual nasceu durante o período em que o cantor estudou na London's School of Economics. Jagger testemunhou, em primeira mão, as lutas violentas entre a polícia e os manifestantes, as quais seriam fonte de inspiração para a nova safra de canções dos

Stones, como "Street Fighting Man" [Lutador de Rua] e "Gimme Shelter" [Dê-me abrigo], cujas letras diretas e sem rodeios estavam distantes anos-luz da magia mirabolante que permeava as composições do ano anterior. Como parte dos preparativos para o próximo lançamento, Jagger e Richards voltaram para West Wittering a fim de compor as músicas do novo álbum e compilar as fitas demo. Richards convertera um chalé que ficava dentro de Redlands em um estúdio que ele chamava, com um toque de humor, de "A Quinta Dimensão".

Uma das novas canções era uma homenagem a Jack Dyer, o velho jardineiro de Redlands. Por ter acesso à casa a qualquer hora do dia ou da noite, comenta-se que, certo dia, o venerável Jack tirara Jagger do estado de torpor em que se encontrava, jogado em uma cadeira na sala de estar. Por estar sempre de prontidão, o jardineiro de Redlands foi reverenciado como "Jumpin'Jack Flash" [O Assistente relâmpago]. Felizes por retomar a antiga fórmula de sucesso, os Stones receberam a inestimável ajuda do produtor Jimmy Miller, que acabara de realizar um trabalho com a banda Traffic e com o The Spencer Davis Group. Embora o álbum *Their Satanic Majesties Request* tivesse sido, na realidade, produzido apenas pelos Rolling Stones Jagger e Richards, a contribuição de Miller foi muito bem-vinda, em especial por incentivar a banda a resgatar seu som mais abrasivo. Arrebatado pelo novo direcionamento da banda, Brian Jones buscou retomar seu papel no grupo, demonstrando otimismo renovado.

Conquanto a tentativa de Jones de dar a volta por cima tenha sido encarada com certa suspeita, sua aparência indicava uma transformação – seu comportamento psicodélico dera espaço a um modo de vestir menos desafiador. Uma vez que a rigidez das condições da decisão de seu recurso impediam Jones de consumir haxixe, ele se tornou mais dependente do álcool e dos sedativos que lhe eram receitados. Além da barriga saliente, a barba que deixara crescer evidenciavam essa metamorfose.

O apetite insaciável de Jones pelo sexo frágil não diminuiu e ele continuava a se envolver com inúmeras mulheres. No entanto, suas atenções giravam em torno de Suki Poitier, o que, comenta-se, teria levado Linda Keith a tomar uma overdose de barbitúricos no apartamento do músico, em Belgravia. Sem dúvida a propriedade estava sendo monitorada, pois a polícia foi chamada e, ao arrombarem a porta, encontraram-na nua, desmaiada no chão. Linda foi levada às pressas para o hospital, onde os médicos conseguiram estabilizá-la. Jones saíra para uma sessão de gravação que duraria a noite toda. Ao chegar ao apartamento, na manhã seguinte, foi informado da internação de Linda. Com cada vez mais repórteres do lado de fora do edifício, o proprietário do apartamento, mais do que depressa, despejou Brian. Acompanhado da polícia, o músico hospedou-se em um hotel na zona oeste de Londres. Para causar ainda mais controvérsia, uma manchete em um dos jornais do dia seguinte relatava: "Garota nua no apartamento de um Stone".

Apesar de a tentativa de suicídio de Linda Keith ter sido traumática, Brian não tinha motivos para lamentar seu despejo da Chesham Street. A despeito de não haver evidências em relatórios policiais ou da imprensa, alega-se que o apartamento de Jones tenha sido revistado por Norman Pilcher e seu esquadrão dias antes do incidente e, como não encontraram drogas nem qualquer membro dos Rolling Stones na propriedade, o esquadrão de Pilcher deixou o local. Não obstante, ao retornar ao apartamento, Jones não pôde deixar de notar que o local havia sido vasculhado, o que o deixaria ainda mais paranoico.

Tais incidentes não eram restritos aos Rolling Stones. Tornou-se praticamente praxe para os músicos que viajavam pelo mundo ser revistados por dedicados agentes de alfândega. Chris Welch, repórter do *Melody Maker*, a par da humilhação pela qual muitos artistas vinham passando, entrevistou inúmeros deles, acusados de portar drogas. Sua matéria para o *Melody Maker*, "Parem de Hostilizar o Pop" (em 21 de dezembro de 1967) descrevia o dilema.

"Já tivemos problemas suficientes," declararia Mitch Mitchell, baterista da banda Jimi Hendrix Experience. "Nós e os Stones devemos estar entre as bandas que mais passaram por revistas no país, principalmente nos aeroportos. Sei que as autoridades têm de fazer isso, mas mesmo quando voltei sozinho de uma viagem de férias, há pouco tempo, e decidi pegar um avião que chegaria às 6h30 da manhã para não ser importunado, passei pela mesma situação. Eles me seguraram por 45 minutos, para preencher formulários. Todos os outros passageiros já tinham ido embora quando me liberaram. Eles nos perseguem e perturbam o tempo todo. Em um aeroporto, um funcionário da alfândega chegou a dizer: 'Tudo bem, onde você esconde a maconha e o LSD?'. Depois, tentaram fazer disso uma piada."

Relatos como o de Welch não conseguiram inibir a cruzada de Pilcher, que tinha plena consciência de que, com o uso desenfreado de drogas em Londres, a prisão de uma celebridade geraria enorme publicidade e a popularidade do esquadrão antidrogas só viria a crescer. No segundo semestre de 1967, os colegas de Pilcher desmantelaram uma rede de distribuição de LSD que movimentava 250 mil libras esterlinas e seus esforços foram elogiados tanto pela Suprema Corte quanto pela imprensa nacional. Ao longo de 1968 e 1969, Pilcher estava ainda mais empenhado em promover sua imagem, e a maneira mais rápida de conseguir seu objetivo seria tirar vantagem do comportamento descuidado dos principais músicos pop. Enquanto o misticismo oriental desviou, momentamente, a atenção do público dos hábitos pessoais das celebridades, Pilcher sabia que, apesar de o negarem, a maioria dos astros pop usava drogas. Em 1967, a declaração pública de Paul McCartney de que usava LSD provocou consternação mundial, mas, à época, a polícia se manteve distante dele e dos outros Beatles. Contudo, a morte de Brian Epstein em agosto de 1967, causada por drogas, confirmou que estas estavam muito presentes no círculo dos Beatles. Para aqueles que partilhavam do mesmo ponto de vista que Pilcher, era preciso agir.

Apesar de não haver quaisquer registros policiais ou matérias jornalísticas a respeito, de acordo com Donovan e seu confidente 'Gypsy' Dave Mills, no início de 1968, o esquadrão de Pilcher realizou uma batida em Kenwood, a residência de John Lennon em Weybridge. Ao que parece, Lennon, após receber uma informação de que estava prestes a ser vítima de uma diligência policial, chamou os dois amigos para ajudá-lo a descartar qualquer vestígio de drogas que pudesse incriminá-lo, jogando uma quantidade de haxixe no vaso e dando descarga. De acordo com relatos, logo em seguida se ouviu a esperada batida na porta, mas a equipe de Pilcher, sem encontrar qualquer traço de drogas, partiu, irritada. Ao sair da propriedade, Pilcher teria dito: "Da próxima vez, pegamos você".

Lennon não era o único astro do rock que estava na mira de Pilcher. Eric Clapton, o virtuoso guitarrista da banda Cream, também estava marcado. No início de 1968, o músico residia em um apartamento na King's Road, nº 152, local popularmente conhecido como *The Pheasantry* [Reino dos Pavões]. Nesse mesmo quarteirão moravam outros expoentes do cenário artístico de Chelsea. A residência de Clapton tinha se tornado um famoso ponto de encontro de músicos, entre eles, seu amigo George Harrison. Pilcher e sua equipe monitoravam a movimentação no local. Como já trabalhara no Departamento de Polícia de Chelsea, o chefe de Polícia conhecia muito bem a grande concentração de artistas naquela área.

O baterista da banda Cream, Ginger Baker, ouviu rumores de que Pilcher estava preparando seu esquadrão para uma batida na residência de Clapton e contou-lhe a inquietante notícia. Confirmando sua desconfiança, a *Release*, instituição de apoio aos usuários de drogas, também alertou o guitarrista de que Pilcher estava em seu encalço. "Avisamos

Eric Clapton", conta Caroline Coon. "Tínhamos partidários infiltrados na polícia e conseguimos informações confidenciais importantes, uma delas era a de que Pilcher faria uma batida em Pheasantry. Ligamos para o Eric e o alertamos sobre a informação que tínhamos recebido e seu empresário conseguiu mandá-lo para a Irlanda naquele mesmo dia."

Sem saber que Clapton havia fugido, a equipe de Pilcher revistou seu apartamento. Entraram no local sob a alegação de que traziam uma entrega do correio que requeria a assinatura do músico. Com a porta aberta, Pilcher e seus companheiros subiram as escadas, gritando: "Onde está Clapton?". Embora o músico estivesse, naquele momento, a caminho da Irlanda, o esquadrão prendeu Martin Sharp, amigo de Clapton, artista pop australiano, que criara as capas dos álbuns *Disraeli Gears* e *Wheels Of Fire*, da banda Cream.

Sem se deixar abater com a fuga de Clapton, em maio de 1968, a polícia decidiu ir ao encalço de outro astro pop. Brian Jones mudara-se para um apartamento mobiliado na Royal Avenue House, um condomínio de luxo localizado próximo à King's Road. Jones tinha planos de sair de Londres e morar no campo, mas, enquanto isso, o apartamento, que ficava no terceiro andar do edifício, era conveniente. A antiga inquilina, a atriz Joana Pettet, de 26 anos, que ficara noiva do ator Alex Cord, mudou-se do apartamento às pressas, deixando vários de seus pertences para trás.

Durante a maior parte do mês de maio, Jones esteve extremamente ocupado com as gravações do novo álbum e – como os demais membros dos Stones – animado com a participação surpresa no show dos vencedores da enquete promovida pela *New Musical Express*, realizado no Wembley Empire Pool em 12 de maio, o que seria a primeira apresentação do grupo para o público britânico em mais de 18 meses. A reação positiva dos fãs ao show pareceu elevar o ânimo de Brian, que acompanhou Mick na rádio para ajudar na promoção do novo compacto simples dos Stones, *Jumpin'Jack Flash*.

Entretanto, o entusiasmo do guitarrista não duraria muito. Na noite de 20 de maio, Jones assistiu, com os outros Stones, à pré-estreia do novo filme de Stanley Kubrick, *2001: Uma Odisseia no Espaço*, e então passou o resto da noite na farra. Na manhã seguinte, às 7h20, uma equipe de agentes do esquadrão antidrogas foi até a Royal Avenue House. Liderados pelo sargento de polícia Robin Constable, ficou evidente que a polícia monitorou os movimentos de Brian durante o curto período em que morara na propriedade. Colega de Pilcher, Robin era bastante conhecido por muitas pessoas da contracultura londrina, que se referiam a ele, de maneira jocosa, como o "Policial Policial" [*Constable Constable*].

Cinco policiais tocaram o interfone e chamaram por Jones. Como não receberam nenhuma resposta, Robin entrou no prédio pela portinhola do lixo e, então, abriu a porta principal, possibilitando a entrada dos outros agentes. Subindo pelas escadas da área comum, dirigiram-se até o apartamento de Brian, no terceiro andar, onde o encontraram totalmente desgrenhado, sentado ao lado da cama, vestindo um quimono de seda. Ao ouvir o tumulto, ele ligara para Les Perrin, relações-públicas dos Stones, a fim de avisá-lo da batida.

Reunindo os mandados, Constable perguntou a Jones por que o músico não atendera o interfone. Em um ataque de histeria, Brian gritou: "Você já conhece a história, cara. Por que vivem pegando no meu pé?". Ele foi conduzido até a sala de estar enquanto os investigadores realizavam uma revista sistemática. Um dos agentes, o sargento de polícia Prentice, encontrou um novelo de lã azul na gaveta de cima de uma cômoda no quarto de Jones, colocada, não por acaso, sobre a capa de um álbum dos Rolling Stones. Empolgado com a descoberta, Prentice levou o novelo de lã para seu superior. "Isto é seu?" Robin perguntou. "Deve ser", respondeu Brian, mostrando surpresa por tal objeto ter sido encontrado em sua posse. Após desenrolar o novelo, de modo teatral, a polícia mostrou a Brian um torrão de haxixe, que pesava pouco mais de nove gramas. "Ah, não", disse um Brian estarrecido. "Isso não pode ser verdade, logo agora que estávamos começando a nos recuperar? Por que vocês têm que pegar no meu pé?" Em seguida, Jones encolheu-se em posição fetal, enquanto os policiais o cercavam. Informado do que acontecia por uma fonte da imprensa, Jo Bergman, empresário administrativo dos Stones, foi às pressas ao local, onde encontrou a porta de entrada lacrada pela polícia.

Levado para o Departamento de Polícia de Chelsea vestido com uma combinação desarmoniosa de peças de seu guarda-roupa dândi, Brian se deparou com repórteres e câmeras que estavam ali à espera. Como fazia menos de uma hora que a diligência começara, era óbvio que a imprensa tinha sido avisada. Trevor Kempson, o repórter do *News of the World* que ajudara a instigar a batida em Redlands, sabia por que a polícia, e possivelmente outros, estavam determinados a pegar Jones. "É claro que Brian estava sendo vítima de uma cilada", declarou o jornalista pouco antes de sua morte, em 1995. "Primeiro a polícia foi avisada de que Brian estava de posse de drogas e, minutos depois, eu recebi a informação."

Interrogado pela polícia, Jones insistiu em sua inocência, dizendo: "Nunca uso esse negócio. Ele me deixa tão fora de mim". Mais tarde, naquele dia, ele seria formalmente indiciado na Corte de Marlborough Street, a mesma perante a qual, em 1895, o perseguido Oscar Wilde processou o marquês de Queensbury por calúnia e difamação. Os investigadores solicitaram o adiamento dos trabalhos para que a substância encontrada fosse enviada para análise. Nesse ínterim, Clive Nicholls, advogado de Brian, declarou: "Jones nega tal acusação, e já tem sua tese de defesa, que será revelada no momento oportuno". Determinada sua prisão por três semanas e com a estipulação do valor da fiança e de outras garantias em 2 mil libras esterlinas, Brian saiu da corte diretamente para a clínica The Priory, em Roehampton, a fim de se recuperar. Assim, a imprensa londrina apresentava, com alegria, mais um episódio da saga do envolvimento dos Rollings Stones com as drogas. Ao que tudo indica, todos sabiam que a prisão de um Stone era esperada e já tinham preparado a manchete "Rolling Stone Preso" muito antes da batida.

Esse último incidente foi um choque para aqueles que observavam de perto as tentativas de Jones de se livrar das drogas. Embora todos soubessem que ele fazia uso de medicamentos receitados por médicos e ingeria álcool, o músico jurava ter largado o haxixe, pelo menos àquela época. É óbvio que alguém próximo a Brian poderia ter deixado a droga em seu apartamento. No entanto, o fato de substâncias ilícitas terem sido encontradas em um objeto tão inusitado como um novelo de lã – o qual a própria polícia desmanchou – dá margem à hipótese de que Jones tenha sido vítima de uma armadilha do esquadrão antidrogas, que pode ter plantado as provas.

Diante da possibilidade de vir a ser alvo de mais uma investida policial, decidiu-se que Brian deveria se retirar de Londres e ir para Redlands, onde a mudança de ares pareceu acalmar sua paranoia crescente. Ele parecia, enfim, conformado com o relacionamento de Keith e Anita, pois não se opôs a compartilhar a casa com eles.

A atmosfera pacífica com certeza não durou muito tempo, como evidencia no suposto incidente que se seguiu. Convencido de que estava prestes a ser excluído da banda, Jones convenceu Richards a convidar Jagger para uma reunião na qual pudessem lhe assegurar que seu futuro na banda estava garantido. Ao que tudo indica, a situação saiu de controle. Jones se exaltou com Jagger e acusou-o de tentar excluí-lo da banda, pois seu entrave com a Justiça estava impedindo os Stones de cumprir os compromissos no exterior. Quando Mick contra-atacou, Brian correu para o fosso que cercava a casa de Redlands, gritando: "Eu vou me matar!". Mick entrou na água atrás dele, com uma corda amarrada à cintura. O esforço em si foi inútil, uma vez que o fosso era raso, e diz-se que Jagger, na ocasião, estava mais preocupado em não estragar seu traje elegante do que com a própria situação.

Com o lamentável término da reunião, Jagger e Richards voltaram para Londres e deram a Tom Keylock o cargo de vigiar os movimentos de Jones em West Wittering. Para Brian, o afastamento forçado era torturante. Ele passava os dias se arrastando por Redlands, falando insistentemente com o escritório dos Stones para que o deixassem sair do país. Por fim, viajou para o Marrocos, acompanhado de Suki Poitier e Christopher Gibbs, mas suas alterações de humor sempre vinham à tona. Após agredir Suki, Jones tentou exorcizar seus demônios com uma visita a Joujouka, uma região onde se podiam ouvir os sons místicos dos flautistas da região. Brion Gysin, de bom grado, lhe cedeu dois gravadores antigos para que registrasse a música etérea. Entretanto, por causa de problemas técnicos, nada foi gravado a contento.

De volta ao Reino Unido, Brian foi obrigado a comparecer a mais uma audiência junto ao Juizado de Pequenas Causas da Marlborough Street, em 11 de junho. O advogado que cuidara do caso Redlands, QC Michael Havers, foi contratado para defender Jones, que optou por ser julgado por um júri popular, na esperança de que um julgamento por seus pares pudesse lhe garantir alguma comiseração. O pedido foi formalmente concedido em uma audiência de cinco minutos, postergando a resolução do caso para setembro. A apreensão de Jones era agravada pelo receio de ser julgado por seu antigo adversário, o juiz Reginald Seaton. Ante a dificuldade de conseguir a clemência da corte de apelação, lhe parecia remota qualquer possibilidade de obter, mais uma vez, o abrandamento de sua condenação.

Com o julgamento postergado, a imprensa teve a oportunidade de divulgar mais uma manchete de primeira página sobre um "Rolling Stone" que compareceria em juízo por "acusações relacionadas a drogas" – acompanhada de fotografias do acusado saindo às pressas da limusine em direção às escadarias da corte, em meio a um tumulto. Adiamentos na solução dos casos significavam maior cobertura da imprensa e, para aqueles que não estavam familiarizados com os procedimentos judiciais – ou seja, a maior parte da população do país – essas incansáveis manchetes davam a impressão de que os Rolling Stones eram presos com frequência sob acusações de envolvimento com entorpecentes, mesmo que, na realidade, muitas audiências fossem realizadas por conta de um mesmo incidente. Tudo contribuía para acirrar a discussão sobre o caso, exatamente o que as forças da lei e da ordem queriam.

Apesar disso tudo, os Stones continuavam sua trajetória. O diretor de cinema francês Jean-Luc Godard filmou a banda durante suas gravações no Olympic Studios no mês de junho, com o intuito de inserir as cenas em seu filme *One Plus One* (relançado, mais tarde, como *Sympathy For The Devil*). Repletos de entusiasmo pelo cinema, o grupo anunciou planos para um especial de televisão que viria a se chamar *The Rolling Stones' Rock And Roll Circus* [O Circo do Rock'n'Roll dos Rolling Stones].

Nesse meio tempo, a banda recebeu inúmeros convites para se apresentar, em especial no exterior, o que era impossível em razão do julgamento de Brian, que ainda estava por vir. Jagger, sempre preocupado em manter a popularidade mundial da banda, foi tomado pelo desânimo, que expressaria em uma entrevista em meados de 1968. "Temos turnês agendadas e existem restrições óbvias em relação a Brian, que não pode sair do país. Queremos fazer uma turnê pelo Japão, sem contar com Brian... ele não pode entrar em Tóquio porque é usuário de drogas", declarou Mick, com indiferença.

Em julho, Brian e Suki partiram para o Marrocos mais uma vez. Ainda desejoso de gravar os músicos sufi de *Joujouka*, Jones pediu ao engenheiro de som George Chkiantz que enviasse de Londres equipamentos de gravação profissional para registrar a música dos nativos, a qual pretendia colocar no mercado. Brion Gysin, que acompanhou o empreendimento, conta sobre a temporária integração de Jones com a população local. "Estávamos sentados no chão junto com Brian, debaixo do beiral inclinado de uma casa de campo com telhado de palha, e os músicos estavam trabalhando a apenas alguns metros de nós, à nossa frente, no pátio onde os animais costumavam ficar. Era quase hora de comer e, de repente, dois dos músicos se aproximaram, trazendo uma cabra branca. O animal desapareceu dentro da casa junto com os dois músicos, um dos quais segurava uma longa faca, que Brian viu de relance. Então, o Stone se levantou, fazendo um barulho estranho, e disse, 'Sou eu!'. Todos entenderam a mensagem de imediato e disseram: 'Sim, é mesmo, igualzinha a você'. E realmente era, pois ele tinha uma franja loira que caía bem acima dos olhos, e afirmamos: 'É verdade, é você'. Cerca de 20 minutos depois, estávamos comendo o fígado daquela cabra em espetinhos, à moda local."

De volta a Londres, em 26 de setembro, Jones se apresentou à Corte de Sessões Internas de Londres. Seu maior temor, o de que seu julgamento fosse presidido por Reginald Seaton, o juiz que indeferira seu pedido de clemência no ano anterior e cuja reputação era de aplicar o peso da lei sempre que possível, se concretizou. Caso fosse condenado, a absolvição anterior do tribunal, condicionada ao cumprimento das condições que lhe foram impostas, se tornaria nula e sem efeito, e implicaria na imposição de uma pena que também abarcaria o delito anterior. Conduzido à sala de audiências, Brian era a própria personificação do tormento – seu terno e gravata cinza e a expressão de seu rosto revelavam uma psique destruída. Murmurando sua alegação de inocência, o músico confirmou que seu endereço era, à época, "Redlands, West Wittering, Sussex." Cumpridas tais formalidades, a promotoria convocou o sargento de polícia Robin Constable e outros dois policiais presentes na manhã da batida, bem como os investigadores Prentice e Wagstaff, para depor. Os três policiais fizeram a mesma descrição dos acontecimentos daquela manhã, inclusive de como as drogas foram encontradas durante a busca. Cientes de que a defesa tentaria negar a responsabilidade de Jones da acusação de porte, empenharam-se em retratar o estado letárgico do músico como característico de um contumaz usuário de entorpecentes.

Michael Havers percebeu o subterfúgio e, em uma manobra arriscada, decidiu que Jones devia contar sua versão dos fatos. Havers, então, conduziu seu cliente a descrever as circunstâncias da diligência e enfatizou longamente sua abstinência de substâncias ilícitas. O que mais impressionou foi o total desconhecimento de Brian quanto à origem do misterioso novelo de lã.

Havers: "A lã era sua?".

Jones: "Eu nunca comprei um novelo de lã na vida. Eu não remendo meias. Nem tenho uma namorada que remende meias".

Havers: "Você fazia alguma ideia de que havia haxixe naquele novelo?".

Jones: "Não, de jeito nenhum".

Em seguida, o promotor Roger Frisby interrogou Jones, destacando a aparente relutância do acusado em abrir a porta do apartamento, em uma insinuação de que Jones estava ocupado escondendo substâncias ilegais. Brian negou a alegação e, a despeito de sua aparência frágil, mostrou estar em condições de revidar quaisquer acusações que o levassem a fazer algum tipo de confissão.

Em suas alegações finais, Havers sustentou que, nos dez minutos que a polícia levou para conseguir entrar no local, Jones não teria tido tempo suficiente para descartar quaisquer drogas ilícitas que estivessem em sua posse. O fato de terem encontrado haxixe com tanta facilidade indicava, com certeza, que seu cliente não tinha qualquer conhecimento de que a droga estava em sua residência.

Seguiu-se, então, o crucial relatório do caso, feito aos jurados pelo juiz que presidia a corte. Ao contrário do que se esperava, o juiz Seaton demonstrou uma atípica comiseração pelo jovem músico de nervos abalados que se encontrava diante dele. Descrevendo o caso como puramente "circunstancial" e diante da inexistência de qualquer outro indício além do misterioso novelo de lã, Seaton disse ao júri que sua tarefa seria deliberar se Jones escondera a droga no novelo de lã ou se desconhecia a presença desta em seu apartamento.

Após a surpreendente exposição imparcial do juiz, o júri, de maioria masculina, contando com apenas duas mulheres, se retirou. Enquanto isso, Jones e sua equipe de defesa, com uma confiança cautelosa quanto ao veredito, esperavam em uma pequena antessala. Se o músico tivesse erguido os olhos ao sair da sala de audiências, teria visto que, durante a última parte da sessão, Mick e Keith entraram, de forma inesperada, no local reservado ao público. A presença dos dois Stones arrancou suspiros do pequeno grupo de fãs da banda que estava ali presente, além de ser uma indicação clara de sua preocupação com o bem-estar de Brian.

Depois de 45 minutos, o júri retornou ao plenário e anunciou que tinha chegado a uma decisão. Após todos terem retomado seus lugares, Jones foi trazido de volta ao banco dos réus para ouvir o veredito: culpado. Em estado de choque, Brian colocou a cabeça entre as mãos e começou a balançar o corpo para frente e para trás, sendo necessário que um policial o segurasse. Com a sala de audiências em tumulto, determinou-se um curto recesso para que os magistrados pudessem estabelecer a pena apropriada. Minutos depois, Jones foi instado a se levantar para ouvir a sentença do corpo de juízes. Ao encarar o juiz Seaton, seu rosto tinha uma palidez mórbida. Brian ainda não tinha se recuperado do trauma da noite que passara em Wormwood Scrubs no ano anterior e, diante da probabilidade de que a condenação anterior fosse acrescida à nova acusação, eram grandes as chances de Jones ser sentenciado à prisão.

Seaton tinha certeza de que uma sentença de condenação seria levada à apreciação da Alta Corte e daria margem a duas interpretações: a de que ele tinha mudado radicalmente sua atitude em relação a drogas e astros pop, ou a de que temia que uma sentença proferida por ele fosse reexaminada, mais uma vez, pela instância superior. Entretanto, dada a reputação de Seaton, compaixão era algo a que não estava inclinado.

"Sr. Jones," começou o magistrado, "o senhor foi considerado culpado. Dispensarei ao senhor o mesmo tratamento que dispensaria a qualquer outro jovem que estivesse perante esta corte. Aplicarei uma multa de acordo com as suas posses: 50 libras esterlinas, mais 100 guinéus de custas. O senhor terá uma semana para levantar o dinheiro [sic]. Sua anterior suspensão condicional da pena será mantida. Mas, é imprescindível que o senhor ande na linha e se livre das drogas. Por favor, não se meta em encrencas outra vez. Se o fizer, então terá sérios problemas."

Por incrível que pareça, o músico estava livre.

Do lado de fora da corte, Brian reuniu-se a Mick, Keith e Suki. Os paparazzi aglomeravam-se em torno dos quatro, obrigando-os a se grudar uns aos outros. Os fãs leais que ficaram de vigília na plateia também os cercaram. Com alívio estampado no rosto, Brian, alegre, conversou com a imprensa. "Quando o júri declarou que eu era culpado, tive certeza de que ficaria na cadeia por pelo menos um ano", declarou o guitarrista. "Senti um grande alívio ao ouvir que só teria de pagar uma multa. Estou tão feliz por estar livre. É maravilhoso." Mick também expressou sua alegria pelo resultado. "Estamos muito contentes de que Brian não teve que ir para a cadeia", disse aos jornalistas. "O dinheiro não importa."

A felicidade de Brian por ter sido tratado com clemência foi tamanha que ele declarou à imprensa que não recorreria do veredito de culpa. E, para decepção dos policiais que acompanhavam suas declarações, Jones continuou sustentando sua inocência. "Alguém plantou a droga no meu apartamento", disse. "Mas não sei quem. Afirmarei até a morte que não cometi tal delito."

Mais tarde, naquele mesmo dia, Lewis Jones, pai de Brian, foi procurado em sua residência em Cheltenham para fazer uma declaração sobre o caso. Embora pouco falassem com a imprensa, os pais de Jones sabiam muito bem que o filho tinha um frágil laço com a realidade. Contudo, naquele momento, o pai de Brian estava ansioso por defender o filho.

Lewis Jones: "Criticar os procedimentos do Estado não cabe a mim. Mas estou e sempre estarei convicto de que Brian foi injustamente considerado culpado da segunda acusação contra ele, com relação a drogas. Nada tenho a dizer sobre a primeira, mas, quanto à segunda, nada me convencerá, pelo resto da minha vida, de que Brian não seja inocente de tal acusação. Tomo por base, principalmente, o fato de que, na noite em que tudo aconteceu, ele ligou para casa extremamente aflito, preocupado com a maneira como seus assuntos pessoais estavam afetando a família, e jurou ser inocente daquela acusação e disse que esperava que eu nunca deixasse de acreditar nele. Prometi a ele, naquela ocasião, que acreditaria nele e que nada mudou nem iria mudar minha opinião".

Desesperado para escapar da mira do esquadrão antidrogas de Londres, Jones comprou uma propriedade de nome "Cotchford Farm", em Hartfield, na região de East Sussex. A mais de 60 quilômetros de Londres e longe dos comparsas de Norman Pilcher, Jones decidiu trocar o pesadelo que vivia em Londres por um estilo de vida campestre. A. A. Milne, autor de *O Ursinho Pooh*, já havia residido em Cotchford, cujo jardim em declive servira de inspiração para o Bosque dos 100 Acres, onde Cristóvão jogava *poohsticks* com Tigrão, Abel e o urso louco por mel, que pecava no quesito inteligência. Ainda havia esperança para o mais indócil dos Stones.

Jones era apenas um dentre os inúmeros alvos da cruzada de Pilcher contra os músicos. No verão de 1968, a casa do trompetista de jazz Tubby Hayes, em Chelsea, foi objeto de uma batida e, após uma sistemática busca, os homens de Pilcher encontraram vestígios de diamorfina e um comprimido de heroína. De acordo com testemunhos apresentados à corte, Hayes teria implorado ao policial que efetuou sua prisão que o ajudasse a se livrar de seu vício da heroína, diante do que Pilcher levou o músico até o Charing Cross Hospital, onde o internou como dependente químico.

Contudo, Pilcher estava de olho em um peixe maior. Em 1968, John Lennon estava decidido a destruir quaisquer traços da imagem de bom moço que criara até então. Separado da esposa e do filho e vivendo com Yoko Ono, artista japonesa de esquerda, o Beatle se tornara uma presa fácil para oportunistas como Pilcher. Lennon, ao longo de anos, mantivera um contato superficial com Don Short, repórter do jornal londrino *Daily Mirror* que fez a cobertura da carreira dos Beatles e dos Rolling Stones. Jornalista experiente, Short estava sempre a par das fofocas que rolavam nos bares e casas noturnas, onde a linha que separava repórteres, informantes e policiais após o horário de serviço era tênue. Em setembro, Short ficou sabendo que os homens de Pilcher estavam monitorando a residência temporária de Lennon em Montagu Square, nº 34, ao norte de Marble Arch, e avisou o Beatle que tomasse cuidado. Outros acontecimentos levam a crer que alguns jornalistas também tinham conhecimento da informação e esperavam por uma batida.

Temerosos do que pudesse ser encontrado, Lennon e Yoko fizeram uma limpeza meticulosa no apartamento, passando aspirador de pó no chão e tirando o pó de todos os cantos. Às 11h55 da manhã de sexta-feira, 18 de outubro, o casal estava acordando. O astro do rock, em geral, nunca estava em seu juízo perfeito antes do meio-dia. O casal ficou curioso ao ouvir batidas cada vez mais insistentes na porta da frente e Lennon foi ver quem era.

"De repente," relata Lennon, "ouvi uma batida na porta e, então, a voz de uma mulher, do lado de fora. Ela disse: 'Tenho uma correspondência para vocês'. E respondi: 'Quem está aí, você não é o carteiro.' E ela disse: 'Não, é uma mensagem muito pessoal'. E então a mulher começou a empurrar a porta."

John trancou a porta e olhou pela janela da sala, de onde viu vários policiais a postos. Do lado de fora do apartamento havia oito agentes da polícia, todos preparados para entrar à força, se necessário. Caso a visão de Lennon estivesse menos obstruída, ele também teria visto um câmera do *Daily Express*.

De uma janela, John insistiu que apresentassem um mandado de busca e o lessem em voz alta. Ele tinha o direito de solicitar tal procedimento, mas Pilcher considerou a atitude uma tática para ganhar tempo. Quando a polícia ameaçou entrar por uma janela do andar térreo, Lennon destrancou a porta da frente e deixou os agentes entrarem. Como nenhum vestígio comprometedor foi encontrado durante a revista inicial, dois cães farejadores, Boo Boo e Yogi, foram trazidos e, assim, apesar do grande esforço empregado na limpeza do apartamento, quase 15 gramas de haxixe foram localizados em um "estojo de binóculos feito de couro que também servia como bolsa". Pilcher indiciou Lennon formalmente por porte de drogas e por obstruir a polícia no cumprimento de seu dever. John viria a declarar, tempos mais tarde, que Pilcher lhe propôs um acordo para que ele admitisse a acusação menos grave de porte de maconha e, em troca, a polícia se comprometia a retirar a acusação de obstrução bem como qualquer acusação contra Yoko. Às 13h20, Lennon e Yoko foram levados para o Departamento de Polícia de Paddington, que ficava perto dali, onde Pilcher, oportunista como sempre, pediu a Lennon que autografasse dois álbuns dos Beatles para seus filhos. Os acontecimentos daquele dia perseguiriam Lennon pelos sete anos seguintes.

A prisão de Lennon, assim como a batida em Redlands e os julgamentos e apuros de Brian Jones, foi manchete de primeira página e aqueles que acreditavam estar entre os alvos de Pilcher ficaram ainda mais temerosos. Muitos astros do rock fugiam de Londres em busca da relativa segurança do campo, mas o risco de ser preso por algum policial ambicioso em busca de fama ainda era uma ameaça bastante real.

Entretanto, os altos escalões do *establishment* expressavam uma séria preocupação com essa perseguição fervorosa aos músicos. Arthur Lewis, MP por West Ham North, questionou o, então, *Home Secretary* James Callaghan quanto à diligência no apartamento de Lennon. Dando destaque ao "grande número de policiais" e à presença de "dois cães", Lewis exigiu que Callaghan explicasse a estranha sincronia entre a batida e a chegada da mídia.

Esse questionamento deu início a uma longa série de procedimentos governamentais que chegaram, por fim, ao sargento Pilcher. Callaghan, conforme sugerido por fontes da própria polícia, declarou que a imprensa só chegou ao local "40 minutos após a polícia bater à porta do apartamento", uma afirmação que claramente contradizia outros relatos. Por ordem de Callaghan, Pilcher teve que apresentar um relatório detalhado da diligência, no qual justificou o tamanho de sua equipe ao dizer que: "É comum, ao executarmos mandados de busca em propriedades de membros do mundo do entretenimento, descobrir que há, no local, um grande número de pessoas participando de festas inusitadas." É claro que ele não mencionou que a diligência no apartamento de Lennon se deu antes do meio-dia.

Embora suas ações estivessem sendo investigadas pelo mais alto escalão do governo, o time de Pilcher conseguiu mais um troféu para sua coleção, a cabeça de George Harrison, em 12 de março de 1969, data em que Paul McCartney se casou com Linda Eastman, o que não seria mera coincidência. Naquele dia, a equipe de Pilcher se dirigiu a "Kinfauns", a elegante casa de campo de Harrison, localizada na cidadezinha de Esher, em Surrey, supondo que o Beatle estaria ausente e assim conseguiria percorrer livremente a propriedade.

De fato, George estava em Londres, mas, em vez de estar comemorando a união de Paul e Linda, estava em uma sessão de gravação. Sua esposa Pattie, após ter passado o dia fazendo compras em Londres, estava em casa, à espera do marido enquanto se preparava para uma festa da qual participariam em Esher. No entanto, quando Pattie, ainda na capital, entrou no carro para voltar a Surrey, deparou-se com um maço de cigarros que alguém deixara sobre o painel. Dentro dele havia um pequeno pedaço de haxixe e um bilhete misterioso, com os dizeres "ligue para mim" e um número de telefone. Colocando o maço de cigarros na bolsa, rumou para Esher a fim de se preparar para a festa daquela noite.

Pouco depois das 19h30, a equipe de investigadores de Pilcher, vestida em trajes elegantes e acompanhada dos conhecidos cães farejadores Boo Boo e Yogi, chegou à residência de Harrison. Pattie, ao se deparar com tal força-tarefa, permitiu que os agentes entrassem e fizessem uma busca minuciosa na casa. Autorizada a dar um telefonema, Pattie ligou para George, no estúdio. Algum policial, certamente atento à conversa, teria ouvido Pattie perguntar: "Na sala, onde?". Portanto, não foi surpresa os policiais encontrarem cerca de 22 gramas de maconha escondidos no aposento.

Harrison, mais que depressa, voltou para casa. Enquanto isso, a polícia continuava sua busca. Em um guarda-roupa, os policiais descobriram outra provisão de maconha, pesando cerca de 20 gramas, escondida, segundo relatos, dentro de um sapato. Esperando a chegada de Harrison, o grupo de Pilcher ficou à vontade na aconchegante casa do Beatle, servindo-se de café, ouvindo discos e assistindo televisão na sala, um cenário que Harrison viria a descrever como semelhante a uma "agradável reunião social entre amigos". George, furioso, ao se deparar com a cena bizarra, exigiu que a televisão e o aparelho de som fossem desligados e que os investigadores saíssem da sala.

Os agentes, entusiasmados, continuavam a falar enquanto Pilcher lia as formalidades de praxe. Embora o advogado da *Release*, Martin Poulden, estivesse a caminho de Esher, Harrison admitiu a maior parte das acusações de posse de maconha, com exceção àquela relacionada à droga encontrada dentro de um sapato em seu guarda-roupa. "Sou um homem organizado", disse a Pilcher quando lhe mostraram a droga escondida em uma meia dentro de um de seus sapatos. "Guardo minhas meias na gaveta de meias e as drogas na caixa de drogas. Isso aí não é meu."

Como era de se prever, a polícia encontrou o misterioso pedaço de haxixe que estava na bolsa de Pattie. O casal, após ser informado de seus direitos e conduzido para o cumprimento das formalidades legais, foi multado, posteriormente, em 250 libras esterlinas cada. Após o comparecimento em juízo, Harrison, sarcástico, declarou à imprensa: "Espero que a polícia deixe os Beatles em paz agora".

A contracultura londrina observava de perto os acontecimentos. Tendo recebido o apelido de "Pilcher, o tiete", a revista *Oz* decidiu citar o sargento em sua edição de 19 de maio, publicada apenas alguns dias depois da batida na casa de Harrison. Acompanhando a manchete "Este Homem é Perigoso" havia a caricatura de um agente de polícia com cara de porco, tocando guitarra. Referindo-se a Pilcher como "o mais feroz caçador de celebridades", o artigo apresentou uma lista das batidas que ele realizara contra a comunidade musical londrina. "Pelo amor de Deus," concluía a matéria, "transformem Pilcher em um guitarrista solo e formem uma banda para ele. Isso, talvez, o tire das ruas."

Enquanto a reputação de Pilcher estava em baixa, os membros dos Stones tentavam resgatar seu equilíbrio. No outono de 1968, Mick e Marianne anunciaram que teriam um filho, apesar de não haver qualquer previsão de casamento. "Continuo, alegremente, vivendo em pecado com Mick", declarou Marianne. "Não nos casaremos por diversos motivos e um deles é a lei de divórcio deste país. Não estou cometendo adultério por estar apaixonada. É a lei que faz com que nosso relacionamento pareça sórdido e repulsivo... Eu jamais me casaria de novo e, caso venha a gostar de alguém, viverei com ele e teremos filhos. Espero que a sociedade mude e pare de ser tão estúpida com relação a essas coisas."

Comentários como esse inflamavam uma nação que ainda reavaliava cada uma de suas amarras morais. As declarações de Marianne apenas a tornaram alvo de mais críticas. Até mesmo o arcebispo de Canterbury se envolveu na questão, pedindo que sua congregação, na abadia de Westminster, rezasse pela alma da jovem.

Como o assunto levantava polêmica, Mick teve a oportunidade de debater com a puritana Mary Whitehouse, personificação da decência britânica, no famoso *David Frost Show*. Exibir esses dois polos opostos do espectro social reunidos garantiu uma extraordinária audiência e Jagger conseguiu enfraquecer, com facilidade, a moralidade pungente de Whitehouse.

Jagger: "Eu realmente não tenho a menor intenção de me casar... Não acho que é necessário. Se estivesse com uma mulher que, de fato, achasse que isso fosse importante, bem, aí é outra questão. Mas não estou com uma mulher assim".

Whitehouse: "A questão é que, se você é cristão, ou uma pessoa que tenha uma crença, quando assume esse compromisso e as dificuldades surgem, você tem uma base em que se sustentar e encontra um caminho a seguir em meio às dificuldades".

Mick Jagger: "Sua Igreja aceita o divórcio, às vezes até o aborto, é verdade ou não? Não entendo como você pode falar desse vínculo indissolúvel quando a própria Igreja Cristã aceita o divórcio".

Nesse meio tempo, Keith e Anita, também grávida do primeiro filho do casal, passeavam por West Wittering, no *Bentley* do guitarrista, quando foram parados pela polícia, que fez uma minuciosa revista no veículo. Em seu interior foram encontrados, segundo a própria polícia, "pacotes e pacotes" de substâncias estranhas, agulhas e outros objetos associados ao uso de drogas. Como era praxe, todo o material foi confiscado e levado para uma análise detalhada.

Mas Richards e Anita levaram a melhor. As substâncias não passavam de vitamina B12. A vitamina, em especial seu uso intravenoso, havia se tornado uma espécie de mania na década de 1960. Na verdade, Anita passara a usar injeções de B12 durante a gravação de *Performance*, filme em que contracenava com Jagger, dirigido por Donald Cammell e Nic Roeg.

Além da trama bizarra de gângsteres e astros pop de personalidade instável, *Performance* também rememorava elementos da saga de Redlands. Em setembro de 1968, Mick, apreciando a oportunidade de lapidar suas habilidades como ator, ficou confinado com Anita a um *set* de filmagem construído dentro de uma grande mansão em Knightsbridge, cujo interior fora projetado por Christopher Gibbs e decorado por Robert Fraser com adereços típicos. A ambientação, um tanto quanto artificial, oscilava entre a fantasia, a ficção e o estilo de vida que se acreditava terem os astros do rock da década de 1960. Keith recusou-se a entrar no *set* de filmagem, preferindo acompanhar o que acontecia do interior de seu *Bentley*, estacionado do lado de fora, e ficava cada vez mais paranoico com as informações que Fraser lhe trazia sobre as filmagens. Caso suas suspeitas fossem verossímeis, Jagger, Anita e a atriz Michele Breton estariam envolvidos em um jogo sexual embaixo dos lençóis, sob o comando do diretor Cammell. Comenta-se que parte desse material tenha sido filmado, embora, por motivos óbvios, tenha sido mantido em sigilo. No entanto, nenhum corte poderia fazer desaparecer a referência indireta ao mistério que cercava a batida em Redlands. Em uma cena do filme, duas barras do chocolate *Mars* foram colocadas de forma estratégica junto a garrafas de leite nos degraus da porta de entrada da casa onde aconteciam as gravações.

Enquanto *Performance* era filmado, Marianne Faithfull ficou na companhia de amigos no sul da Irlanda, o que propiciava um ambiente seguro para sua gravidez. Infelizmente, esta não chegaria ao fim e Marianne abortou em novembro de 1968. Arrasado com a notícia, Mick pegou um voo para a Irlanda a fim de consolar sua companheira. "Eu chorei", contou Marianne, em 1970, "Mick chorou. Todos nós choramos. Foram as piores 24 horas da minha vida."

Contudo, em termos artísticos, os Stones só tinham motivos para comemorar. Seu sétimo álbum, *Beggars Banquet*, refletiu uma volta às origens, o que os colocou de novo em harmonia com os fãs e críticos que depreciaram seu trabalho em *Their Satanic Majesties Request*. Lançado em dezembro de 1968, *Beggars Banquet* recebeu críticas positivas no mundo todo, a exemplo do comentário efusivo da renomada revista *Time*: "O álbum exala aquele tipo de rock pesado, voluptuoso, que ajudou a definir os Stones como os arruaceiros mais subversivos da Inglaterra desde a gangue de jovens ladrões liderados pelo velho Fagin, do livro *Oliver Twist*. Em sintonia com o espírito que toma conta do mundo pop no momento, *Beggars Banquet* retoma a vitalidade pura do *R&B Negro* e a simplicidade autêntica da *country music*". Jann Wenner, da revista *Rolling Stone*, foi igualmente veemente: "Os Stones empreendem a grande 'volta por cima' de sua carreira. Este é o melhor disco dos Stones... um incrível álbum de rock'n'roll, sem afetação, com letras e som fantásticos".

Graças a *Beggars Banquet*, os Stones foram sucesso por todo o ano de 1969 e tudo indicava que a banda, que já tinha faixas prontas para seu próximo lançamento, o álbum *Let It Bleed*, viviam uma nova maré de sorte. Após seu sucesso em *Performance*, Mick estava ávido por aprimorar seus dotes de ator e, assim, aceitou o papel principal em *Ned Kelly*, filme dirigido por Tony Richardson, cujas filmagens aconteceriam em julho, na Austrália. Marianne foi convidada para o papel de atriz coadjuvante por causa de sua extraordinária presença cênica.

Notícias sobre a aventura australiana de Mick e Marianne chegaram à imprensa em 28 de maio. Naquela noite, enquanto o casal recebia em sua residência em Cheyne Walk o grande amigo e vizinho Christopher Gibbs, ouviu-se uma batida à porta. Assim que Mick a abriu, seis membros do esquadrão antidrogas de Chelsea invadiram o local. A equipe era liderada por Robin Constable, o investigador que comandara a diligência na residência de Brian em maio do ano anterior. Junto ao grupo, estavam, como sempre, os cães farejadores Boo-Boo e Yogi.

Jagger, Marianne e Gibbs ficaram confinados a um cômodo enquanto a equipe fazia uma busca minuciosa. O sargento de polícia Shearn, acompanhado de Yogi, vasculhou toda a casa. Quando o habilidoso cão farejador, começou a cheirar uma antiga escrivaninha, os policiais ergueram a parte superior do móvel e encontraram um envelope que continha uma substância marrom, embrulhada em papel alumínio. Pouco depois, uma pequena quantidade de maconha foi encontrada em uma caixa em cima da mesa da sala de jantar do casal, além de um pedaço de papel que embrulhava um pó branco, o que, de acordo com Constable, fez Jagger perder o controle. "Seu filho da mãe!", gritou Mick. "Você plantou heroína na minha casa!" O agente, então, colocou um pouco do pó na língua para poder identificar o que era e Jagger, supostamente, fez o mesmo. A substância tinha gosto de talco, mas mesmo assim, foi confiscada para análise.

Cerca de 45 minutos depois, Jagger e Marianne, protestando que eram inocentes, foram conduzidos para a Delegacia de Polícia de Chelsea, para ser indiciados e voltaram para casa depois de liberados sob fiança de 50 libras esterlinas cada. Em declarações posteriores, a polícia afirmaria que Mick teria pedido, aos berros, que Marianne não abrisse a porta. "Eles estão atrás da erva", teria dito. Tais declarações divergem da versão dos acontecimentos dada por Jagger e Marianne. "Eu não disse nada parecido com 'Marianne, são os tiras, eles estão atrás da erva'", recorda-se Jagger. "Eu jamais teria gritado isso ou usado a palavra erva. É uma expressão muito fora de moda que nunca é usada." Além disso, Jagger afirma que a polícia não permitiu que ele usasse o telefone, declaração sustentada por Gibbs.

Tempos depois, divulgou-se que Jagger teria declarado, por ocasião dos interrogatórios, que Constable o chamara de lado, pedindo mil libras esterlinas para que aquele caso fosse arquivado. O diálogo, segundo a versão de Jagger, não foi nada tranquilo.

"Onde está o LSD?", Constable perguntou a Jagger, ao que o músico respondeu: "Não tenho LSD". Constable, então, disse: "Podemos fazer alguma coisa a respeito". Pego de surpresa, Jagger quis saber o que ele queria dizer. De acordo com o vocalista, Constable teria afirmado: "Bem, um homem pode ser culpado e ao se declarar 'inocente', sair livre. Quanto isso vale para você?". Esse suposto diálogo teria abalado Jagger. "Eu, até então, só ouvira falar que isso acontecia, e tive dificuldade em entender o que ele quis dizer", declarou Mick, mais tarde, sob juramento. "Eu não queria me incriminar, mas queria que ele dissesse o quanto isso me custaria. Ele deu seu preço dizendo, 'mil libras', e eu dei de ombros." Constable teria afirmado: "Não se preocupe, você vai ter seu dinheiro de volta se não der certo". Em seguida, Jagger afirmou que, após a primeira audiência, Constable lhe passou um número de telefone para o qual deveria ligar caso quisesse evitar um processo. Depois de consultar seus advogados, Jagger foi orientado a dar o telefonema e não se surpreendeu ao ouvir Constable do outro lado da linha, dizendo, "Não se preocupe. Tudo vai dar certo. Alguém vai entrar em contato com você."

Supostamente recusando-se a pagar o suborno, Jagger e Marianne reafirmaram sua inocência. Como era de esperar, a resolução do caso foi postergada por conta de objeções e pedidos de adiamento, acompanhados de manchetes sensacionalistas, e só chegou ao fim em 26 de janeiro de 1970. Com Michael Havers, mais uma vez, contratado para fazer a defesa do casal e com o apoio do MP Tom Driberg, que testemunharia sobre o caráter dos acusados, o casal declarou o suposto suborno em juízo. Por fim, Marianne foi considerada inocente das acusações de porte de drogas e Jagger foi condenado a pagar uma multa de 200 libras esterlinas. As alegações de suborno foram enviadas à Scotland Yard e minuciosamente investigadas, o que resultou em uma enorme quantidade de documentos arquivados. Todos os envolvidos, de ambos os lados da história, deram declarações detalhadas sobre o comportamento de cada um dos presentes naquela noite, após o que o chefe da promotoria escreveu um longo relatório desconsiderando as alegações de Jagger e Marianne por "insuficiência de provas". Como resultado, Constable foi exonerado do caso, mesmo se declarando inocente das acusações.

Apesar desse golpe contra Jagger e, por consequência, contra os Rolling Stones, a banda fez o possível para se manter equilibrada durante o início do verão de 1969. Entretanto, a instabilidade constante de Brian Jones não contribuía em nada. Por conta de suas infrações à lei, seria muito difícil, se não impossível, que ele conseguisse os vistos necessários para trabalhar no exterior, em especial nos Estados Unidos. Era preciso fazer algo a respeito e, então, os outros membros dos Stones passaram a pensar em como excluir o fundador da banda.

Em 31 de maio, o guitarrista Mick Taylor começou a ensaiar com os Stones e assumiu muitas das funções de Jones. Com apenas 20 anos, Taylor tivera um desempenho satisfatório na banda Bluesbreakers, do mestre do blues John Mayall, e o próprio Mayall recomendou o garoto a Jagger. Antes que Jones se desse conta da situação, Taylor foi rapidamente incorporado à banda. Em 8 de junho, Jones recebeu a visita de Jagger, Richards e Charlie Watts em sua residência, Cotchford Farm, quando foi informado que não fazia mais parte da banda. Resignado, Jones anunciou à imprensa que ele decidira deixar a banda, declarando (o que não deixava de ser verdade): "Eu e os outros membros da banda não partilhamos mais da mesma opinião sobre os discos que estamos produzindo. Desejo tocar meu próprio estilo de música... Chegamos à conclusão de que terminar nosso relacionamento de modo cordial é a única solução".

Três semanas depois, Jones seria encontrado morto em uma das piscinas de sua casa de campo em Sussex. Assim, a primeira grande apresentação dos Stones no Reino Unido em mais de dois anos, que aconteceu no Hyde Park de Londres, foi um evento deprimente. Apesar de ter reunido um público de mais de 250 mil pessoas, a apresentação seria lembrada mais como um show em memória a seu fundador do que como uma celebração do novo direcionamento da banda. No palco, borboletas que estavam dentro de caixas – um dos símbolos eternos do caso Redlands – foram soltas. A maioria delas simplesmente morreu ao levantar voo.

Em virtude das filmagens de *Ned Kelly*, na Austrália, Jagger e Marianne não compareceram ao enterro de Jones, em Cheltenham. Para Marianne, a viagem para a Austrália seria a gota d'água da tensão que vivera nos últimos dois anos. À beira de um colapso nervoso após todas as prisões e acusações relacionadas a drogas, a perda do filho e a tristeza pela morte de Jones, qualquer esperança de que a distância que separava a Austrália da Inglaterra pudesse servir como bálsamo para sua dor foi destruída ao chegarem lá. "Quando Mick e eu descemos do avião, em Sidney," Marianne contou ao colunista Donald Zee, "fiquei em estado de choque. Várias pessoas nos esperavam, protestando contra a escolha de Mick para viver o papel do herói australiano *Ned Kelly* em um filme. Fui empurrada e caí."

Levada para seu quarto no hotel, Marianne – aturdida e um tanto alienada – tomou 150 comprimidos de barbitúrico com chocolate quente. "Lembro-me de acordar, pela manhã, muito antes de Mick," declararia, no ano seguinte, "e pensar, 'Quem sou eu? Quem sou eu, afinal?' Fui até o espelho, mas não conseguia ver meu reflexo. Tudo que via era uma imagem de Brian Jones. Ele estava lá, no espelho, eu juro, e estava morto. E me lembro de ter pensado, 'Meu Deus, também estou morta.' Não me recordo de mais nada até acordar na unidade de tratamento intensivo de um hospital."

Conta-se que Jagger acordou e encontrou o frasco de comprimidos vazio. Ele pediu ajuda e Marianne foi levada às pressas para o hospital, onde foi submetida a uma lavagem estomacal e colocada no oxigênio. Seis dias depois, ela recobrou a consciência, mas seu estado era muito delicado. Uma dublê assumiu seu papel em *Ned Kelly*. Apesar de seus inúmeros compromissos, Jagger telefonava todos os dias para saber de seu estado e escrevia cartas, algumas das quais tinham um tom muito emocionado. Em uma delas, escreveu: "Por favor, perdoe-me por causar toda essa dor. Estou arrasado por perceber que sua agonia era tão grande que estava a ponto de se matar".

Depois de dois meses em recuperação em um hospital dirigido por freiras, Marianne voltou a Londres com Mick. De volta a Chelsea, eles tentaram resgatar a intimidade de seu relacionamento, mas, com Jagger totalmente comprometido com a primeira turnê dos Stones pelos Estados Unidos em três anos, a tentativa fracassou. Aparentemente sem se dar conta da repercussão que teria na mídia, Marianne e Jagger escreveram a canção "Sister Morphine" [Irmã Morfina], que, lançada como compacto simples, foi retirada das lojas dois dias após seu lançamento, vendendo menos de 500 cópias. Um hino erudito ao drama de um homem à beira da morte, a imprensa viu a canção com outros olhos e logo a associou à referência do título à droga.

De volta aos Estados Unidos, com Taylor na guitarra base, os Rolling Stones foram elevados a um novo patamar, lotando estádios e conquistando uma nova geração de fãs. Em resposta às críticas vindas do "submundo" e para aplacar os ânimos, a banda concordou em fazer, no final da turnê, uma apresentação em São Francisco, com entrada franca. Embora o Golden Gate Park, reduto hippie, tenha sido escolhido, a princípio, para sediar o grande evento, os "respeitáveis governantes" de São Francisco, temerosos, encaminharam o público, para o autódromo Altamont Speedway, perto de Livermore, apenas algumas horas antes do show. Mais de 300 mil pessoas eram aguardadas para a apresentação, a qual se esperava ser uma alegre reunião de diferentes tribos. Como consideravam que qualquer conluio com a polícia fosse coisa do passado, os organizadores do show encarregaram uma facção local dos *Hell's Angels* para a segurança do show. Apesar da boa intenção de todos, o resultado do evento foi caótico, com quatro mortos, um deles assassinado por um *Hell's Angel*. E, assim, a apenas alguns dias do fim da década de 1960, com o cerrar das cortinas, os Stones se tornariam foco de tudo que havia acontecido de negativo no período.

Mas isso não foi tudo. O empresário Allen Klein voltava sua atenção aos Beatles e, abandonando os Stones, os fez perceber que ele controlava seu mais valioso bem – o catálogo de composições e direitos autorais – além de ter deixado uma enorme dívida em impostos. Sem nenhum controle sobre suas finanças, os Rolling Stones – uma das principais sensações do mundo do entretenimento da década – estavam praticamente falidos. Em virtude das apresentações no exterior por quase dois anos, o grupo, por fim, reconquistaria seu equilíbrio e reorganizaria sua situação financeira, além de consolidar seu sucesso.

Os Stones saíram da década de 1960 que, para muitos, foi uma festa sem fim, levando consigo sentimentos divergentes. Seu sucesso trouxe consigo elogios e fama nunca vistos, o que implicaria em imensa riqueza, mas tudo isso se deu à custa de profundas dores e de uma espécie de perseguição até então desconhecida no Reino Unido. Em uma década salpicada de momentos extraordinários, 1967 – o ano que viu três dos Stones atrás das grades – foi, sem sombra de dúvida, o mais turbulento do período.

"O ano de 1967 foi de mudança para todo mundo", declararia Keith. "Em 1967 houve a explosão da cultura das drogas, se é que isso existe. Foi quando elas saíram de seu esconderijo. Todo mundo começou a falar disso. E, durante todo aquele ano, passamos por um transtorno inacreditável. Esse confronto com polícia e juízes – bem, eu me sinto incomodado quando olho para um tira – e ter que lidar com essa gente por um ano inteiro realmente nos deixou um tanto esgotados. Para falar a verdade, nos incomodou bastante."

O término da década de 1960 também colocou um fim à retaliação de Norman Pilcher aos músicos. Apesar de assustado pelo crescente interesse da imprensa e do governo por suas atividades, continuou no esquadrão antidrogas, embora agindo com mais discrição. Entretanto, mesmo que tardiamente, Pilcher viria a responder por seus atos em novembro de 1973, quando foi condenado por perjúrio após um longo processo relacionado a drogas. Exonerando-se do cargo antes que o caso fosse levado a julgamento, tentou se mudar para a Austrália, mas foi detido ao chegar a Freemantle. Após sua extradição ser aprovada, foi levado de volta ao Reino Unido para enfrentar a Justiça. Depois de um julgamento de oito semanas em Old Bailey, o juiz Melford Stevenson disse a Pilcher: "Você envenenou as fontes da justiça criminal e o fez deliberadamente... Deu munição para os desonestos, os excêntricos e os idealistas se unirem para denegrir a polícia assim que surgisse uma oportunidade".

Pilcher foi condenado a quatro anos de prisão. Não obstante, seu legado permanece – sustentado principalmente pela comunidade artística que ele tentou destruir. Libertado em meados da década de 1970, muitos acreditavam que o mais controverso carrasco do rock estivesse morto, mas, ao que tudo indica, ele passou a viver confinado nos subúrbios. Hoje, aos 75 anos [na data em que este livro foi escrito] e com uma lista de famosos atrás de si, a lenda de Pilcher é tão presente quanto os personagens que tentou aniquilar. Não causa surpresa que seu nome tenha servido de inspiração para inúmeras sátiras. A série *Monty Phyton Flying Circus* o consagrou no episódio *Piranha Brothers* como o personagem "Spiny Norman" [Norman Espinhoso]. Em 1978, um pastiche dos Beatles produzido por Eric Idles, *The Rutles*, satirizava Pilcher na figura de 'Brian Plant' [Brian que Plantava]. Em 1993, a banda norte-americana Primus lançou a música "Pilcher's Squad" [O

Esquadrão de Pilcher], cuja letra descreve, de forma explícita, muitos dos feitos do policial. Os dois álbuns que Lennon autografou, a pedido de Pilcher, seriam leiloados em Londres.

Eric Burdon, ex-vocalista da banda Animals, que escapou da mira de Pilcher durante a década de 1960, fala sobre a fama do policial, que perdura até hoje:

"Deveria ser erguida uma estátua de pedra em homenagem ao sargento Norman Pilcher. Tenho certeza de que ela se tornaria uma atração. Nem todos os tiras da Inglaterra se intrometiam na vida dos outros como o sargento Pilcher. Naquela época, a maioria era gente boa. Com algumas exceções, é claro. Mas se você não saísse demais da linha, eles não se preocupavam com você e continuavam a proteger a população, fazendo seu trabalho sem usar armas de fogo... Além disso, a maioria deles tinha senso de humor. Eu não era nenhum santo, mas nunca tive problemas com a Justiça do Reino Unido. Portanto, sargento Norman Pilcher, aqui vai uma mensagem: o senhor sempre será lembrado como o maior desmancha-prazeres de todos os tempos."

Epílogo

"Todas as nossas experiências de vida, inclusive o amor, acontecem em um trem expresso que segue rumo à morte. Fumar ópio é saltar desse trem enquanto ele ainda está em movimento; é vislumbrar algo além da vida ou da morte."

Jean Cocteau

A dimensão da saga de Redlands deixou uma marca duradoura em todos os envolvidos. Para Mick Jagger e Keith Richards, o sucesso do recurso contra suas condenações os consolidou como verdadeiros mártires do século XX. Os julgamentos, sua curta permanência na prisão e as condutas antes, durante e depois do embate judicial os consolidaram como heróis de toda uma geração. Ainda causa surpresa a maior parte do *establishment*, os juízes e os agentes de polícia de alta patente não terem previsto esse desenlace.

Se o *establishment* achou que acabaria com o grupo ao prender dois Rolling Stones, estava muito enganado. Ao contrário, o caso atraiu publicidade ainda maior e os fãs da banda os apoiaram, unidos em sua aversão ao tratamento dispensado a eles pelas autoridades. Quando a poeira baixou, o episódio Redlands nada mais representou do que um pequeno entrave no percurso de uma banda cada vez mais bem-sucedida, que construiu uma carreira sem precedentes no mundo do rock. Atualmente, os Stones, se assim o quiserem, dispõem do privilégio de se apresentar nos maiores estádios do mundo e faturar mais de 500 milhões de dólares. Tendo como rivais apenas o U2, é provavelmente a banda de rock mais famosa do mundo a realizar concertos ao vivo.

Para Jagger, o caso Redlands logo se tornou passado, o que não causou surpresa para os que o conheciam. Com o passar do tempo, o vocalista se tornou um membro do mesmo *establishment* que, em 1967, planejara sua derrocada. Com um saldo bancário de quase 200 milhões de libras esterlinas, várias casas luxuosas ao redor do mundo e um lugar cativo no Lord's, seleto campo de críquete, a comenda de cavaleiro recebida em dezembro de 2003 selou sua aceitação pela aristocracia britânica, da qual sempre aspirara fazer parte.

O novo *status* não agradou seu, até então, parceiro musical e constante companheiro de trabalho. "Não quero pisar no palco com alguém que usa uma coroa e exibe o velho arminho da nobreza", disse Richards, em um claro ataque a Jagger em uma declaração à revista musical *Uncut*. Jagger afirmou que fora obrigado pelo primeiro ministro Tony Blair a aceitar a honraria, ao que Richards, sem pestanejar, respondeu: "Como se isso fosse uma desculpa. Até parece que você não pode rejeitar nada... Achei ridículo ele aceitar esses prêmios do *establishment* quando eles fizeram todo o possível para nos jogar na cadeia". O músico reiterou sua postura rebelde com perfeição ao acrescentar, em tom de desdém: "Eu não me ajoelho diante de ninguém".

Apesar de continuar a dividir o palco com um cavaleiro do Império Britânico, Richard nunca comprometeu seu *status* de "roqueiro mais irreverente do mundo". Com quase 70 anos, continua tão intransigente em sua postura quanto era ao pisar, pela primeira vez, no palco do Ealing Club, cerca de 50 anos atrás. As incursões policiais relacionadas a seu envolvimento com drogas e os consequentes atritos com a lei transformaram-se em lenda e o estilo *cool* de Keith ainda atrai as novas gerações.

"Não me considero um cara descolado", declararia à revista musical *New Musical Express*, em 2007. "São as pessoas que dizem que sou descolado, só sou o que sou. Tudo que tenho a dizer é: 'Seja você mesmo, o resto não passa de uma *puta* bobagem'. Já escutei muita baboseira e estou cansado disso. Se você tiver de ser descolado – seja descolado por si mesmo. Se você precisa procurar um jeito de ser descolado, então você não é descolado."

Sua fantástica e escancarada autobiografia *Vida,* publicada em 2010, mostra que, por trás da aparência rebelde, há um homem honesto, preocupado com o bem-estar alheio, extremamente inteligente, profundo estudioso da música que ama e que, acima de tudo, foi a pedra angular dos Rolling Stones.

Outras pessoas presentes em Redlands naquela noite de fevereiro de 1967 tiveram destinos diversos. Robert Fraser, cujas credenciais não foram suficientes para persuadir o *establishment*, ficou marcado pela experiência na prisão e voltou a usar heroína, comprometendo seu renome como *marchand* de visão. Fraser faleceu vítima de uma enfermidade relacionada à AIDS, em 1985.

Michael Cooper morreu de overdose de heroína em 1973, mais uma vítima dos excessos da época.

Christopher Gibbs se destacou como eminente e criativo decorador. Satisfazendo os desejos dos boêmios amantes das artes, tornou-se reconhecido internacionalmente por seu talento e estilo singular.

Nicky Kramer, de quem não se teve mais notícia depois de ter sido surrado por David Litvinoff, parceiro dos irmãos Kray, desapareceu, anônimo, assim como surgiu. Foi impossível descobrir o paradeiro do participante mais misterioso da festa de Redlands.

Marianne Faithfull nunca se recobrou do episódio em Redlands e continua a rebater os boatos dirigidos contra ela. Logo após o escândalo ter vindo à tona, declarou à jornalista Gina Richardson: "Acabamos sendo vítimas da mídia. Todos acham que tudo que faço é pecado ou imoral. Bem, eu sei que não sou o que acham que sou... Acabei sendo execrada pelo que as pessoas disseram e pelo modo como questionaram meu caráter".

Execrada ou não, Marianne resolveu que a melhor opção seria abster-se da luta. "Minha feminilidade foi completamente maculada", viria a declarar. "Eu tinha aceitado o papel da garota má que vestia apenas um tapete de peles e, então, pensei: 'Tudo bem, vocês me deram esse papel, agora vou assumi-lo. Quero mais é que vocês se danem'."

Mesmo com a atitude determinada de Marianne, a opinião popular, aos poucos, a destruiu. Quando, em maio de 1971, Jagger se casou com a modelo nicaraguense Bianca Perez Moreno de Macias, Marianne não passava de uma drogada que vagava por Londres, passando os dias encostada nos muros do Soho. "Acho que usava drogas para reprimir minha índole natural", declarou à BBC, em 1999. "E funcionava. Isso é uma das coisas que acontecem quando você toma heroína: você não fala, não tem vontade de falar. Você se transforma em um nada. A droga me transformava em um nada, mas eu não era um nada."

Como costuma ocorrer nesses casos, Marianne perdeu a custódia de seu filho Nicholas. Consumida pela heroína, morou clandestinamente em várias construções ao redor de Londres e ficou na casa de amigos até, por fim, aceitar uma oferta para mudar-se para a Irlanda – sua tábua de salvação. Esse refúgio da terrível dualidade da atmosfera londrina ajudou-a a recobrar sua carreira musical. Seu álbum *Broken English*, de 1979, traria à tona a ira do movimento punk e a dor que ela carregava dentro de si desde o final dos anos 1960. Outros álbuns se seguiram e, por meio da música, ela conseguiu compreender os erros do passado.

Após ser o centro de manchetes mais do que merecidas, Marianne finalmente conseguiu se livrar da dependência das drogas, em 1985. Uma verdadeira sobrevivente, conseguiu resgatar sua integridade e construir uma carreira bem-sucedida que lhe propiciou a dignidade e o respeito que há muito fazia jus. Não obstante, muitos dos detalhes sórdidos da saga de Redlands permanecem e seu amargo legado ainda paira no ar. "Quando uma mulher de 19 anos perde sua reputação, ela perde tudo", declararia Marianne ao tabloide *Mail On Sunday*, em 2007. "O que as pessoas pensaram sobre mim e os Stones era totalmente falso. Também nego a história sobre o tablete de chocolate – é repugnante."

No entanto, a mácula se manteve – talvez, eternamente. Diz-se que a *Mars* – cuja suposta barra de chocolate teria feito parte da saga – entrou em contato com Marianne, no final dos anos 1990, convidando-a a promover seus produtos – uma atitude considerada bastante ofensiva. Aos 65 anos, Marianne adotou uma atitude filosófica quanto ao que ocorreu naquela noite, em Redlands, vindo a declarar ao jornal *Independent*, em 2004: "Isso já aconteceu no passado. Por exemplo, com Oscar Wilde, que se tornara extremamente famoso e bem-sucedido e se divertia muito. Na Austrália, essa situação é chamada *Tall Poppy Syndrome* [Síndrome da Grande Papoula – expressão que descreve um fenômeno social em que pessoas de verdadeiro valor são ofendidas, atacadas, aniquiladas ou criticadas, pois seus talentos e realizações as colocam em um patamar superior ou as distinguem de seus pares]. A papoula cresce tanto que você a corta, ou seja, se você não é humilde, condescendente e, além disso, se mantém à parte da sociedade, esta acabará com você. A artimanha usada é aferrar-se a uma fraqueza que a pessoa tenha e deixar que ela própria se enforque. Eles não conseguiram destruir Mick e Keith e, apesar de eu ser a mais vulnerável, não conseguiram me pegar".

Outros que participaram da saga tiveram destinos diferentes. O advogado de defesa QC Michael Havers – o herói de Jagger e Richards no momento em que mais precisaram – foi promovido ao mais alto cargo do judiciário inglês, *Lord Chancellor* [Presidente da Câmara dos Lordes]. Teve papel de destaque ao atuar na acusação em processos como "Os Quatro de Guildford" e do *serial killer* Peter William Sutcliffe, mais conhecido como *Yorkshire Ripper*. Como integrante do Tory, o partido conservador inglês, representou Wimbledon, bairro no sudoeste de Londres, no Parlamento inglês por mais de 17 anos. Havers morreu relativamente jovem, aos 62 anos, em virtude de problemas cardíacos.

A carreira jurídica do juiz Leslie Block alcançou um renome que talvez nem ele imaginasse ser possível. Apesar de sua respeitável folha de serviços prestados durante a guerra, as sentenças de caráter exemplar proferidas contra Jagger e Richards consolidaram sua reputação de juiz devotado à caça às bruxas (um Matthew Hopkins da era moderna). Ele morreu em 1980, aos 74 anos, em sua casa em West Sussex.

Muitos dos agentes de polícia que participaram da batida policial daquela noite já faleceram. Os poucos ainda vivos preferem guardar suas lembranças para si e mantêm uma postura reservada quando questionados a respeito. Aposentados, cuidam de seus jardins e hortas e pouco se importam com o que aconteceu em 1967.

Por mais de 40 anos, muitos acreditaram na lenda de que David Schneiderman, o misterioso "Rei do Ácido", teria sido o informante da polícia e que, inclusive, trabalhava para a CIA e o FBI. Após sair às pressas do Reino Unido, adotou o nome "David Jove", que usaria pelo resto da vida. Mantendo sua personalidade vivaz e vibrante, continuaria a usar o LSD para que inúmeras portas pela Europa e Oriente Médio lhe fossem abertas. Algum tempo depois, e tendo atraído inúmeras pessoas com o seu "blá-blá-blá" psicodélico, conseguiu retornar aos Estados Unidos no início dos anos 1970.

Mergulhando no mundo caótico da imprensa de Los Angeles, o território vazio dos *nightclubs* de Hollywood garantiram-lhe grande mobilidade pela cidade. Com a cocaína em voga, o antigo "Rei do Ácido" passou a oferecer a muitos usuários não só sua sagacidade para a aquisição da droga, mas também um bom suprimento dela. Caso fosse necessário, ele citava o nome de várias estrelas do mundo pop com quem tivera contato durante sua estada na Inglaterra nos anos 1960 e evitava responder quaisquer outras perguntas mais comprometedoras, como relembra seu amigo e diretor artístico Ed Ochs: "De modo geral, ele não costumava falar sobre seu passado. Se alguém fizesse alguma pergunta sobre isso, ele apenas encarava a pessoa até ela mudar de assunto. Nós pouco falávamos sobre isso. Ele não negava, confirmava ou fazia alarde sobre seu passado, o que normalmente as pessoas fazem para afirmar sua fama".

Como o movimento *punk* gerasse uma reavaliação de estilos e valores, o ex-David Schneiderman entrou de cabeça no mundo do rock de Los Angeles. Com o surgimento de equipamentos de vídeo caseiros no final dos anos 1970, ele passou a filmar o hedonismo que permeava a cidade. Grande parte do material que produzia nas ruas – no melhor estilo guerrilheiro – era apresentado no *New Wave Theatre*, um inovador programa de TV a cabo que atingiu um sucesso estrondoso e transformou o antigo "Rei do Ácido" em ídolo do movimento *underground* de Los Angeles.

Com a fama garantida, tornou-se presença constante em *Hollywood*, aventurando-se em diversas áreas: cinema, produção de vídeos pop e até mesmo música. Carismático e com uma inclinação para o perigo, era considerado um inofensivo "Charles Manson" e atraiu tantos inimigos quantos eram seus seguidores. O sucesso do *New Wave Theatre* lhe deu condições de montar seu próprio estúdio e oficina de edição, o The Cave [A Caverna], onde filmava, distribuía drogas e divertia seus amigos. Reflexo da personalidade multifacetada do "Rei do Ácido", o local era um ambiente onde tudo poderia acontecer, tornando-se, assim, um famoso ponto de encontro.

No início de 1985, Marianne Faithfull estava em Los Angeles promovendo suas canções. Ela havia, enfim, se libertado do vício da heroína e resgatado sua confiança ao gravar uma série de canções extraordinárias, muitíssimo elogiadas pela crítica. Estando em companhia da amiga e agente Maggie Abbott, a dupla participou de uma recepção da imprensa na cidade e decidiu, em seguida, "dar uma esticada" até o The Cave para terminar a noite. Abbott era próxima do novo Schneiderman e (como a maioria de seus conhecidos) não fazia ideia da relação dele com o infame episódio de Redlands em 1967. Naquela noite, o antigo "Rei do Ácido" encontrava-se no The Cave, portanto era inevitável que ele e Marianne se encontrassem pela primeira vez após a noite da batida policial em Redlands. Como Marianne ainda processava a paranoia que tomara conta de sua vida desde então, diz-se que perguntou a ele por que teria informado a polícia sobre a festa. Com seu típico linguajar ambíguo, o homem antes conhecido como Schneiderman respondeu que várias agências de combate às drogas o forçaram a participar da armadilha para pôr um freio em bandas como os Stones. Após o encontro constrangedor, Marianne implorou a Abbott que a levasse embora. "É ele, o Rei do Ácido", disse, enquanto partiam. "Ele armou a emboscada em Redlands. Nunca mais fale com ele."

Abbott viria a pressionar Schneiderman/Jove a explicar, em detalhes, o que acontecera, mas este se negou. Como se sabia que ele estava sempre armado e era propenso a ataques de violência, Abbott não levou a conversa adiante. No entanto, quando, por acidente, ele deu um tiro no próprio pé, Abbott o levou até o hospital e descobriu sua real identidade: Schneiderman. Não obstante, a hipótese de conspiração apenas fez aumentar a sua já extraordinária aura de mistério. Para o amigo Ed

Ochs, a declaração do Rei do Ácido de que teria um suposto envolvimento com o FBI, a CIA e o MI5 [*Military Intelligence, Section 5* – serviço de inteligência britânico] era apenas outro aspecto do personagem que criara para si.

"Jove não era um informante da CIA ou do MI5, de jeito nenhum," relata Ochs, hoje, "mas ele tinha 'um ar de agente da divisão de narcóticos' e, de tempos em tempos, alguém o confrontava. Os drogados percebem se alguém é da 'narcóticos' pelo olhar, pelo comportamento suspeito, pelo cheiro do suor; conseguem dizer se o cara já foi pego antes ou se delatou alguém para escapar da prisão. Como disse antes, ele, às vezes, parecia agir como um agente da narcóticos ou era visto como um, embora, até onde sei, nos 30 anos em que nos conhecemos, ele nunca tenha delatado ninguém nem quebrado 'o código' chamando a polícia ou permitindo que invadissem sua vida, não importa qual fosse o motivo. Entretanto, assim como os números nos dão uma sensação de segurança, ele se sentia seguro sendo uma contradição viva, representando os dois extremos dos fatos. Assim, ele podia se esconder entre polos opostos e, dessa forma, ninguém saberia o que era verdade ou não. Com o tempo, ele chegaria a um ponto em que não conseguia afirmar com certeza se tinha feito algo ou não."

Apesar da fama de volúvel, Schneiderman/Jove manteve um longo relacionamento com a atriz e comediante Lotus Weinstock, com quem teve uma filha muito amada: Lilli. O casamento durou até o final dos anos 1980, época em que, mesmo para os padrões de Los Angeles, Schneiderman passou a consumir drogas de modo abusivo e sua inclinação para o uso de armas deixou a sensível comunidade artística ainda mais inquieta. Após o assassinato brutal do apresentador do *New Wave Theatre*, Peter Ivers, em 1963, começaram a circular rumores de que Schneiderman estava ligado a sua morte e alguns chegaram a insinuar que ele teria guardado os lençóis sujos do sangue de Ivers como recordação.

O Rei do Ácido/David Schneiderman/Jove, homem de diferentes identidades, morreu de um câncer no pâncreas, em 2004. Aos 64 anos, levou consigo muitos segredos, inclusive detalhes de seu envolvimento no escândalo de Redlands. De acordo com sua filha, Lilli (atualmente uma renomada violinista), ele falou sobre a lenda que o circundava pouco antes de sua morte: "Ele me disse que não era traficante. Acreditava estar expandindo a consciência de algumas das mentes mais brilhantes de sua época". Por enquanto a lenda perdura e, até que seja descoberto algum arquivo que prove o conluio de Schneiderman com as autoridades internacionais de combate às drogas, o que realmente ocorreu naquela fatídica noite de 1967 continuará um mistério.

Até julho de 2011, o comprovado delator de Redlands – o *News of the World* – pouco mudara nos 44 anos que se seguiram ao escândalo. Acintoso, pertinaz e apreciador de seu papel de árbitro da moral e bons costumes, o jornal era temido por celebridades de comportamento indiscreto e liberais que ocupavam cargos de poder. O *NOTW* continuou a ser o semanário mais famoso do mundo, mantendo-se fiel à missão de revelar qualquer fato que valesse a pena ser exposto e explorado. Como era de se esperar, as drogas continuaram a ser um dos assuntos favoritos de seus repórteres e várias celebridades se tornariam alvo de seu jornalismo escuso.

Em 2011, após anos de acusações, provou-se que investigadores particulares contratados pelo jornal grampeavam o correio de voz de celebridades, políticos, viúvas de combatentes da guerra e mesmo familiares de vítimas de homicídio. Os anunciantes sumiram e os leitores reagiram com repugnância e aversão. Comenta-se que milhares de pessoas podem ter sido monitoradas inadvertidamente e, como o valor a ser pago em indenizações chegaria, provavelmente, à casa dos milhões de libras, o jornal – sob forte pressão – foi fechado por seu proprietário, Rupert Murdoch, diretor do grupo *News International*, divisão britânica do conglomerado *News Corporation*. "O negócio do *News of the World* era investigar a vida alheia e obrigar tais pessoas a explicarem sua conduta," declarou James, filho de Murdoch, "mas deixou a desejar quando o foco foi ele próprio."

Redlands, incluindo casa e terreno, o símbolo mais duradouro dessa impressionante saga, ainda é de propriedade de Keith Richards, que a administra há mais de 45 anos. Embora os acontecimentos de 1967 não tenham conseguido refrear a propensão de Richards aos excessos, a casa se manteve como um porto seguro na vida de um errante astro do rock. Após uma incursão policial em Chelsea em junho de 1973, Keith e Anita refugiaram-se em West Wittering para recobrar o equilíbrio. Na noite de 31 de julho, Tony Sanchez, o traficante que fornecia drogas a Keith, estava na casa de hóspedes de Redlands. Acordado pelo barulho de palha em chamas, Sanchez viu que a casa estava sendo consumida pelo fogo. Conseguindo acordar Keith, Anita e seus dois filhos, todos saíram da residência em tempo de ver o teto ser reduzido a uma pira incandescente. O restante da casa teve que passar por várias reformas antes de ser habitável outra vez. Em uma época em que alarmes contra incêndio eram um dispositivo opcional, Richards e sua família tiveram sorte de sobreviver.

Hoje, Redlands não tem uma presença tão marcante. Com um *camping* familiar localizado ao lado da propriedade, seus limites são bem mais seguros do que em 1967. Alguns fãs inveterados, ainda atraídos pela fama de Redlands, aparecem, por vezes, para prestar homenagem à ligação do local com a história da contracultura. Apesar de a casa não poder ser vista da entrada, os mais intrépidos que se aventuram a tomar o atalho próximo dali conseguem vislumbrar os fundos da residência.

Na realidade, ao longo dos anos, esses visitantes inesperados se tornaram uma presença irritante para Richards. Ao comprar o terreno adjacente à propriedade, sentiu-se incomodado com o fato de o atalho a poucos metros de sua casa não poder ser redirecionado. A questão veio a público e Mark Hammond, a autoridade responsável pelo meio ambiente e desenvolvimento local, foi obrigado a se pronunciar publicamente: "O senhor Richards é uma personalidade famosa e, portanto, atrai grande interesse e atenção do público. Ele acredita que o atalho, tal como está, causa um estorvo considerável tanto em termos de privacidade como de segurança".

Contudo, essas pequenas desavenças com as autoridades locais são raras e Richards, ocasionalmente, é visto ajudando a comunidade local. Em 1998, pediram-lhe que fizesse uma contribuição para a reforma do antigo teatro de West Wittering – o qual atendeu de imediato. "Quando disseram que o teatro local precisava ser reformado e que havia um pequeno déficit, pensei: 'Lá vamos nós, vão me pedir 250 mil libras', ou algo do gênero. Mas só queriam 30 mil e eu disse: 'Vocês estão brincando? Aqui está...' Fiquei feliz por poder contribuir com o lugarejo, pois eu estava lá há 33 anos, o que me transformava em um morador."

Com a magnífica costa a menos de um quilômetro e meio de Redlands, Keith comprou, recentemente, uma casinha à beira-mar que custou 60 mil libras esterlinas. A despeito da saga de 1967 tê-lo tornado uma pessoa ainda mais malquista na região, Keith ainda se sente deslumbrado pelo local e chama West Wittering de: "Um pequeno pedaço do céu", acrescentando: "Eu amo este vilarejo. Todos aqui sempre me trataram bem".

Bibliografia

BEATON, Cecil. *Beaton in the Sixties: The Cecil Beaton Diaries As He Wrote Them, 1965-1969.* Knopf, 2004.
BIRT, John. *The Harder Path.* Time Warner, 2002.
BOCKRIS, Victor. *Keith Richards: The Biography.* Random House, 1992.
BOOTH, Stanley. *The True Adventures Of The Rolling Stones.* Heinemann, 1985.
CATTERALL, Ali; WELLS, Simon. *Your Face Here: British Cult Movies Since The 1960s.* Fourth Estate, 2001.
CLAYSON, Alan. *Mick Jagger: The Unauthorised Biography.* Sanctuary, 2005.
CURTIS, Helen; SANDERSON, Mimi. *The Unsung Sixties.* Whiting & Birch, 2004.
_____. *Rolling Stones: The First Twenty Years.* Thames & Hudson, 1981.
DALTON, David; FARRAN, Mick. *The Rolling Stones In Their Own Words.* Omnibus Press, 1980.
DAVIS, Stephen. *Old Gods Almost Dead.* Aurum, 2001.
FAITHFULL, Marianne; DALTON, David. *Faithfull.* Michael Joseph, 1994.
FRANK, Josh; BUCKHOLTZ, Charlie. *In Heaven Everything Is Fine.* Free Press, 2008.
HAVERS, Nigel. *Playing With Fire.* Headline, 2006.
HEWET, Tim (Ed). *Rolling Stone – File Number 2.* Panther, 1967.
HOFFMAN, Dezo. *The Rolling Stones.* Vermilion, 1984.
HOTCHNER, AE. *Blown Away: The Rolling Stones And The Death Of The Sixties.* Simon & Schuster, 1990.
LEWISOHN, Mark. *The Complete Beatles Chronicle.* Pyramid, 1992.

NORMAN, Phillip. *Symphony For The Devil: The Rolling Stones Story.* Simon & Schuster, 1984.
RAWLINGS, Terry. *Who Killed Christopher Robin? The Truth Behind The Murder of Brian Jones.* Boxtree, 1994.
_____; BADMAN, Keith; NEIL, Andrew. *Good Times, Bad Times – The Definitive Diary Of The Rolling Stones – 1960-1969.* Cherry Red Books, 2000.
SANDFORD, Christopher. *Jagger Unauthorised.* Simon & Schuster, 1993.
SANCHEZ, Tony. *Up And Down With The Rolling Stones.* John Blake, 2010.
SCADUTO, Anthony. *Mick Jagger: A Biography.* WH Allen, 1974.
SCHREUDERS, Piet; LEWISOHN, Mark; SMITH, Adam. *The Beatles' London.* Portico, 1994.
SMITH, Keith; SMITH, Janet. *Witterings Then And Now.* West Wittering, 1985.
STOCKDILL, Roy; BAINBRIDGE, Cyril. *150 Years: News of the World Story.* Harper Collins, 1993.
VYNER, Harriet. *Groovy Bob.* Faber & Faber, 1999.
WELLS, Simon. *Rolling Stones – 365 Days.* Abrams, 2006.
WYMAN, Bill; COLEMAN, Ray. *Stone Alone.* Viking, 1990.

Fontes Audios Visuais
25 x 5: The Continuing Adventures Of The Rolling Stones. CMV Entertainment, 1987.
Donald Cammel: The Ultimate Performance. BBC, 1998.
ITN Archives 1962-1969.
It Was Twenty Years Ago Today. Granada, 1987.
Omnibus: Video Jukebox. BBC, 1996.
The Rolling Stones: Truth And Lies. Black Hill Pictures, 2008.
The Swinging 60s – The Rolling Stones. Green Umbrella, 2009.
Under Review: Rolling Stones 1962-1966. Music Video Distributors, 2006.
Under Review: Rolling Stones 1967-1969. Music Video Distributors, 2006.
Who Breaks A Butterfly On A Wheel?. WBBC Productions, 2007.
World In Action: Mick Jagger. Granada, 31 de julho de 1967.

FONTES DIGITAIS

Arquivos online dos jornais *Daily Express/Daily Mirror*: UK Press Online.
Arquivos online dos jornais *Guardian/Observer*: Pro Quest.
The Rolling Stones Complete Works Website: <www.nzentgraf.de/>
Time Is On Our Side: < www.timeisonourside.com>
Arquivos digitais do jornal *Times*: 1785-1985, Infotrac.
Who Was Who, Oxford University Press.

REVISTAS E JORNAIS

Revista *Melody Maker*, 1962-1969.
Revista *New Musical Express*, 1962-1969.
Jornal *News of the World*. "Pop Stars And Drugs: Facts That Will Shock You". Janeiro-Fevereiro, 1967.
The Rolling Stones Monthly Book, 1964-1966. Beat Publications.
Jornal *The Times*. "Who Breaks A Butterfly On A Wheel?". Editorial, primeiro de julho de 1967.
Revista *Time*. "Swinging London", 15 de abril de 1966.

Nota do Editor

A Madras Editora não participa, endossa ou tem qualquer autoridade ou responsabilidade no que diz respeito a transações particulares de negócio entre o autor e o público.

Quaisquer referências de internet contidas neste trabalho são as atuais, no momento de sua publicação, mas o editor não pode garantir que a localização específica será mantida.

Índice Remissivo

A

Abbott, Maggie, 336
Abrams, Steve, 7, 130, 223, 259, 260, 262, 286, 290, 291, 342
Allen, Dave, 62, 63, 66, 68, 70, 91, 93, 111, 152, 156, 170, 172, 180, 184, 225, 235, 241, 265, 272, 283, 327, 342
Alpert, Richard, 116
Altham, Keith, 7, 47, 87, 282, 297
Andrews, Eamonn, 101, 111, 152
Andrews, Pat, 31, 32
Anger, Kenneth, 87
Animals, 69, 75, 88, 109, 329
Ansell, Michael, 187
Asher, Jane, 8, 51, 242

B

Babbs, Ken, 7, 70
Bacon, Alice, 208, 209, 261, 264
Baker, Ginger, 26, 100, 308
Baker, Pamela, 134
Baldry, Long John, 30
Barrett, Michael, 304
Beach Boys, 77
Beatles, 12, 13, 14, 16, 20, 32, 36, 37, 38, 39, 41, 42, 43, 48, 49, 51, 54, 55, 57, 58, 62, 63, 70, 71, 73, 75, 77, 79, 80, 82, 85, 86, 88, 91, 92, 110, 114, 115, 118, 119, 124, 125, 133, 134, 258, 260, 261, 262, 263, 265, 282, 283, 285, 297, 308, 317, 318, 320, 327, 328, 341, 342
Beaton, Cecil, 10, 159, 160, 161, 162, 341
Beck, Jeff, 109
Belloc, Hilaire, 78, 177
Bergman, Jo, 285, 310
Bernstein, Sid, 55

Berry, Chuck, 22, 24, 25, 43, 55, 58
Bevis, coronel R.G., 132
Bingham, Nathanial, 135

C

Calder, Tony, 7, 38, 40, 46, 49, 96, 114, 146, 149
Callaghan, James, 319
Cammell, Donald, 76, 116, 135, 140, 143, 156, 157, 164, 322, 326, 342
Challen, sargento de polícia John, 135, 138, 139, 140, 187, 203
Channon, MP Paul, 263
Chapman, Tony, 30
Chkiantz, George, 313
Clapton, Eric, 109, 308, 309
Clifton, Peter, 7, 8, 39, 51, 52, 57, 93, 100, 151, 171, 174, 181, 230, 266, 267, 280, 282, 286, 292, 296, 334, 337
Clifton, Tony, 7, 30, 34, 38, 40, 46, 49, 70, 96, 114, 119, 120, 125, 146, 149, 150, 305, 323, 332, 338, 342
Coleman, Ray, 50
Comyn, QC James, 287, 288
Constable, sargento de polícia Robin, 309, 310, 314, 323, 324, 325
Cooke, Sam, 63
Cook, Peter, 93

D

Davies, Cyril, 26, 342
Davies, investigador de polícia Thomas, 7, 132, 133, 134, 137, 143, 156, 275
Davies, Ray, 7, 21, 24, 50, 342
Davis, Spencer, 99, 100, 306
Deere, senhorita R., 252
Delon, Alain, 305
Denny, QC William, 100, 167, 170, 192, 193, 233, 234, 264
Deviants, The, 228
Diddley, Bo, 35, 45, 110
Dine, Jim, 192

E

Eastman, Linda, 319
Easton, Eric, 38, 39, 40, 41, 42, 61, 63, 64
Elwes, Robert, 185
Entwistle, John, 230
Epstein, Brian, 13, 16, 36, 38, 41, 42, 63, 125, 258, 261, 283, 308

F

Faithfull, major Robert Glynn, 51

Faithfull, Marianne, 17, 51, 52, 53, 54, 67, 76, 90, 91, 94, 110, 111, 113, 114, 115, 119, 120, 121, 122, 123, 125, 126, 136, 137, 138, 139, 140, 146, 151, 152, 155, 158, 164, 174, 194, 195, 198, 199, 202, 203, 207, 208, 210, 213, 215, 217, 218, 221, 224, 225, 232, 235, 238, 242, 250, 255, 266, 267, 268, 269, 272, 275, 276, 277, 282, 283, 285, 297, 303, 304, 305, 321, 322, 323, 324, 325, 326, 327, 333, 334, 336, 341
Farren, Mick, 228, 249
Fletcher, Joyce, 79
Fletcher, Stanley, 79, 118, 130, 134, 170, 187, 233, 309, 341
Flood, doutor Anthony, 257, 299, 300
Friend, Gordon, 226
Frisby, Roger, 314
Fugs, The, 70
Fuller, detetive investigadora Evelyn, 8, 134, 137, 138, 203
Furlong, Monica, 229, 246

G

Gabbert, Mike, 112
Garcia, Jerry, 70
Gaye, Marvin, 58
Gentle, senhor J., 185
Gerry and The Pacemakers, 39, 54
Getty, Paul, 7, 16, 29, 36, 48, 51, 52, 64, 76, 86, 100, 109, 114, 116, 234, 242, 260, 263, 308, 319
Getty, Talitha, 76
Gibbs, Christopher, 7, 76, 81, 89, 115, 118, 119, 120, 122, 123, 124, 125, 127, 137, 140, 153, 154, 156, 158, 213, 281, 304, 312, 322, 323, 324, 333
Ginsberg, Allen, 66, 70, 265

H

Hamilton, Richard, 243, 255, 256, 282
Hammond, Mark, 339
Hardacre, Timothy, 7, 79, 112, 146, 152, 165
Harris, agente Raymond, 8, 135, 141
Harrison, George, 11, 36, 41, 86, 88, 90, 124, 127, 133, 151, 153, 156, 241, 255, 301, 308, 313, 319, 320
Harrison, Pattie, 124, 127, 153, 319, 320
Havers, juiz *sir* Cecil, 10, 159, 179, 341
Havers, Nigel, 7, 179, 180, 181, 231, 234, 268, 269, 341
Havers, Philip, 7, 21, 179, 269
Havers, QC Michael, 8, 11, 20, 21, 23, 76, 102, 119, 134, 144, 179, 182, 185, 186, 187, 195, 198, 204, 210, 221, 223, 224, 230, 238, 241, 265, 268, 271, 273, 284, 304, 305, 312, 314, 325, 333, 334, 341

I

Idle, Eric, 7, 38, 39, 42, 60, 61, 63, 64, 88, 109, 173, 308, 309, 328, 329
Ivers, Peter, 337

J

Jacobs, David, 86
Jagger, 'Basil' Joe, 20, 38
Jagger, Chris, 7, 26, 28, 45, 99, 286, 289, 290, 307
Jagger, Eva, 20, 51
Jagger, Mick, 11, 12, 14, 15, 16, 17, 20, 21, 23, 25, 27, 30, 31, 32, 33, 34, 39, 40, 44, 48,
    50, 51, 52, 53, 54, 57, 59, 61, 64, 65, 66, 67, 70, 75, 76, 77, 81, 90, 92, 93, 94, 95,
    101, 106, 107, 108, 109, 110, 111, 112, 113, 114, 115, 116, 117, 119, 120, 121,
    122, 125, 126, 129, 130, 138, 139, 140, 149, 150, 151, 152, 153, 154, 155, 159,
    160, 161, 162, 163, 164, 165, 166, 167, 168, 169, 170, 171, 172, 173, 174, 175,
    179, 180, 182, 183, 184, 186, 188, 191, 192, 194, 195, 196, 197, 198, 205, 208,
    209, 210, 213, 215, 219, 221, 224, 227, 228, 229, 230, 231, 232, 233, 234, 235,
    236, 237, 238, 239, 240, 241, 242, 243, 244, 247, 248, 249, 251, 253, 256, 266,
    267, 269, 272, 273, 274, 275, 276, 277, 282, 284, 286, 291, 300, 301, 303, 304,
    309, 311, 312, 313, 315, 316, 321, 322, 323, 324, 325, 326, 331, 334, 341, 342
Jajaj, Mohammed, 104, 120
James, Edward, 22, 48, 58, 109, 124, 129, 221, 255, 287, 319, 338
Johns, Glyn, 93, 114, 282, 283
Jones, Brian, 12, 13, 16, 17, 27, 28, 29, 30, 31, 32, 33, 34, 36, 37, 38, 40, 41, 42, 44,
    48, 49, 54, 58, 59, 60, 61, 63, 65, 66, 67, 68, 69, 70, 71, 75, 76, 77, 81, 87, 88,
    89, 90, 91, 93, 97, 101, 109, 110, 111, 114, 115, 116, 120, 125, 145, 156, 157,
    158, 159, 160, 161, 162, 163, 164, 165, 167, 171, 172, 173, 174, 230, 241, 244,
    257, 258, 261, 262, 263, 265, 267, 282, 283, 284, 285, 286, 287, 288, 289, 290,
    291, 292, 293, 296, 297, 298, 299, 300, 301, 306, 307, 308, 309, 310, 311, 312,
    313, 314, 315, 316, 318, 323, 325, 326, 328, 342

K

Keeley, Patrick, 60, 61
Keith, Linda, 81, 301, 306, 307, 319
Kelaher, Victor, 84
Kempson, Trevor, 112, 113, 310
Kennedy, John F., 82
Kesey, Ken, 69
Keylock, Tom, 130, 156, 157, 158, 163, 164, 166, 167, 184, 193, 195, 196, 198, 217,
    234, 268, 285, 286, 292, 312
Klein, Allen, 62, 63, 66, 68, 70, 91, 93, 111, 152, 156, 170, 172, 180, 184, 225, 235,
    241, 265, 272, 283, 327, 342
Klein, Betty, 63
Klossowski de Rola, príncipe Stanislaus, 76, 171
Korner, Alexis, 26, 27, 28, 29, 34
Kramer, Nicky, 54, 120, 126, 153, 154, 213, 333
Kray, Ronnie, 15, 152, 154, 173, 333

L

Laine, Denny, 100
Laing, R. D., 263
Lambert, Kit, 230
Lambton, lorde, 251
Lane, Ronnie, 125, 152, 195, 229
Lavender, Eric, 60, 61
Lawrence, Linda, 81, 181
Leach, Geoffrey, 170, 202
Leary, doutor Timothy, 116, 158
Leigh, Janet, 126
Lennon, John, 24, 36, 37, 48, 62, 64, 65, 88, 109, 115, 119, 125, 241, 265, 308, 317, 318, 319, 329
Lewis, MP Arthur, 27, 316, 319
Little Boy Blue & The Blue Boys, 22
Little Richard, 22, 45, 110

M

Macmillan, Harold, 32
Mancini, Frank, 109
Manfred Mann, 29
Mankowitz, Gered, 7, 50, 68
Mansfield, Jayne 229
Markham, Peter, 171, 286
Marriott, Steve, 195, 295
Martin, Dean, 29, 55, 309, 320
Mayall, John, 325
McCartney, Paul, 16, 36, 37, 48, 51, 52, 62, 64, 86, 100, 109, 115, 116, 234, 242, 260, 261, 262, 265, 283, 308, 319

N

Nesmith, Michael, 230
Neustatter, doutor Walter, 298, 299
News of the World, 8, 14, 16, 96, 97, 98, 99, 100, 101, 109, 111, 112, 113, 121, 129, 132, 134, 136, 150, 151, 152, 153, 154, 165, 183, 201, 203, 204, 205, 212, 213, 215, 216, 217, 223, 228, 229, 239, 248, 249, 250, 251, 252, 267, 310, 338, 342, 343
Nicholls, Clive, 311
Nico, 87, 173
Nicolson, Michael, 273

O

Ochs, Ed, 7, 88, 118, 335, 337
Oldenburg, Claes, 282
O'Mahoney, Sean, 7, 35, 38

Ono, Yoko, 241, 317
Osborne, John, 252
Owsley, Stanley, 118

P

Pafford, Ronald, 135
Page, Jimmy, 24
Pallenberg, Anita, 66, 75, 90, 160, 163, 226, 257, 282, 283
Parker, juiz presidente da Suprema Corte lorde Hubert, 234, 256, 265, 269, 270, 271, 272, 279, 280, 300
Parkinson, Dale, 56, 61
Pastalanga, Brian, 293, 301
Perrin, Les, 93, 168, 170, 184, 198, 225, 233, 235, 272, 285, 294, 310
Pettet, Joanna, 309
Pilcher, sargento de polícia Norman Clement, 83, 171, 257, 285, 307, 308, 309, 317, 318, 320, 329
Pink Floyd, 97, 266
Poitier, Suki, 90, 164, 244, 257, 285, 301, 306, 312
Pope, Alexander, 11, 16, 247
Posta, Adrienne (também conhecida como Poster), 51, 52
Prentice, investigador/sargento de Polícia, 310, 314
Pretty Things, The, 87
Prince, Viv, 87
Procol Harum, 97

Q

Quant, Mary, 38
Queensbury, marquês de, 267, 311

R

Rambridge, sargento de polícia Donald, 135, 140, 141, 142
Rawlings, Terry, 113
Richards, Keith, 7, 11, 12, 14, 15, 17, 20, 23, 24, 25, 29, 30, 31, 32, 33, 34, 43, 44, 46, 47, 48, 51, 54, 56, 59, 61, 65, 66, 70, 75, 76, 77, 78, 79, 80, 81, 87, 88, 90, 93, 102, 103, 104, 106, 107, 108, 109, 113, 114, 115, 116, 117, 119, 120, 121, 123, 124, 125, 126, 129, 133, 136, 137, 138, 142, 145, 146, 149, 150, 151, 152, 154, 156, 157, 158, 159, 160, 162, 163, 164, 165, 166, 167, 168, 169, 170, 171, 172, 174, 175, 179, 180, 182, 183, 184, 193, 194, 195, 198, 199, 202, 204, 205, 207, 208, 210, 211, 212, 215, 219, 220, 224, 225, 226, 227, 229, 230, 231, 232, 233, 234, 235, 236, 238, 239, 240, 241, 242, 244, 248, 249, 251, 256, 259, 266, 267, 268, 271, 273, 282, 283, 284, 286, 291, 297, 300, 301, 304, 306, 307, 311, 315, 316, 321, 322, 328, 331, 332, 334, 338, 339, 341, 342
Richardson, Tony, 305, 323, 333
Riley, Bridget, 256

Robinson, doutor John, bispo de Woolwich, 7, 22, 24, 30, 36, 38, 48, 51, 52, 64, 65, 67, 69, 76, 82, 88, 90, 109, 113, 114, 115, 119, 130, 131, 135, 138, 143, 164, 181, 187, 193, 200, 203, 217, 226, 230, 241, 242, 252, 256, 259, 260, 270, 274, 275, 295, 308, 317, 318, 325, 341, 342

Rolling Stones, Os,

contrato com a Decca Records 4, 11, 12, 15, 19, 20, 36, 45, 53, 55, 58, 62, 63, 65, 71, 73, 101, 112, 129, 166, 181, 196, 200, 210, 211, 215, 220, 229, 246, 252, 253, 259, 283, 284, 285, 295, 296, 303, 306, 307, 310, 312, 313, 317, 325, 327, 331, 332, 341, 342, 343

Rowe, Richard 'Dick', 4, 11, 12, 15, 19, 20, 36, 45, 53, 55, 58, 62, 63, 65, 71, 73, 101, 112, 129, 166, 181, 196, 200, 210, 211, 215, 220, 229, 246, 252, 253, 259, 283, 284, 285, 295, 296, 303, 306, 307, 310, 312, 313, 317, 325, 327, 331, 332, 341, 342, 343

Ruggles-Brise, *sir* John, 4, 11, 12, 15, 19, 20, 36, 45, 53, 55, 58, 62, 63, 65, 71, 73, 101, 112, 129, 166, 181, 196, 200, 210, 211, 215, 220, 229, 246, 252, 253, 259, 283, 284, 285, 295, 296, 303, 306, 307, 310, 312, 313, 317, 325, 327, 331, 332, 341, 342, 343

turnê pela Europa (1967), formação, 4, 11, 12, 15, 19, 20, 36, 45, 53, 55, 58, 62, 63, 65, 71, 73, 101, 112, 129, 166, 181, 196, 200, 210, 211, 215, 220, 229, 246, 252, 253, 259, 283, 284, 285, 295, 296, 303, 306, 307, 310, 312, 313, 317, 325, 327, 331, 332, 341, 342, 343

S

Sacher-Masoch, barão Leopold Von, 51

Sacher-Masoch, baronesa Eva Von, 51

Samuel, Doreen, 85, 86

Sanchez, 'Spanish' Tony, 119, 120, 146, 150, 165, 338

Schatzberg, Jerry, 77

Schneiderman, David 'Rei do Ácido' (também conhecido como Jove, David), 7, 17, 87, 88, 103, 105, 117, 118, 119, 121, 122, 123, 124, 126, 127, 135, 136, 143, 144, 145, 146, 147, 151, 153, 155, 165, 169, 200, 203, 205, 211, 212, 213, 214, 216, 245, 251, 335, 336, 337

Scott, Terry, 101, 111, 112, 255, 258

Searchers, The, 39

Seaton, juiz Reginald Ethelbert, 288, 289, 312, 314, 315

Sharp, Martin, 309

Shearn, sargento de polícia, 323

Shipman, Basil, 169

Shirelles, The, 63

Short, Don, 7, 82, 86, 296, 317

Shrimpton, Chrissie, 50, 51, 52, 67, 90, 91, 94

Shrimpton, Jean, 50, 313, 331

Slade, detetive de polícia Rosemary, 134, 203

Small Faces, The, 94, 174, 195, 295

T

Tarbuck, Jimmy, 92
Taverne, MP Dick, 7, 172, 173, 218
Taylor, Dick, 7, 22, 23, 24, 25, 26, 27, 29, 30, 31, 33, 34, 41, 42, 43, 172, 218
Times, The (editorial), 10, 16, 35, 64, 71, 116, 130, 197, 207, 209, 223, 226, 228, 229, 236, 241, 248, 250, 252, 253, 260, 261, 262, 263, 342, 343
Tork, Peter, 230
Townshend, Pete, 24, 100, 109, 229
Traffic, 306
Turner, Ike e Tina, 89

U

Utley, T. E., 248

V

Vadim, Roger, 283
Valentine, Hilton, 7, 69, 75
Valentinos, The, 55
Velvet Underground, The, 82, 87, 173
Vine, Jeremy, 46

W

Wagstaff, inspetor de polícia, 314
Walden, Brian, 263
Waller, magistrado, 232
Warhol, Andy, 66, 87
Warren, Robert, 129, 130, 252
Waters, Muddy, 22, 25, 30, 55
Watts, Charlie, 13, 24, 26, 34, 61, 78, 325
Webb, Jack, 126
Weedon, Bert, 96
Weinstock, Lotus, 337
Welch, Chris, 7, 45, 99, 100, 307
Weller, Frederick, 134

Y

Yardbirds, Os, 40
Yogi, Maharishi Mahesh, 282, 318, 320, 323

Z

Zappa, Frank/Mothers of Invention, 98